入門

刑事訴訟法
第2版

渡辺直行 著

[入門シリーズ]

成文堂

第 2 版はしがき

　本書の初版から未だ 1 年半程しか経過しておりませんが、このたび第 2 版を刊行することにしました。本年 3 月に私の刑訴法の基本書である『刑事訴訟法』（成文堂）の第 2 版を刊行しましたが、その後、それに引き続いて、本書についての増刷の時期が近づいてまいりました。そこで、入門書たる本書についても、上記『刑事訴訟法〔第 2 版〕』刊行の際の余熱も手伝ってか、単なる増刷だけに止めず、幾つかの重要項目を追加し、新判例を補充するなどして改訂することとした次第です。併せて、初版刊行後に気付いた誤字・脱字等を訂正し、また、全体の表現の見直しなどもし、より充実した内容となるような補訂も加えました。

　今回の改訂の機会を与えてくださった㈱成文堂の阿部耕一社長および変わらぬ御厚情を頂いている同社編集部の土子三男取締役に対し、深甚なる謝意を表します。また、校正等の編集作業に当たっては、同社編集部の篠崎雄彦氏に大変お世話になりました。記して感謝申し上げます。

　2013 年 6 月　　今夏が猛暑にならないことを願いながら

　　　　　　　　　　　　　　　　　　　　　　　　　渡　辺　直　行

初版はしがき

　1　昨年度から、私の担当する法科大学院での講義科目の中に、新たに「刑事訴訟入門」が加わりました。既に、拙著『刑事訴訟法』（現在は補訂版）を成文堂より公刊しているのですが、法科大学院での初学者のための入門講義をする中で感じたことの一つが、理論的レベルを下げることなく、よりコンパクトで、より平易な基本書の必要性でした。

　したがいまして、本書は、基本的には、初めて刑事訴訟法を学ぶ法科大学院未修者や学部学生などのための入門書ということになりますが、同時に、上級者の基本的学修に資し、司法試験の受験前の総復習等のためにも有用な内容になるようにとの思いで執筆したものでもあります。

　そこで、全体の文章を、「ですます体」で表現することにし、基本的用語については、できる限り、その定義を明らかにしました。そして、内容的には、刑事訴訟法の全分野にわたっての基本的事項と基本となる理論を分かり易く解説することによって、刑事手続の全体像が理解できるように論述しました。学説と判例とが対立するような多くの問題点については、議論のよってきたる考え方の筋道を事の本質にさかのぼって丁寧に解説し、基本的な問題と重要論点との間にメリハリがつくように心掛けました。なお、各章中の参照箇所については、項目とその該当頁を表示しました。なお、より詳細な内容については、上記拙著『刑事訴訟法』の該当箇所を御参照下さい。

　また、理論と実務の架橋という法科大学院時代に要請されている困難な問題に多少なりとも応えられるように、本書においても、実務経験から得たいくばくかの発想や問題意識なども織り込んで論述しています。そして、実務を理解するうえでは判例の理解がことのほか重要になりますので、多くの判例を取り上げ、重要判例については、その内容についても摘示し、できるだけ、それについての理論的な言及もいたしました。

　本書の内容を 15 章に分けて構成したのは、上記拙著におけるのと同様、法科大学院や学部での授業回数（2 単位 15 回ないし 4 単位 30 回）に合わせて構成するのが学生にとっての便宜になると考えたからにほかなりません。

　ところで、2011 年（平成 23 年）6 月 24 日に「情報処理の高度化等に対処す

るための刑法等の一部を改正する法律」が公布され、その中で、刑事訴訟法についても、電磁的記録物の捜索・差押えに関して新たな制度を定めるなどの一部改正がなされました。そこで、その点に関しての要点も記しました。

2　この度の東日本大震災は未曾有の被害をもたらしました。被災地の人々に一刻も早く平穏な日々が訪れることを願わずにはいられません。

　この度の震災における原発事故などを見るにつけ、人間の創り出すものは、物であれ、技術であれ、あるいは制度であれ、その動機においていかに善なるものがあったとしても、必ずや人類そのものに対峙してくるという歴史的現実をあらためて痛感しました。自然は、まさに自ずと存在して天地を然らしめるのでして、とうてい人間の力の及ぶところではありません。

　翻って、司法制度もやはり人間の創り出したものです。刑事司法にたずさわる者は、あらためて、神ならぬ人間の無力さを十分認識したうえで、刑事法の世界で言われる"謙抑さ"ということを旨として、理論を構築し、刑事裁判を運用すべく心掛けるべきだと思わざるをえません。

3　本書を執筆するにあたっても、多くの先学の著書・論文等を参考にさせていただきました。記して多くの先学に感謝の意を表します。

　早稲田大学教授田口守一先生には、いつも変わらぬ御指導と暖かい御配慮をいただいており、ここに、あらためて感謝を申し上げます。

　本書の校正にあたっては、帝京大学法学部の増田隆助教にお手伝いをして頂きました。記して厚く御礼を申し上げます。

　最後に、本書の出版を御引き受けいただいた㈱成文堂の阿部耕一社長の御厚情に感謝申し上げますとともに、執筆に際して多くの有益な御助言を頂いた同社編集部土子三男取締役の御配慮・御厚情に感謝申し上げます。

　　2011年8月　　酷暑に暫しの涼を求めながら

　　　　　　　　　　　　　　　　　　　　　渡　辺　直　行

凡　例

【参考文献】〔太字は引用する場合の略称〕
〔概説書〕
渥美東洋・全訂刑事訴訟法〔第2版〕(2009年、有斐閣)
池田修＝**前田雅英**・刑事訴訟法講義〔第4版〕(2012年、東京大学出版会)
井戸田侃・刑事訴訟法要説 (1993年、有斐閣)
上口裕・刑事訴訟法〔第3版〕(2012年、成文堂)
斉藤金作・刑事訴訟法〔合本版〕(1986年、有斐閣)
裁判所職員**総合研修所**・刑事訴訟法講義案〔4訂版〕(2011年、司法協会)
白取祐司・刑事訴訟法〔第7版〕(2012年、日本評論社)
鈴木茂嗣・刑事訴訟法〔改訂版〕(1990年、青林書院)
高田卓爾・刑事訴訟法〔2訂版〕(1984年)
田口守一・刑事訴訟法〔第6版〕(2012年、弘文堂)
田宮裕・刑事訴訟法〔新版〕(1996年、有斐閣)
団藤重光・新刑事訴訟法綱要〔7訂版〕(1967年、創文社)
寺崎嘉博・刑事訴訟法〔第3版〕(2013年、成文堂)
平野龍一・刑事訴訟法 (1958年、有斐閣)
平良木登規男・刑事訴訟法Ⅰ・Ⅱ (2009年、2010年、成文堂)
福井厚・刑事訴訟法講義〔第5版〕(2012年、法律文化社)
松尾浩也・刑事訴訟法 上〔新版〕・下〔新版補正第2版〕(1999年、弘文堂)
三井誠・刑事手続法 (1)〔新版〕・Ⅱ・Ⅲ (1997年、2003年、2004年、有斐閣)
光藤景皎・刑事訴訟法Ⅰ (2007年)・Ⅱ (2013年)・口述刑事訴訟法下 (2005年、成文堂)
安冨潔・刑事訴訟法 (2009年、三省堂)
渡辺直行・刑事訴訟法〔第2版〕(2013年、成文堂)
〔注釈書〕
伊藤栄樹ほか・**新版注釈**刑事訴訟法第1～第7巻 (1996～2000年、立花書房)
小野清一郎ほか・**ポケット**注釈全書 刑事訴訟法〔新版〕上・下 (1986年、有斐閣)
後藤昭＝白取祐司編・**新コンメンタール** 刑事訴訟法 (2010年、日本評論社)
藤永幸治ほか編・**大コンメンタール** 刑事訴訟法第1～第8巻 (1994～2000年、青林書院)
松尾浩也監修・**条解** 刑事訴訟法〔第4版〕(2009年、弘文堂)
〔判例研究・実務書等〕
別冊ジュリスト・刑事訴訟法判例**百選**〔第○版〕(有斐閣)
ジュリスト臨時増刊・重要判例解説〔元号○年度〕(有斐閣)
最高裁判所調査官室編・**最高裁判所判例解説** 刑事篇〔元号○年度〕(法曹会)
小林充＝植村立郎編・刑事事実認定重要判決50選〔補訂版〕上・下 (2007年、立花書房)
田口守一＝寺崎嘉博編・**判例演習**刑事訴訟法 (2004年、成文堂)
河村澄夫＝柏井泰夫編・刑事 実務ノート第1～第3巻 (1968年、1969年、1971年、判例タイムズ社)

平野龍一＝松尾浩也編・**新実例**刑事訴訟法Ⅰ・Ⅱ・Ⅲ（1998年、青林書院）
松尾浩也＝岩瀬徹編・**実例**刑事訴訟法Ⅰ・Ⅱ・Ⅲ（2012年、青林書院）
石井一正・刑事実務証拠法〔第5版〕（2011年、判例タイムズ社）

【法令名略称】

脚注やカッコ内での略称については、刑事訴訟法は（法……条）、刑事訴訟法規則は（規……条）、憲法は（憲……条）とし、それ以外については、以下の通りの略称（略称名……条）を用いました。

刑	刑法
警察	警察法
刑事収容	刑事収容施設及び被収容者等の処遇に関する法律
警職	警察官職務執行法
検	検察庁法
検審	検察審査会法
公害	人の健康に係る公害犯罪の処罰に関する法律
裁	裁判所法
裁判員	裁判員の参加する刑事裁判に関する法律
裁判員規	裁判員の参加する刑事裁判に関する規則
銃刀	銃砲刀剣類所持等取締法
少	少年法
通傍	犯罪捜査のための通信傍受に関する法律
道交	道路交通法
破産	破産法
犯捜規	犯罪捜査規範
被害保護	犯罪被害者等の権利利益の保護を図るための刑事手続に付随する措置に関する法律
弁	弁護士法
麻向	麻薬及び向精神薬取締法
麻薬特例	国際的な協力の下に規制薬物に係る不正行為を助長する行為等の防止を図るための麻薬及び向精神薬取締法等の特例等に関する法律
民訴	民事訴訟法

【判例集等の略称】

刑集	最高裁判所刑事判例集	下刑集	下級裁判所刑事裁判例集
民集	最高裁判所民事判例集	判時	判例時報
高刑集	高等裁判所刑事判例集	判タ	判例タイムズ

その他慣例にしたがい略記しました。

【その他】

判例等の引用にあたっては、原則として、漢数字はアラビア数字（算用数字）に改めています。

目 次

第 2 版はしがき　i
凡　例　iv

第 1 章　刑事訴訟法の目的と構造
　　　　　　　　　　　　　　……………1
1　刑事訴訟法とは………………1
　1　刑事手続　1
　2　刑事訴訟法の法源　3
2　実体的真実主義 ──実体的真実主義とデュープロセス── ………4
　1　実体的真実の発見と訴訟的真実　4
　2　積極的実体的真実主義と消極的実体的真実主義　6
　3　実体的真実主義とデュープロセスとの関係　6
　4　実体的真実主義と職権主義・当事者主義　7
3　刑事訴訟法の最終の目的……………8
　1　刑事訴訟法の目的　8
　2　刑事事件の解決と憲法の理念　9
4　刑事訴訟法の構造………………10
　1　弾劾主義と糾問主義　10
　2　当事者主義と職権主義　12

第 2 章　刑事訴訟の関与者　……17
1　裁判所と裁判官………………17
　1　裁判所の意義　17
　2　裁判所の種類・構成　17
　3　裁判所の管轄　18
　4　公平な裁判所　21
　5　裁判官　22

2　検察官………………23
　1　総　説　23
　2　検察官の訴訟法上の地位　24
3　警察官………………26
　1　司法警察職員　26
　2　司法警察員と司法巡査　26
　3　一般司法警察職員と特別司法警察職員　27
　4　警察比例の原則　27
4　被疑者・被告人………………27
　1　被疑者とは　27
　2　被告人の地位　27
　3　被告人の特定（被告人の判定）　28
　4　被告人の証人適格　29
5　弁護人………………30
　1　弁護人の地位　30
　2　弁護人の権限　32
　3　必要的弁護制度　34
　4　国選弁護人制度　35
6　被害者………………39
　1　総　説　39
　2　被害者の刑事手続への参加　39

第 3 章　捜査総説　……………42
1　捜査の意義………………42
2　捜査の構造………………42
　1　弾劾的捜査観と糾問的捜査観　42
　2　弾劾的捜査観からの手続上の帰結　43
3　捜査の原則………………45
　1　任意捜査の原則と強制処分法定主義

　　　　　　　45
　2　強制処分と任意処分との区別　45
　3　写真撮影　46
　4　令状主義　50
　5　令状の性質　51
　6　一般令状の禁止　53
　7　令状と罪名の記載　55
④　特殊な捜査手法………………………55
　1　おとり捜査　55
　2　コントロールド・デリバリー　61

第4章　捜査の端緒と証拠の収集
　　　　………………………………63
①　捜査の端緒………………………………63
　1　職務質問　63
　2　所持品検査　65
　3　自動車検問　66
　4　告訴、告発、請求　71
　5　検視、自首、その他　71
②　物的証拠の収集…………………………72
　1　捜索・差押え　72
　2　検証、鑑定・鑑定の嘱託　81
　3　逮捕に伴う捜索・差押え　84
　4　強制採尿、通信傍受　87
③　被疑者・参考人の取調べ（供述証拠の収集）………………………………89
　1　被疑者の取調べについての原則と在宅被疑者の取調べ　89
　2　逮捕・勾留中の被疑者の取調べ　92
　3　参考人の取調べ　94
　4　証人尋問（第1回公判期日前の）　94

第5章　身柄の確保と防御権　…96
①　逮捕の種類………………………………96

　1　通常逮捕　96
　2　現行犯逮捕・準現行犯逮捕　99
　3　緊急逮捕　101
②　別件逮捕…………………………………103
　1　別件逮捕の意義　103
　2　別件逮捕の適否の判断基準　104
③　勾　留……………………………………107
　1　勾留の意義・要件　107
　2　逮捕前置主義　108
　3　勾留の目的　109
　4　勾留の手続と裁判　109
　5　勾留の場所　109
　6　勾留理由開示　110
　7　勾留の効力範囲を決める基準（事件単位説と人単位説）　110
　8　勾留の取消しと執行停止　111
④　逮捕・勾留一回性の原則…………112
⑤　接見交通権………………………………113
　1　接見交通権の根拠　113
　2　接見交通権の内容　114
　3　接見指定制　114
　4　接見指定の要件　115
　5　接見指定の方式　118
⑥　証拠保全請求権………………………119
　1　意　義　119
　2　証拠保全請求の手続等　119

第6章　公訴　………………………120
①　公訴についての諸原則……………120
　1　国家訴追主義・起訴独占主義・検察官訴追主義　120
　2　起訴便宜主義　121
　3　起訴変更主義　122
②　公訴提起の手続等……………………122

1　起訴状の提出と起訴状記載事項　122
　2　訴因の特定　123
　3　起訴状一本主義　124
　4　一罪の一部起訴　127
　5　公訴権濫用論　127
　6　略式手続　128
　7　不起訴処分　129
　8　不起訴処分の当否を審査する制度　129
③　訴訟条件……………………………… 131
　1　訴訟条件の意義　131
　2　訴訟条件の分類　132
　3　訴訟条件の存否の判断　133
④　公訴時効……………………………… 133
　1　公訴時効制度の意義と根拠　133
　2　公訴時効の起算点　136
　3　公訴時効の停止制度　137

第7章　公判準備段階の手続と公判手続 ……………… 139

①　公判総説……………………………… 139
　1　公判手続とは　139
　2　公判の諸原則　139
②　公判準備段階の手続………………… 141
　1　起訴状謄本の送達、弁護人の選任、公判期日の指定等　141
　2　訴訟関係人の事前準備　142
　3　証拠開示　142
　4　公判前整理手続・期日間整理手続とそこでの証拠開示　144
　5　被告人の召喚・勾引・勾留　149
　6　保　釈　149
③　公判手続……………………………… 151
　1　公判廷　151
　2　公判期日の手続（冒頭手続、証拠調べ手続、弁論、判決）　152
　3　弁論の分離・併合・再開　155
　4　公判手続の更新　157
　5　公判手続の停止　157
　6　簡易公判手続　158
　7　即決裁判手続　159
　8　迅速な裁判　161
④　裁判員制度…………………………… 162
　1　裁判員制度の趣旨　162
　2　裁判員制度の概要　163
　3　裁判員制度の合憲性と判例　166

第8章　審判の対象と訴因 … 167

①　審判の対象…………………………… 167
　1　総　説　167
　2　訴因と公訴事実の捉え方と審判の対象　168
　3　審判対象論と訴因の本質　169
②　訴因変更の要否（訴因変更はどのような場合に必要になるか）………… 170
　1　訴因変更の根拠　170
　2　訴因変更が必要となる場合　171
　3　訴因変更要否の基準　172
　4　訴因と訴訟条件　176
③　公訴事実の同一性（訴因変更の可否と限界の基準）……………………… 179
　1　公訴事実の同一性の捉え方　179
　2　公訴事実の同一性の機能　180
　3　公訴事実の同一性の判断基準　181
　4　判例の判断基準　182
④　訴因変更の許否……………………… 184
　1　訴因変更の時期（機）的限界　184
　2　訴因の順次的変更　185

3　有罪心証の場合の訴因変更　185
　　4　公判前整理手続後の訴因変更　185
　⑤　訴因変更命令……………………186
　　1　訴因変更命令の根拠　186
　　2　訴因変更命令の要件　187
　　3　訴因変更命令の性質と形成力の有無　187
　　4　訴因変更命令を発する義務の有無　189

第9章　証拠と証拠による認定（証拠法総説）………191

　①　証拠の意義と種類………………191
　　1　証拠方法と証拠資料　191
　　2　証拠資料に関する分類　192
　　3　情況証拠　194
　②　証拠の許容性（証拠能力）………194
　　1　証拠の許容性の意義　194
　　2　証拠の関連性（自然的関連性と法律的関連性）　195
　　3　証拠禁止　198
　③　証拠裁判主義……………………199
　　1　証拠裁判主義と厳格な証明　199
　　2　自由な証明　200
　　3　厳格な証明・自由な証明と証明対象事実　200
　④　自由心証主義……………………203
　　1　自由心証主義と法定証拠主義　203
　　2　自由心証主義における自由　204
　　3　自由心証主義の内容　204
　　4　訴訟上の証明　204
　　5　自由心証主義の例外　205
　　6　証明（心証）の程度　206
　⑤　挙証責任と推定…………………208
　　1　実質的挙証責任（客観的挙証責任）　208
　　2　形式的挙証責任（主観的挙証責任）　209
　　3　挙証責任の転換　209
　　4　推　定　211

第10章　違法収集証拠排除法則………………212

　①　総　説……………………………212
　　1　違法収集証拠排除法則の捉え方　212
　　2　排除法則の背景・沿革・学説等　214
　　3　判例による違法収集証拠排除法則の採用宣言　214
　②　違法収集証拠排除法則の実質的根拠……………………………215
　③　違法収集証拠の排除基準………217
　　1　絶対的排除説と相対的排除説　217
　　2　排除の要件（具体的基準）　219
　　3　排除の要件の内容　220
　　4　排除法則についてのその他の問題　223
　④　毒樹の果実の理論………………224
　　1　毒樹の果実の理論の意義　224
　　2　判例の状況　224
　　3　毒樹の果実の理論の例外と排除法則の例外　226

第11章　自白法則………………229

　①　自白と自白法則…………………229
　②　自白の証拠能力…………………230
　　1　自白の証拠能力の制限とその根拠　230
　　2　約束による自白と偽計による自白

　　　　232
③ 自白の証明力·················· 234
　1　自白の証明力の制限　234
　2　補強証拠適格　235
　3　補強の範囲と罪体の概念　237
　4　補強の程度　240
　5　自白の証明力評価（判断）の基準　241
　6　自白の証明力評価に関する手続的制約　243
④ 共犯者の自白の証明力············ 244
　1　いわゆる共犯者の自白と補強証拠の要否　244
　2　判　例　245
　3　検　討　246

第 12 章　伝聞法則·············· 248

① 伝聞証拠の意義と伝聞法則の根拠
　　·································· 248
　1　伝聞証拠の形式的定義と実質的定義　248
　2　伝聞法則と憲法 37 条 2 項との関係　249
　3　直接主義との関係　250
② 伝聞と非伝聞···················· 250
　1　言葉の用法と伝聞・非伝聞　250
　2　要証事実と伝聞証拠　252
　3　精神的状態に関する供述　254
　4　写真・録音テープ・CD・ビデオテープ・DVD 等について　257

第 13 章　伝聞法則の例外と関連諸問題 ········· 265

① 総　説························· 265

② 被告人以外の者の供述代用書面（321 条）·························· 266
　1　321 条 1 項　266
　2　321 条 2 項　272
　3　321 条 3 項　272
　4　321 条 4 項　274
③ ビデオリンク方式による証人尋問調書（321 条の 2）················ 274
　1　ビデオリンク方式による証人尋問　274
　2　ビデオリンク方式による証人尋問調書と反対尋問権の保障　275
④ 被告人の供述代用書面（322 条）··· 275
⑤ 特信文書（323 条）·············· 276
　1　公務文書（323 条 1 号）　276
　2　業務文書（323 条 2 号）　276
　3　その他の特信文書（323 条 3 号）　276
⑥ 伝聞証言（324 条）·············· 277
　1　324 条 1 項　277
　2　324 条 2 項　277
⑦ 任意性の調査（325 条）·········· 277
⑧ 「同意」について（326 条）········ 278
　1　総　説　278
　2　原供述者証人尋問（喚問）の可否　279
　3　同意の射程範囲　280
⑨ 合意書面（327 条）·············· 281
⑩ 証明力を争うための証拠（328 条）
　　·································· 281
　1　総　説　281
　2　328 条の適用範囲　281
⑪ 再伝聞························· 282
　1　学説と判例　283

2　検　討　284

第14章　裁判の種類・成立・確定・効力と執行… 285

1　裁判の種類……………………… 285
　1　裁判の意義　285
　2　裁判の種類と各種分類　285
2　有罪判決……………………… 289
　1　有罪判決の内容　289
　2　犯罪の証明と事実認定　289
　3　択一的認定　290
3　無罪判決……………………… 292
　1　無罪判決の内容　292
　2　1審無罪後の控訴審での勾留の可否　293
4　裁判の成立…………………… 294
　1　裁判の内部的成立　294
　2　裁判の外部的成立　296
5　裁判の確定と効力…………… 296
　1　裁判の確定と確定力　296
　2　形式的確定力と内容的確定力　297
　3　形式的確定力と実質的確定力（拘束力＝既判力）　298
　4　実体裁判の拘束力と形式裁判の拘束力　299
6　一事不再理効と二重の危険（一事不再理効の根拠）………………… 301
　1　一事不再理の原則の意義　301
　2　一事不再理効の発生　302
　3　一事不再理効の範囲　303
7　裁判の執行…………………… 306
　1　裁判の執行とは　306
　2　刑の執行　307
　3　裁判の執行に対する救済の申立て　309

第15章　上訴と非常救済手続 ………………… 310

1　上訴一般……………………… 310
　1　上訴の意義　310
　2　上訴権　310
　3　上訴の申立てと効果　312
　4　不利益変更の禁止　312
　5　破棄判決の拘束力　313
2　控訴の意義と控訴審の構造… 313
　1　控訴の意義　313
　2　控訴審の構造　313
3　控訴理由……………………… 315
　1　訴訟手続の法令違反　315
　2　法令適用の誤り　317
　3　量刑不当　318
　4　事実誤認　318
　5　判決後の事情の変更　319
4　控訴審の手続と裁判………… 319
　1　控訴申立手続　319
　2　控訴審の手続　320
　3　控訴審の裁判　322
5　上告の意義と上告理由……… 324
　1　上告の意義と上告審の構造　324
　2　上告理由　324
6　上告審の手続と裁判………… 325
　1　上告申立手続　325
　2　上告審の手続　326
　3　上告審の裁判　326
7　抗　告………………………… 329
　1　一般抗告　329
　2　特別抗告　331
　3　準抗告　332

8　再審（非常救済手続 ―その1―）
　　　………………………………… 334
　　1　再審の意義と再審請求の対象　334
　　2　再審理由　334
　　3　再審請求手続　336
　　4　再審請求審の審判　337
　　5　再審公判手続　337
9　非常上告（非常救済手続 ―その2―）
　　　………………………………… 337
　　1　意　義　337
　　2　非常上告理由と申立手続　338
　　3　非常上告の審理手続　338
　　4　非常上告の裁判　338

事項索引 ……………………………… 340
判例索引 ……………………………… 352

第1章　刑事訴訟法の目的と構造

　本章では、刑事訴訟法について、それは何のための法律であり、その最終の目的は何であって、それはどのような考え方に基づいて構成されているのかを概観します。そして、それらのことを、真実の発見（そもそも、真実ということをどう捉えるかを含めて）と適正手続の保障という二つの理念にさかのぼって考えていくことにします。そして、そのうえで、憲法および刑事訴訟法の基本的条文も見ながら、現行刑事訴訟法の基本的構造を明らかにします。

1　刑事訴訟法とは

1　刑事手続

（1）　犯罪（刑事事件）が発生しますと、被害者およびその家族に怒り・苦しみ・悲しみの感情と言い知れぬ不安が生じるのはもちろんのこと、それ以外の人々も、その犯罪の種類・被害の程度・自分自身のこれまでの経験等に応じ、程度の差はあるものの、それぞれが何らかの恐怖と不安に陥ります。

　そこで、国家は、一刻も早く、犯罪によって生じた社会の不安と混乱を鎮め、社会秩序を回復し維持するために、その事件を解決しなければなりません。そのための手続が刑事手続です。

（2）　刑事手続は、概略、次のように進行します。まずは捜査が開始されて、犯人の発見・保全と証拠の発見・収集・保全の手続（捜査手続）がとられることになります。そして、裁判所に公訴が提起され（公訴提起手続）、証拠調べ等の公判での諸手続を経て判決が言い渡されることになります（狭義での公判手続）。なお、未確定の裁判に対して不服があれば上訴手続がとられます。有罪判決が確定すれば、言い渡された刑が執行されます（執行手続）。なお、確定判決に対する非常救済手続としては、再審と非常上告があります。

　一般に、このようなすべての刑事手続を規律する法規のことを最広義での

刑事訴訟法と言い（刑事訴訟法典〔刑事訴訟法という名称の法律〕がまさにこれにあたります）、最広義の刑事訴訟法の中から執行手続を除いたものを広義での刑事訴訟法と言い、公判手続（広義でのそれ。なお、広義・狭義の公判手続については、第7章①1参照→139頁）に関する部分のみを指して狭義での刑事訴訟法と言います。

　(3)　なお、刑事手続が、国家刑罰権に関わるものである以上、判決に至るには、このような手続の中で真実が明らかにされることが必要です。しかし、人間の能力には常に限界があります。絶対的な真実というものは、いわば神のみが知るのであって、本当のところは誰にも分かりません。あえて言えば、当該事件に直接関与した者は、その関与した範囲内のことについては一応の事実を知っているとも言えます。しかし、そうであっても、前後の経緯やその時の細かい心理などを含め、必ずしも、すべての事象が正確に把握できているわけではありません。ましてや、他人がそれを客観化し対象化して、その中から真実を発見するには常に限界があります。また、自分が全く何もやっていないのであれば、それほど本人にとって明白なことはありません。しかし、やっていないということを積極的に証明するのは不可能を強いることにもなります。また、民事訴訟と違い、刑事訴訟においては、裁判によって有罪判決が確定し刑罰が執行されれば、国家によって、個人の自由や財産、事案によっては生命までが強制的に奪われるのです。

　だからこそ、刑事裁判においては、冤罪（えんざい）を防止すべく、当該犯罪事実のすべての要素およびそれに準ずる事項についての立証責任（実質的挙証責任）は訴追側当事者である検察官が負うものとしています（第9章⑤1参照→208頁）。そして、その証明の程度も、合理的な疑いを容れない程度まで立証しない限り（健全な社会常識からして、無罪かも知れないとの合理的な疑いを消し切らない限り）、有罪にはできないとされているのです（第9章④6参照→206頁）。これが、「疑わしきは被告人の利益に」の原則ないし無罪推定の原則と言われるものであり、刑事裁判における鉄則です。

　刑事訴訟法の解釈・運用にあたっては、いつも、刑事裁判における真実とは一体何かということを念頭に置き（後記②参照→4頁）、上述したような、人が人を裁くことの限界を認識しておかなければなりません。

2　刑事訴訟法の法源
(1)　形式的意義の刑事訴訟法と実質的意義の刑事訴訟法

ところで、刑事訴訟法は、前述した最広義・広義・狭義の捉え方のほかに、これを形式的意義のそれと、実質的意義のそれとに分けて捉えることができます。これは、刑事訴訟法の法源の問題と言えます。

形式的意義の刑事訴訟法とは、刑事訴訟法典そのものを指します。これこそが刑事手続のすべてを規律する法律であって最も重要なものです。これに対して、実質的意義の刑事訴訟法とは、刑事訴訟法典と刑事訴訟法典以外の諸法規で刑事手続に関する諸条項を定めたものの総体を指す概念です。実質的意義の刑事訴訟法の法源としては、刑事訴訟法典以外に多くの法規が存在します[1]。規則の中にも重要なものがあり、とりわけ憲法77条1項が定める最高裁判所の規則制定権に基づいて制定された刑事訴訟規則は特に重要です。

(2)　憲法的刑事訴訟法

憲法は、国家の最高法規であり、特に立憲主義的憲法は、それ自体が国家の権限行使そのものを規制する規範でもあります。この点からして、憲法の刑事手続に関する規定は、当然に、刑事手続を規律する法規となるばかりか、憲法それ自体を貫く理念そのものが、刑事手続全体を規律する法規範となると言ってもよいのです。

憲法は、デュープロセス・オブ・ロー（due process of law、法の適正な手続。一般には単にデュープロセスと表現されます）を定めた31条から始まって40条までの10箇条で、基本的に、自由権としての位置付けのもとに、刑事手続の基本となる規定を置いています。そして、それらの各規定は、直接的な刑事手続に関する法規範として機能するとともに、刑事訴訟法典とそれを含む実質的意義の刑事訴訟法のすべてを規律する最上位の（最高の）法源としての格別の意味を有しています（その意味で憲法それ自体も実質的意義の刑事訴訟法に含まれます）。したがって、現行刑事訴訟法は、最高法規たる憲法それ自体の理念に立脚し、その規制のもとに置かれているだけでなく、憲法の理念を体現しているとも言えます。このような憲法との密接関連性からして、現行刑事

---

[1]　例えば、裁判所法、検察庁法、弁護士法、警察官職務執行法、少年法、刑事収容施設及び被収容者等の処遇に関する法律、刑事補償法、刑事訴訟規則など、その他多くの法規があります。

訴訟法は、憲法的刑事訴訟法と呼ばれることがあります（松尾・上6頁、田口3頁参照）。

② 実体的真実主義 ——実体的真実主義とデュープロセス——

1　実体的真実の発見と訴訟的真実

（1）　刑事訴訟における事実の認定の究極的理想は、実体的真実の発見であると言われることがあります（高田192頁参照）。というのも、犯罪と刑罰とが、民事訴訟におけるような個人の権利関係の問題を超えた、国家的ないし社会的な関心事である以上、真に罪を犯した者を有罪とし、罪を犯していない者を無罪としなければならないのであり、それによって、はじめて刑罰権の適正な行使が保障されると考えられてきたからです。

さらにこのことは、国家・社会の視点だけでなく、併せて、被疑者・被告人という個人の視点から考えることが重要です。というのも、刑事訴訟というものが、犯罪と刑罰に関する法を解釈・適用していくことを重要な内容とする手続であり、刑罰というものが、国家によって一方的に個人の生命・自由・財産を奪うものである以上、刑罰を科せられる個人の側からして、真実に基づいた事件の解決が図られなければならないのは当然だからです。

（2）　この点は、どのようにして「個」（個人、刑事裁判においては、特に被疑者・被告人）と「全」（国家・社会）との間で、それらの権利・利益の調和を図っていくかという容易に解決し難いテーマにつながっていくのですが（斉藤6頁参照。なお、刑法における「個」と「全」との調和について、斉藤金作『刑法総論〔改訂版〕』（1955年、有斐閣）43頁以下参照）、実体的真実の発見ということは、「個」の視点からも、「全」の視点からも求められる一つの理想型として捉えていかなければなりません。刑事訴訟法（以下、本書では「刑訴法」と略記して表示することもあります）1条が「公共の福祉の維持と個人の基本的人権の保障を全うしつつ、事案の真相を明らかにし」と定めているのは、まさに右の理想を宣言するものと言えます。

（3）　そして、事案の真相を明らかにすることが、すなわち、実体的真実の発見であるとされてきました（基本的人権の保障を全うすることと実体的真実主義との関係等については後記2（→6頁）以下で詳述します）。しかし、実体的真実の

発見と言っても、そこには自ずと様々な制約があります。まず、絶対的真実などというものは、前にも述べたように、いわば神のみの知ることであるとも言えるのでして、人間社会においては、ある種の極限的な概念とも言えるわけです（ただ、自然科学は、これを希求すると言えます）。

このようなところから、刑事訴訟法における真実は訴訟的真実にすぎない、という言い方で表現することができます。つまり、真実と言っても、刑事訴訟法における真実は、あくまでも法律上の一つの概念として措定されたものなのですから、自然科学において希求される「絶対的真実」と言われるものとは自ずとその内容を異にするのです。刑事訴訟においては、過去に起った刑事事件（犯罪事実）を、デュープロセスに基づき、証拠法（第9章～第13章参照）に則って認定することになりますが、そのようにして訴訟法的に認定・確認された事実をもっていわば真実として扱うに過ぎないとも言えます。

(4) しかし、そうではあっても、それは、あくまでも、「実体的真実」なのであって、民事訴訟において言われることのある「形式的真実」ではありません。

民事訴訟においては、民事訴訟法上の弁論主義により、当事者が自白した（民事訴訟における自白とは、相手方に主張責任のある事実を認める旨の陳述を意味します）事実については当事者間に争いのない事実となり、それについては証拠調べをすることなく、いわば真実とみなされます。この点からすれば、民事訴訟においては、基本的に、真実と言った場合でも、はじめから形式的真実しか求められていないとも言えます。また、民事訴訟における「認諾」は、民事訴訟法上の処分権主義に基づき、訴訟物である権利関係そのものを認めるものです。そして、認諾があった場合には、審理をすることなく、原告の請求を認める旨の調書（認諾調書）が作成されて事件は終了するのであり、そもそも真実自体が問題とされません。

これに対し、刑事訴訟において求められているのは、「絶対的」ではないけれども、あくまでも、証拠に基づいて認定される「実体的」な真実であり、そのためには、事実を当事者の自由に委ねることなど許されません。つまり、刑事訴訟においては、民事訴訟におけるような私的自治の原則は認められず、あくまでも、裁判所が、証拠に基づいて事実認定をしなければなり

ません（さらに、前述の通り、認定される真実が訴訟的真実であるところから（そうであるが故に）、後述の「合理的疑いを超える」証明基準（第9章④6参照→206頁）といった高水準な証明基準が必要になってくるのです）。

2　積極的実体的真実主義と消極的実体的真実主義

　実体的真実主義は、一般に、その作用面などから、積極的実体的真実主義と消極的実体的真実主義とに分けて論じられています。すなわち、積極的実体的真実主義というのは、すべての犯罪事実を明らかにして、有罪の者を逃さないようにしようとする考え方です。これに対し、消極的実体的真実主義というのは、誤って無実の者（無辜）を有罪にしてはならないという考え方です。

　積極的実体的真実主義は、有罪の者を逃すまいとするため、いきおい必罰主義と結びつくことになり、いわば「疑わしきは罰する」という方向へ行く虞があります。したがって、この考え方は人権保障の原理とは調和しません。現在では、冤罪防止の観点から、実体的真実主義と言えば消極的実体的真実主義を意味するというのが一般的な理解となっています。そして、刑訴法1条の「事案の真相を明らかにし」（実体的真実の発見）というのは、その点を踏まえて解釈されなければなりません。

3　実体的真実主義とデュープロセスとの関係

　次に、実体的真実主義とデュープロセスとの関係について考えてみましょう。かつては、実体的真実主義とデュープロセスとは対立するもののように捉えられていました。しかし、デュープロセスは、消極的実体的真実主義とは一向に対立せず、犯人必罰思想と対立するのです。なぜならば、デュープロセスの目的は、基本的に、被疑者・被告人の刑事手続上の基本権を保障するところにあるからです。

　(1)　ところで、デュープロセスの内容には、真実の発見との関係で、次の二つのものがあるとされるのが一般です。すなわち、一つ目は、いわば真実を発見するために設けられた一定の手続上の保障であって、そのようなデュープロセスは、はじめから、真実の発見とは矛盾しません。具体的には公平な裁判所の保障（第2章①4参照→21頁）や弁護人依頼権（第2章⑤1(2)参照→30頁）、証人審問権（とりわけ、反対尋問権の保障。なお、第12章①2参照→249頁）などが挙げられます。二つ目は、人権保障のためには、真実の発見というこ

とと矛盾してでも、また、真実の発見を犠牲にしてでも貫かれるデュープロセスです（もちろん、ここで犠牲にされるという「真実の発見」は積極的意味でのそれです）。このようなデュープロセスであってこそ、デュープロセスとしての本領があると言えます。例えば黙秘権の保障（第2章④2参照→27頁・第4章③1(1)(b)参照→89頁）や自白法則（第11章参照）が挙げられます（松尾浩也＝田宮裕『刑事訴訟法の基礎知識』（1966年、有斐閣）3頁～4頁〔田宮〕参照）。その他、令状主義（第3章③4参照→50頁）や訴因制度（第6章②の1および2参照→122、123頁・第8章①参照→167頁）なども同様に捉えられます。

　以上のように、実体的真実と言っても、それは、あくまでも、基本的人権を保障した適正手続、つまり、デュープロセスがその前提となっているのであり、真実の追求といっても、それはデュープロセスによってのみ許容されるのです。

　(2)　実体的真実主義と言った場合、大陸法的な職権主義的考え方が主流であった時代には、積極的実体的真実主義が強調されましたが、英米法的な当事者主義的考え方を基本とする現行刑事訴訟法下にあっては、消極的実体的真実主義に重点が置かれていることは言うまでもありません。そして、そこでは、前述のように、デュープロセスに対する実体的真実主義（積極的意味でのそれ）の明らかな譲歩が存在します。

　ところで、我が法は、憲法31条でデュープロセスを規定し、一方、刑訴法1条では「事案の真相を明らかにし」として、実体的真実の発見自体を法の目的の一つとしているのですから、いかにして両者の調和を図っていくかということが重要な問題となってきます（消極的実体的真実主義に重点を置くということは、まさに、その調和の内容となるわけです）。そして、この場合、デュープロセスこそが憲法の定めるところであるということを改めて認識しておく必要があります。

4　実体的真実主義と職権主義・当事者主義

　かつては、実体的真実主義は職権主義と結びつくものであるとされてきました。そして、現行法が、証拠調べは第1次的には当事者の請求によることとしながらも、なお職権による証拠調べをも認めていることなどは、このような考え方が前提となっているからではないかと言われたこともあります。しかし、実体的真実主義は職権主義とだけ論理必然的に結びつくものではあ

りません。実体的真実主義は当事者主義とも十分論理的に結びつくのです。ただし、この場合は、実体的真実といっても、基本的には、それを消極的意味で捉えなければならないことは言うまでもありません。

当事者主義の訴訟構造のもとにおいては、裁判所は、あくまでも、当事者の攻撃防御を冷静に客観的に見守る第三者でなければならないのであり、ただ、当事者対等の原則を補う意味で、時として、裁判所の職権による証拠調べ等が認められることになるのです。そして、それは、消極的実体的真実主義の立場から、被告人側のいわゆる武器（防御のための手段・方法）の劣勢を補い、武器の平等を実現させようとするためのものであって、当事者対等主義に通ずるものとして理解されるのです。

3 刑事訴訟法の最終の目的

刑訴法1条は、「この法律は、刑事事件につき、公共の福祉の維持と個人の基本的人権の保障とを全うしつつ、事案の真相を明らかにし、刑罰法令を適正且つ迅速に適用実現することを目的とする」と規定しています。したがって、本条からすれば、刑事訴訟法の目的は、①公共の福祉の維持と基本的人権の保障とを全うすること、②事案の真相を明らかにすること、すなわち実体的真実の発見、③刑罰法令を適正・迅速に適用実現すること、になります。

ここで、刑訴法1条における、個人の基本的人権の保障を全うしつつ事案の真相を明らかにするというのは、何のためであろうかという視点から、いわば刑事訴訟法の最終の目的をどのように捉えるべきかについて考えてみましょう。

1 刑事訴訟法の目的

刑事訴訟法の目的に関しては、刑訴法1条を踏まえて様々な考え方が唱えられてきましたが、大きく二つの立場に分けることができます。一つは、あくまで実体刑法との関連で捉える立場であり、刑法ないし刑罰権の実現を中心に考えています（いわゆる刑法実現説。団藤1頁、高田1頁など）。もう一つは、視点を変え、刑罰権の実現ということに固執せず、事件の解決ということを中心に捉えていく立場です（いわゆる事件解決説。田口24頁、松尾・下205頁など）。

刑訴法1条は刑罰法令の適用ということを目的の一つにかかげておりますし、刑法がいかに刑罰を定めても、刑訴法という手続法がなければそれは実現されないのですから、刑法実現説のような考え方が基本的（原初的）には正しい方向性をもっていると言えましょう。その点から刑法実現説のような考え方が一般的であるのも首肯けるところです。現に、公訴が提起されれば、多くの場合、公判手続における厳密な事実認定を経て刑罰が言渡され、その結果、刑法が具体的に実現していると言えます。

しかし、ここで考えなければならないことは、刑事訴訟法の最終の目的は何かということです。それは、上記のいずれの立場が、よりこの点についてまでの配慮を及ぼしているかを検討することにもなります。

2 刑事事件の解決と憲法の理念

刑事事件の処理結果は、刑法ないし刑罰権の具体的実現だけに限られていません。例えば、起訴猶予処分のように、はじめから刑法の具体的実現ということが放棄されている場合もあります。また、公訴提起がなされても、無罪判決が下されることもあるわけだし、手続上の瑕疵があれば、管轄違いの判決（法329条）や公訴棄却の裁判（法338条、339条）あるいは免訴判決（337条）などによって手続が打ち切られることもあります。そして、これらの処理の手続は、いずれもが刑事訴訟法に則って行われるのですから、これらのいずれの事件解決方法も、刑事訴訟法の理念に適っていると言うことができます。そうであれば、刑事訴訟法の最終の目的は、前記事件解決説の言うところを基本に据えて考えていくのが最も事の本質を適確に捉えていることになると思われます。

そして、刑事訴訟法の最終の目的は、「適正手続による刑事事件の迅速な解決」（田口24頁、田口守一『刑事訴訟の目的〔増補版〕』（2010年、成文堂）33頁以下参照）にあると解するのが最も適切でしょう。なぜかと言えば、それは、憲法の理念に基づく適正手続はもとより、憲法が被告人の受けることのできる権利として保障した「迅速な裁判」にまでも思いを致しているからです（迅速な裁判については、第7章③8参照→161頁）。

以上は具体的に考察した場合の刑事訴訟法の最終目的の捉え方と言えますが、上記のような刑事事件の解決ということをより理念的・抽象的に捉えるならば、それは、個と全との調和（前記②1の(1)および(2)参照→4頁）の図られ

た刑事事件の解決ということになりましょう。

4 刑事訴訟法の構造

　それでは、刑訴法1条が定める諸目的や刑訴法の最終の目的が達成されるためには、刑事訴訟法の手続構造を、全体的にどのようなものとして捉えるべきでしょうか。

1 弾劾主義と糾問主義

　(1) 刑事訴訟法の構造として一般に論じられるのは、当事者主義と職権主義です。そして、このことを考えるには、その前提としての近代的な意味での弾劾主義（以下、単に「弾劾主義」と言います）が、どのようにして成立に至ったのかということを見ておく必要があります。というのも、現行刑事訴訟法は弾劾主義の訴訟構造を前提としているからです。弾劾主義を前提として、次に、職権主義か当事者主義かの問題が発生します。そこで、まずは、弾劾主義が成立する前にあった糾問主義について説明したうえで、近代的弾劾主義の成立とその内容について見ていくことにしましょう。

　(a) まず、糾問主義の刑事手続は、人間の「理性」による裁判制度として形成されたと言えます。つまり、中世の証拠法としては「（神に対する）宣誓」と「神判」が行われていたのですが、近世において、国民国家（Nation State）の理念が確立し、いわゆる聖・俗の分離が起こりました。そして、そういった背景のもとで、「神判」から脱却して人間の「理性」による裁判制度として形成されたのが糾問主義の刑事手続であったということです。

　そこでは、「神」に代って、「国家」が審判をすることになりましたが、そこでの国家を代表する審問官というものは、裁判官であると同時に訴追官（検察官）を兼ねるものでもありました。したがって、その場合の裁判は、国家と被告人との二面的構造のもとで、秘密主義、書面主義によって行われました。なお、糾問というのは、審問官（裁判官）が訴えを待たずに職権で一方的に審判を開始することを言うのです。

　(b) そして、糾問主義下での刑事手続においては、拷問なども行われました。そのようになったことの原因の一つとして、糾問主義下での証拠法（とりわけ証明力の判断の仕方）を挙げることができます。すなわち、糾問主義の刑

事手続は、人間の「理性」に注目しましたが、その理性への依拠が、証拠法を考える場面では、現在あるような自由心証主義には直ちに結びつかず、法定証拠主義に結びついたということが大きく影響しています。

　この点を具体的に言えば、例えば、当時の法定証拠主義のもとでは、「二人以上の目撃証人」もしくは「被告人の自白」のいずれかが、被告人を有罪とするための法定証拠とされていました。そして、「二人以上の目撃証人」という法定証拠を確保することは、現実的には難しいことですので、どうしても、「被告人の自白」という法定証拠に頼ってしまうことになります。そうなると、無理やりにも自白を引き出そうとする事態も生じ、その結果として、拷問などといった人権侵害行為が生まれることになったと言えます。

　そして、それらは、18世紀後半（特にフランス革命前後）以降、当時の人道主義や自由平等思想に反するものとして批判され、その結果、個人の自由を基本とする近代的弾劾訴訟の構造へと変革・発展していくことになったのです。すなわち、近代における啓蒙思想が「人権」の尊重を要求し、弾劾主義を形成していったということになります。

　(c)　このようにして近代的弾劾主義の訴訟構造が形成され成立したわけですが、弾劾主義の刑事手続は、次のような内容を有しています。

　すなわち、訴えを提起する者と審判をする者が分離され、訴えの提起（つまり、弾劾すること）を待って審判が開始されるとの原則が採られたということです。いわゆる不告不理の原則の採用です。ここにおいて、検察官、被告人、裁判所（裁判官・陪審員）という三面的構造がとられることになり、その結果として、書面主義、秘密主義は廃止され、口頭主義、公開主義の原則（第7章①2(2)参照→139頁）が生まれました。さらに、人間の理性への依拠がもっと高められ、証拠法においては、裁判官の理性を全面的に信頼することを前提とする自由心証主義（第9章④参照→203頁）が採られることになり、法定証拠主義は廃止されました。そして、今日では当然とされる、「疑わしきは被告人の利益に」の原則（第9章④6参照→206頁）や一事不再理の原則（第14章⑥参照→301頁）といった、被告人の人権を担保する原理も採用されるようになりました。

　(2)　そこで、次に、現行刑事訴訟法がどのような内容で弾劾主義を採用しているかについて見ていくことにします。

（a）　まず、刑訴法247条は、「公訴は、検察官がこれを行う」と定めて、国家訴追主義（第6章①1参照→120頁）を採用しました。つまり、訴訟手続は検察官の公訴の提起によって開始されるのです。裁判所（なお、その構成員について、裁判員の参加する裁判では裁判官および裁判員—以下、条文に反しない範囲で、同じ—）は、あくまで、公訴の提起された事実について審判するのです。裁判所は公訴の提起された事件についてのみ審判することができるとする原則が、まさに前述の不告不理の原則の内容となります。また、現行法は、訴因制度を採用し（法256条3項）、検察官に訴因設定権を与え、この原則を徹底させています。さらに、絶対的控訴理由として、刑訴法378条3号後段が、「審判の請求を受けない事件について判決をしたこと」を挙げているのも（第15章③1(1)(f)参照→316頁）、不告不理の原則を明らかにしたものと言えます。

（b）　訴因制度（第6章②の1および2参照→122、123頁・第8章①参照→167頁）を採用したことにより、検察官は、事実を特定して公訴の提起（起訴）をしなければなりませんが、事実を特定して起訴した以上、起訴にかかる特定事実の存在については、検察官が立証責任を負うことになります。つまり、いわゆる実質的挙証責任は検察官にあるのであって（第9章⑤1参照→208頁）、検察官が、いわゆる合理的な疑いを超えるに至るまで（合理的な疑いを容れない程度に至るまで）、その立証をすることができなければ、被告人は無罪となるのです。つまり、「疑わしきは被告人の利益に（in dubio pro reo）」の原則にしたがうことになります。

（c）　一事不再理の原則は、検察官の訴追を概念的前提としています。それは憲法上の原則であり（憲39条）、刑訴法337条1号が免訴の理由として「確定判決を経たとき」を挙げているのは、一事不再理の原則に反する公訴提起があれば、免訴判決によって手続が打ち切られることを意味しています。

現行法が検察官、被告人、裁判所（裁判官）という三つの訴訟主体による三面的訴訟構造を採用しているところからして、弾劾的訴訟構造が実現されていることは明らかです。

2　当事者主義と職権主義

そこで、次に問題となるのは、これらの訴訟主体の地位（立場）をどのように捉えていくかということです。すなわち、このような弾劾的訴訟構造のもとで、一体誰が訴訟進行の主導権を持つのか（責任を負うのか）という問題

です。これが当事者主義（ここでは、主として当事者追行主義）か職権主義かの問題です。当事者に主導権を持たせるのが当事者主義であり、裁判所が主導権を持つのが職権主義ということになります。

（1）　当事者主義という言葉は多義的に用いられますが、一般的には、当事者追行主義、当事者対等主義、当事者処分権主義の意味で使われています（但し、当事者処分権主義は、基本的に、我が国ではとられていません）。

（a）　当事者追行主義というのは、当事者に訴訟進行の主導権を認めるべきだとする原則です。

（b）　当事者対等主義（当事者対等の原則）というのは、検察官と被告人との間には攻撃・防御の能力に格差があるので、被告人の防御能力を強めるべきであるとする考え方です。これは武器対等の原則とも言われています。

（c）　当事者処分権主義というのは、当事者に処分権を認めるべきだとする考え方です。被告人の処分権を認める典型的な例として、アメリカ法のアレインメント（arraignment）の制度（有罪答弁制度）が挙げられます。

我が国で当事者主義といえば、このうちの、（a）と（b）の意味で使われるのが一般です。なお、（c）で挙げたアレインメントの制度については、刑訴法319条3項が、「前2項の自白には、起訴された犯罪について有罪であることを自認する場合を含む」と規定し、有罪であることを自認した場合でも、それだけでは有罪とされないとしたのですから、現行刑訴法がこの制度を否定していることは明白です。

問題は、アレインメントの制度は憲法上も否定されるのかということです。否定説、肯定説の両説がありますが、刑事訴訟において追求される真実が絶対的真実ではないけれども、それが形式的真実ではなく、あくまでも実体的真実である以上、民事訴訟におけるような当事者処分権を認めるのは、実体的真実の追求そのものを放棄することになり、原則として、刑事訴訟の本質とは相容れないものと思われます。

（2）　現行刑事訴訟法は英米法に由来する徹底した当事者主義を採用したと言えますが、当事者主義の理念は、基本的には、憲法上からも読み取れます。

（a）　そこで先ず、憲法から見ていくことにします。憲法は、①37条1項で被告人には公平な裁判所の公開裁判を受ける権利を保障し、②同条2項で

は証人審問権を保障しています。そして、③38条1項、2項では供述の強要禁止を規定して、一方当事者の他方当事者に対する（現実には捜査官の被疑者に対する）供述の強要を禁じています。また、④33条、35条では令状主義を明記し、一方当事者の行う（現実には捜査官が被疑者に関して行う）逮捕、捜索、押収といった強制処分を司法的抑制の下に置いています。さらに、⑤34条前段、37条3項で弁護人選任権（弁護人依頼権）を保障しています。これらの各条項の根底にある理念（個人の基本権の尊重など）を見れば、いずれもが当事者主義（当事者追行主義、当事者対等主義）を要請していると理解できるでしょう。

　（b）　当事者主義ついての現行刑訴法上の主な根拠については、次のように整理することができます。

　すなわち、①いわゆる起訴状一本主義（法256条6項）を採用して、捜査と公判との連続性を切断したこと（起訴状一本主義については、第6章②3参照→124頁）。②証拠調べの請求は当事者が行うのが原則になり（法298条1項）、証人尋問も、刑訴法304条1項の規定にもかかわらず、当事者の交互尋問によることが原則的運用となったこと（規199条の2以下）。③起訴便宜（裁量）主義（法248条）を採用して、起訴・不起訴の決定を検察官の権限としたこと（起訴便宜主義については、第6章①2参照→121頁）。④訴因の設定・変更は検察官が行う（法256条3項、312条1項）ようになったこと。そして、⑤裁判所の職権証拠調べ（法298条2項）、訴因変更命令（法312条2項）の規定が例外的位置付けになったことなどです。以上は、主に、前記当事者追行主義によるものですが、⑥憲法34条前段、37条3項の弁護人選任権（弁護人依頼権）の保障を受けた弁護人制度（法30条以下）は、当事者対等主義に基づくものと言えます（弁護人制度については、第2章⑤参照→30頁）。

　これらの点から、現行法は当事者主義を基本としているとの解釈が支配的となりました（なお、上述の交互尋問については、第7章③2(2)(f)参照→154頁）。

　なお、判例も、現行刑事訴訟法が基本的に当事者主義的訴訟構造を採っていることを認めています[2]。

　（3）　次に、現行法上、職権主義がどのように機能しているかを検討します。

　（a）　第1は、職権主義が規制的に働く場合です。具体的には、訴訟指揮権

を挙げることができます（法294条、295条、297条）[3]。これについては、裁判所が訴訟進行に主導権を持つ場合の一つということになりますが、当事者主義と矛盾しないだけでなく、基本的に、当事者の訴訟進行に一定の秩序を与え、訴訟進行を促進させるものと言えます。

①まず、刑訴法294条は、「公判期日における訴訟の指揮は、裁判長がこれを行う」として、裁判長に訴訟指揮権があることを定めました。そして、同法295条は、「裁判長は、訴訟関係人のする尋問または陳述が既にした尋問若しくは陳述と重複するとき、又は事件に関係のない事項にわたるときその他相当でないときは、訴訟関係人の本質的な権利を害しない限り、これを制限することができる」としています。

ところで、当事者からの証拠調請求（法298条1項）に対する許否も、上記の訴訟関係人のする尋問や陳述の制限等の問題と同様に考えられているところがあります。そして、判例は、その許否について、裁判所の単純な裁量にかかるもののように解してきたと言えますが[4]、その点については、批判が加えられています（団藤215頁、田宮313頁参照）。

思うに、ここで職権主義が規制的に働くのは、基本的に手続上の事項に関するものと解すべきですから、申請された証拠が訴因と何らかの関連性を有する場合には、原則として、取調請求に拘束力を持たせるのが妥当でしょう。特に、被告人側からの申請については、被告人側と検察官とでは証拠収集能力に歴然たる差があるところからしても、原則として、取調べをするのが当事者対等主義からの帰結だと考えます。

2　例えば、最判昭和33・2・13刑集12巻2号218頁は、裁判所は、原則として、職権で証拠調べをしたり、または、検察官に対して立証を促したりする義務はないとしています。また、最決昭和43・11・26刑集22巻12号1352頁は、裁判所は、原則として、自ら進んで検察官に対し訴因変更手続を促し、または、これを命ずる義務はないとしています。ただし、上掲各判例は、例外的に求釈明義務を認めています（上掲最決昭和43・11・26については、第8章⑤4(2)参照→189頁）。なお、当事者主義を前提として求釈明義務を否定し、当事者からの主張もないのに審理不尽の違法を認めた原審には刑訴法294条、379条等の解釈適用を誤った違法があるとして、原判決を破棄した最判平成21・10・16刑集63巻8号937頁（百選〔第9版〕60事件）参照。
3　訴訟指揮権は、もともと司法権ないし裁判権に内在するものですから、受訴裁判所（第2章①1参照→17頁）に属しますが（最決昭和44・4・25刑集23巻4号248頁）、公判期日においては、時機を逸せず迅速・適確に訴訟指揮を行う必要があるため、裁判長に委ねたのです。なお、法297条、312条1項、同条2項、309条などでは、裁判所に留保されています。
4　そのような判例として、最大判昭和23・6・23刑集2巻7号734頁、最大判昭和23・7・29刑集2巻9号1045頁参照。

② 次に、刑訴法297条1項は、「裁判所は、検察官及び被告人又は弁護人の意見を聴き、証拠調の範囲、順序及び方法を定めることができる」と定めました。この規定も、当事者の攻撃・防御活動に秩序を与えてその活動を効果的にしようとの合目的性に基づくものと言えます。

(b) 第2は、職権主義が補充的に働く場合です。なお、その場合でも、当事者主義と調和するように解釈されなければなりません。

①まずは、訴因変更命令（法312条2項）を挙げることができます。訴因変更命令については、後に第8章⑤（→186頁）で詳述します。

②次に、職権証拠調べがあります。

証拠調べは、刑訴法298条1項に規定するように、第1次的には当事者の請求によって行われるのですが、同条2項は、「裁判所は、必要と認めるときは、職権で証拠調をすることができる」と定めています。職権証拠調べについては、これまで、実体的真実主義の立場からの規定であるとするのが一般的な理解でありました。そして、そのように理解すること自体は、刑訴法の目的からして間違いとは言えないでしょう。しかし、ここで注意しておくべきことは、当事者主義との調和的理解こそが重要だということです。

すなわち、当事者対等主義（武器対等の原則）の考えに立って、特に、被告人の防御能力を補充するために必要な場合に職権で証拠調べが行われるとの理解が大切です。したがって、被告人側の武器の劣勢を補充し、防御能力の不足を補充するためになされる職権証拠調べなどの職権発動は、当事者対等主義に資するものであって、当事者主義とは対立しません。

なお、平成16年の刑訴法の一部改正によって新設された公判前整理手続ないし期日間整理手続が行われる場合に（公判前整理手続ないし期日間整理手続については、第7章②4の(1)および(2)参照→144頁および145頁）、当事者が公判前整理手続または期日間整理手続で証拠調べ請求をしなかった場合には、原則として、後の公判期日での証拠調べ請求ができないことになっており（これを立証制度と言います。法316条の32第1項）、その場合は、職権証拠調べだけが認められています（同第2項）。したがって、この場合、被告人側が証拠調べについての職権発動を促した場合には、被告人に対する後見的視点からの職権発動がなされるべきだと考えます。

第2章　刑事訴訟の関与者

　本章では、いわば刑事手続の登場人物を扱います。先ず、裁判所の組織・機構、裁判官の種類などを説明し、次に、当事者たる検察官、被告人（被疑者）、弁護人について、その地位・権限・義務などを刑訴法上の基本理念にさかのぼりながら検討します。また、警察官についての刑訴法上の基本事項や被害者の刑事手続参加の概要についても説明します。

1　裁判所と裁判官

1　裁判所の意義

　裁判所の意義については、一般に、国法上の意義における裁判所（司法行政上の裁判所）と訴訟法上の意義における裁判所（裁判機関としての裁判所）とに分けて説明されます。そして、刑事訴訟法上でいう裁判所は、原則として、訴訟法上の意義における裁判所を指していると言えます。

　ここに訴訟法上の意義における裁判所（裁判機関としての裁判所）とは、裁判官によって構成された、裁判権を実行する機関としての裁判所のことを言います（なお、裁判員の参加する合議体で取り扱うべき事件の裁判権を実行する機関は、裁判官と裁判員とで構成されます。裁判員制度については、第7章4参照→162頁）。つまり、具体的事件についての審判を行う裁判機関としての裁判所のことです。そして、具体的事件の配点（配付）を受け、現実に審判を行う当該裁判所のことを受訴裁判所と言います。

　これに対し、国法上の意義における裁判所（司法行政上の裁判所）というのは、国の機関としての裁判所のことであり、これは、司法行政上の、官庁としての裁判所と官署としての裁判所とに分けて捉えることができます。

2　裁判所の種類・構成

　裁判所は、最高裁判所と下級裁判所とに分けられます（憲76条1項）。下級裁判所には、高等裁判所、地方裁判所、家庭裁判所、簡易裁判所の4種があ

ります。

(1) 最高裁判所

　最高裁判所は、全国に1箇所とし、東京都に置かれています（裁6条）。最高裁判所の裁判官は、その長たる裁判官を最高裁判所長官とし、その他の14人の裁判官を最高裁判所判事とし、この15人によって構成されます（憲79条1項、裁5条1項、3項）。最高裁判所は、大法廷または小法廷で審理および裁判をします（裁9条）。

(2) 高等裁判所

　高等裁判所は、全国8箇所に置かれ、高等裁判所長官と相応な員数の判事によって構成されます（裁15条）。高等裁判所は合議制を原則とします（裁18条1項）。合議体の員数は、原則として3人ですが、刑法77条から79条の罪（内乱に関する罪）に係る訴訟については5人とされています（裁18条2項）。

(3) 地方裁判所

　地方裁判所は、全国50箇所に置かれ、相応な員数の判事および判事補によって構成されます（裁23条）。地方裁判所は、最も一般的な第1審裁判所です。地方裁判所の裁判官裁判事件（裁判員の参加しない、裁判官のみによる裁判事件）の審理は、1人の裁判官による単独制を原則とし（裁26条1項）、一定の事件については3人の合議制で行います（裁26条2項）。合議制事件には、いわゆる裁定合議事件（裁26条2項1号）と法定合議事件（裁26条2号～4号）とがあります。

(4) 家庭裁判所

　家庭裁判所は、地方裁判所と同様、全国50箇所に置かれ、相応な員数の判事および判事補によって構成されます（裁31条の2）。家庭裁判所は、単独制を原則とし、裁定合議事件と他の法律によって合議体で審判すべきものと定められた事件については合議制がとられます（裁31条の4）。

(5) 簡易裁判所

　簡易裁判所は、全国430数箇所に置かれ、相応な員数の簡易裁判所判事によって構成されます（裁32条）。すべての事件について単独制がとられます（裁35条）。

3　裁判所の管轄

　裁判所の管轄とは、特定の裁判所が特定の事件について裁判権を行使でき

るように分配された裁判上の権限を言います。裁判所の管轄は、大きくは法定管轄と裁定管轄とに分けることができます。

(1) **法定管轄**

裁判所法は、事件の軽重、審判の難易や被告人の利益の保障などを勘案して、あらかじめ、一般的基準に基づいて管轄を定めています。これを法定管轄と言います。法定管轄には、事物管轄、土地管轄、審級管轄があります。

(a) **事物管轄**

事物管轄とは犯罪の種類（軽重、性質）による第1審の管轄です。

①簡易裁判所は、罰金以下の刑にあたる罪、選択刑として罰金が定められている罪または常習賭博等の罪（刑186条）、横領罪（刑252条）、盗品等の譲受け等の罪（刑256条）に係る訴訟について事物管轄を有しています（裁33条1項2号）。

②地方裁判所は、一定の事件（高等裁判所の特別権限に属する事件と、簡易裁判所の専属管轄である罰金以下の罪にあたる事件）を除いて、すべての刑事事件について事物管轄を有しています（裁24条）。

③高等裁判所は、内乱に関する罪（刑77条〜79条の罪）について事物管轄を有しています（裁16条4号）。

④なお、家庭裁判所は、2008年（平成20年）の少年法改正前は少年の福祉を害する成人の刑事事件に係る事件についての事物管轄を有していましたが（上記改正前の少年法37条1項）、上記改正で同法37条は同法38条と共に削除され、併せて裁判所法31条の3第1項4号も削除されました。したがって、それらの事件については地方裁判所または簡易裁判所が事物管轄を有することになりました。なお、家庭裁判所は、少年法で定める少年の保護事件についての事物管轄を有していますが、少年の刑事事件についての事物管轄は有していません。

(b) **土地管轄**

土地管轄は、事件と土地との関係で有する管轄です。

最高裁判所は一つしかないので、土地管轄の問題は起りません。土地管轄について、刑訴法は、「裁判所の土地管轄は、犯罪地又は被告人の住所、居所若しくは現在地による」と定めています（法2条1項）。

(c) **審級管轄**

審級管轄は、第1審以外の裁判所が上訴との関係で有する管轄です。

①高等裁判所は、地方裁判所の第1審判決、家庭裁判所の判決、簡易裁判所の刑事に関する判決に対する控訴や地方裁判所および家庭裁判所の決定および命令に対する抗告、簡易裁判所の刑事に関する決定・命令に対する抗告について審級管轄を有しています（裁16条、17条）。

②最高裁判所は、上告と訴訟法において特に定める抗告（特別抗告）について審級管轄を有しています（裁7条）。

(d) 関連事件の管轄

上記のような法定管轄を固定したままにすると、被告人の利益の点からも訴訟経済の点からも、不都合が起こることも有り得ます。そこで、法は、一定の場合に、このような固定性を緩和すべく修正を加え、関連事件の場合には、一つの裁判所が、併せて管轄権を有することにしました。

ここに関連事件とは、①1人が数罪を犯したとき、②数人が共に同一または別個の罪を犯したとき、③数人が通謀して各別に罪を犯したとき、を言います（法9条1項。なお、同条2項参照）。

関連事件が、事物管轄を異にする場合については上級の裁判所が関連事件を管轄することができるのであり（法3条1項）、土地管轄を異にする場合は、原則として、1個の事件につき管轄権を有する裁判所が併せて関連事件を管轄することができます（法6条）。

(2) 裁定管轄

裁定管轄とは、裁判所の決定によって定められる管轄です。管轄の指定による場合（指定による管轄）と管轄の移転による場合（移転による管轄）とがあります。管轄の指定（法15条、16条）とは、管轄裁判所が明らかでない場合に、上級裁判所（法16条の場合は最高裁判所）の決定によって管轄裁判所を指定することです。管轄の移転（法17条、18条）とは、本来、管轄裁判所があるのに、特別の事情がある場合に、上級裁判所（法18条の場合は最高裁判所）の決定によって、本来の管轄裁判所の管轄権を消滅させ、指定された裁判所に管轄を生じさせることです。

(3) 事件の移送

裁判所は、適当と認めるときは、検察官もしくは被告人の請求によりまたは職権で、決定をもって、その管轄に属する事件を、証拠調べ前に限って、

事物管轄を同じくする他の管轄裁判所に、移送することができます（法19条1項、同条2項）。

4 公平な裁判所

(1) 公平な裁判所の意義

　憲法37条1項は、「すべて刑事事件においては、被告人は、公平な裁判所の……裁判を受ける権利を有する」と定めています。そして、ここにいう公平な裁判所とは、判例によれば、「構成其他において偏頗の虞なき裁判所」であるとされています[1]。つまり、それは、その組織や構成等からして、偏頗な（かたよった、あるいは不公平な）裁判をする惧（虞）のない裁判所ということになります。

　この考え方からすると、憲法の上記規定は、組織・構成等からする公平な裁判所、およびそのような裁判所による裁判を保障しているのであって、それは、直ちに、個々具体的な事件についての公平な裁判そのものを保障するものではないと解されることになります。多数の学説も、そのように解していると言えます。

　しかし、被告人にとって重要なことは、個々具体的な当該事件について公平な裁判を受けることそのものの筈です。公平な裁判が行われるためには、裁判所そのものが、その組織や構成等において公平なものでなければならないのは当然でして、憲法が、明文で、公平な裁判所を保障したということは、公平な裁判そのものを担保するためであると解すべきです。

(2) 公平な裁判所を担保する制度

　(a) 公平な裁判所を担保するうえにおいて重要なものとして、裁判官の除斥、忌避、回避の制度を挙げることができます。

　除斥（法20条）とは、裁判官が、担当する事件の関係者であるなど、不公平な裁判をする虞がある事由を類型化して、そのような事由に該当する裁判官を当然に職務の執行から除外する制度を言います[2]。忌避（法21条～25条）

---

[1] 最大判昭和23・5・5刑集2巻5号447頁。
[2] 除斥理由としての法20条1項7号について、「裁判官が事件について公訴棄却の判決をし、又はその判決に至る手続に関与したことは、その手続において再起訴後の第1審で採用された証拠又はそれと実質的に同一の証拠が取り調べられていたとしても、事件について前審の裁判又はその基礎となった取調べに関与したものとはいえない」と判示したものとして、最決平成17・8・30刑集59巻6号726頁（百選〔第9版〕52事件）参照。

とは、裁判官が不公平な裁判をする虞がある場合に、当事者の申立てによって当該裁判官を職務の執行から除外する制度です。回避（規13条）とは、裁判官が、忌避される理由があると考えた場合に、自ら申し出て、当該裁判官の所属する裁判所の決定によって当該裁判官を職務の執行から除外する制度です。

(b) その他、公平な裁判所は、起訴状一本主義（第6章②3参照→124頁）に代表される予断排除の原則などによっても担保されています。また、そもそも、憲法が、76条3項で裁判官の独立を、78条で裁判官の身分を、37条1項、82条で裁判の公開を、それぞれ保障していることは、いずれもが公平な裁判所を保障するための直接的な担保規定として作用していると言えます。

5 裁判官

(1) 裁判官の種類は、次のように分類されています。

すなわち、最高裁判所長官、最高裁判所判事、高等裁判所長官、判事、判事補、簡易裁判所判事の6種類です（裁5条1項、同条2項）。なお、これらは、いずれもが官名です。なお、裁判官の任命資格については、裁判所法41条～46条参照。

(2) いわゆる司法権の独立は、司法権そのものが他の権力から独立しているだけでなく、実際の裁判を担う裁判官の職権の独立を保障することによって実現できるのです。したがって、裁判官の職権の独立は司法権の独立の根幹となります。そして、司法権の独立の本来的な意味・内容は、裁判官の（職権の）独立として具体的に現実化すると言っても過言ではありません。そこで、憲法は、「すべて裁判官は、その良心に従ひ独立してその職権を行ひ、この憲法及び法律にのみ拘束される」（憲76条3項）と定めました。

また、このような裁判官の職権の独立を実質的に保障するためには、その前提として、裁判官の身分保障が確固たるものとなっていなければなりません。この点について憲法は、「裁判官は、裁判により、心身の故障のために職務を執ることができないと決定された場合を除いては、公の弾劾によらなければ罷免されない。裁判官の懲戒処分は、行政機関がこれを行ふことはできない」（憲78条）と定めました（なお、憲64条、裁48条参照）。

(3) 合議体の裁判所においては、その内容によっては合議体の構成員の全

員で行う必要のない職務（訴訟行為）もあります。そこで、そのような場合に、合議体の構成員の1人にその職務を命じることがあります。この職務を命じられた裁判官を受命裁判官と言います（法12条2項、43条4項、125条など）。また、ある裁判所から他の裁判所の裁判官に特定の訴訟行為を嘱託する場合があります。その嘱託を受けた裁判官を受託裁判官と言います（法43条4項、125条など）。

（4）他に、裁判機関の一員としてではなく、個々の裁判官としての地位で、各種令状の請求を受け、それを発付したり（法199条、210条、218条など）、第1回公判期日前の勾留に関する処分（法280条）や証拠保全手続（法179条、180条）などの請求を受け、それらの処分を行うなど、訴訟法上の独立の権限を認められた裁判官があります。これを受任裁判官あるいは請求を受けた裁判官と言います。

（5）なお、裁判員については、第7章④「裁判員制度」（→162頁）の中で詳述します。

② 検察官

1 総説

検察官は、検察権を行使する主体です。検察官の官名としては、検事総長、次長検事、検事長、検事、副検事の5種類があります。

（1）検察官制度の特徴としては、第1に、検察権の行使権者は、検察庁ではなく、個々の検察官であるということを挙げることができます。そこから、検察官は、独任制官庁であると言われます。

第2に、検察官一体の原則を挙げることができます。これは、検察官が、全国的に統一的・階層的な一体的組織として活動することを意味します（検12条参照）。

第3に、法務大臣は、検察官を一般に指揮監督することができますが、個々の事件の取調べまたは処分については、検事総長のみを指揮することができるだけです（検14条）。

（2）検察官の地位を検察庁法で見ますと、同法4条は、「検察官は、刑事について、公訴を行い、裁判所に法の正当な適用を請求し、且つ、裁判の執

行を監督し、又、裁判所の権限に属するその他の事項についても職務上必要と認めるときは、裁判所に、通知を求め、又は意見を述べ、又、公益の代表者として他の法令がその権限に属させた事務を行う」と規定し、同法6条1項は、「検察官は、いかなる犯罪についても捜査をすることができる」と定めています。

　これらの規定から分かるように、検察官には、訴訟法上、①捜査官としての地位、②公訴官としての地位、③法の正当な適用の請求者としての地位、④執行機関としての地位の四つがあることになります。

2　検察官の訴訟法上の地位

(1)　捜査官としての地位

　この点については、検察庁法6条の他に、刑訴法191条1項が、「検察官は、必要と認めるときは、自ら犯罪を捜査することができる」と定めているところからも明らかです。

　問題となるのは、司法警察職員との関係です。すなわち、刑訴法189条2項は、「司法警察職員は、犯罪があると思料するときは、犯人及び証拠を捜査するものとする」と定めていますので、両者の関係が問題となります。条文からして、司法警察職員が第1次的捜査機関であると解するのが一般的な理解です。というのも、司法警察職員については、刑訴法189条2項が、「捜査するものとする」と定めているのに対し、検察官については、同法191条1項が、「必要と認めるときは、……捜査することができる」と定めているからです。したがって、検察官の捜査は、原則として、補充的、補正的なものであり、検察官は第2次的捜査機関ということになります。

　そして、検察官と司法警察職員との関係は、原則として、相互に独立した主体としての協力関係にありますが（法192条）、捜査の統一という観点から、例外的に、検察官の一般的指示権（法193条1項）、一般的指揮権（法193条2項）、具体的指揮権（法193条3項）および懲戒・罷免の訴追権（法194条）が認められています。

(2)　公訴官としての地位

　検察官は、公訴を独占し、公訴官として被告人と対等の訴訟の当事者となります。検察庁法4条は、「検察官は、刑事について、公訴を行い」と定めています。また、同条は、検察官を「公益の代表者」としています。

（a）　検察官は、確かに、被告人と対立する形式的当事者ではありますが、検察官の公訴において求めるものは、あくまでも、証拠があれば処罰されたいということであって、検察官は、被告人に有利な証拠があれば、それをも提出したりして、被告人に有利な点についても裁判所の判断を求めていくべきものなのです。また、検察官は、裁判が誤っていれば、被告人の利益のためにも上訴をすることができます。

判例も、「検察官が公益の代表者として訴訟において裁判所をして真実を発見させるため被告人に有利な証拠をも法廷に顕出することを怠ってはならないことはその国法上の職責である」としています[3]。

（b）　このようなところから検察官の客観義務が問題とされます。これについては、当事者主義に逆行するものであるとして否定的に捉える立場と、当事者主義の実質的完成に寄与するものであるとして肯定的に捉える立場に分かれます。

この点については、当事者主義ということから、検察官の当事者性を強調し、検察官は公判を維持するためには無制約的訴訟活動も可能であるとの誤解もあり、そのような誤解に対処するためには客観義務の概念は有効なので、基本的には、これを認めてよいと考えます。

しかし、検察官をもって準司法官であるとする視点から、客観義務を強調し過ぎるのは危険です。検察官の行動規範や身分保障などが裁判官に準ずる面があることは確かですが、客観義務の概念は、「わが国では、被告人の実質的な防御機能をとり込む内容のものであるため、当事者主義の形骸化を招く危険があることと、準司法官として〔の〕裁判官代替的性格が公判中心主義と矛盾する契機をもつことに問題性がある」（田宮25頁、なお〔　〕内は筆者）と指摘されていることを忘れてはなりません。

(3)　法の正当な適用の請求者としての地位

検察庁法4条は、「検察官は……裁判所に法の正当な適用を請求し、」と定めています。その背景には、「検察官を司法の『監督者』とする伝統的観念」（田宮25頁）があると言われています。

この点を最も明らかにしているのが、非常上告の制度です（非常上告につい

---

[3]　最決昭和34・12・26刑集13巻13号3372頁。

ては、第15章⑨参照→337頁)。

(4) 裁判の執行機関としての地位

　検察庁法4条は、「検察官は、刑事について……裁判の執行を監督し、」と定めています。刑事裁判で執行を要するものは、それが刑罰であれ、訴訟上の強制処分であれ、原則として (例外として法70条1項但書や108条1項但書など参照)、検察官の執行指揮のもとに行われます (法472条)。裁判の執行については、第14章⑦参照 (→306頁)。

③ 警察官

1 司法警察職員

　警察法によって定められた身分を有する者が警察官です。警察官の階級は、警視総監、警視監、警視長、警視正、警視、警部、警部補、巡査部長、巡査の9階級に分かれています (警察62条)。刑訴法上は司法警察職員と呼ばれます。

　刑訴法189条1項は、「警察官は、それぞれ、他の法律又は国家公安委員会若しくは都道府県公安委員会の定めるところにより、司法警察職員として職務を行う」と定めています。司法警察職員というのは刑訴法上の資格ということになります。

　司法警察職員は第1次的捜査権を有しています。刑訴法189条2項は、「司法警察職員は、犯罪があると思料するときは、犯人及び犯罪を捜査するものとする」と定めています。

2 司法警察員と司法巡査

　司法警察職員は、司法警察員と司法巡査とに分けられます。そして、司法警察員にのみ認められて、司法巡査には認められていない権限があります (法199条2項、203条、211条、216条、218条4項 (旧3項)、同条5項 (旧4項)、224条、225条、229条、241条、242条、245条等)。また、逮捕状の請求は、司法警察員でも、国家公安委員会または都道府県公安委員会の指定する警部以上の司法警察員 (指定司法警察員) に限られています (法199条2項)。

　どの階級の者を司法警察員、司法巡査に指定するかは、各公安委員会が定めることになっていますが、具体的には、巡査部長以上の階級の者を司法警

察員とし、巡査を司法巡査とするのが一般です（なお、各公安委員会により巡査を司法警察員に指定している例もあります）。

3　一般司法警察職員と特別司法警察職員

司法警察職員は、一般司法警察職員と特別司法警察職員とに分かれます。前者は警察官ですが（法189条1項）、後者は、それ以外の行政職員であって、法律により、特別の事項について司法警察職員としての職務を行う者をいい、その職務の範囲も法律で定められています（法190条）。例えば、麻薬取締官、海上保安官、労働基準監督官等があります。

4　警察比例の原則

警察権は、警察比例の原則にしたがって行使されなければなりません。この原則については、様々な説明がなされますが、要するに、警察権の行使は、その目的達成のために必要な最小限度のものであり、当該警察作用の内容・性質・程度と被処分者が受ける被侵害法益のそれとが合理的権衡を保っていなければならないとの原則と言えます（佐々木正輝＝猪俣尚人『捜査法演習』（2008年、立花書房）46頁～47頁〔佐々木〕、宮田三郎『警察法』（2002年、信山社）71頁参照。なお、警職法1条2項参照）。

4　被疑者・被告人

1　被疑者とは

被疑者とは、一定の犯罪の嫌疑を受けており、捜査機関によって捜査の対象とされてはいるが、未だ公訴の提起をされていない者のことを言います。

2　被告人の地位

被告人とは、一定の犯罪について、公訴を提起された者のことを言います。つまり、被疑者が公訴を提起されると被告人になるのです。

被告人には訴訟の当事者としての主体的な地位があります。それは、当事者主義のもとでは、検察官と対等の地位として、積極的に意味付けられています。また一方で、被告人は、訴訟の対象（客体）としての、あるいは証拠方法としての、地位も併有しています。

なお、被疑者と被告人とは、起訴の前後によって名称を異にし、また、具体的手続の上での差異（例えば、接見指定や保釈など）はありますが、捜査・公

判を通じて当事者主義を実質的に捉え刑事手続における防御権の保障の観点からすれば、その本質的地位には変わりがないと言えます。すなわち、当事者対等主義のもとで対立当事者として主体性を有していることや、その基本的人権が保障されていること（黙秘権や弁護人依頼権など多岐にわたります）などについては変わりがありません。

例えば、黙秘権について、憲法38条1項は「何人も、自己に不利益な供述を強要されない」と定めています。これは自己負罪拒否特権と言われますが、刑訴法はこれを受けて、311条1項で、「被告人は、終始沈黙し、又は個々の質問に対し、供述を拒むことができる」と規定しています。そして、この規定は、被告人には包括的黙秘権があることを定めたものであり、被疑者も同様の黙秘権を有すると解されています。この点は、刑訴法198条2項が、被疑者の「取調べに際しては、被疑者に対し、あらかじめ、自己の意思に反して供述する必要がない旨を告げなければならない」と規定し、捜査機関に黙秘権の告知義務を課している点からも明らかです。

3　被告人の特定（被告人の判定）

上述のように、公訴の提起された者が被告人であり、起訴状には、被告人の氏名その他、被告人を特定するに足りる事項が記載されます（法256条2項1号）。そして、公訴は、検察官の指定した被告人以外の者にその効力を及ぼしません（法249条）。

検察官は公訴提起の対象とされた者を被告人として起訴状に記載し、その者が、被告人として公判廷に出頭するのですから、これらの者（起訴状に記載された被告人や公判廷に出頭した被告人など）は、本来、一致していて当然です。しかるに、時には、氏名等の冒用や身代わりなどによって、これらが一致しないことが起り得ます。

そこで、このような場合に、誰が実質的意味での被告人（真の被告人）であるかを特定する基準が問題となります。このことは、一般に「被告人の特定」の問題として論じられますが、上述の起訴状における被告人の特定と区別するために、「被告人の判定」との表題のもとに論じられることもあります（新版注釈第3巻376頁〔臼井滋夫〕）。

第1説は、表示説であり、起訴状に被告人として記載された者をもって被告人とします。第2説は、意思説であり、検察官が実際に起訴しようと思っ

た者をもって被告人とします。第3説は、行動説（挙動説、行為説）であって、被告人として行動し、または被告人として扱われた者をもって被告人とするのです。通説・判例[4]は、表示説（すなわち、起訴状の記載）を基本としながら、検察官の意思と被告人の行動（挙動）とを共に考慮したうえで合理的な判断をすべしとしています。このような立場を実質的表示説と言います（この点の詳細は渡辺172頁以下参照）。

4 被告人の証人適格

(1) 証人適格とは、証人となり得る資格のことを言います。刑訴法143条は、「裁判所は、この法律に特別の定ある場合を除いては、何人でも証人としてこれを尋問することができる」と定めています。それでは、被告人は証人となり得るのでしょうか。これが、被告人には証人適格があるのかという問題です。

通説はこれを否定し、実務の運用も同様です。被告人の証人適格を否定する理由として一般に挙げられるのは、被告人には包括的黙秘権が保障されているからだ（法311条1項、291条3項、憲38条1項）というものです。つまり、包括的黙秘権を有し供述義務のない被告人を証人とすることは、訴訟の第三者であって基本的に証言義務（それも、宣誓のうえで真実を証言する義務。法154条、160条、161条参照）を負っている証人の地位と両立しないとされるからです。さらに、被告人に対しては、被告人質問の制度（法311条2項、同条3項）が定められていますから、被告人を証人とする必要性がないといった理由も挙げられています。現行法の解釈としては、上記理由からして、通説の立場をもって妥当とすべきです。

(2) 以上の通説の立場からすれば、共同被告人も、被告人である以上は証人適格がないということになります。したがって、共同被告人のままでは証人とすることはできません。しかし、弁論の分離（法313条）をすれば（弁論の分離については、第7章③3参照→155頁）、共同被告人としての地位を離れますので、証人として喚問することができることになります。最高裁も、そのように解しています[5]。ただ、そうであっても、分離するかどうかの裁判所

4　他人の氏名を冒用した場合について、最決昭和60・11・29刑集39巻7号532頁（百選〔第9版〕53事件）参照。
5　最決昭和31・12・13刑集10巻12号1629頁。同旨のものとして、最判昭和35・9・9刑集14

の判断は慎重かつ合理的になされなければなりません。

5 弁護人

1 弁護人の地位
(1) 当事者対等主義と弁護人制度
　当事者主義訴訟構造のもとにおいては、当事者は相互に対等（平等）の立場において攻撃・防御をするという当事者対等主義（当事者対等の原則）、すなわち、武器対等の原則が要請されます。

　しかし、現実の刑事訴訟においては、検察官は、国家の機関として、国家権力を背景に訴追者として強力な権限を行使するのに対し、被告人は、被訴追者として、不安定な立場にあり、事実的にも法的にも様々な制約のもとに置かれており、かつ、法的知識を有していないのが通常です。

　そこで、被告人の武器（防御の手段・方法）の劣勢を補い、被告人が無実の罪に問われたり、不当に重く罰せられたり、手続上において不当に取り扱われたりしないための制度が必要になってきます。そのために設けられたのが弁護人制度です。

　弁護人とは、刑事訴訟手続（捜査段階を含みます）について選任されて、もっぱら被疑者・被告人のために弁護をなすことを任務とする者を言います。そして、そこにいう弁護とは、基本的に、刑事訴訟手続において、被疑者・被告人の正当な利益を擁護することをいうのですが、今やそれだけに止まらず、後述のように、被疑者・被告人の保護者・援助者としての一切の活動をいうと解されるのです。

(2) 弁護権と弁護権論
　弁護権とは、もともとは（広い意味では）被疑者・被告人の正当な権利・利益を擁護する権利のことを言いますが[6]、今日では、主として、被疑者・被告人が弁護人に依頼をして、弁護人から有効な弁護を受けることのできる権

巻11号1477頁。

[6] したがって、この権利は、当然、被疑者・被告人も、また弁護人も有しますが、かつては、主として、弁護人の弁護する権利ないし弁護するために認められた権利だけを指して、弁護権と言っていたこともあります。

利のことをいうものと解されています。そして、弁護権の保障は、基本的には、弁護人依頼権（弁護人選任権）として現われますが、重要なことは、ただ、弁護人を依頼（選任）できるということだけではなく、いかに弁護人から有効な弁護を受けるかということです。

このような弁護人依頼権は、憲法上の権利として保障されています。すなわち、先ず、憲法は34条前段で、「何人も、……直ちに弁護人に依頼する権利を与へられなければ、抑留又は拘禁されない。」と定めて、被疑者・被告人が身柄を拘束されたときの弁護人依頼権を保障しています。さらに、37条3項は、「刑事被告人は、いかなる場合にも、資格を有する弁護人を依頼することができる。被告人が自らこれを依頼することができないときは、国でこれを附する」として、被告人の弁護人依頼権と国選弁護人制度を定めています。そして、刑訴法は、適用の範囲を広げ、「被告人又は被疑者は、何時でも弁護人を選任することができる」（法30条1項）としたうえで、弁護人制度についての詳細な規定を設けています。

(3) 弁護人の地位と誠実義務

弁護人の地位については、これを包括的代理人としてのみ捉える見解もありましたが、それだけに限定してしまうのは正確ではありません。弁護人は、単なる代理人とはその性格を異にするところもありますし、代理人以上のものであると言えます（弁護人の権限について、後記2参照→32頁）。

弁護人は、広範な権利を行使しつつ、検察官に対立する立場に立って、被疑者・被告人を保護し擁護する任務を有しているのです。このような保護的機能に着目して、弁護人は被疑者・被告人の保護者であるとするのが一般です（例えば、田宮30頁）。そして、当事者主義訴訟のもとにおける弁護人には、さらに、被疑者・被告人の積極的訴訟活動を援助することが求められているのでして、援助者たる機能（援助的機能）を果たすことが必要とされています。このような任務を有する弁護人は、被疑者・被告人のために誠実に弁護活動をする義務があります（弁1条2項参照）。この義務は弁護人の誠実義務と呼ばれています[7]。

なお、これら弁護人の地位に由来する権限については、後記2（→32頁）

---

[7] 弁護人の誠実義務に関連して、最決平成17・11・29刑集59巻9号1847頁（百選〔第9版〕56事件）参照。

で詳述します。

(4) 弁護人の真実義務をどう考えるか

このように、弁護人は、被疑者・被告人の保護者・援助者として、被疑者・被告人の基本的人権を擁護することを主たる任務とするのですが、正しい刑事司法に協力して正義と真実に奉仕するという公益的地位（公益性）も有しています。

しかし、ここで注意しておかなければならないことは、弁護人の公益性といっても、それは、あくまで、被疑者・被告人の基本的人権を擁護するための正当な防御権行使を通じてのものであり、国家目的からいうところの公益性とはその内容を異にするということです。つまり、弁護人の任務は、第1次的には被疑者・被告人の正当な利益の擁護にあるということです。

ところで、弁護人については、その公益性から、真実義務ということが言われます。しかし、その地位・任務を以上のように捉えれば、いわゆる弁護人の真実義務については、義務といっても、そこには自ずと一定の制約（限度）があることが明らかとなります。その点から、「真実義務は、かりに存在するとしても、積極的な提供開示義務でなく、消極的な妨害回避義務である」（田宮36頁）と言われるのです。

したがって、弁護人には、積極的真実義務はなく、真実義務があるとしても、それは、上記妨害回避義務のような、消極的な意味でのもののみということになるのです。

2 弁護人の権限

被疑者・被告人の保護者・援助者の地位に立つ弁護人には、代理権と固有権とが認められています。

(1) 弁護人の代理権

弁護人は、その性質の許す限り、被疑者・被告人がすることのできる訴訟行為のすべてについて包括的代理権を有しています。

(a) ところで、代理権というものは、その行使にあたって、本人の明示・黙示の意思に反することはできず、本人の意思に拘束されるのが原則です。しかし、弁護人は、武器対等の原則により、被疑者・被告人の利益を擁護する保護者・援助者たる法定の機関でありますから、本人の意思に拘わらず、独立して代理権限を行使できなければ、被疑者・被告人の権利・利益の擁護

を全うすることができません。ただ、そうは言っても、ことは被疑者・被告人の重大な利害に関わることですから、すべての権利について本人の意思から独立して行使するのが最善とも言い切れません。

(b) そこで、刑訴法41条は、「弁護人は、この法律に特別の定のある場合に限り、独立して訴訟行為をすることができる」と定め、法が定めた特別の場合に限って、本人から独立して代理権を行使することができることにしました。このような代理権を一般に独立代理権と言います。なお、弁護人が独立して訴訟行為のできる場合としては、後述の固有権を行使する場合もありますから、同条は弁護人の固有権に関する規定でもあると言えます。

(c) このような弁護人の独立代理権は、①本人の明示の意思に反しても行使できるもの（法82条2項、87条、88条、91条、179条、276条1項、298条1項、309条1項、同条2項など）と、②本人の明示の意思に反しては行使できないが、黙示の意思に反しては行使できるもの（法21条2項、355条、356条など）とに分けられます。

(2) **弁護人の固有権**

弁護人が被疑者・被告人の保護者・援助者であるというところから、弁護人には、さらに固有権が認められています。

(a) ところで、かつては、弁護人の代理権と固有権との区別の基準を、被疑者・被告人本人の意思に反しても行使できるか否かという点に求め、本人の意思に反しても行使できる場合は、これを固有権とする見解がありました。そして、その見解によれば、刑訴法41条は固有権のみに関する規定であり、前述の独立代理権にあたる場合についても、これを固有権としていました。

しかし、そのような見解に立つと、被疑者・被告人本人が権利を失った場合でも、弁護人は、なお、その権利を行使することができることになりますが、そのようなことは刑事訴訟における訴訟行為一回性の原則や訴訟経済の点から見て好ましいことではないとされ、現在の多数説は、弁護人の権利として「特別の定のある場合」であっても、それが性質上代理に親しむ以上は、それを代理権（独立代理権）と捉え、その権限の性質上代理に親しまないものを固有権としています（なお、このような分け方については、有力な反対説（光藤・I 271頁など）があります）。

（b）　固有権については、①被疑者・被告人本人と重複して有する権限（法113条1項、157条1項、228条2項、157条3項、304条2項、293条2項、311条3項など）と、②弁護人のみが有する権限（法40条1項、180条1項、39条、170条、388条など。これを狭義の固有権ということがあります）とに分けられます。

3　必要的弁護制度
(1)　必要的弁護事件

　刑訴法289条1項は、「死刑又は無期若しくは長期3年を超える懲役若しくは禁錮にあたる事件を審理する場合には、弁護人がなければ開廷することはできない」と定めています。同条項が定める事件を必要的弁護事件と言います（他に、必要的弁護の場合として、法316条の4、316条の7、316条の8第1項、316条の29、350条の4、350条の9など参照）。

　そして必要的弁護事件においては、弁護人が出頭しないときもしくは在廷しなくなったとき、または弁護人がないときは、裁判長は、職権で弁護人を付さなければなりません（法289条2項。なお、同条3項参照）。

　このように、必要的弁護事件については、弁護人が在廷しなければ、開廷もできないし、審理を継続することもできません。必要的弁護は、被告人の意思に反しても弁護人を付さなければならないところから、強制的弁護とも呼ばれています。そして、同条にはその適用に関する例外規定は置かれていません。

(2)　必要的弁護事件とその例外を認めることの可否

　そこで、いわゆる必要的弁護事件については、いかなる場合においても例外は認められないのか、それとも一定の例外を認める余地があるのかということが問題とされます。

　具体的に言えば、弁護人が、被告人と意を通じ合って、正当な理由なく公判期日に出頭しないとか在廷命令に反して退廷したような場合や、被告人が弁護人の出頭を妨害したような場合などでも、一切例外が認められないのかということが問題とされます。そして、仮に例外が認められるとすればその根拠や要件は何か、その場合、弁護人が在廷しないまま審理し得る範囲はどこまでか、といったことが問題とされます。

　従前の通説は、そもそも、弁護人が在廷しないままで審理が進められるようなことは予定されていないと解していましたが、近時では、いわゆる内在

的制約説の立場に立って、一定の例外を認める有力な見解が現れています（例えば、田宮 275 頁、田口 237 頁など）。

判例は、必要的弁護事件で、被告人が、出頭拒否や弁護人の解任などを繰り返したり、国選弁護人に対して脅迫を加えたりして出頭妨害をし、弁護人もまた、出廷拒否や在廷命令に反しての退廷をしたりし、第 1 次第 1 審から最高裁決定までに約 26 年を要した異例の事件について、次のような職権判断をしました。

すなわち、「このように、裁判所が弁護人出頭確保のための方策を尽したにもかかわらず、被告人が、弁護人の公判期日への出頭を妨げるなど、弁護人が在廷しての公判審理ができない事態を生じさせ、かつ、その事態を解消することが極めて困難な場合には、当該公判期日については、刑訴法 289 条 1 項の適用がないものと解するのが相当である。けだし、このような場合は、被告人は、もはや必要的弁護制度による保護を受け得ないものというべきであるばかりでなく、実効ある弁護活動も期待できず、このような事態は、被告人の防御の利益の擁護のみならず、適正かつ迅速に公判審理を実現することをも目的とする刑訴法の本来想定しないところだからである」と判示しました[8]。

4　国選弁護人制度

(1)　総　説

憲法 37 条 3 項は、「刑事被告人は、いかなる場合にも、資格を有する弁護人を依頼することができる。被告人が自らこれを依頼することができないときは、国でこれを附する」と定めています。そして、これを受けて、刑訴法は国選弁護人の選任等に関する規定を置いています。

ところで、2004 年（平成 16 年）の刑訴法等の一部改正法（以下、ここでは、「改正法」と表示します）が成立するまでは、憲法 37 条 3 項が条文上「被告人」に限って国選弁護人選任権を定めていることから、憲法は、被告人についてのみ国選弁護人制度を保障し、被疑者については法律に委ねているとの解釈のもとに[9]、国選弁護人制度は被告人についてのみ置かれ、被疑者について

---

[8]　最決平成 7・3・27 刑集 49 巻 3 号 525 頁（百選〔第 9 版〕55 事件）。本判例の評釈について、渡辺直行「必要的弁護」判例演習 208 頁以下、渡辺 186 頁以下参照。
[9]　なお、この解釈には反対説があり、反対説は、憲法上も被疑者が含まれているとします。

の国選弁護人制度は認められていませんでした。

　しかし、被疑者段階においても国選弁護人が付されるべきであることは弾劾的捜査観からすれば当然の帰結であり（弾劾的捜査観については、第3章②参照→42頁）、被疑者国選弁護人制度の創設は、焦眉の急とも言うべき課題とされてきたのです。そして、ようやく、上記改正法によって、被疑者についても、一定の要件のもとに国選弁護人が認められることになりました。

　以下、国選弁護人制度の概略について説明していきます。

(2)　**被告人の国選弁護人制度**

(a)　まずは、請求による選任について説明します。刑訴法36条は「被告人が貧困その他の事由により弁護人を選任することができないときは、裁判所は、その請求により、被告人のため弁護人を附しなければならない。但し、被告人以外の者が選任した弁護人がある場合は、この限りでない。」と定めています。

　ところで、前記2004年（平成16年）の改正以前は、弁護士の知り合いがない場合や、知り合いの弁護士に依頼を断られた場合なども、それだけで、容易に、貧困以外の理由としての上記「その他の事由により弁護人を選任することができないとき」に当たるとされていました。

　しかるに、前記改正後は、必要的弁護の場合を除いて、被告人が貧困その他の事由により国選弁護人の選任を請求する場合、先ずは、資力申告書（その者に属する現金、預金その他政令で定めるこれらに準ずる資産の合計額（以下「資力」という）およびその内訳を申告する書面）を提出しなければならないこととされました（法36条の2）。そして、その資力が基準額以上である被告人については、私選弁護人選任申出前置の規定が置かれたことにより、あらかじめ、弁護士会に私選弁護人の選任の申出をし、弁護人となろうとする者がないとき、あるいは弁護士会が紹介した弁護士が弁護人選任の申込みを拒んだ場合に、はじめて、「その他の事由」により、国選弁護人が付されることになりました（法36条の3）。

(b)　次は、職権による選任です。これには、任意的場合と必要的場合とがあります。

　任意的場合としては、①被告人が未成年者であるとき（法37条1号）、②被告人が年齢70年以上の者であるとき（同条2号）、③被告人が耳の聞えない

者または口のきけない者であるとき（同条3号）、④被告人が心神喪失者または心神耗弱者である疑があるとき（同条4号）、⑤その他必要と認めるとき（同条5号）は、裁判所は職権で弁護人を付することができます（同条柱書）。さらに、これら刑訴法37条各号の場合に、すでに弁護人が選任されていても、弁護人が出頭しないときは、裁判所は、職権で弁護人を付することができます（法290条）。

また、刑訴法289条の必要的弁護事件で、弁護人がなければ開廷することができない場合において、弁護人が出頭しないおそれがあるときは、裁判所は、職権で弁護人を付することができます（同条3項）。なお、後述する公判前整理手続および期日間整理手続の期日に、弁護人が出頭しないおそれがあるときは、裁判所は、職権で弁護人を付することができます（法316条の8第2項、316条の28第2項）。

必要的場合としては、先ず、前記3(1)（→34頁）で述べた刑訴法289条1項、同条2項の定める場合があります。

また、前記改正法では、公判前整理手続および期日間整理手続の制度が創設されましたが、これらの手続においては、「被告人に弁護人がなければその手続を行うことができない」のであり（法316条の4第1項、316条の28第2項）、これらの手続において被告人に弁護人がないときは、裁判長は、職権で弁護人を付さなければなりません（法316条の4第2項、316条の28第2項）。そして、これらの手続期日に「検察官又は弁護人が出頭しないときは、その期日の手続を行うことができない」（法316条の7、316条の28第2項）とされ、弁護人がこれらの手続期日に出頭しないとき、または、在席しなくなったときは、裁判所は、職権で弁護人を付さなければなりません（法316条の8第1項、316条の28第2項）。なお、即決裁判手続の場合について後記(4)参照（→39頁）。

(3) **被疑者の国選弁護人制度**

2004年（平成16年）5月28日に前記改正法が公布され、それまでは被告人にしか認められていなかった国選弁護人制度が被疑者についても一定の要件のもとで認められることになりました。

被疑者国選弁護の対象事件（請求による場合も職権による場合も（後記追加選任の場合を除いて）同様です）は、「死刑又は無期若しくは長期3年を超える懲役

若しくは禁錮にあたる事件」です（法37条の2第1項）。

　(a)　まずは、請求による選任について説明します。すなわち、上記対象事件について、「被疑者に対して勾留状が発せられている場合において、被疑者が貧困その他の事由により弁護人を選任することができないときは、裁判官は、その請求により、被疑者のため弁護人を付さなければならない」（同第1項本文）ことになりました。「ただし、被疑者以外の者が選任した弁護人がある場合又は被疑者が釈放された場合は、この限りでない」（同第1項但書）とされ、既に被疑者以外の者によって選任された弁護人がいる場合や、勾留による身柄拘束から解放された場合は付さなくてよいとされました。

　ところで、上記刑訴法37条の2第1項による国選弁護人選任の請求は、「同項に規定する事件について勾留を請求された被疑者も、これをすることができる」（同第2項）とされています。したがって、選任の請求そのものは、勾留を請求された段階で（未だ勾留されていなくても）できます。

　なお、被疑者の請求による選任の場合も、資力申告書を提出しなければならないことになっています（法37条の3。なお、被疑者段階では必要的弁護はありませんので、対象事件のすべてについて提出する必要があります）。

　その他、選任請求に関する教示義務について、刑訴法203条3項、204条2項、205条5項、207条2項、同条3項参照。選任請求の方式等について、刑訴規則28条、28条の2、28条の3参照。

　(b)　次は、職権による選任です。

　①すなわち、「裁判官は、第37条の2第1項に規定する事件について被疑者に対して勾留状が発せられ、かつ、これに弁護人がない場合において、精神上の障害その他の事由により弁護人を必要とするかどうかを判断することが困難である疑いがある被疑者について必要があると認めるときは、職権で弁護人を付することができる。ただし、被疑者が釈放された場合は、この限りでない」（法37条の4）との規定が置かれました。

　つまり、この規定によれば、被疑者が国選弁護人の選任を請求できる事件で、被疑者に対し勾留状が発せられている場合について、一定の要件のもとに、裁判官が後見的立場から必要性を判断して、職権により国選弁護人を付することができるのです。

　②さらに、職権による追加選任の規定も創設されました。すなわち、「裁

判官は、死刑又は無期の懲役若しくは禁錮に当たる事件について」、前記刑訴法 37 条の 2 第 1 項または同法 37 条の 4 の規定により「弁護人を付する場合又は付した場合において、特に必要があると認めるときは、職権で更に弁護人 1 人を付することができる、ただし、被疑者が釈放された場合は、この限りでない」(法 37 条の 5) と定められました。

(4) 即決裁判手続の場合

なお、前記改正法によって、即決裁判手続の制度が新設されました (法 350 条の 2～350 条の 14、なお、403 条の 2、413 条の 2)。そして、即決裁判手続における事件は、必要的弁護事件でして、請求による場合と職権による場合の国選弁護人の選任に関する規定が置かれています (法 350 条の 3、350 条の 4、350 条の 9。即決裁判手続については、第 7 章③ 7 参照→ 159 頁)。

(5) 国選弁護人の解任

国選弁護人の具体的な選任行為の法的性質については、これを裁判とする考え方 (裁判説) と公法上の契約であるとする考え方 (契約説) との対立があり、通説・判例[10] は裁判説の立場に立ち、国選弁護人の辞任は認められず、裁判所が解任しない限り、その地位にとどまらざるを得ないとされてきましたところ、前記改正法では、裁判所による国選弁護人の解任についての規定 (法 38 条の 3) が新設されました。

6 被害者

1 総説

被害者の保護と被害者への配慮を図るために、近時、様々な新立法や法改正がなされてきました。そして、被害者法制をさらに発展させるべく、2007 年 (平成 19 年) の刑訴法の一部改正によって、被害者の刑事手続への参加制度が設けられました。

2 被害者の刑事手続への参加

(1) 裁判所は、一定の犯罪に係る被告事件 (以下「対象事件」という) の被害者等 (「被害者等」については、法 290 条の 2 第 1 項参照) 若しくは当該被害者の法

---

10 最判昭和 54・7・24 刑集 33 巻 5 号 416 頁。

定代理人またはこれらの者から委託を受けた弁護士から、被告事件の手続への参加の申出があるときは、被告人または弁護人の意見を聴き、犯罪の性質、被告人との関係その他の事情を考慮し、相当と認めるときは、決定で、当該被害者等または当該被害者の法定代理人の被告事件への参加を許すことになりました（法316条の33第1項）。

　対象事件となる犯罪は、次の①から④です（法316条の33第1項1号〜4号）。すなわち、①故意の犯罪行為により人を死傷させた罪〔例えば、刑199条の殺人罪、刑204条の傷害罪、刑205条の傷害致死罪、刑240条の強盗致死傷罪など〕（法316条の33第1項1号）、②強制わいせつ罪、強姦罪、準強制わいせつ罪、準強姦罪、業務上過失致死傷罪、自動車運転過失致死傷罪、逮捕・監禁の罪、略取・誘拐および人身売買の罪（同第1項2号）、③犯罪行為に上記②の罪の犯罪行為を含む罪（①の罪を除く）〔例えば、強姦罪を含む、刑178条の2の集団強姦罪や刑241条の強盗強姦罪など〕（法316条の33第1項3号）、④上記①〜③に掲げる罪の未遂罪（同第1項4号）、です。

　参加の申出は、あらかじめ検察官にしなければならないのであり、申出を受けた検察官は、意見を付して、これを裁判所に通知します（同第2項）。

（2）　当該被告事件の手続への参加を許された者（以下「被害者参加人」と表示します）の参加内容（参加人の権限）には、次のようなものがあります。

　①被害者参加人等（被害者参加人またはその委託を受けた弁護士のことを言います）の公判期日への出席（法316条の34第1項）。②被害者参加人等による、検察官に、その権限行使に関する意見を述べること（法316条の35）。③被害者参加人等による、情状に関する事項についての証人の証明力を争うために必要な事項についての証人尋問（法316条の36）。④被害者参加人等が、意見の陳述（⑤の法316条の38によるものと2000年（平成12年）の一部改正による法292条の2によるものとを含みます）をするために必要があると認める場合の被害者参加人等による被告人に対しての質問（法316条の37）。⑤被害者参加人等による、事実または法律の適用についての意見の陳述（法316条の38）です[11]。

---

[11] なお、刑訴法292条の2による意見陳述（第7章③2(2)(h)参照→155頁）は、「犯罪事実の認定のための証拠とすることができない」（法292条の2第9項）と定められているところからして事実認定の資料にはなりませんが、量刑資料にはなり得ると解されています。これに対し、ここでの同法316条の38による意見陳述は、いわゆる検察官の論告や弁護人の最終弁論と同様、あくまでも意見にすぎないのであって、証拠とはなりません（法316条の38第4項）。

(3) なお、2008年（平成20年）には、資力の乏しい被害者参加人が公費によって弁護士の援助を受けられるようにするため、国選による被害者参加弁護士制度（被害保護5条～12条）が創設されました（なお、被害者の手続参加の詳細は、渡辺306頁以下参照）。

第 3 章　捜査総説

　本章では、捜査の意義や構造、任意捜査の原則、強制処分法定主義、令状主義といった捜査についての基本原則、強制捜査と任意捜査との区別、捜査手法としての写真撮影など、捜査の基本となる事項や問題点を検討し、任意捜査の原則から特殊な捜査手法とされる、おとり捜査等についても説明します。

1　捜査の意義

　捜査とは、事実的側面から捉えて簡潔に言えば、犯罪の証拠と被疑者（被疑者の意義については、第 2 章④ 1 参照→ 27 頁）の身柄を保全する手続であると言えますが、捜査の目的をも考慮したうえでの定義付けが必要です。
　捜査の目的は、通説的理解によれば、①犯罪の嫌疑の有無を解明して、公訴を提起するかどうかの決定をすることと、②公訴が提起された場合に、それを維持するための準備をすることにあります。
　そこで、捜査の目的をも考慮したうえで捜査を定義付けますと、捜査とは、公訴の提起および追行の準備として、犯人を発見・保全し、証拠を発見・収集・保全することを内容とする捜査機関の諸活動ということになります。したがって、捜査ということを論ずる場合、①犯罪の証拠の発見・収集・保全と、②被疑者の身柄の保全、そして、③公訴を前提としての準備、ということが重要な要因となります。

2　捜査の構造

1　弾劾的捜査観と糺問的捜査観
　(1)　捜査の構造についての考え方には、大きく分けて二つの立場（捜査観）があるとされてきました。
　第 1 の立場は、いわゆる弾劾的捜査観と言われるものです。これは、捜査

というものを、裁判所（裁判官）、捜査機関（捜査官）、被疑者という三面的構造（三者間構造）を前提にして公訴の「準備」ということを重視し、将来の公訴のために一方当事者たる捜査機関が単独で行う準備活動（これに対し、もう一方の当事者たる被疑者は、防御活動を行う）として見ていく立場です。

第2の立場は、いわゆる糺問的捜査観と言われるものです。これは、捜査というものを、捜査機関（捜査官）と被疑者との二面的構造（二者間構造）を前提にして、捜査機関が一方的に被疑者について行う活動と見る立場です。

弾劾的捜査観、糺問的捜査観という分析の仕方は、既に第1章④1（→10頁）で述べた弾劾主義と糺問主義という訴訟構造についての考え方を応用して、捜査構造の分析を行ったものと言えます（平野83頁～85頁参照）。

(2) ところで、現行法上の捜査手続は、一般に、弾劾的捜査観に基づく要素と糺問的捜査観に基づく要素とを併有した、いわば折衷的形態をとっていると解されています。

というのも、例えば、強制処分を行う場合には、三面的構造を前提に、裁判官による司法審査が令状発付という形で行われますが、そのような司法審査は、令状発付の段階で事前になされるだけだからです。そして、令状の執行たる強制処分それ自体（逮捕や捜索・差押え）は、二面的構造のもとで、捜査機関が一方的に行うのです。つまり、三面的構造を前提とした弾劾的捜査観に基づいた手続構造が捜査手続の全体に行き渡っているわけではないからです。

したがって、現行法上の捜査の構造を考えるにあたっては、刑訴法の目的・構造といった基礎理論にさかのぼりながら、弾劾的捜査観、糺問的捜査観のいずれにウェイトをおいた解釈をするかが重要になってきます。そうであれば、現行法下における訴訟構造が、弾劾主義に基づいており、さらに、徹底した当事者主義構造をとっているところからして、捜査手続についても、弾劾的捜査観に比重をおいた解釈がなされるべきです。

なお、通説は、弾劾的捜査観に基づいた解釈論を展開していますが、実務では、糺問的捜査観に基づいた運用がなされており、捜査については、理論と実務がかなり乖離しているという現実があります。

2 弾劾的捜査観からの手続上の帰結

ところで、上述のように、弾劾的捜査観を基本に据えて捜査を考えた場

合、手続上、具体的にどのようなことが帰結されるのでしょうか。

(1) 第1に、被疑者の取調べをどのように位置付けるかについて、糺問的捜査観とは大きな違いが生じます。

すなわち、糺問的捜査観では、捜査は、国家（捜査機関）が被疑者との二面的関係において、被疑者について一方的に行うものですから、もともとが被疑者を取り調べるための手続であり、被疑者は取調べの対象（客体）であって、逮捕・勾留もそのためのものということになります。したがって、身柄拘束中の被疑者の取調受忍義務が肯定されます。これに対し、弾劾的捜査観からすれば、捜査は、あくまでも、公訴の提起・追行のために捜査機関が単独で行う準備活動であり、被疑者の取調べは、捜査の本来の目的とはならず、逮捕・勾留は、あくまでも将来の公判に出頭させるためのものであって（強制は、将来の裁判のために、裁判所が行うだけだということになります。平野84頁参照）、取調べのためのものではないということになります。したがって、身柄拘束中の被疑者の取調受忍義務は否定されます（この問題について、第4章③2(2)参照→92頁）。

(2) 第2に、弾劾的捜査観からすれば、捜査も公判手続と同様の三面的構造と捉えられ、被疑者は裁判官を挟んで捜査機関と対立する当事者とされるのですから、捜査においても、当事者対等の原則が採用されなければならないということになります。そうであれば、被疑者にも（つまり、被疑者段階から）、自らの防御のための武器の劣勢を補うために、弁護人依頼権が保障されなければなりません。その結果、弁護人に依頼する資力のない者等についての、被疑者段階からの国選弁護人制度の存在が必須となります。

ところで、2004年（平成16年）の一部改正以前の刑訴法では、国選弁護人は、被告人にしか付せられず被疑者には付せられていませんでした。これまで、被疑者段階での国選弁護制度の創設は焦眉の急であると言われてきましたが、ようやく、第2章⑤4(3)(→37頁)で説明したように、被疑者段階にも、一定の要件のもとに、国選弁護人の制度が創設されました。

3　捜査の原則

1　任意捜査の原則と強制処分法定主義

　刑訴法197条1項は、「捜査については、その目的を達するため必要な取調をすることができる。但し、強制の処分は、この法律に特別の定のある場合でなければ、これをすることができない」と規定し（なお、この条文での「取調」は、捜査活動一般のことを指すと解されます（条解368頁））、任意捜査の原則を定めるとともに、強制処分法定主義を定めています。

　強制処分法定主義とは、そもそも国民の目から見て、国民の権利・利益の侵害の程度が強いとされるものについては、国民代表によって構成される国会による立法に基づく法律（刑訴法など）によって定めなければならないとの原則を言います。

　したがって、強制処分として法定されたものは、先ずは国民の一般意思から考えて、それを強制処分として明らかにして、その処分を行うについての要件を法律で定める必要があるとされたもの、ということになります。

　そして、強制処分は、包括的には、強制処分法定主義によって、立法部による規制のもとに置かれ、かつ、個別・具体的には、後述の令状主義（4参照→50頁）によって司法部による規制のもとに置かれているのです。つまり、強制処分というものは、それが基本的人権の枢要をなす個人の自由・財産やプライヴァシー等を侵害する危険がありますので、刑訴法など法律が定めた一定の場合についてのみ許容され（強制処分法定主義）、かつ、デュープロセスにしたがってのみ許される（令状主義として発現します）のです。

2　強制処分と任意処分との区別

（1）　強制捜査と任意捜査との区別は、強制処分を伴うか否かによりますので、強制処分と任意処分との区別を明らかにする必要があります。

　強制処分と任意処分との区別は、先ず大枠として、強制処分以外のものが任意処分であるとして区別できます。そして、強制処分とは、包括的には強制処分法定主義という立法的抑制のもとに置かれ、個別・具体的には令状主義という司法的抑制のもとに行なわれる処分ということになります。

　そして、上記の区別については、かつては有形力の行使の有無を中心に区

別する考え方などがあります。しかし、現在では、被処分者の意思の自由（とりわけ、同意の有無）と、その者の被侵害利益（権利・利益（法益））を中心に考えていくのが通説的見解となっています。そしてそのうえで、被侵害法益を限定しない立場（利益侵害説）と、被侵害法益を限定し重要な利益の侵害がある場合を強制処分とする、いわゆる重要利益侵害説とに大別できます。

(2) 判例は、「ここにいう強制手段とは、有形力の行使を伴う手段を意味するものではなく、個人の意思を制圧し、身体、住居、財産等に制約を加えて強制的に捜査目的を実現する行為など、特別の根拠規定がなければ許容することが相当でない手段を意味するものであって、右の程度に至らない有形力の行使は、任意捜査においても許容される場合があるといわなければならない。ただ、強制手段にあたらない有形力の行使であっても、何らかの法益を侵害し又は侵害するおそれがあるのであるから、状況のいかんを問わず常に許容されるものと解するのは相当でなく、必要性、緊急性なども考慮したうえ、具体的状況のもとで相当と認められる限度において許容されるものと解すべきである」と判示しています[1]。この判示は、前記の重要利益侵害説と親和的であると思われます（田口47頁参照）。

3 写真撮影

任意捜査（任意処分）になるのか強制捜査（強制処分）になるのかが問題とされる捜査手法として、写真撮影について考えてみましょう。

(1) 前述の通り、刑訴法は197条1項で任意捜査の原則と強制処分法定主義を定めています。そして、捜査機関が捜査のため被撮影者の承諾なく人の容貌等を写真撮影すること（以下、ここでは、単に「写真撮影」とします）については、刑訴法218条3項（旧2項）が、身体の拘束を受けている被疑者について認めている以外には特別の規定がありません。そこで、肖像権ないしプライヴァシー保護の視点から、写真撮影の許容性が議論されています[2]。

---

1 最決昭和51・3・16刑集30巻2号187頁〔岐阜呼気検査事件〕（百選〔第9版〕1事件）。
2 なお、近時は、後述のように、ビデオカメラ等による撮影も行なわれていますが、ビデオカメラ等による場合は、継続的に動体映像として撮影されるところから、侵害の程度が写真の場合より強いと言えるので、要件については、具体的事案ごとに、より慎重に解する必要がありましょう。しかし、許容性そのものについての基本的論理は、写真の場合と同様に考えてよいでしょう。ビデオ撮影については、最決平成20・4・15刑集62巻5号1398頁（百選〔第9版〕9事件）参照。

(2) 写真撮影の許容性についての学説は、やや錯綜している感も否めませんが、次のように分類できます。

(a) 第1説は、写真撮影は強制処分であり、それが法定されていない以上、肖像権侵害の認められる写真撮影は現行法下では違法だとする考え方です（三井・(1) 116頁）。

(b) 第2説は、写真撮影をもって強制処分と捉えたうえで、強制処分であっても一定の要件のもとに許されるとします。すなわち、写真撮影は既存の強制処分である検証と近似した性格を持つので、検証に準じた扱いが許されるとし、刑訴法220条1項2号は逮捕現場での無令状の検証を認めているのだから、それに準じる状況の場合には、写真撮影が許されるとします（光藤・I 169頁など）。

(c) 第3説は、写真撮影をもって強制処分として捉えますが、それは法の予定していない新しいタイプの強制処分であり、刑訴法「197条の強制処分法定主義が要求されるのは既成の古典的強制処分に限るので、写真撮影の場合は、厳格に法律規定は要求されないが、法定主義の背景にある令状主義の精神は妥当する」（田宮121頁）とします。

(d) 第4説は、写真撮影をもって任意処分であるとしたうえで、任意処分であっても、一定の制約の下に許されるとします。これにもいくつかのヴァリエイションがありますが、一つの見解は、写真撮影を「強制処分として法定する必要があるという認識が、まだ国民の間で熟しているとは言えない」とし、「したがって、写真撮影は任意処分だと解するのが、現時点では、妥当であろう。もちろん、任意処分であれ強制処分であれ、捜査機関の処分として許容される範囲がある。この範囲を逸脱した写真撮影は許されない」とします（寺崎83頁）。

(e) 第5説は、重要なプライヴァシー権が侵害される場合には強制処分であり、そうでない場合は任意処分であるとの考え方、すなわち、強制処分と任意処分との区別について、前記のいわゆる重要利益侵害説の立場を前提として、任意処分の場合は、一定の制約のもとに許されるとします。

具体的には、例えば、公道等公の場所での写真撮影の場合は、被撮影者は自分の行動を自らの意思で衆人環視の中においているのだから、プライヴァシーに対する正当な期待を有しておらず（重要利益の侵害にならず）、任意処分

になるとします。これに対し、例えば、住居の中などのような私的な場所での写真撮影の場合は、被撮影者は、自分の行動を他人に見られることはないとの正当な期待を有していますので、強制処分になるとするのです（井上正仁『強制捜査と任意捜査』(2006年、有斐閣) 12頁、田口98頁参照）。

(3) そこで、写真撮影の許容性について、具体的に考えてみましょう。

(a) 上記の各学説を見ますと、第1説を除いて、どの説をとっても（強制処分と捉える立場も任意処分と捉える立場も）、結論的には一定の要件のもとでの写真撮影を許されるものとしています。たしかに、一切の写真撮影が許されないとするのは、そのような捜査手法の実際的必要性からしても、現実的ではなく、強制処分説に立つにせよ、任意処分説に立つにせよ、一定の要件のもとに、写真撮影は許されるとするのが妥当でしょう。そうであれば、写真撮影が許容される場合の要件（制約条件）をどう考えるかということが、とりわけ重要となります。そこで、この点についての判例を見ていきます。

(b) 最高裁は、次のように判示しています。

先ず、憲法13条について、これは、「国民の私生活上の自由が、警察権等の国家権力の行使に対しても保護されるべきことを規定している」としたうえで、「個人の私生活上の自由の一つとして、何人も、その承諾なしに、みだりにその容ぼう・姿態（以下「容ぼう等」という。）を撮影されない自由を有するものというべきである。……しかしながら、個人の有する右自由も、国家権力の行使から無制限に保護されるわけではなく、公共の福祉のため必要のある場合には相当の制限を受けることは同条の規定に照らして明らかである」としました。

そして、写真撮影については、①「現に犯罪が行なわれもしくは行なわれたのち間がないと認められる場合であって」、②「しかも証拠保全の必要性および緊急性があり」、③「かつその撮影が一般的に許容される限度をこえない相当な方法をもって行なわれるとき」との要件を示し（引用部分の前の①～③の各番号の表示は筆者）、その要件を充たせば、「撮影される本人の同意がなくても、また裁判官の令状がなくても、警察官による個人の容ぼう等の撮影が許容されるものと解すべきである」と判示しました[3]。

---

3 最大判昭和44・12・24刑集23巻12号1625頁〔京都府学連デモ事件〕。

なお、この判例が本件写真撮影を強制処分としたのか任意処分としたのかは、明確でありませんが、基本的には、任意処分であるとの前提に立って判断したものと思われます。

(c) それでは、これまで検討したところを踏まえて、現実の写真撮影を考えてみます。

写真撮影といっても、前記第5説が言うように、その形態を大きく二つの類型に分けて考えることができると思います。つまり、上記判例の事案のように、公道ないしそれに準じ、本人が、他人から見られていることを当然に予測しており、自らの肖像権が保護されるべきであるとの期待が減少している[4]と評価し得る場所での撮影の場合と、他人の目など全く予測しておらず、まさにプライヴァシーないし肖像権の保護が必須であると評価されるべき住居などのプライベートスペースの中にいる人物を撮影する場合とに類型化できると思われます。この点からして、前記各学説については、第5説が妥当と考えます。

そして、前者の公道等の場合については、はじめから任意処分にあたるとの前提のもとに、先ずは、捜査の必要性、緊急性の有無を検討しなければなりません。そして、それらと被侵害利益との比較衡量をし、さらに、その方法が一般的許容限度を超えないものとして相当性があるかどうかの検討を経て、当該写真撮影自体の許容性を判断すべきことになります。そして、後者のプライベートスペースの場合には、原則として、強制処分になると捉えるべきです。

(d) 次に問題となるのは、公道等の場所での任意捜査として、一定の制約・要件のもとに写真撮影が許されるのは、前掲最大判昭和44・12・24が示すような場合、とりわけ現行犯ないし準現行犯と言えるような場合に限定されるのかどうかということです。

すなわち、例えば、犯罪発生の蓋然性が認められる一定の場所や地域でのビデオカメラ等による録画のように、未だ犯罪が発生していない場合や、特定の犯罪の犯人を特定ないし捕捉するための写真撮影ないしビデオカメラ等での撮影・録画が許されるのか否かということです。

---

4 しかし、その場合でも、捜査等の本来の目的以外には、よもや流用されまいとの期待は減少していない筈です。

思うに、前掲最大判昭和44・12・24が示した現行犯ないし準現行犯と言えるような場合だけでなく、それに準ずるような場合でも、例えば、具体的な犯罪発生の高度の蓋然性が認められる場合であって[5]、国民の生命・身体・財産等に対する具体的危険を防止するため、捜査の喫緊（きっきん）の必要性が認められる場合であれば、許容されるとするのが現実的でしょう。

なお、近時では各種の情報により重大犯罪の発生を予測し得ることもあり、それに機敏に対応すべき現実的必要性もあると思われます[6]。

4　令状主義

令状主義とは、すべての強制処分は裁判官の発する令状によるのでなければ許されないとする原則を言います。ここに、令状とは、強制処分の裁判書のことです。

（1）令状主義について、憲法33条は、「何人も、現行犯として逮捕される場合を除いては、権限を有する司法官憲が発し、且つ理由となっている犯罪を明示する令状によらなければ、逮捕されない」と定め、憲法35条は、「何人も、その住居、書類及び所持品について、侵入、捜索及び押収を受けることのない権利は、第33条の場合を除いては、正当な理由に基いて発せられ、且つ捜索する場所及び押収する物を明示する令状がなければ、侵されない」と定めています。

すなわち、憲法は、強制処分に関して、国民の基本権侵害が最も起こりやすい、逮捕と住居・書類・所持品についての侵入・捜索・押収（押収の概念については、第4章の注14参照→72頁）について、令状主義を明定したのです。

そして、刑訴法は、憲法の規定を受けて、逮捕・勾留・捜索・差押え等について、各種の令状についての規定を設けています。

（2）令状主義は、強制処分について、公平な第三者たる裁判官の事前審査によって、強制処分の濫用を防止し、強制権行使の抑制をしようとするもの

5　なお、とりわけ、未だ犯罪が発生していない場合については、この蓋然性を要件とすべきです。
6　前掲昭和44年最大判以降の判例および下級審裁判例として、自動車速度監視装置による写真撮影についての最判昭和61・2・14刑集40巻1号48頁、ビデオ録画についての東京高判昭和63・4・1判時1278号152頁〔山谷テレビカメラ事件〕（百選〔第9版〕10事件）、特定個人の玄関先付近のビデオ撮影についての東京地判平成17・6・2判時1930号174頁、過去の犯罪の犯人の特定のため、パチンコ店内の被告人をビデオ撮影した事案についての、注2掲記の最決平成20・4・15参照。

です。つまり、令状主義の根底にある理念は司法的抑制です。したがって、令状発付権者としての「司法官憲」(憲33条)とは、当然のことながら、裁判官を意味するのであり、検察官や司法警察職員はこれに含まれません。

また、上記憲法の条文には、逮捕や捜索・押収などの場合が具体的に挙げられていますが、令状主義は一定の法定された例外(法210条、213条、220条)を除いて、すべての強制処分に適用される憲法上の原則と解されています。

(3) なお、令状の呈示について、刑訴法は、逮捕の場合についても(法201条1項)、捜索・差押えの場合についても(法222条1項、110条)、これを被処分者に示さなければならない旨規定していますが、呈示の時期については明示していません。しかし、事前呈示が原則であり、証拠隠滅の虞があるなど一定の緊急の場合に限り、例外的に執行着手後の呈示も許されると解するのが一般です。

判例も、マスターキーでホテルのドアを開けて客室内に入り、その後直ちに被疑者に捜索差押許可状を呈示して捜索を開始した事案について、覚せい剤を短時間のうちに破棄隠匿する虞があったと認定したうえで、「捜索差押許可状の呈示は、手続の公正を担保するとともに、処分を受ける者の人権に配慮する趣旨に出たものであるから、令状の執行に着手する前の呈示を原則とすべきであるが、前記事情の下においては、警察官らが令状の執行に着手して入室した上その直後に呈示を行うことは、法意にもとるものではなく、捜索差押えの実効性を確保するためにやむを得ないところであって、適法というべきである」[7]と判示しましたが、事前呈示をもって、原則だとしています。

5 令状の性質

刑訴法は、逮捕に関するもの(法199条以下)、捜索・差押え・検証に関するもの(法218条以下)、鑑定の嘱託に関するもの(法224条、225条)等、各種令状に関する規定を設けています。そして、令状の性質については、かつて、弾劾的捜査観のもとでは命令状であるが糾問的捜査観のもとでは許可状の本質を持つとの見解がありましたが、そのような分け方は正確とは言えないでしょう。

---

[7] 最決平成14・10・4刑集56巻8号507頁(百選〔第9版〕23事件)。

そこで、捜索差押令状と逮捕状について、その性質を考えてみます。

(1) 捜索差押令状の性質については、弾劾的捜査観のもとにおいても許可状と捉えるべきです。なぜならば、当事者主義訴訟構造のもとにおいては、基本的に証拠を収集し提出するのは当事者の責任とされる以上、捜索差押令状のように、捜査機関が証拠収集するための令状などは、命令状と捉えるべきではないからです。

(2) 次に逮捕状の性質をいかに解すべきかについて検討します。通説的見解は、捜索差押令状と同様、これを許可状と解しており、実務も同様です。しかし、弾劾的捜査観を徹底する立場からは、これを命令状と解すべきだとされています（平野84頁）。

(a) たしかに、許可状説をとっても、それは、必ずしも司法的抑制の理念に反することにはならないとの解釈もできるでしょう。というのは、逮捕権を有する捜査機関に対して、その権限濫用を抑止するために、逮捕状という形で許可を与えているのだと解すれば、それも司法的抑制の一つの内容になっているとの評価も可能と思われるからです。

(b) しかし、公判における当事者主義構造を捜査にも応用した弾劾的捜査観の立場に立って考えれば、逮捕状を許可状とする考え方は、基本的なところで、ある種の矛盾を孕んでいると言わざるを得ません。というのも、許可状ということになると、捜査機関は、逮捕状が発付される前から、抽象的に何時でも逮捕できる権限を持っているということになってしまいますが、弾劾的捜査観からすれば、一方当事者が本来的に（逮捕状が出る前から）他方当事者の身体を拘束する権限までをも持っていると解すべきではないからです[8]。また、当事者主義のもとにおける対立当事者の身体を拘束するための令状たる逮捕状は、証拠収集のための捜索差押令状などと比べ、その対象たる強制処分の内容を異にします。

したがって、逮捕状は、被逮捕者を将来公判廷に出頭させるための身柄の確保を目的として、裁判官が発する命令状であると解するのが筋の通った見

---

8 因みに、行政法学では、「許可」とは、国民の自由に課された一般的禁止を解除する行政行為をいい、それは、本来各人の有している自由を回復させる行為とされていますが（原田尚彦『行政法要論全訂第7版〔補訂2版〕』〔2012年、学陽書房〕170、171頁参照）、行政法上の「許可」という言葉の有する本来の意味が、ここでの参考になりましょう。

解だと考えます。

(c) なお、逮捕状が発付されても、捜査官は逮捕しないこともできますし、逮捕した後で釈放することもできますが、これらのことは、決して逮捕状を命令状と解することと矛盾しません。逮捕状を命令状と解する学説は、命令状の内容を、事情が変更したら逮捕しなくてもよいという条件つきの命令と解しているからです（平野84頁、田宮82頁）。

6 一般令状の禁止

次に、いわゆる一般令状の問題について考えていくことにします。

(1) 憲法35条は、令状について、「正当な理由に基いて発せられ、且つ捜索する場所及び押収する物を明示する令状」と定めており、このような令状がなければ、捜査官は、住居、書類、所持品について、侵入、捜索、押収をすることはできません。すなわち、物的証拠については、捜索すべき「場所」と押収すべき「物」を特定した令状によらない限り、強制的な収集はできないのです。

場所や物の特定されていない令状を一般令状と言いますが、一般令状による侵入、捜索、押収は禁止されるというのが、憲法上の要請と考えるべきです。刑訴法219条1項も、「……令状には、被疑者若しくは被告人の氏名、罪名、差し押さえるべき物、……捜索すべき場所、身体若しくは物……」を記載しなければならないと規定しています。

一般令状が禁止されるのは、司法的抑制の実現を実効的に担保するためです。もし、一般令状を認めてしまったら、それを被疑者等に呈示する意味もなくなりますし、捜査官が、住居のいたるところを勝手に捜索したり、発見したものをすべて差し押さえることができるようになってしまい、それでは、財産権や住居の平穏あるいはプライヴァシーの権利といった国民の基本権が不当に侵害されることになってしまうからです。

(2) それでは、場所や物は、どの程度特定されていなければならないのでしょうか。

場所については、居住者の住居の平穏・プライヴァシーやその管理権などが保護されなければなりませんから、管理の対象となっている住居の個数ごとに特定される必要があります。

したがって、アパート・マンションといった共同住宅のような場合には、

各占有者に区分された居住部分ごとに特定されるべきです。物については、原則として、差押え等の現場で、捜査官が令状を見ただけで、何が差押えの対象になるものであるかを識別できるだけの特定性が必要です。

(3) ここで問題となるのは、差押対象物の個別・具体的な特性・個性までが明らかにされていなければならないかということです。この点については、弾劾的捜査観からすれば、捜査は、身柄を拘束することよりも、先ず、物に対する捜索・押収を先行すべきであるということが一つの理念型になっているという点にさかのぼって考える必要があります。

捜査の初期の段階では、証拠物の個別・具体的特徴や証拠物がどのような状態で存在しているかについては、明らかでないことが多いと言えます。したがって、そのような捜査の初期段階においては、対象たる証拠物をすべて列挙し、それらの個別・具体的特徴までを明示することは事実上不可能です。もし、そのようなことまでが必要だということになりますと、弾劾的捜査観の理念に反する事態を生じさせる可能性が高まることになってしまいます。

すなわち、差押対象物の個別・具体的な特性・個性まで明示することが必要だということになりますと、それは事実上困難ですから、物に対する捜索・差押えよりも、先ずは、人に対する身柄の拘束（そして取調べ）を先行させようとする考え方へ傾斜させることになりかねません。したがって、ある程度の概括的記載も許さざるを得ないことになります（田宮104頁、光藤・Ⅰ141頁参照）。

最大決昭和33・7・29も、差し押さえるべき物の記載について、一定の概括的記載を認め、「本件に関係ありと思料せられる一切の文書及び物件」との記載は、「会議議事録、闘争日誌、指令、通達類、連絡文書、報告書、メモ」と記載された具体的な例示に付加されたものであって、そのような例示物件に準じられるような闘争関係の文書、物件を指すことが明らかであるから、物の明示に欠けるところはないとしました[9]。

なお、ここで注意しておかなければならないことは、この判例は、「本件に関係ありと思料せられる一切の文書及び物件」というような一般的表示方

---

9 最大決昭和33・7・29刑集12巻12号2776頁。

法そのものを是認したのではなくて、その前に例示された具体的な物に付加されたものであることが明らかであるから、差し押さえる物の明示に欠けるところはないとした、と解すべきだということです。

7　令状と罪名の記載

ところで、罪名の記載はどのようになされるべきでしょうか。

(1)　一般刑法犯については、当然のことながら、刑法各本条の具体的罪名が記載されますが、特別法犯については、実務上、罪名としては、法令名の次に「○○法違反被疑事件」とだけ記載され、罰条は記載されません。前掲最大決昭和33・7・29の事例でも、「地方公務員法違反被疑事件」とだけしか記載されていませんでした。しかし、刑法犯の場合は、罪名が具体的なので、それだけで何の罪で捜索・差押えを受けるのかが分かりますが、特別法犯の場合は、例えば、「地方公務員法違反」とだけ表示されたのでは、同法上の何の罪なのかが不明であり、罰条まで記載しなければ、何の罪で捜索・差押えを受けるのかが分かりません。したがって、特別法犯については、罪名の他に罰条も記載されるべきです（田宮104頁、光藤・Ⅰ142頁参照）。

(2)　しかるに、前掲最大決昭和33・7・29は反対でして、「捜索差押許可状に被疑事件の罪名を適用法条を示して記載することは憲法の要求するところでなく、捜索する場所及び押収する物以外の記載事項はすべて刑訴法の規定するところに委ねられており、刑訴219条により右許可状に罪名を記載するに当つては、適用法条まで示す必要はないものと解する」と判示しました。

しかし、特別法犯の場合は、前述のように、罰条を記載しなければ、いかなる罪であるかが具体的には特定されませんので、上掲判例のこの部分の判示内容は批判されて当然です（田宮104頁など参照）

4　特殊な捜査手法

任意捜査の原則から特殊な捜査手法として、おとり捜査とコントロールド・デリバリーについて考えてみましょう。

1　おとり捜査

(1)　おとり捜査（囮捜査）とは、「おとり」を使って犯人を発見し証拠を収

集しようとする捜査手法のことを言います。つまり、捜査官が、自ら、または、その協力者を使って（自ら、または協力者が、おとりとなって）、第三者に対し犯罪を行うように働きかけ（誘惑し、そそのかし）、その第三者が犯行に出たところを逮捕あるいは証拠収集を行うという捜査方法のことを言います。

　一般に、おとり捜査は、薬物犯罪・銃器に関する犯罪・売春に関する犯罪のような隠密裏にまた組織的に行われる犯罪（因みに、アメリカでは、贈収賄事件でも行われたとされています）について有効であると言われています。というのも、このような犯罪は、犯罪そのものが隠密裏に行われるだけでなく、犯跡も残さないのが常であるため、通常の捜査方法をもってしたのでは、とうてい犯人を逮捕し証拠を収集することが困難だからです。

(2)　おとり捜査は、誘惑者の詐術(さじゅつ)に基づいて被誘惑者に犯罪を行わせるものではありますが、犯人が自分の意思で犯罪を行っている以上、捜査としては任意捜査の範疇(はんちゅう)に入るとするのが多数の見解と言えます（田宮69頁など）。

　しかし、おとり捜査は、いかに密行性のある犯罪の検挙のためとはいえ、本来犯罪を防圧すべき国家が、犯人と犯罪を作り出すものであるところから（犯人の自由意思に影響を与える契機ともなっています）、この点が批判の対象となっています。

(3)　現行法上、おとり捜査に関する規定はありません。ただ、麻薬及び向精神薬取締法（以下、「麻向法」と略称します）58条（旧麻薬取締法53条参照）、あへん法45条、銃砲刀剣類所持等取締法（以下、「銃刀法」と略称します）27条の3の各規定は、捜査官が、一定の要件のもとに、それぞれの法禁物を何人からも譲り受けることができるとしています。これらの規定は、おとり捜査を許容する規定であるとの解釈も多く（例えば、麻向法58条について、平野86頁、三井・(1) 90頁など）、これらの規定が、おとり捜査の実行に何らかの影響を与えているとも思われます。しかし、これらの規定をもって、積極的におとり捜査一般を容認した規定と解すべきではありません。

　なお、次に検討するように、おとり捜査にも異なった類型がありまして、その違法・適法を論ずるには、個別的考察も必要になってきます。

(4)　おとり捜査について、先ず問題となるのは、その適法性・許容性の有無についてです。

　(a)　判例を見ますと、最決昭和28・3・5刑集7巻3号482頁は、「他人の

誘惑により犯意を生じ又はこれを強化された者が犯罪を実行した場合に、わが刑事法上その誘惑者が場合によっては麻薬取締法53条のごとき規定の有無にかかわらず教唆犯又は従犯として責を負うことのあるのは格別、その他人である誘惑者が一私人でなく、捜査機関であるとの一事を以てその犯罪実行者の犯罪構成要件該当性又は責任性若しくは違法性を阻却し又は公訴提起の手続規定に違反し若しくは公訴権を消滅せしめるものとすることのできないこと多言を要しない」と判示し、おとり捜査の合法性を肯定しました。

　この判例が、かつては、おとり捜査のリーディングケースであるとも言われていましたが、この判例の事案は、もともと、後述の機会提供型のおとり捜査についてのものでして、犯意誘発型のおとり捜査の先例とはなり得ないものでしたし（福井97頁、田口49頁）、その後の最判昭和53・9・7が、所持品検査に関し、違法収集証拠排除法則の採用を宣言したこと[10]などから窺える最高裁の基本的考え方などからしても、既にその先例的価値には疑問が投げかけられていました（田口49頁、田宮70頁）。因みに、上掲最決昭和28・3・5が、誘惑者について、「教唆犯又は従犯として責を負うことのあるのは格別」としているのは、おとり捜査が違法となる可能性を示唆していたものと解することもできましょう。

　なお、下級審の裁判例の傾向としては、おとり捜査の類型を、後述の犯意誘発型と機会提供型とに分けて、前者は違法、後者は適法とするものが多いと言えます[11]（なお、佐藤隆之「おとり捜査」百選〔第7版〕26頁以下参照）。

　ところで、その後平成16年に、最高裁は、大麻取締法違反等の事件で、通常の捜査方法のみでは当該犯罪の摘発が困難である場合に、機会があれば犯罪を行う意思があると疑われる者を対象におとり捜査を行うことは、刑訴法197条1項に基づく任意捜査として許容されるとの職権判断をしました。

　すなわち、「おとり捜査は、捜査機関又はその依頼を受けた捜査協力者が、その身分や意図を相手方に秘して犯罪を実行するように働き掛け、相手方がこれに応じて犯罪の実行に出たところで現行犯逮捕等により検挙するものであるが、少なくとも、直接の被害者がいない薬物犯罪等の捜査において、通常の捜査方法のみでは当該犯罪の摘発が困難である場合に、機会があれば犯

10　最判昭和53・9・7刑集32巻6号1672頁〔大阪覚せい剤事件〕（百選〔第9版〕94事件）。
11　例えば東京高判昭和57・10・15判時1095号155頁。

罪を行う意思があると疑われる者を対象におとり捜査を行うことは、刑訴法197条1項に基づく任意捜査として許容されるものと解すべきである」との判断を示し、「したがって、本件の捜査を通じて収集された大麻樹脂を始めとする各証拠の証拠能力を肯定した原判断は、正当として是認できる」と判示しました[12]。

(b) この点についての学説は、おとり捜査を、いわゆる、①犯意誘発型と②機会提供型との二つの類型に分けて論じるのが一般でした。

すなわち、犯意誘発型とは、誘惑者が、未だ犯意を有していない被誘惑者に働きかけ（罠をかけ）、それによって、はじめて被誘惑者が犯意を持つに至った場合をいうとし、機会提供型とは、誘惑者が、既に犯意を有している被誘惑者に対して、犯行の機会を提供する場合をいうとします[13]。そして、そのように分類した場合、犯意誘発型は許されないが、機会提供型ならば許されるとするのが多数の見解と言えます（二分説。なお、この見解は、犯意の誘発を基準とするところから主観説とも言われます）。基本的に、犯意誘発型に当たるようなやり方は、司法の廉潔性の点からも、また、それが被誘惑者の人格的自律権を侵害しているところからも、許されないとされて当然です。

(c) ところで、このような分類の仕方については、いくつかの検討すべき問題点があります。すなわち、先ず、被誘惑者の「犯意」という主観的なものを基準にして違法・適法を分けるのが、果たして適切であるか否かが問われなければなりません。というのも、被誘惑者の主観を基準にすると、「予めの犯意の存在を認定するのは困難であり」（上田信太郎「おとり捜査」松尾浩也＝井上正仁編『刑事訴訟法の争点〔第3版〕』（2002年、有斐閣）85頁）、また、公判廷において、被告人（被誘惑者）の「犯罪的性行を問題とする〔ことになり〕、被告人の過去の評判や前歴が争点となって不公平を来すという難点」（光藤・I 33頁、なお、〔 〕内は筆者）があるからです。

さらにまた、主観説（二分説）からすれば適法とされる機会提供型の場合でも、捜査側の働きかけが執拗で常軌を逸するような場合には、違法としなければならないでしょう。

このように考えますと、犯意の有無という基準にのみとらわれず、捜査官

---

12 最決平成16・7・12刑集58巻5号333頁（百選〔第9版〕12事件）。
13 注12掲記の判例の事案は、基本的に、この類型についてのものだと言えるでしょう。

側の行為を中心に、客観的に捉えていく必要があります。このような立場を客観説と言い、近時の有力説と言えます（上田前掲論文85頁参照）。

（d）　思うに、先ず、犯意誘発型のものは、憲法13条から導かれる人格的自律権を侵害するものであるから許されない以上、おとり捜査の時点で、おとり捜査の対象となる者に犯意があるという客観的状況の存在、さらに言えば、犯罪の嫌疑の存在が前提とされなければなりません。

次に、おとり捜査の対象となる犯罪は、基本的に、いわゆる被害者なき犯罪でなければなりません[14]。捜査の困難性は、おとり捜査の重要な契機には違いありませんが、犯罪を行うように仕掛けても被害者が具体的に発生しないという点が重要だと思います。したがって、「人身侵害犯罪には許すべきでない」（田宮70頁）ということになります。

そのうえで、捜査手段の必要性、相当性、補充性を、当該犯罪の罪質、事件の重大性等と照らし合わせて、個別・具体的に判断していくことになるでしょう（なお、三井・(1) 89頁参照）。

また、全く犯意のない者に対し、その者の犯意を誘発するということが、どの程度想定できるかということも問題です。多くの事例は、何らかの犯意があっての機会提供型であるとされています。

そうであれば、機会提供型だから適法であると型にはめて考えるのではなく、機会提供型であっても違法な場合があるのではないか、との考察方法が重要になってきます。したがって、基本的には、前記客観説の捉え方が妥当だと考えます。

（5）　おとり捜査について、次に問題となるのは、おとり捜査が違法な場合の訴訟法上の効果をどのように考えるかです。

かつて、下級審の裁判例で無罪の判決をしたものがあります。すなわち、おとり捜査について、国家が犯人を製造しておきながら、これを逮捕し処罰するというようなことは、国政が国民の信託によるものであるという憲法前文や憲法13条の趣旨からいって許されないとし、無罪の判決をしたのです[15]。しかし、無罪論については、「罠にかかって犯意を生じ、犯罪を実行したからといって、それ自体、犯罪構成要件に関係なく、また、違法性若し

14　注12掲記の判例も「直接の被害者がいない薬物犯罪等の捜査において」としています。
15　横浜地判昭和26・6・19裁時87号3頁。

くは責任の阻却事由とはなり得ないから……被誘発者を実体法的に無罪とすべき理由は見当らない」（田中政義「囮捜査」判例時報編集部編『刑事訴訟法基本問題46講』(1965年、一粒社) 137頁）との批判が加えられていました。

　現在主張されている主な学説は、公訴棄却説、免訴説、違法収集証拠排除説です。

　(a)　公訴棄却説が今日の多数説と言えます。この説は、おとり捜査は、方法の不公正さや、捜査の廉潔性（れんけつせい）が失われていることなどからして、デュープロセスに違反した違法・無効な手続であり、刑訴法338条4号により、公訴棄却にすべしとします（田宮70頁、光藤・Ｉ33頁、白取123頁など）。

　この説に対しては、刑訴法338条4号は公訴提起手続の違法に関する規定であって、捜査段階の違法は同号の問題ではないとの批判が加えられています。さらに、そもそも、おとり捜査は、被告人の訴追に関する手続上の問題ではなく、そのような捜査による場合に、国家が被告人を処罰し得るのかという実体法的な問題であるとの批判も加えられます。

　(b)　免訴説は、事件の実体そのものに注目します。すなわち、おとり捜査は、事件の実体そのものの中に瑕疵があり実体的訴訟条件が欠けるのだから免訴の判決（法337条）をすべしとしたり（団藤159頁、団藤重光『「わな」（エントラップメント）の理論」刑法雑誌2巻3号450頁）、国家の処罰適格が欠けるので免訴とすべしとしたり（鈴木63頁・127頁）、あるいは、手続違反の程度が国家刑罰権をそもそも許容しない程度に達しているので一事不再理効のある免訴をもって手続を打ち切ることが妥当であるとするのです（田口51頁）。

　この説に対しては、免訴を規定した刑訴法337条は制限的列挙規定であり、列挙事由に該当しない限り免訴判決を言い渡すことはできないとの批判が加えられています。

　(c)　違法収集証拠排除説は、「わな」によって犯意を誘発するのは憲法の予想する公権力の発動の枠をこえたものであり、そのような方法によって得られた証拠は違法収集証拠の一種として証拠能力を否定すべしとします（高田340頁）。

　この説に対しては、必ずしも被告人の無罪を期待できないとか、そもそも、おとり捜査の違法性は個々の証拠の許容性の問題を超えたより大きな問題であるなどとの批判が加えられています（なお、上田前掲論文85頁参照）。

(d)　思うに、違法収集証拠排除説によれば、排除法則によって、場合によっては有罪を認定する証拠が不存在となり、その結果無罪となることが抽象的には想定できます。そして、無罪という形で実体法的解決が図られる可能性があるという点では傾聴すべき見解と言えましょう。

　しかし、おとり捜査の対象となる犯罪によっては、差し押さえるべき重要な証拠物のない場合なども想定できましょうし、常に決定的証拠が排除されて無罪になるとまでは言い切れません。そうであれば、そのような場合は、結果として、被告人が有罪となっただけで、おとり捜査そのものは何ら非難されないということも起こり得ます。したがって、何らかの形で、手続そのものの打切りがなされなければなりませんが、どのような形で打ち切るべきかが重要な意味を持つことになります。

　さらに私見によれば、問題とされるべきところが国家の違法な誘惑により犯罪が実行されたこと自体であってみれば、ここにおいて特に考慮すべきことは、違法に証拠が収集されたということよりも、捜査官（国家）の違法な手段により、捜査官（国家）のねらい通りに犯罪が実行されたということです[16]。したがって、証拠そのものが問題とされるだけではなくて、犯罪の実体面そのものが[17]、国家刑罰権の観点から問題とされなければなりません。そうであれば、公訴棄却による手続打切りではなく、免訴判決によるのが妥当であると思われます。なぜならば、免訴判決は手続事項を理由として刑罰権不存在の宣言をなす裁判であり、超法規的免訴事由も認められる[18]からです（なお、免訴の本質については、第14章①2(3)(c)参照→288頁）。

2　コントロールド・デリバリー

　コントロールド・デリバリー（controlled delivery）とは、捜査機関が禁制品（規制薬物や銃器など）を発見した場合に、直ちに押収することをせず、捜査機関の監視のもとに、その搬送・流通を許容したまま追跡して、その犯罪に関与する者を特定し検挙するための捜査手法のことを言います。「監視つき移転」などとも言います。

16　いわば国家が被誘惑者の自由意思に影響を与えて、それが、自由意思を犯罪実行という方向へ捻じ曲げる契機となり、その結果、犯罪が実行されていると言えます。
17　つまり、おとり捜査によって、事件そのものが発生しているという側面です。
18　超法規的免訴事由を認めるものとして、最大判昭和47・12・20刑集26巻10号631頁〔高田事件〕（百選〔第9版〕61事件）、田口452頁参照。

コントロールド・デリバリーには、①禁制品を押収しないで、そのまま搬送・流通に任せるライブ・コントロールド・デリバリーと、②禁制品を抜き取り、無害の代替物に入れ替えて搬送・流通させるクリーン・コントロールド・デリバリーとがあります。

　現行法上、コントロールド・デリバリーそのものを認めた規定はありませんが、麻薬特例法（正式名称は、凡例の「法令名略称」欄参照）は、一定の要件のもとに、入国審査官は規制薬物を不法に所持する者の上陸を、税関長は規制薬物の輸入を、それぞれ特例として許可することができる旨の規定を置いており（麻薬特例3条、4条）、これは、ライブ・コントロールド・デリバリーを可能とする規定と言うことができます。なお、銃刀法31条の17は、クリーン・コントロールド・デリバリーを前提とした規定と言えましょう。

　コントロールド・デリバリーは、上記①、②のいずれの場合も、犯意を誘発するものではありませんし、また、積極的に犯行の機会を提供するものでもありませんので、任意捜査として許容されると解するのが一般です。

第4章　捜査の端緒と証拠の収集

　本章では、先ず、捜査の端緒について、職務質問、所持品検査、自動車検問の問題点を中心に検討し、次に、証拠の収集を論じます。物的証拠の収集については、捜索、差押え、検証、鑑定の嘱託（鑑定）等について説明し、供述証拠の収集については、被疑者の取調べを中心に、任意取調べとその内容・方式、任意取調べの限界、身柄拘束中の被疑者の取調べにおける取調受忍義務の有無などを検討し、参考人の取調べ等についても説明します。

1　捜査の端緒

　刑訴法189条2項は「司法警察職員は、犯罪があると思料するときは、犯人及び証拠を捜査するものとする」と定めています。すなわち、捜査は、捜査機関が、犯罪があると思料したとき、つまり、犯罪の嫌疑を抱くに至ったときに開始されるのです。捜査の端緒とは、捜査機関が犯罪の嫌疑を抱くに至ったきっかけを言います。

1　職務質問

（1）警察官職務執行法（以下、「警職法」と略称します）2条1項は、「警察官は、異常な挙動その他周囲の事情から合理的に判断して何らかの犯罪を犯し、若しくは犯そうとしていると疑うに足りる相当な理由のある者又は既に行われた犯罪について、若しくは犯罪が行われようとしていることについて知っていると認められる者を停止させて質問することができる」として、職務質問の要件等を定めています。

　職務質問については、警職法に定められているところから、行政警察活動（犯罪の予防・鎮圧・探知などの秩序維持活動）の一環として捉えるのが一般です。しかし、職務質問は、捜査の端緒になるだけでなく、現実には司法警察活動（捜査など特定の犯罪についての刑事手続上の活動）としての捜査の過程で挙動不審者に質問することもあり、場合によって、それが行政警察活動になるのか司

法警察活動になるのかは、不分明な部分もあると言えます。

(2) 職務質問については、これを任意処分と解するのが通説です。そこで問題となるのは、職務質問における有形力の行使をどう考えるかということです。すなわち、任意処分である以上、一切の有形力の行使が許されないのか、という問題です。

(a) この点についての学説は多岐に分かれていますが、強制捜査による場合を除いて、いかなる意味でも実力行使はできないとする説以外の各説は、一定の要件のもとに、ある程度の有形力の行使を認めています。

判例を見ますと、①深夜警ら中、職務質問をし、駐在所に任意同行したが、隙を見て逃げ出したので、その者を追跡して背後から腕に手をかけて停止させた行為を、正当な職務行為の範囲を超えないとして適法としたもの[1]、②酒気帯び運転の疑いのある者が、車を発進させようとした際、車の窓から手を差し入れてエンジンキーを回転してスイッチを切り運転を制止した行為を、職務質問を行うため停止させる方法として必要かつ相当な行為であるとして適法としたもの[2]などがあります。

(b) 思うに、警職法が、犯罪の予防と鎮圧を目的としており、それから導かれる行政警察活動たる職務質問が、捜査の端緒として、現実の捜査実務において重要な役割を担っている点を見過ごすことができない以上、程度を問わず一切の有形力の行使が許されないとするのは現実的でなく、ある程度の有形力の行使は認めざるを得ないでしょう。そして、職務質問はあくまでも任意処分と解されることや、警職法には、現実の捜査活動、つまり、司法警察活動に関する規定も含まれている（例えば、同法7条には逮捕という司法警察活動を前提とした規定も置かれています）ことなどを併せ考えれば、任意捜査の場合の有形力の行使とパラレルに捉えることができましょう。

そうであれば、この場合も、任意捜査の場合の有形力の行使について判示した最決昭和51・3・16[3]の基準（必要性、緊急性、相当性）に基づいて判断す

---

1 最決昭和29・7・15刑集8巻7号1137頁。
2 最決昭和53・9・22刑集32巻6号1774頁。他に、エンジンキーを引き抜いて取り上げた行為を、警職法2条1項に基づく職務質問を行うため停止させる方法として必要かつ相当なものとした（ただし、その後の6時間半以上にわたる現場への留め置きの措置は違法（しかし、違法の程度は重大なものとは言えない）としています）最決平成6・9・16刑集48巻6号420頁（百選〔第9版〕2事件）参照。

るのが、基本的に妥当でしょう。
　ただ、この段階においては、基本的に、犯罪の嫌疑も特定・具体化したものではありませんので、有形力行使が適法であるとされる範囲については、それが徒らに広がらないようにする必要があります。

2　所持品検査

　職務質問を行うに際しては、所持品検査が行われることが少なくありません。しかし、所持品検査を直接的に認めた一般的規定はありません（ただ、個別的には、警職法2条4項と銃刀法24条の2が一定の要件のもとに所持品検査を認めています）。
　そこで問題となるのは、職務質問に付随して、相手の承諾がないまま有形力の行使を伴って行われる所持品検査が許されるのか否かということです。
　(1)　この点に関して、最判昭和53・6・20刑集32巻4号670頁〔米子銀行強盗事件〕（百選〔第9版〕4事件）は、被質問者らが所持していたボーリングバッグのチャックを開披した行為について、「銀行強盗という重大な犯罪が発生し犯人の検挙が緊急の警察責務とされていた状況の下において、」同人らに「犯人としての濃厚な容疑が存在し、かつ、凶器を所持している疑いもあったのに、」同人らが「警察官の職務質問に対し……不審な挙動をとり続けたため、」同人らの「容疑を確かめる緊急の必要上されたものであって、所持品検査の緊急性、必要性が強かった反面、所持品検査の態様は携行中の所持品であるバッグの施錠されていないチャックを開披し内部を一べつしたにすぎないものであるから、これによる法益の侵害はさほど大きいものではなく、上述の経過に照らせば相当と認めうる行為である」と判示して、その適法性を認めました。
　この判例については、これを肯定的に評価するものと、否定的に評価するものとに分れますが、否定的に評価するものが多いと言えます。
　思うに、この判例の判示するところは、結論的には一応是認できるでしょう。すなわち、この判例の事案のように、犯罪の予防と鎮圧が喫緊となっているような場合に限定して、さらに、嫌疑の存在の蓋然性を前提として[4]、

---

[3]　最決昭和51・3・16刑集30巻2号187頁。判示内容については、第3章③2(2)参照→46頁。
[4]　なお、犯罪の嫌疑を、必要性・緊急性要因とは独立した要件と位置づけるべしとの見解として、洲見光男「任意捜査と権利制約の限界」刑法雑誌第39巻第2号242頁〜243頁参照。

所持品検査を行う必要性、緊急性がある場合には、警察比例の原則（第2章
③4参照→27頁）にしたがい、それと所持品検査がなされることによって受
ける法益侵害の程度とを比較衡量して相当性の認められる場合には、このよ
うな態様での所持品検査も例外的に許されると考えます。

　(2)　次に、最判昭和53・9・7刑集32巻6号1672頁〔大阪覚せい剤事件〕
（百選〔第9版〕94事件）[5]は、覚せい剤所持の容疑のある者に対しての職務質
問中、相手の着衣上衣の内ポケットの中に手を入れて所持品を取り出した行
為について、所持品を検査する必要性・緊急性は肯認し得るとしたものの、
このような行為は、「一般にプライバシイ侵害の程度の高い行為であり、か
つ、その態様において捜索に類するものであるから……本件の具体的状況の
もとにおいては、相当な行為とは認めがたいところであって、職務質問に附
随する所持品検査の許容限度を逸脱したもの」であると判示しました[6]。

　思うに、着用している上衣の内ポケットに手を差し入れるといった行為
は、まさに、捜索そのものであり、本件の所持品検査を違法とした判断は妥
当なものとされるべきです。

　(3)　他に、最決平成15・5・26刑集57巻5号620頁は、ホテルの客室で
の職務質問により、覚せい剤使用・所持の嫌疑が飛躍的に高まり、客室内で
二つ折り財布の小銭入れ部分からビニール袋入りの白色結晶を発見し抜き出
した事案について、「所持品検査の態様は、……二つ折り部分を開いた上ファ
スナーの開いていた小銭入れの部分からビニール袋入りの白色結晶を発見し
て抜き出したという限度にとどまるものであった」として、その適法性を認
めました。

　この判例については、前掲最判昭和53・6・20および最判昭和53・9・7
と対比して、抜き出した点については多少の疑問もありますが、基本的に
は、是認し得るでしょう。

3　自動車検問

　(1)　自動車検問には、交通検問（不特定の道交法違反の予防・検挙を目的として

---

[5]　この判例は、我が国において初めて違法収集証拠排除法則の採用を宣言したものとして著名で
す。この点については、第10章①3参照→214頁。
[6]　なお、本件においては、本件証拠物の押収手続は必ずしも重大な違法であるとは言い得ない
として、本件証拠物の証拠能力については、これを肯定しました。

行う検問)、警戒検問（不特定の一般犯罪の予防・検挙を目的として行う検問）および緊急配備検問（特定の犯罪が発生した場合に、犯人を検挙・捕捉し、情報を収集するために緊急配備活動として行われる検問）の3類型があります。

　自動車検問について最も問題とされるのは、外観上からして何らの不審事由等がないのに、不特定車両に対し一斉に自動車検問がなされる場合の、その検問の法的根拠と要件です。

　(2)　上記のような無差別・一斉の自動車検問の法的根拠についての従来からの学説には、次のようなものがあります。

　①違法説は、このような検問の必要性は認められるものの、理論的に詰めていけば、法的根拠がなく違法な制度だとします。(三井・(1) 105頁、稲田隆司「自動車検問」百選〔第8版〕12頁)。②警職法2条1項説は、自動車というものの性質上からして、同条1項の職務質問の要件たる不審事由の有無は、自動車を停止させて質問しなければ判らないのであり、その要件確認のために停止させて質問することも同条同項の解釈として認められるとします（荘子邦雄「自動車検問と公務執行妨害罪の成否」法時34巻6号50頁）。③警察法2条1項説は、同法2条1項が、「交通の取締その他公共の安全と秩序の維持」を警察の責務としているところから、同条項をもって、警察官の権限行使の一般的根拠規定になり得るとします（出射義夫「自動車検問の法律根拠」日沖憲郎博士還暦祝賀・過失犯(2)（1966年、有斐閣）359頁）。④憲法31条説は、警職法2条1項も警察法2条1項も、いずれも無差別・一斉の自動車検問の法的根拠にはなり得ないとしたうえで、憲法31条に根拠を求め、緊急性、必要性の要請とこれを受ける者に対しての自由制約の程度との比較衡量などといった具体的事情の総合判断により、「合理性」があると認められた場合には許容されるとします（田宮・捜査143頁以下など）。⑤憲法13条説は、私の提唱するものであり（後記注11参照）、自動車検問の要件と根拠は、主として、憲法13条に求めるべきであるとします（後記(5)、(6)参照→69、70頁）。

　(3)　ところで、最高裁は、交通検問の事案についてですが、次のような判断をしました[7]。

　すなわち、「警察法2条1項が『交通の取締』を警察の責務として定めて

---

[7]　最決昭和55・9・22刑集34巻5号272頁（百選〔第9版〕5事件）。

いることに照らすと、交通の安全及び交通秩序の維持などに必要な警察の諸活動は、強制力を伴わない任意手段による限り、一般的に許容されるべきものである」としたうえで、「自動車の運転者は、公道において自動車を利用することを許されていることに伴う当然の負担として」、「警察官が、交通取締の一環として交通違反の多発する地域等の適当な場所において、交通違反の予防、検挙のための自動車検問を実施し、同所を通過する自動車に対して走行の外観上の不審な点の有無にかかわりなく短時分の停止を求めて、運転者などに対し必要な事項についての質問などをすることは、それが相手方の任意の協力を求める形で行われ、自動車の利用者の自由を不当に制約することにならない方法、態様で行われる限り、適法なものと解すべきである」とし、自動車検問（交通検問）の適法性を認めました。

なお、この判例が警察法2条1項を挙げているところから、最高裁は警察法2条1項説に立っていると理解する見解がありますが、賛成できません。

そもそも、警察法は基本的に組織規範であり、それをもって行政機関たる警察に具体的諸活動を行う権限を授権するための根拠規範（つまり作用規範）と捉えることには、法解釈上の無理が伴うからです[8]。だからこそ、この判例は、上記のように、運転者に課された一定の協力義務や交通違反・事故の現状といった実質的視点から、交通検問の適法性を認めたと思われます。この判例については、無差別・一斉の自動車検問の要件は示しているけれども法的根拠そのものは明らかにしていないとすべきでしょう。

(4) それでは、このような自動車検問の法的根拠はどこに求めるべきでしょうか。先ず法律から見て行くと、警察法2条1項説については、上述のように、これを採りえません。また、警職法2条1項説については、外観上不審事由がないのに停止を求めるのは、いわば「職務質問の要件の有無を確認するための職務質問」を認めることになってしまい、論理矛盾を来たしてい

8　この判例の評釈について、酒巻匡「行政警察活動と捜査(2)」法教286号57頁参照。なお、最高裁は、所持品検査については、警察法2条1項の職務質問に付随する行為であるとし、作用規範（根拠規範）たる警職法に根拠を求めている（最判昭和53・6・20刑集32巻4号670頁など）ことからして、最高裁が、同じ行政警察活動たる自動車検問について、組織規範たる警察法を根拠にしたと解するには無理があります。最高裁がそのような矛盾した判断をしたとは思えません。因みに、組織規範とは「ある自然人の行為の効果を行政主体に帰属させる」規範であり、根拠規範とは、「活動の根拠となる規範」であり、組織規範と別に必要とされます（塩野宏『行政法Ⅰ〔第五版補訂版〕行政法総論（2013年、有斐閣）73頁』）。

ると言わざるを得ません。したがって、上記の二つの説は、無差別・一斉の自動車検問の根拠法条とするには無理があると思われます。この点からすれば、前記違法説は、基本的なところでは、筋が通っていると評することができるでしょう。

しかし、現実の必要性[9]の視点から考えますと、具体的な現況を考慮せずに、無差別・一斉の自動車検問は具体的な法律的根拠を持たない違法なものだから一切許容できないとするのも妥当性を欠くでしょう。

そこで、現実の必要性と法律による根拠規定がないということから、法律の上位規範たる憲法そのものに根拠を求めることが必要になってきます。憲法31条説はこの点からして、一つの説得性を有した見解と評することができます。

しかし、憲法31条は、もともと法の適正手続を定めた、国家に対する、主として手続的な制約規範（以下「手続的制約規範」とします）なのですから[10]、それのみをもって、自動車検問のような積極的行政警察活動の基本の根拠規定とするには十分でないと思われます。

(5) そこで私は、憲法的視点から自動車検問の要件と根拠を考えるにあたっては、憲法31条に加えて憲法13条の生命・自由・幸福追求権からも捉えていく必要があると考えます[11]。

(a) 憲法13条が定める国民の生命・自由・幸福追求権は、今や、古典的自由権思想（法治国家原理）による「国家からの侵害に対する自由」さえ防御すればよいといった限定的・消極的なものだけでなく、国家以外の私人（個人、団体を含めて）からの侵害を防御する具体的権利としても捉えていかなければならない時代に入っていると言わざるを得ません（福祉国家ないし社会国家原理から導き出されます）。そして、国家が、私人間の権利侵害行為をも予防する責務を負っているということについて考えた場合、それは、環境汚染や

9 　交通検問については、交通違反・事故の現状などからして、警戒検問については、昨今、予期せぬ重大犯罪が国際的フィールドで起こっており、それらが国民の生命・身体・自由等の脅威となることからして、いずれについても必要性自体は否定し得ないと思われます。

10 　もっとも、同条は犯罪と刑罰についても適正な要件を法律によって定めることを命じていると解し得るので、その点で実体面での制約も課しています。

11 　私見の詳細については、渡辺74頁以下、渡辺直行「自動車検問の根拠と要件についての一考察」岡野光雄先生古稀記念『交通刑事法の現代的課題』（2007年、成文堂）421頁以下参照。

プライヴァシー侵害についてのものに限られるわけではなく、犯罪による法益侵害については尚更であるということになります。

(b) そうであれば、国家は、基本的に、国民一人ひとりの生命・身体・自由・財産等を守るために、犯罪行為（法益侵害）を予防する積極的責務（作為義務）を負っていると捉えることができます。すなわち、生命・身体・自由・財産等にかかる基本権は、今や、国家からの自由として保障されるだけでなく、国家による自由ないし国家への自由の視点から、国家への積極的権利（positive rights）としても保障されていると考えるべきなのです。

そして、それらの国民の重要利益（法益）に具体的危険が迫っている場合には、上記国民の有する積極的権利に対応して、国家に一定の積極的作為義務を課すことになります。そして、国家（自治体も含めて）の機関たる警察が、国民の重要利益（法益）を守るべき義務の履行として現実に活動するにあたって、具体的な法律の規定がある場合には、法律の留保の原則からしても、当該法律に従って行うべきは当然でありますが、法の不備等によりそこに空白がある場合には、憲法規範に基づいて直接それを行うことも可能とすべきです。

(c) そして、このような場合における具体的要件を導き出すための条文上の根拠を、憲法31条だけでなく（前述の通り、同条は、国家の権限行使についての、主として、手続的制約規範として働きます）、さらに憲法13条にも求め、そこから、下記のような実体面（内容面）からする、より具体的かつ限定的な要件を付け加えなければなりません[12]。

(6) すなわち、自動車検問に適法性が認められるための要件としては、それが、任意のものと評価することができ、憲法31条からの合理性が認められるということの他に、憲法13条から、その精神にしたがい、当該検問を行うことが、消極的には個人の尊厳を侵すものでなく、かつ、積極的には国民の生命・身体・自由・財産等の安全確保のために明確に寄与・貢献し得る場合に限定する、という実体面（内容面）からの更なる縛りのかけられたものをもって、その要件の具体的内容としなければなりません。

---

[12] なお、行政「手続」の適法性については、一般的に、憲法13条からも根拠付けられていることについて、高橋和之『立憲主義と日本国憲法』（2005年、有斐閣）128頁・229頁～230頁、佐藤幸治『日本国憲法論』（2011年、成文堂）174頁・192頁参照。

すなわち、私見によれば、憲法13条を、そのような実体的（内容的）な意味からする制約的な要件を設定するための要件設定規範（「実体的（内容的）制約規範」）として措定することにより、同条をもって、要件規範として機能すると同時に、その要件設定のための根拠として位置付けられるところから根拠規範たり得る、として捉えるのです。

結局のところ、自動車検問の要件と根拠については、憲法13条をもって実体的（内容的）要件設定規定であると捉え、憲法31条をもって主として手続的要件設定規定であると捉えたうえで（憲法31条説が、デュープロセスということから「合理性」という要件を導き出したことは重要です）、同時にこの二つの憲法規範が、その要件設定のための内在的根拠規定としても機能し得るとするのです。そして、憲法31条は憲法13条のいわば手続的担保規定としても機能している点からすれば、その担保を求める側の、より実体的（内容的）な具体性を持っている憲法13条をもって、基本的な意味での内在的根拠規定として捉えていくのが、論理的であり、かつ、現実に適合し、前述した福祉国家ないし社会国家のもとにある憲法の解釈にも整合すると考えます。

なお、この問題については、本来的には、立法による解決が図られるべきでしょう。

4　告訴、告発、請求

(1)　告訴とは、犯罪の被害者その他法定された告訴権者が、捜査機関に対し、犯罪事実を申告し、犯人の処罰を求める意思表示です。

犯罪の被害者（法230条）および被害者と一定の関係にある者が告訴権者となります（法231条〜234条）。告訴は、書面でも口頭でも行うことができますが（法241条1項）、書面で行うことが多いと言えます。

(2)　告発は、告訴権者および犯人以外の者が、捜査機関に対し、犯罪事実を申告し、その訴追を求める意思表示です。告発は、「何人でも、犯罪があると思料するとき」は、これをすることができます（法239条1項）。

(3)　請求は、特定の犯罪について認められており（例えば、刑法92条2項など）、一定の機関が、捜査機関に対し、犯罪事実を申告し、その訴追を求める意思表示です。

5　検視、自首、その他

(1)　検視とは、変死または変死の疑いのある死体について、その死が犯罪

に基因するものか否かを判断するため、その死体の状態・状況を五官の作用(五感)によって見分する処分です。刑訴法は229条で検視についての定めを置いています。

(2) 自首とは、犯罪事実または犯人が誰であるかが捜査機関に発覚する前に、犯人が捜査機関に対し、自己の犯罪事実を申告して、訴追を求める意思表示です。

(3) その他、犯罪の現認、新聞記事、投書なども捜査の端緒となります。

2 物的証拠の収集

1 捜索・差押え

捜索・差押えは、裁判所による場合と捜査機関による場合があり(なお、その意義など基本的なところは共通です)、また、後述の3(→84頁)で述べる捜査機関が逮捕に伴い無令状で(捜索差押令状なしで)行う場合もありますが、ここでは、捜査機関が令状によって行う捜索・差押えについて検討します[13]。

(1) **捜索・差押えの意義・要件**

(a) 捜索とは、一定の場所、物または人の身体について、物または人の発見を目的として行う強制処分です。

捜索の対象となるのは、人の「身体、物又は住居その他の場所」である旨が定められています(法222条1項、102条)。捜査機関が捜索を行うには、それが強制処分である以上、令状主義の当然の要求として、捜索令状が必要です(法218条。なお、令状については、多くの場合、差押えと合わせて、捜索差押許可状として発付されます)。

捜索令状には「捜索すべき場所、身体若しくは物」の記載が必要であり(法219条1項。なお、107条1項参照)、そのことは、これらの記載事項が特定されていなければならないことを意味しています。

(b) 差押えも強制処分であり、物の占有を強制的に取得する処分です[14]。

---

13 なお、捜索、差押えについての条文構成は、その多くが、先ず、総則規定で裁判所が行う場合を定め、これを捜査機関が行う場合に準用するという方式をとっています(法222条参照)。
14 因みに、差押えを包含する、より広い概念として「押収」があります。押収は差押え、領置

② 物的証拠の収集　73

　差押えの対象となるのは、「証拠物又は没収すべき物と思料するもの」です（法222条1項、99条1項）。いずれも、「物」であるところから、有体物でなければならないと解されており、無体物は、差押えの対象とはなりません。捜査機関が差押えを行うには、それが強制処分である以上、差押令状が必要であることは言うまでもありません。
　差押令状には、「差し押さえるべき物」が記載されていなければならないのであり（法219条1項。なお、107条1項参照）、その特定が必要です。
　(c)　なお、被疑者以外の第三者の身体、物または住居その他の場所については、押収すべき物の存在を認めるに足りる状況のある場合に限り、捜索できます（法222条1項、102条2項）。
　(d)　捜索・差押えについては、その対象の明示・特定が要求され（法219条1項）、差押えの対象が「証拠物又は没収すべき物と思料するもの」（法99条1項）である以上、差押えの対象となる物は被疑事実との関連性のある物でなければなりません[15]。
　(e)　捜索差押令状の執行（記録命令付差押状も同じ）については、「錠をはずし、封を開き、その他必要な処分」ができる（法222条1項、111条1項）。
　(f)　ところで、捜索・差押えについては、裁判官（裁判所）にその必要性についての判断権があるか否かが問題とされます。思うに、その必要性の判断は請求者たる捜査機関の判断に委ねられるべきであるとし、裁判官にはその判断権がないとしたのでは司法的抑制の趣旨は無に帰してしまいます。したがって、裁判官にはその判断権があるとすべきです。判例は、刑訴法430条により不服申立てを受けた裁判所は「差押の必要性の有無についても審査

（法221条、なお、101条参照）、提出命令（法99条3項（旧2項））を含む概念です。そして、差押えと領置は、裁判所が行う場合と捜査機関が行う場合とがありますが、提出命令は、性質上、捜査機関には認められていません。ところで、2011年の一部改正前の法222条1項は99条を準用規定に挙げていましたが、準用されるのは同条1項のみとするのが通説でした。この点について、上記改正で、法222条1項にあった「第99条」は「第99条第1項」と改正されました。なお、領置について、最決平成20・4・15刑集62巻5号1398頁参照。

15　なお、最判昭和51・11・18裁判集刑202号379頁、判時837号104頁（百選〔第9版〕24事件）は、恐喝被疑事件についての捜索差押許可状により賭博開帳図利および賭博に関するメモ等を差し押さえた事案について、本件メモ等の差押えは「別罪である賭博被疑事件の直接の証拠となるものではあるが、……同時に恐喝被疑事件の証拠となりうるものであり、……同被疑事件に関係のある『暴力団を標章する状、バッチ、メモ等』の一部として差し押さえられたものと推認することができ、……捜査機関が専ら別罪である賭博被疑事件の証拠に利用する目的でこれを差し押えたとみるべき証拠は、存在しない」と判示しました。

することができると解するのが相当である」と判示しています[16]。

(2) 捜索の範囲（捜索の場所と捜索できる物）

(a) ここでは、はじめに、場所に対する捜索令状によってどこまでの捜索が許されるのか、という基本的な問題について検討します。

①ここで、先ず認識しておかなければならないことは、法が捜索の対象を身体、物、場所（法222条1項、102条）と表示して、それらを区別して定め、令状記載事項としても、捜索対象を、場所、身体、物の三つに区分して定めている（法219条1項。なお、107条1項参照）ということです。そして、令状主義における令状記載の特定性・明確性からして、これらの規定は、上記3種の捜索対象の明示・特定を要求しているものと解されています。

ところが、それにもかかわらず、「物」については、それらが、もともとその表示された場所内に存在している場合については、基本的に、その「場所」に対する捜索令状によって捜索できると解されています（通説）。

「場所」を明示・特定しているだけの令状によって、その場所内に存在する「物」についてまで捜索できる理由としては、先ず、場所とそこにある物とは、同一の管理権の下にあるからだと説明されます（三井・(1) 45頁参照）。しかし、このような考え方に対しては、場所と物とは、それぞれについて別のプライヴァシーの利益が認められる以上、管理権で説明するのは、必ずしも適切でないとの批判があります。

次に、場所と物とでは別のプライヴァシーの利益が認められるのが原則であるものの、この場合には、プライヴァシーの利益の包摂関係があるからである、などと説明されます（原田和往「捜索の範囲」判例演習61頁参照）。しかし、場所、物それぞれに別個・独立のプライヴァシーの利益が認められるとしながら（このことは、それぞれのプライヴァシーの利益に質的違いがあることを意味している筈です）、この場合はプライヴァシーの利益の包摂関係があるとするのは、論理的に分かりにくいように思われます。

②この点についての私見は、以下の通りです。

(i) この点を検討するにあたっては、先ず、場所の概念をその外延と内包

16　最決昭和44・3・18刑集23巻3号153頁〔国学院大学映研フィルム事件〕。因みに、報道機関の取材結果たるビデオテープの差押えについて、「真相を明らかにする必要上、……差し押さえたもの」とし、「本件差押は、適正迅速な捜査の遂行のためやむを得ないもの」であるとした最決平成2・7・9刑集44巻5号421頁〔TBS事件〕（百選〔第9版〕20事件）参照。

2 物的証拠の収集　75

とに分けて分析する必要があります。そこで、その分析をして考えますと、場所というものは、他と区分された特定の位置や区画を示す機能を有する概念として外延的に捉えることができるとともに（なお、田宮 106 頁は、「外延は管理権の同一性で画される」という表現をしています）、内包としての一定の区画を意味する空間的概念として捉えることができます。

　(ii)　そのうえで次に、例えば、捜索差押許可状の「捜索すべき場所、身体又は物」の欄に、「A 県 B 市 C 町 1 番 2 号甲野ビル 101 号室乙野次郎方居室」などと「場所」の表示のみがなされた令状が発付された場合の、当該令状を発付した裁判官の捜索対象についての司法的審査の内容を、どのように解したらよいかを考える必要があります。

　先ずは、司法審査の対象を他と区分して（上例の他の号室や、その他の住居等と区別して）、位置・区画を特定表示し、その特定表示された「他と区別した区画」についてのプライヴァシー等の利益の侵害を許容しています（これは場所というものの外延から捉えており、この場合は、いわば包括的であり、ある種、観念的であります）。そしてそのうえで、その特定表示された「他と区別した区画」の空間内に現に存在している各個の物についてのプライヴァシー等の利益の侵害を許容しています（これは場所の内包についてのものであり、これこそが現実的、具体的であります）。このように解するのが合理的でしょう。

　つまり、このように考えますと、「場所」についてのプライヴァシーと言っても、具体的・現実的なそれは、上記内包としてのもの、つまりその場所内にある物についてのプライヴァシーなのであって、「場所」の捜索といった場合、結局、その「場所」として表示された特定の区画（すなわち、上記の「他と区別した区画」）内に存在する具体的な物についての捜索でなければ、はじめから現実的な意味をなさないということが分ります。

　(iii)　したがって、裁判官によって「場所」に対する捜索令状が発付されたということは、先ずは、当該「場所」を特定することによって、プライヴァシー等の利益が侵害許容される当該場所（区画）とそれ以外の場所（区画）との区分がなされている（外延的画定・限定）ということになります[17]。そして、

17　田宮 106 頁が「外延は管理権の同一性で画される」とするように、ここでは当該場所の管理権（一般には、その中にプライヴァシー等の利益を含む）が、当該場所の外延を画していると言えるでしょう。

そのことはまた、同時に内包としての物の存在する空間を示しており、その内包たる物の存在する空間についての司法審査による権利侵害の許容がなされたということにもなるのです。つまり、その「場所」が特定・表示されているということは、裁判官によって、その場所の内包たる空間内にもともと存在する具体的な個々の物についての現実の捜索も許容されている、つまり、それらについての個別のプライヴァシー等の権利・利益に対しても、裁判官の司法的審査によって侵害許容がなされていると考えることができるのです（なお、第三者がたまたま持ち込んだ物については、原則として、裁判官の侵害許容の判断は及んでいないと考えるべきです）。

以上述べたところをもって、「場所」を特定・明示している捜索令状によって、その場所内にもともと存在する「物」についてまでの捜索ができる理由と考えます（私見の詳細は、渡辺81頁以下参照）。

（b）次に、人の身体に対する捜索は身体を捜索対象とする令状が必要とされるところ、その場所内にいる人（当該場所に通常居住している者と、外部から来てその場に居合わせた第三者とを含む）の携帯品や着衣に対してまでも場所に対する捜索令状で捜索できるのかという問題について検討します。

これについては、基本的には、当該携帯品や着衣が、身体と一体のものと評価し得るか否かによって判断すべきであると思われます。

なぜならば、当該物が人の身体と一体であると評価し得るような状況下にある場合は、人の身体そのものと同視して、人格の尊厳や人身の自由（身体の安全・自由など）といった、「場所」より高度な、別個の被侵害利益ないし権利を考えなければならないからです。

①なお、最高裁は、場所に対する捜索差押許可状により、当該場所に同居する被疑者の内縁の夫の携帯品（ボストンバッグ）について、これを捜索することができると判示しました（なお、そのとき、被疑者自身は不在でした）[18]。

思うに、上掲判例の事案における当該ボストンバッグは、もともと当該場所内に存在していたものであり、当該場所の中で同居人が携帯していた状態

18　最決平成6・9・8刑集48巻6号263頁（百選〔第9版〕21事件）。因みに、最決平成19・2・8刑集61巻1号1頁（百選〔第9版〕22事件）は、被疑者立会いのもとに、同被疑者の居室に対する捜索差押許可状により同居室を捜索中、宅配便の配達員によって同被疑者に配達され、同被疑者が受領した荷物についても、同捜索差押許可状に基づき捜索できるとしました。

で差押えられているのであってみれば、それについてのプライヴァシー等の利益を別個に考慮しなくてもよい事案だったのであり、それに対しては、当然に、裁判官の司法的審査によるプライヴァシー等の利益に対する侵害許容が及んでいたと言えるでしょう。さらに、携帯品の場合は、着衣などと違い、身体の一部と同一視するほどの一体性があるものとみなすことにも無理があります。したがって、この判例の結論は妥当であったと考えます。

②さらに、身体とも比べながら、着衣についても考えてみましょう。

衣類については、それが室内に置かれているだけの場合は、その場所内の物として扱われるものの、それが一旦身に付けられ着衣となると、身体の一部と同視すべきことになり、身体に対するのと同様、身体を捜索対象とする令状がない限り捜索できません。

というのも、人格の尊厳や人身の自由といった場合の「人」は、人が社会的存在である以上、衣服を身に着けた平常の状態が前提となっているのであり、着衣は身体の一部とすべきだからです。

(3) **コンピューターと電磁的記録媒体の捜索・差押え**

(a) 差押えの対象物は、当該被疑事実に関する「証拠物又は没収すべき物」とされています（法222条1項、99条1項）。したがって、差押えの執行にあたっては、原則として、差し押さえようとする物が、当該被疑事件と関連性を有する物であるかどうか、令状に明示・特定された物に該当するか否かを確認する必要があります。

①ところで、捜索・差押えの対象たる「物」は、有体物を意味するとされています。したがって、コンピューター（電子計算機）のハードディスクやCD-ROM、フロッピーディスク、DVDなどといった電磁的記録媒体に保存された情報そのものは、それ自体が有体物ではないので、そもそも、捜索・差押えの対象にすることができません（通説）。

他方、情報の保存された記録媒体の方は、有体物なので、捜索・差押えの対象にはなりますが、そのままでは可視性、可読性がないため、被疑事実との関連性等の確認をすることができません。そして、確認しようとすれば、その場で、コンピューターの操作等をするなどの相手方の真摯な協力が必要になってきます。しかし、相手方に操作を任せると、場合によっては、操作するや否や、瞬時にして、その内容を消去されてしまう危険性もあります。

また、当該媒体に収納された大量の情報をその場で確認するためには、かなりの長時間を要することにもなります。

②そこで、捜査の必要性からすれば、情報が大量に保存された記録媒体について、その場で内容の確認をすることなく差し押さえる必要性が生じてきます。

しかし、大量の情報が収納されているこれらの媒体の中には、当該被疑事件に関連性のない情報や、プライヴァシーに関わる情報までが含まれている可能性もあります。したがって、それらを無差別に、包括的に差し押さえたのでは、相手方のプライヴァシー等を侵害する事態が生じたり、業務に支障が生じたりすることにもなります。

そこで、捜査の必要性とプライヴァシー等の権利の保護とをどのようにして調和させていくかということが、重要な問題となってきます（河原俊也「フロッピーディスクの包括的差押え」判例演習69頁、小川新二「磁気のディスクと捜索差押え」新実例Ⅰ251頁以下参照）。

(b) 以上のような電磁的記録媒体に保存されている情報を、捜索差押許可状によって、強制的に取得しようとする場合、現実には、次の三つの方法が考えられます。

すなわち、（ⅰ）電磁的記録媒体自体を差し押える、（ⅱ）電磁的記録媒体に保存されている情報を別のCD等の媒体に複写したうえで、それを差し押さえる、（ⅲ）電磁的記録媒体の保存されている情報を呼出して用紙にプリントアウトし、その用紙を差し押さえる、との三つです（河原前掲論文71頁参照）。

それでは、これらの情報を強制的に取得するためには、どのような要件の下に、いずれの方法をとるのが、妥当でしょうか。

①先ず、令状主義の下で、差押対象物の特定が要求されるのは、当該被疑事実と差押対象物との関連性を確認し、被処分者の基本権が侵害されないようにしようとするところにあります。そうであれば、現場で差押対象物の選別をすることが原則とされなければなりません。したがって、上記（ⅰ）の方法は、基本的には、避けるべきであり、（ⅱ）、（ⅲ）の方法をとるのが妥当でしょう。

しかし、当該コンピューターが被疑者側の物であって、相手方の真摯な協

力を得られる見込みがない場合とか、操作を任せることによって、瞬時にして、収納された情報を消去されてしまう虞があるような場合、あるいは、収納情報が大量であって、その場で内容の確認・選別をすることが事実上不可能であるような場合などもあります。そこで、そのような場合には、止むを得ない例外的措置として、上記（ⅰ）の方法により、包括的に記録媒体を差し押えることを許さざるを得ない場合もあると思われます。

②最決平成10・5・1刑集52巻4号275頁（百選〔第9版〕25事件）は、捜索差押許可状には「差し押えるべき」物として、「組織的犯行であることを明らかにするための磁気記録テープ、光磁気ディスク、フロッピーディスク、パソコン一式」等とする旨の記載があり、警察官が、その令状によって、パソコン1台とフロッピーディスク合計108枚等を包括的に差し押えた事案について、次のような判断をしました。

すなわち、「令状により差し押さえようとするパソコン、フロッピーディスク等の中に被疑事実に関する情報が記録されている蓋然性が認められる場合において、そのような情報が実際に記録されているかをその場で確認していたのでは記録された情報を損壊される危険があるときは、内容を確認することなしに右パソコン、フロッピーディスク等を差し押さえることが許されるものと解される」と判示しました。

（c）いずれにしても、この問題は、現行刑事訴訟法の成立当時には予測できなかったことであり、新立法が必要とされていましたところ、2011年（平成23年）6月17日に、刑事訴訟法の一部改正を含む、「情報処理の高度化等に対処するための刑法等の一部を改正する法律」が成立し、同改正法は同年同月24日に公布されました。そして、同改正法において刑事訴訟法についても一部改正がなされ、電磁的記録媒体の捜索・差押えに関して、新たな制度を定めるなどの改正がなされました。その主たる改正点は次のようなものです。

①差し押さえるべき電子計算機に電気通信回線で接続している記録媒体からの複写です。すなわち、差し押さえるべき物が電子計算機であるときは、当該電子計算機に電気通信回線で接続している記録媒体であって、当該電子計算機で作成もしくは変更をした電磁的記録または当該電子計算機で変更もしくは消去をすることができることとされている電磁的記録を保管するため

に使用されていると認めるに足りる状況にあるものから、その電磁的記録を当該電子計算機または他の記録媒体に複写したうえ、当該電子計算機または当該他の記録媒体を差し押さえることができることとしました（218条2項、99条2項、なお、219条2項〔いずれの条文も新設〕）。

②記録命令付差押えです。すなわち、電磁的記録を保管する者その他電磁的記録を利用する権限を有する者に命じて必要な電磁的記録を記録媒体に記録させるなどしたうえ、当該記録媒体を差し押さえるとの「記録命令付差押え」（法99条の2〔新設〕）ができることとしました。そして、捜査機関は、裁判官の発する令状（記録命令付差押許可状）により記録命令付差押えを行うことができます（218条1項〔改正〕、令状の方式について219条1項〔改正〕）。

なお、刑訴法220条1項2号の逮捕に伴う無令状差押えの場合には適用されません（同条項が記録命令付差押えを挙げていないところから明らかです。田口114頁、白取136頁参照）。

③電磁的記録に係る記録媒体の差押えの執行方法です。すなわち、差し押さえるべき物が電磁的記録に係る記録媒体であるときは、その差押えに代えて、差し押さえるべき記録媒体に記録された電磁的記録を他の記録媒体に複写するなどしたうえで（あるいは、差押えを受ける者に複写させるなどしたうえで）、当該他の記録媒体を差し押さえることができることとしました（222条1項〔改正〕、110条の2〔新設〕）。なお、123条3項〔新設〕（222条1項〔改正〕）参照

④電磁的記録に係る記録媒体の捜索差押令状・検証令状の執行を受ける者等への電子計算機の操作その他必要な協力の要請ができることとしました（222条1項〔改正〕、111条の2〔新設〕）。なお、裁判所が検証する場合についての準用について、刑訴法142条参照。

⑤通信履歴の保全要請等ができることとしました（197条3項、同条4項、同条5項〔いずれの条文も新設〕）。

なお、この一部改正法によっても、被処分者等が協力しなかったり協力が困難ないし不適当な場合があり得ますので、そのような場合における一括差押えの問題は、依然として残るでしょう（旧法案について、村瀬均「令状による差押(2)――フロッピーディスクの差押え」百選〔第8版〕54頁参照）。また、通信履歴の保全要請については通信の秘密の制約に係わる問題も生じるなど、新たな問題も懸念されます。結局のところ、この一部改正法によっても電磁的記

録媒体の捜索・差押えについてのあらゆる問題が解決するわけではないと思われます。したがって、前記（a）、（b）で考えた問題は、今後もさらなる検討が必要であり、今後の判例の集積も望まれるところです。

(4) 差押対象物以外の物の写真撮影

　捜索を行っている際に、別罪の証拠が発見される場合があります。通説は、当該物件が令状記載の物件に含まれていなければ捜索も差押えもできないとし、そのような差押対象物以外の物については、これを写真撮影することも許されないとしています。それでは、そのような物についての違法な写真撮影が行われた場合に準抗告の申立てはできるのでしょうか。判例は、写真撮影は検証の性質を有するのであるから、準抗告の対象となる「押収に関する処分」にあたらないとして、これを消極に解していますが[19]、準抗告を認めるべきだとの説も有力です（この点の詳細については、渡辺88頁以下参照）。

2　検証、鑑定・鑑定の嘱託

　検証、鑑定も裁判所による場合と、捜査機関による場合とがありますが、ここでは、捜査機関による場合を中心に検討します[20]。

(1) 検　証

　(a)　検証とは、場所、物、人の身体を対象として、五官の作用（五感）によりそれらの存在・状態等を認識ないし感得する処分です。検証は、押収と違って、物の占有取得を伴わず、認識ないし感得するだけの処分であるため、これを証拠化するには、認識した物等の状態を調書（検証調書）に記録する方法が採られます（なお、法321条3項参照）。検証も捜索・差押えと同様、強制処分ですから、裁判官の発する検証令状（検証許可状）によって行われるのが原則です（法218条1項前段）[21]。

　検証については、「身体の検査、死体の解剖、墳墓の発掘、物の破壊その

19　最決平成2・6・27刑集44巻4号385頁（百選〔第9版〕35事件）。
20　なお、検証、鑑定についての条文構成も、基本的には、先ず総則規定で裁判所が行う場合を定め、それを捜査機関が行う場合に準用しています。ただ、鑑定については、捜査機関による場合は、鑑定の嘱託となり、後述の通り、裁判所が行う場合の総則規定（法165条〜174条）による手続とは重要な部分に違いがありますので、この点の条文上の違いに注意しておく必要があります。
21　なお、荷送人の依頼に基づき宅配便業者の運送過程下にある荷物について、捜査機関が、捜査目的を達成するために、荷送人や荷受人の承諾を得ることなく、当該荷物に外部からエックス線を照射して内容物の射影を観察したことは「検証としての性質を有する強制処分に当たる」とした判例として、最決平成21・9・28刑集63巻7号868頁（百選〔第9版〕33事件）参照。

他必要な処分」をすることができます（法222条1項、129条）。

　(b)　検証が、人の身体を対象とする場合（検証としての身体検査、法222条1項、129条）には身体検査令状が必要です（法218条1項後段）。身体検査の場合は、令状を発付する裁判官は、「身体の検査に関し、適当と認める条件を附すること」ができます（法218条6項（旧5項））。また、身体検査の場合には、特に、注意事項が置かれています（法222条1項、131条など）。

　ところで、身体検査の対象者が正当な理由なく検査を拒否したときは間接強制をすることができます（法222条1項、137条、138条）。そして、間接強制では効果がないと認められるときは、後述の鑑定受託者の行う鑑定処分の場合とは違って、直接強制により行うことができます（法222条1項、139条）。

　検証としての身体検査では、対象者を裸にすることはできますが、身体の外表部分の外観・形状等を観察し、認識するのが基本ですから、外から視認等の可能な体腔部分については可能ですが、そこまでが限界でしょう。

　なお、「身体の拘束を受けている被疑者の指紋若しくは足型を採取し、身長若しくは体重を測定し、又は写真を撮影するには、被疑者を裸にしない限り、前項の令状によることを要しない」（法218条3項（旧2項））とされています。

　なお、逮捕に伴う場合は、検証令状なしで検証することができます（法220条1項2号、3項）。但し、その場合に検証としての身体検査までできるかについては争いがあり、私見はこれを消極に解します。

　(2)　鑑定・鑑定の嘱託
　(a)　鑑定とは、特別の知識・経験を有する第三者による、その知識・経験に基づいた、法則そのものについての報告、または、その法則を適用して得た具体的事実判断や意見の報告を言います[22]。

　捜査機関は、犯罪の捜査をするについて必要があるときは、被疑者以外の者に鑑定を嘱託することができます（法223条1項）。これを鑑定の嘱託（嘱託鑑定ないし受託鑑定とも言います）と言います。

　裁判所に命じられて鑑定を行う学識経験のある第三者を鑑定人と言いますが、捜査機関の嘱託による場合は、鑑定受託者と言います。

　鑑定受託者は、鑑定の嘱託に対し、その受託を拒否できます（法223条2項

22　最判昭和28・2・19刑集7巻2号305頁参照。なお、法165条参照。

参照。すなわち、鑑定の嘱託の場合は、供述拒否権（黙秘権）の告知の規定を除いて、被疑者の取調べに関する規定が準用されるのであり、鑑定の嘱託自体は任意処分ということになるからです）。また、鑑定人と違って、宣誓をする必要もありません（因みに、鑑定人の場合は法 166 条で宣誓が必要です）。

なお、鑑定受託者が鑑定の経過及び結果を記載した書面であれば、名称はどうあれ、鑑定書と解されます。

(b) 被疑者の心神または身体に関する鑑定をするためには、これらの者を一定の場所に留めて、継続的に観察等をすることが必要になってくる場合もあります。そのための制度が鑑定留置です（法 224 条、167 条）。

(c) 嘱託による鑑定を行うにあたっては、前述の鑑定留置以外にも、強制力の行使が必要になってくる場合があります。

そこで、鑑定受託者は、鑑定について必要がある場合には、裁判官の許可を受けて、人の住居もしくは人の看守する邸宅、建造物もしくは船舶内に入り、身体を検査し、死体を解剖し、墳墓を発掘し、または物を破壊することができます（法 225 条 1 項、168 条 1 項）。

(d) このように、鑑定受託者は、鑑定処分としての身体検査を行うこともでき、この場合は、身体内部への侵襲（例えば、血液や嚥下物の採取など）も可能となってきます。

なお、対象者が正当な理由なく検査を拒否したときは、間接強制をすることはできますが、鑑定人の請求により裁判官が行う場合（法 172 条、139 条）とは違って、直接強制により行うことはできません。というのは、鑑定受託者が行う場合については、検証としての身体検査について定められている直接強制を認める規定が準用されないからです[23]。

以上のところを検証としての身体検査と比較しますと、①身体内部への侵襲については、検証ではできないのに対して、鑑定処分ではできるということになり、②直接強制については、検証ではできるのに対して、鑑定受託者による鑑定処分ではできない（なお、前述の通り、法 172 条、139 条により、鑑定人

23　法 225 条 4 項は法 168 条 6 項を準用していますが、同条同項は、間接強制を認める法 137、138 条は準用しているものの、直接強制を認める 139 条を準用していないからです。また法 225 条は法 172 条を準用していませんので、この点からも法 139 条が準用されないからです（つまり、法 10 章の規定に準じて身体検査ができる旨を定めた法 172 条 2 項が準用されないので、法 10 章の中に規定されている法 139 条も準用されないことになるのです）。

の請求によって裁判官が行う場合は直接強制ができますが）ということになります。

(3) 血液の採取

飲酒運転の疑いのある者が呼気検査を拒んだ場合やDNA型の鑑定をする場合などに、血液の採取が行われることがあります。この場合、強制処分として当然に令状が必要になってきます。なお、血液の採取は、後述の強制採尿（後記4(1)参照→87頁）のように被採取者に屈辱感を与え羞恥心を害するといった問題もありませんので、学説もそれ自体を違法とはしていません。問題となるのは、強制処分としての血液採取を行う場合の令状をどう考えるかです。血液の採取は明らかに身体への侵襲を伴いますので、検証ではなく、鑑定処分と言わざるを得ません。したがって、鑑定処分許可状による必要があります。しかし、鑑定受託者が鑑定処分許可状で行う場合は、上述のように、直接強制ができません。そこで、通説は、鑑定処分許可状と直接強制が可能である検証許可状とを併用すべきだとしています。実務の運用も併用説によっています。

3 逮捕に伴う捜索・差押え

(1) 逮捕に伴う無令状捜索・差押えの根拠

憲法35条は令状主義の原則を定めていますが、「第33条の場合を除いては」として、令状主義の例外を認めています。ここにいう「第33条の場合」とは、現行犯逮捕の場合だけでなく、その他の合法的な逮捕の場合も含まれると解するのが通説です。この憲法の規定を受けて定められたのが刑訴法220条です。

刑訴法220条は、この点について、捜査機関は、被疑者を逮捕する場合において（法199条、213条、210条の逮捕のこと）、必要があるときは、人の住居等に入って被疑者を捜索し（法220条1項1号）、逮捕の現場で差押え、捜索または検証をすることができる（同条同項2号）と規定しています（なお、上記の通り、検証についても捜索・差押えと同様に規定されていますが、ここでは捜索・差押えについて説明します。検証について、前記2(1)(b)末段参照→82頁）。

(a) このような令状主義の原則に対する例外が認められた根拠については、二つの考え方があります。

その1は、緊急処分説（限定説）といわれるもので、学説上はこの考え方が多数説です。この説は、逮捕者の安全や被逮捕者の逃亡の防止と証拠破壊

の防止の必要性から認められるとします。したがって、この説によれば、令状によらない捜索・差押えは、令状による時間的ゆとりのないような緊急事態というべき場合において認められることになります。

その2は、相当説（合理説）といわれるもので、捜査実務の基本的立場と言えます。この説は、逮捕現場には証拠の存在する蓋然性が高いという合理的理由から認められるとするのです。したがって、この説によれば、緊急事態という要件は不要ということになります。

(b) 思うに、令状主義の趣旨からすれば、緊急処分説の言うところをもって令状主義の原則に例外が認められた基本的根拠とすべきです。そして、同時に、証拠が存在するだろうとの蓋然性なども併せ考慮されているとするのが現実的でしょう。

(2) 「逮捕の現場」とは

逮捕に伴う捜索・差押えにおいては、はじめに場所的限界をどの範囲と捉えるか、ということを検討する必要があります。

(a) そこで先ずは、刑訴法220条1項2号にいう「逮捕の現場」をどのように解すべきかを考えましょう。

この点についても、前記の二つの説のいずれの立場に立つかによって、基本的考え方が違ってきます。

緊急処分説では、被疑者の逃亡防止と証拠破壊の防止に眼目があり、積極的な証拠収集に対しては、本来的には考慮が払われていません。そこで、この立場では、被疑者の周辺、すなわち、被疑者の身体とその場において被疑者の直接の支配下にある範囲に限定されることになります。

これに対して、相当説では、合理的な証拠収集の意味も含まれます。そこで、この立場では、被疑者の同一管理権の及ぶ範囲まで拡張して捉えられることになり、基本的には、令状が発付されたとすれば許されるであろう範囲まで認められることになります。

(b) ところで、逮捕の場所からある程度離れた場所で被疑者の身体や所持品の捜索・差押えが行われた場合、これをもって「逮捕の現場」での捜索・差押えと言えるのでしょうか。この場合は、捜索対象自体が移動しているところに特殊性があります。

この点に関して、最決平成8・1・29刑集50巻1号1頁〔和光大内ゲバ事

件〕（百選〔第9版〕29事件）は、次のように判示しました。

すなわち、刑訴法220条1項2号の処分について、「逮捕現場付近の状況に照らし、被疑者の名誉等を害し、被疑者らの抵抗による混乱を生じ、又は現場付近の交通を妨げるおそれがあるといった事情のため、その場で直ちに捜索、差押えを実施することが適当でないときには、速やかに被疑者を捜索、差押えの実施に適する最寄りの場所まで連行した上、これらの処分を実施することも、同号にいう『逮捕の現場』における捜索、差押えと同視することができ、適法な処分と解するのが相当である」と判示しました。

思うに、上記のような事情を考慮することは、当該被疑者の権利という視点から見て、必ずしも不利益な取扱いになるとは言えないでしょうし、現実に、そのような点に配慮せざるを得ない場合も起り得るでしょう。したがって、上記のような場合については、「逮捕の現場」での捜索・差押えと同視できると考えます。

(3) **物的範囲**

次に、物的範囲について検討しましょう。捜索・差押えの対象物は、あくまでも当該被疑事件と関連性を有する物に限られるのは当然です。逮捕の機会を利用して、あえて他の事件の証拠を収集したりすることはできないと解するのが一般です。ただ、凶器等については、逮捕者の身体の安全のために、差し押えることができると解すべきです。

(4) **逮捕行為との時間的接着性**

最後に、逮捕行為と捜索・差押えとの時間的接着性はどの程度必要であるか、という問題を検討します。すなわち、刑訴法220条にいう「逮捕する場合において」を、時間的（時期的ないし機会的）にどのように解釈するかということです。

(a) この点についても、先の二つの説によって基本的解釈に違いが生じます。

緊急処分説では、現に被疑者を逮捕する場合に限定されることになります。したがって、逮捕（その直前・直後を含めて）と捜索・差押えとの同時併行的状況の存在が必要となります（田宮110頁）。これに対して、相当説では、証拠の存在の蓋然性が認められれば足りるわけですから、緊急処分説のように限定して解釈する必要はなく、逮捕が予定されていればよいとされます。

(b) 最大判昭和36・6・7刑集15巻6号915頁は、「『逮捕する場合において』と『逮捕の現場で』の意義であるが、前者は、単なる時点よりも幅のある逮捕する際をいうのであり、後者は、場所的同一性を意味するにとどまるものと解するを相当とし、なお、前者の場合は、逮捕との時間的接着を必要とするけれども、逮捕着手時の前後関係は、これを問わない」とし、「従って、例えば、緊急逮捕のため被疑者方に赴いたところ、被疑者がたまたま他出不在であっても、帰宅次第緊急逮捕する態勢の下に捜索、差押がなされ、且つ、これと時間的に接着して逮捕がなされる限り、その捜索、差押は、なお、緊急逮捕する場合その現場でなされたとするのを妨げるものではない」と判示しています。したがって、この判例の立場では、逮捕は、予定されていれば足りることになります。

しかし、緊急処分説からすれば疑問があり、この判例には賛成できません。この判例には横田裁判官の意見と藤田・奥野両裁判官の意見および小谷・河村両裁判官の少数意見がありますが、それらの意見ないし少数意見にあるように、少なくとも、被疑者が逮捕現場に現在することが必要だと考えるべきです。

4 強制採尿、通信傍受
(1) 強制採尿

(a) 覚せい剤の自己使用罪を立件するためには、証拠として、尿の鑑定書が必要になります。被疑者が任意に尿を提出すれば特に問題は起らないのですが、頑として任意提出に応じない場合があります。その場合、実務では、被疑者の尿道にカテーテル（導尿管）を挿入して膀胱に至らせ、そこに貯留されている尿を採取する方法がとられます。そこで、このような方法による強制採尿は、被採取者に屈辱感を与え、差恥心を著しく害するところから、その許容性（適否）自体が争われてきました。しかし、捜査実務においては、止むを得ない措置として、現に行われています。そこで、仮に許容されるとすれば、このような強制処分の令状をどう考えるかということが、強制採尿の許容性（適否）の問題と併せて議論されてきました。

(b) 下級審の裁判例では、これまで、違法とするものと適法とするものとが対立していましたが、最決昭和55・10・23刑集34巻5号300頁（百選〔第9版〕31事件）は、このような方法による強制採尿が捜査手続上の強制処

分として絶対に許されないとすべき理由はないとし、適切な法律上の手続を経て行えば許容されるとしました。そして、この場合の適切な法律上の手続について、令状は捜索差押令状によるものとし、その令状には「医師をして医学的に相当と認められる方法により行わせなければならない旨の条件の記載が不可欠である」としました。そして、その後の捜査実務では、上記判例が示した条件の記載された捜索差押許可状のことを強制採尿令状と呼び、それによって強制採尿が行われています。

なお、強制採尿のための施設への強制連行の可否について、判例は上記強制採尿令状の効力としてこれを可能としていますが[24]、条件付捜索差押許可状たる強制採尿令状により身柄拘束まで認めることには疑問があります。（強制採尿についての詳細は、渡辺101頁以下参照）。

(2) 通信傍受

(a) 通信傍受は、通話の両当事者に無断で通話を傍受することですので、国民の一般意思からして、プライヴァシー等といった国民の重要な権利・利益の侵害が強いものと認められ、強制処分と言わざるを得ません。従前の実務では、検証により通信の傍受を行うという方法がとられており、最決平成11・12・16刑集53巻9号1327頁〔旭川覚せい剤事件〕（百選〔第9版〕34事件）も、後記のいわゆる通信傍受法（正式の名称は後記（b）を参照）の成立以前に行われた一定の条件を付した検証許可状に基づく電話傍受を、同法成立後、合憲・合法と判断していました。しかし、この条件付検証許可状による通信傍受については、内容面からの批判も多く、また、そもそも法律に定められていない強制処分を判例が創出すること自体避けるべきであると批判されていました。以上のところからしても、通信傍受については、本来立法により解決されるべき問題でした。

(b) 新立法は、1999年（平成11年）に行われました。すなわち同年の刑訴法の一部改正によって、同法222条の2が新たに追加され、「通信の当事者のいずれの同意も得ないで電気通信の傍受を行う強制の処分については、別に法律で定めるところによる」と定められました。そして、同時に「犯罪捜査のための通信傍受に関する法律」（以下、「通信傍受法」と略称します）が制定

---

24 最決平成6・9・16刑集48巻6号420頁（百選〔第9版〕32事件）。

されました。同法は、通信傍受の定義、同法の適用対象犯罪、傍受令状発付の要件（犯罪の嫌疑の十分性、犯罪関連通信が行われる蓋然性、捜査手段としての補充性）、傍受の対象となる通信、傍受の手続などを詳細に規定しています（なお、通信傍受法の詳細については、渡辺45頁以下参照。因みに、通信傍受とは異なり、会話の一方当事者が、またはその者から承諾ないし依頼を受けた者が、相手方の同意を得ないで行ういわゆる秘密録音については、渡辺43頁注1参照。）。

③ 被疑者・参考人の取調べ（供述証拠の収集）

1 被疑者の取調べについての原則と在宅被疑者の取調べ
(1) 任意取調べとその内容・方式

刑訴法198条1項は、「検察官、検察事務官又は司法警察職員は、犯罪の捜査をするについて必要があるときは、被疑者の出頭を求め、これを取り調べることができる。但し、被疑者は、逮捕又は勾留されている場合を除いては、出頭を拒み、又は出頭後、何時でも退去することができる」と規定しています。つまり、捜査機関による被疑者の取調べは、任意の取調べが許されるだけなのです（なお、被疑者の概念について、第2章④1参照→27頁）。

そこで、任意取調べの内容や方式について見ていくことにします。

(a) 先ず、被疑者が出頭を求められた場合に、それに応ずるか否かは、出頭を求められた者の意思に任されており、出頭したくなければ出頭を拒否してもよいし、出頭した場合でも、その後、いつ退去してもよいのです（198条1項但書）。

ところで、出頭の要求は、文書・口頭など適宜な方法でやってよいことになっています。出頭を求める場所も警察署とは限らず、適宜な場所でよいのです。この出頭のことを任意出頭と呼んでいます。場合によっては捜査官の方が出向いて同行を求める場合がありますが、その場合は、「事実上強制に近づく可能性があるため」（松尾・上66頁）、通常の任意出頭と区別して任意同行と呼んでいます（なお、任意同行に関しての問題点については、渡辺115頁以下参照）。

(b) 次に、出頭した被疑者が供述するか否かについても、出頭した者の意思に任されています。それは、被疑者には自己負罪拒否特権すなわち黙秘権

(憲法38条1項の自己負罪拒否特権は、一般に、被疑者・被告人においては、黙秘権として理解されます）が認められているからです。

したがって、取調官は、取調べをするにあたっては、被疑者に対し、あらかじめ、自己の意思に反して供述をする必要がない旨を告げなければなりません（法198条2項）。すなわち、捜査官には黙秘権（供述拒否権）の告知義務があります[25]。なお、黙秘権の範囲については、被疑者にとっての利益事項、不利益事項を問わず、いかなる事実についても供述を拒否することができると解されていますので、自らの住所・氏名についても、黙秘することができると解すべきです。なぜならば、被疑者の黙秘権も、弾劾的捜査観のもとにおける被疑者の地位（取調官とは対立当事者の関係になる）からして、被告人の場合（法311条1項、291条3項）と同様に、包括的黙秘権が保障されていると解すべきだからです[26]。

(c) 被疑者が任意に供述したときは、その供述を調書に録取することができます（法198条3項）。そして、この調書は、これを被疑者に閲覧させ、または読み聞かせて、誤がないかどうかを問い、被疑者が増減変更の申立てをしたときは、その供述を調書に記載しなければなりません（同条4項）。さらに、被疑者が、調書に誤のないことを申し立てたときは、これに署名押印することを求めることができます。但し、これを拒絶した場合は、この限りではありません（同条5項）。つまり、署名・押印をするかどうかについても、被疑者の任意とされるのであり、拒否することもできます。

(2) 任意取調べの限界

次に、任意取調べの限界について検討します。この点については、要は、退出したいという被疑者の自由な意思決定を制圧したり、長時間にわたる取調べとなって、それが相当性を欠くに至ったような場合には、任意取調べの限界を超え、違法な取調べになると解すべきだということです。

そこで、具体的に、宿泊を伴う取調べと、徹夜にわたる取調べについて検討しましょう。

(a) 宿泊を伴う取調べについては、最決昭和59・2・29刑集38巻3号

---

25 黙秘権の不告知が自白の任意性を否定するとした浦和地判平成3・3・25判タ760号261頁（百選〔第9版〕76事件）参照。
26 なお、氏名の黙秘権について、最大判昭和32・2・20刑集11巻2号802頁参照。

479頁〔高輪グリーンマンション殺人事件〕（百選〔第9版〕7事件）があります。

　この判例は、「被疑者につき帰宅できない特段の事情もないのに、同人を4夜にわたり所轄警察署近辺のホテル等に宿泊させるなどした上、連日、同警察署に出頭させ、午前中から夜間に至るまで長時間取調べをすることは、任意捜査の方法として必ずしも妥当とはいい難いが、同人が右のような宿泊を伴う取調べに任意に応じており、事案の性質上速やかに同人から詳細な事情及び弁解を聴取する必要性があるなど本件の具体的状況のもとにおいては（判文参照）、任意捜査の限界を超えた違法なものとまでいうことはできない」〔決定要旨〕旨の判断を示しました。

　つまり、結論的には、本件における4夜にわたる、宿泊を伴う、連日の長時間の取調べを、必ずしも妥当とは言い難いが、違法なものとまでは言えないとしたのです[27]。

　(b)　次に、徹夜にわたる取調べについては、最決平成元・7・4刑集43巻7号581頁〔平塚事件〕（百選〔第9版〕8事件）があります。

　この判例も、その適法性を肯定するには慎重を期さなければならないとしたものの、「取調べが本人の積極的な承諾を得て参考人からの事情聴取として開始されていること、一応の自白があった後も取調べが続けられたのは重大事犯の枢要部分に関する供述に虚偽が含まれていると判断されたためであること、その間本人が帰宅や休息の申出をした形跡はないことなどの特殊な事情のある本件においては、任意捜査として許容される限度を逸脱したものとまではいえない」〔決定要旨〕旨の判断をしており、結論として、本件における徹夜の取調べを任意捜査として許容される限度内のものだとしました。

　(c)　上記二つの判例は、いずれも、被疑者の承諾をもって、つまり、任意に取調べに応じたことをもって、任意性判断の一つの基準にしています。

　しかし、これら二つの判例におけるような状況下で、被疑者が、取調べについて、真意に基づいた承諾をしているとは考えにくく、供述の任意性には疑いがあります。これらの判例は、被疑者の退出意思の有無といった主観面を重視している傾向があるだけでなく、さらに、その主観面の判断自体が形式的に過ぎているきらいがあり、これらの取調べを任意捜査の範囲内のもの

27　なお、9泊10日にわたる宿泊を伴う取調べについて、これを違法とした東京高判平成14・9・4東高時報53巻1〜12号83頁〔ロザール事件〕（百選〔第9版〕77事件）参照。

としたことは大いに疑問です（なお、上掲の最決昭和59・2・29に付された木下・大橋両裁判官の意見および平成元・7・4に付された坂上裁判官の反対意見参照）。

2　逮捕・勾留中の被疑者の取調べ
(1)　総　説

次に身柄を拘束されている被疑者、つまり逮捕・勾留中の被疑者の取調べについて検討します。

前記の通り、刑訴法198条1項は、「検察官、検察事務官又は司法警察職員は、犯罪の捜査をするについて必要があるときは、被疑者の出頭を求め、これを取り調べることができる。但し、被疑者は、逮捕又は勾留されている場合を除いては、出頭を拒み、又は出頭後、何時でも退去することができる」と定めています。

(a)　この条文から読み取れることは、被疑者が身柄を拘束されているか否かを問わず、捜査官の被疑者取調権を規定しているということ（同条1項本文）と、被疑者は、身柄を拘束されている場合を除いては、捜査官の出頭要求を拒否することもできるし、出頭した場合でも、何時でも退去できるということ（同条1項但書）です。

(b)　そして、身柄拘束被疑者の取調べについては、刑訴法は、上記の通り198条1項但書で、「被疑者は、逮捕又は勾留されている場合を除いては」と記載するだけで、取調べそのものについての詳細・明確な規定を置いていません。

(2)　出頭・滞留義務、取調受忍義務の有無

ここにおいて、最も重要な問題とされるのは、身柄拘束被疑者の出頭・滞留義務ないし取調受忍義務をどのように解するかということです。

一般には、逮捕・勾留されている被疑者（身柄拘束被疑者）は、「取調室」への出頭義務および「取調室」での滞留義務を負うか、負うとすれば、結局のところ、取調受忍義務を負うことになるが、そのようなことは許されるのか、という形で議論されています。

この問題は、刑訴法198条1項但書の文理だけでは、必ずしも、適確な解釈を導けないように思われます。そこで、このことを考えるにあたっては、刑訴法198条1項但書の文理解釈だけでなく、刑事訴訟法の理念にさかのぼった、より実質的な観点からの考察が必要になってきます。

③ 被疑者・参考人の取調べ（供述証拠の収集） 93

取調受忍義務については、以下のような各見解が示されています。
(a) **取調受忍義務肯定説**

捜査実務では、身柄拘束被疑者には取調受忍義務があるとして扱われていますし[28]、かつての通説もこの立場に立っていました。しかし、近時の学説で肯定説をとるものは極めて少数です。

取調受忍義務肯定説の根拠としては、身柄拘束被疑者を取り調べることの必要性・有用性などが挙げられますが、その主たる根拠は、刑訴法198条1項但書の文言の反対解釈によるということです。つまり、刑訴法198条1項は、「これを取り調べることができる」としたうえで、但書で、「但し、被疑者は逮捕又は勾留されている場合を除いては、出頭を拒み、又は出頭後、何時でも退去することができる」と規定しているのだから、この但書を反対解釈すれば、逮捕または勾留されている場合は、出頭を拒みまたは出頭後何時でも退去することはできないことになるというのです。

(b) **取調受忍義務否定説**

これに対して、学説の多くは取調受忍義務否定説の立場に立っています。その内容とするところは、例えば、取調官は身柄拘束被疑者に対し、「拘置所の居房から取調室へ来るように強制することはできないし、一度取調室へ来ても、被疑者が、取調をやめ居房へ帰ることを求めたときは、これを許さなければならない」（平野106頁）というものです。

取調受忍義務否定説の根拠としては、いくつかのものが挙げられますが、理論的には、概ね次の二つのものを挙げることができます。

すなわち、第1の根拠は、逮捕・勾留の目的は、被疑者の逃亡を防止して将来の公判への出頭を確保することと罪証隠滅の防止にあり、弾劾的捜査観を基本に据える以上取調べがその目的に含まれることはない、というところに求められます。そして、逮捕・勾留されているということから取調受忍義務が出て来ることはないとするのです。

28　なお、下級審の裁判例でも、これを肯定的に捉えているものがあります。例えば、東京地決昭和49・12・9刑月6巻12号1270頁、判時763号16頁〔富士高校放火事件証拠決定〕は、余罪の取調べについては取調受忍義務がないが、逮捕された事実（本罪）については、取調受忍義務があるとしており、東京高判昭和53・3・29刑月10巻3号233頁、判時892号29頁〔富士高校放火事件控訴審判決〕は、余罪についても取調受忍義務を肯定しています。なお、浦和地判平成2・10・12判時1376号24頁（百選〔第9版〕18事件）参照。

第 2 の根拠は、黙秘権を行使している被疑者に取調受忍義務を課せば、供述義務はないといっても、事実上は密室の中で取調官の説得を受け続けることになるのだから、結局、供述を強いられるのと同じことになり、その結果、黙秘権が侵害されることになってしまう、というところに求められます。

(c) 思うに、この問題については、実務と学説とが対立し、取調受忍義務否定説の中でも刑訴法198条1項但書の解釈については見解が分かれており、文理的には、必ずしも、どの見解が説得的だとも言い切れないところがあります。

そこで、あらためて考えるべきことは、被疑者の地位、逮捕・勾留の目的、黙秘権の本質といった基本的原理についてです。つまり、①弾劾的捜査観（第3章2参照→42頁）を基本に据えて考えれば、（ⅰ）被疑者は、取調官とは対立する当事者として扱われなければならないということ、（ⅱ）逮捕・勾留は、あくまでも、将来の公判のための身柄の確保のためにあるのであって、決して取調べ目的のためにあるのではないということ、②黙秘権は人間の尊厳から導かれる憲法上の基本権であるということ、などです。

そして、これらの基本原理を前提にしてこの問題を考えますと、身柄拘束被疑者の取調受忍義務については、これを否定すべきは当然であり、取調受忍義務否定説をもって妥当とすべきです。

3 参考人の取調べ

検察官、検察事務官または司法警察職員は、犯罪の捜査をするについて必要があるときは、被疑者以外の者の出頭を求めて、これを取り調べることができます（223条1項）。これが、いわゆる参考人の取調べです。この取調べについては、基本的に、被疑者の取調べに関する規定が準用されますが（法223条2項参照）、黙秘権については告知されません（法223条2項は法198条2項を準用していません）。

4 証人尋問（第1回公判期日前の）

上記のように、捜査機関は、参考人の取調べをすることができるのですが、参考人が取調べに応じない場合や、将来公判廷に出廷した場合に、取調べのときの供述と異なった供述をする場合もあり得ます。そこで、このような場合にあらかじめ対処し、供述を保全しておくため、第1回公判期日前

に、検察官が裁判官の証人尋問を請求できる制度が置かれています。

　すなわち、検察官は、①犯罪の捜査に欠くことのできない知識を有すると明らかに認められる者が、上記刑訴法223条1項の取調べに対して、出頭または供述を拒否した場合には、第1回公判期日前に限り、裁判官にその者の証人尋問を請求できます（法226条）し、②上記刑訴法223条の取調べに際して任意の供述をした者が、公判期日においては捜査官に供述した供述と異なる供述をするおそれがあり、かつ、その者の供述が犯罪の証明に欠くことができないと認められる場合も、第1回公判期日前に限って、裁判官に証人尋問を請求できます（法227条1項）。なお、②の場合は、検察官は、証人尋問を必要とする理由およびそれが犯罪の証明に欠くことができないものであることを疎明しなければなりません（同条2項）。

第5章　身柄の確保と防御権

　本章では、先ず、逮捕の種類と要件等を説明し、その後で、いわゆる別件逮捕の問題点やそれが違法となる理由などについても検討します。次に、被疑者勾留を中心に、勾留の意義・要件・目的、勾留の手続と裁判、勾留の効力の及ぶ範囲などを検討します。そして、同一事件についての再逮捕・再勾留の原則的禁止なども説明します。最後に、それらを踏まえて、被疑者（被告人）の防御権について弁護人との接見交通権を中心に論じ、被疑者（被告人）側の請求による証拠保全請求権の説明もします。

1　逮捕の種類

1　通常逮捕

（1）　通常逮捕とは、逮捕状による逮捕のことです。憲法33条は、「何人も、現行犯として逮捕される場合を除いては、権限を有する司法官憲が発し、且つ理由となつている犯罪を明示する令状によらなければ、逮捕されない」と規定しています。そして、刑訴法は、199条において、通常逮捕の要件を定めています。すなわち、同条1項では、「被疑者が罪を犯したことを疑うに足りる相当な理由があるときは、裁判官のあらかじめ発する逮捕状により、これを逮捕することができる」と定め、同条2項では、「裁判官は、被疑者が罪を犯したことを疑うに足りる相当な理由があると認めるときは、……逮捕状を発する。但し、明らかに逮捕の必要がないと認めるときは、この限りでない」と定めています。

　これらの条文からも明らかなように、通常逮捕の要件は、第1に逮捕の理由があること、すなわち、罪を犯したことを疑うに足りる相当な理由（つまり、犯罪の嫌疑の相当性）があること、第2に逮捕の必要性があることです。

　逮捕状を請求する際には、逮捕の理由および逮捕の必要性を認めるべき資料を提供しなければなりません（規143条）。

　そして、逮捕状の請求を受けた裁判官は、逮捕の理由があると認める場合

でも、「被疑者の年齢及び境遇並びに犯罪の軽重及び態様その他諸般の事情に照らし、被疑者が逃亡する虞がなく、かつ、罪証を隠滅する虞がない等明らかに逮捕の必要がないと認めるときは」逮捕状の請求を却下しなければなりません（規143条の3）。なお、30万円（但し、一定の犯罪について例外あり）以下の罰金、拘留、科料に当たる罪について、刑訴法199条1項但書参照。

(2) 逮捕の必要性の要件について、先ず問題となるのは、被疑者を取調べる目的で逮捕することができるか、ということです。

上述の通り、現行法は、被疑者に逃亡の虞・罪証隠滅の虞がある場合に限って、逮捕の必要性を認めており（規143条の3の反対解釈）、取調べを目的とした逮捕が許されないのは当然です（なお、第3章②2(1)参照→44頁）。

(3) 逮捕状の請求権者は検察官または司法警察員です。そして、警察官たる司法警察員については、国家公安委員会または都道府県公安委員会が指定する警部以上の者（指定司法警察員）に限られます（法199条2項）。

なお、刑訴法199条3項は、同一犯罪についての再逮捕を予定していますが、それは逮捕の不当な蒸し返しにならないための予防規定としての意味を有しています（後の④参照→112頁）。

(4) 裁判官は逮捕の要件、つまり、逮捕の理由と必要性を審査します。そして、逮捕の理由があれば、明らかに逮捕の必要がないと認めるとき以外は、逮捕状が発付されます（法199条2項）。

(5) 逮捕の権限を有する者は、検察官、検察事務官または司法警察職員です（法199条1項）。したがって、逮捕権者には司法巡査も含まれます。逮捕状の請求よりも、逮捕そのもの（逮捕状の執行）の方が、権限を有する者の範囲が広くなっているのは、逮捕状の執行については、緊急を要することが多いからです。これに対し、逮捕状の請求については、捜査側にも逮捕の要件の有無について慎重に検討させ、逮捕状の濫発を防止する必要がありますので、請求権者を限定しているのです。

(6) 逮捕状により被疑者を逮捕するには、逮捕状を被疑者に示さなければなりません（法201条1項）。逮捕状には、被疑者の氏名および住居、罪名、被疑事実の要旨、引致すべき官公署その他の場所（なお、「引致」とは、連行すること、つまり、連れていくことを言います）、有効期間およびその期間経過後は逮捕できず令状は返還すべき旨、発付年月日などを記載し、裁判官が、これ

に記名押印しなければなりません（法200条1項）。

　逮捕状を被疑者に示すのは、これらの記載事項を被疑者に理解させるためです。したがって、被疑者に視力障害があるような場合には、記載事項を読み聞かせる必要がありますし、日本語の理解できない外国人の場合には、通訳・翻訳が必要になります。

（7）　なお、逮捕状は発付されているが、逮捕状を所持していないため、これを示すことができず、急速を要する場合は（指名手配中の被疑者を発見した場合など）、被疑事実の要旨および令状が発せられている旨を告げて、逮捕することができます。但し、令状はできる限り速やかに示さなければなりません（法201条2項、73条3項）。これを逮捕状の緊急執行と言います。

（8）　逮捕後の手続の概略は以下の通りです。

（a）　検察事務官または司法巡査が逮捕状により被疑者を逮捕したときは、直ちに、検察事務官はこれを検察官に、司法巡査はこれを司法警察員に、引致しなければなりません（法202条）。

（b）　司法警察員は、逮捕状により被疑者を逮捕したとき、または逮捕状により逮捕された被疑者を受け取ったときは、直ちに犯罪事実の要旨および弁護人を選任できる旨を告知し、弁解の機会を与え、留置の必要がないと思料するときは直ちにこれを釈放し、留置の必要があると思料するときは被疑者が身体を拘束された時から48時間以内に書類および証拠物とともに、これを検察官に送致する手続（なお、「送致」とは、事件の引継ぎのことを言います）をしなければなりません（法203条1項）。上記刑訴法203条1項の時間の制限内に送致の手続をしないときは、直ちに被疑者を釈放しなければなりません（法203条4項）。他に、同法203条2項、同条3項参照。

（c）　検察官は、逮捕状により被疑者を逮捕したとき、または逮捕状により逮捕された被疑者（法203条の規定により送致された被疑者は除きます）を受け取ったときは、直ちに犯罪事実の要旨および弁護人を選任できる旨を告知し、弁解の機会を与え、留置の必要がないと思料するときは直ちにこれを釈放し、留置の必要があると思料するときは被疑者が身体を拘束された時から48時間以内に裁判官に被疑者の勾留を請求しなければなりません。ただし、その時間の制限内に公訴を提起したときは、勾留の請求を要しません（法204条1項）。上記刑訴法204条1項の時間の制限内に勾留の請求または公訴

の提起をしないときは、直ちに被疑者を釈放しなければなりません（法204条3項）。他に、同法204条2項、同条4項参照。

（d）　検察官は、刑訴法203条の規定により送致された被疑者を受け取ったときは、弁解の機会を与え、留置の必要がないと思料するときは直ちにこれを釈放し、留置の必要があると思料するときは被疑者を受け取った時から24時間以内に裁判官に被疑者の勾留を請求しなければなりません（法205条1項）。この時間の制限は、被疑者が身体を拘束された時から72時間を超えることができません（同条2項）。上記刑訴法205条1項、2項の時間の制限内に公訴を提起したときは、勾留の請求を要しません（同条3項）。上記刑訴法205条1項、2項の時間の制限内に勾留の請求または公訴の提起をしないときは、直ちに被疑者を釈放しなければなりません（同条4項）。他に、同法205条5項参照。

（e）　上記各弁解の機会には、弁解録取書が作成されます。なお、弁解の聴取は取調べではありませんので、その際の黙秘権（供述拒否権）の告知は要しないと解されていますが、実務では、一般に、弁護人選任権の告知と共に、黙秘権も告知されていると言えます。

2　現行犯逮捕・準現行犯逮捕

（1）　刑訴法は、現に罪を行い、または現に罪を行い終った者を、現行犯人としています（法212条1項）。現行犯人は、何人でも、逮捕状なくして逮捕できます（法213条）。なお、これらの規定のもととなる憲法33条は、「現行犯として逮捕される場合を除いては」として、現行犯逮捕を令状主義の例外としています。現行犯は、犯人および犯罪の実行が明白で、司法的抑制を働かせなくても誤認逮捕の虞がなく、また緊急に逮捕する必要性があるので、無令状で逮捕することができるとされたのです。

（a）　したがって、現行犯逮捕の要件としては、先ずもって犯人および犯罪実行の明白性がなければならなりません。すなわち、「現に罪を行い、又は現に罪を行い終わった者」（法212条1項）をもって現行犯人とするのですから、逮捕の時点で被逮捕者が犯人であるということが、現場の状況等からして、逮捕者にとって明白でなければなりません（田宮76頁）。

「現に罪を行い」というのは、逮捕者の面前で現に特定の犯罪の実行行為を行っていることを言い、「現に罪を行い終った」というのは、特定の犯罪

の実行行為を行った直後ということであり、いずれも、その犯人と犯罪が逮捕者にとって明白であることをいうとされています（光藤・Ⅰ58頁参照）。

つまり、現行犯人というのは、逮捕者から見て、犯罪を現に行い、または行い終わったという時間的状況下においてのみ認められる概念ということになります。したがって、現行犯人とは、基本的に、一時的にのみ存在する者と捉えるべきです。そうであれば、現行犯の限界を画するため時間的・場所的隔たりは、自ずと限定されたものにならざるを得ません。

（b）ところで、犯行中に逮捕行為に着手したところ犯人が逃走した場合についてはどのように考えたらよいのでしょうか。このような場合は、少なくとも、追跡行為が継続している必要があり、一旦追跡行為が中断したような場合は、原則として、現行犯逮捕を認めることはできないと思われます。

なお、最判昭和50・4・3刑集29巻4号132頁は、あわびの密漁犯人を現行犯逮捕するため約30分間密漁船を追跡した者の依頼により約3時間にわたり同船の追跡を継続した行為は、適法な現行犯逮捕の行為と認めることができるとし、逮捕行為着手後に犯人の追跡行為を継続していれば、数時間経過した後の現行犯逮捕も適法であるとしました。ただ、この判例は、海上における追跡行為という特殊なケースについてのものであり、一般化することはできないでしょう（松尾・上58頁）。

(2) 現行犯逮捕にも「逮捕の必要性」の要件が求められるか否か、が問題となります。

（a）刑訴法および刑訴規則には、逮捕の必要性を現行犯逮捕の要件とする規定はありませんが、現在の通説的見解は、通常逮捕の場合と同様、逮捕の必要性をもって現行犯逮捕の要件の一つであると解しています。

（b）大阪高判昭和60・12・18判時1201号93頁（百選〔第9版〕14事件）も、「現行犯逮捕も人の身体の自由を拘束する強制処分であるから、その要件はできる限り厳格に解すべきであって、通常逮捕の場合と同様、逮捕の必要性をその要件と解するのが相当である」と判示しました[1]。

(3) 刑訴法212条2項は、いわゆる準現行犯人について定めています。同条同項によれば、①「犯人として追呼されているとき」（同条同項1号）、②

---

1 他に、東京高判平成20・5・15判時2050号103頁参照

「贓物又は明らかに犯罪の用に供したと思われる兇器その他の物を所持しているとき」（同条同項2号）、③「身体又は被服に犯罪の顕著な証跡があるとき」（同条同項3号）、④「誰何されて逃走しようとするとき」（同条同項4号）のうちのいずれかにあたる者が、罪を行い終つてから間がないと明らかに認められるときは、これらの者を現行犯人とみなすのです（同条同項柱書）。このようにみなされた者が準現行犯人です。

　（a）　準現行犯逮捕については、憲法の認める令状主義の例外とすることについて疑義が持たれ、その合憲性が問題とされますが、通説的見解は、その要件を厳格にしぼることによって、一応合憲と解しています。

　（b）　なお、最決平成8・1・29刑集50巻1号1頁〔和光大内ゲバ事件〕（百選〔第9版〕15事件）は、犯行と逮捕との間に、時間的には1時間ないし1時間40分、場所的（距離的）には約4キロメートルの隔たりのある準現行犯逮捕について、その適法性を認めています。

　(4)　逮捕後の手続の概略は、次の通りです。

　一般人が現行犯人を逮捕したときは、直ちにこれを地方検察庁もしくは区検察庁の検察官または司法警察職員に引き渡さなければなりません（法214条）。司法巡査は、現行犯人を受け取ったときは、速やかにこれを司法警察員に引致しなければなりません（法215条1項）。また、司法巡査は、犯人を受け取った場合には、逮捕者の氏名等を聴取しなければなりませんし、必要があるときは、逮捕者に対し、ともに官公署に行くことを求めることができます（同条2項）。それ以外の逮捕後の手続については、通常逮捕の場合に関する規定が準用されます（法216条）。

3　緊急逮捕

　(1)　緊急逮捕は、刑訴法210条の定めるところです。すなわち、検察官、検察事務官または司法警察職員は、死刑または無期もしくは長期3年以上の懲役もしくは禁錮にあたる罪を犯したことを疑うに足りる充分な理由がある場合で、急速を要し、裁判官の逮捕状を求めることができないときは、その理由を告げて被疑者を逮捕することができます（同条1項前段）。そして、逮捕後、「直ちに裁判官の逮捕状を求める手続をしなければならない」（同条1項中段）のであり、逮捕状が発せられないときは、直ちに釈放しなければなりません（同条1項後段）。それ以外の逮捕後の手続については、通常逮捕の

場合に関する規定が準用されます（法211条）。

　以上から分かるように、緊急逮捕の要件は、実体的要件として、①一定の重大な犯罪であって、②罪を犯したことを疑うに足りる充分な理由（嫌疑の十分性。つまり、通常逮捕の場合の嫌疑の相当性よりも高度な嫌疑が必要です）があり、③逮捕の緊急性（急速を要し、裁判官の逮捕状を求めることができないこと）があること、手続的要件として、④逮捕の際、上記①から③の要件にあたることを告げなければならないということ（平野95頁参照）と、⑤逮捕後、「直ちに」逮捕状を求める手続をしなければならないということです。なお、ここにいう「直ちに」とは、「即刻」と解する説と「できるだけ速やかに」と解する説がありますが、令状主義の例外をなす強制処分である以上、その要件は厳格に解すべきですから、即刻、逮捕状を求める手続をしなければならないという意味に解すべきです（団藤341頁、田口74頁）。

　(2)　緊急逮捕については、その合憲性が問題とされます。というのも、憲法33条は、現行犯逮捕以外は令状による逮捕（通常逮捕）しか認めていないからです。

　(a)　違憲説（鈴木75頁など）もありますが、多くの説は結論的に合憲としています。合憲説には大きく分けて二つの考え方があります。一つは、緊急逮捕も全体として見れば令状に基づく逮捕であるとし（団藤340頁〜341頁）、他の一つは、憲法33条の現行犯逮捕には緊急逮捕も含まれるとします[2]。

　しかし、前説に対しては、令状による逮捕は司法的抑制の理念（令状主義）から導かれるものである以上、逮捕状は事前に発付されていなければ意味がないとの批判があります。また、後説に対しては、現行犯逮捕が令状主義の例外として認められるのは犯人と犯罪の明白性が前提となっているからであり、明白性の担保としては犯罪と逮捕との時間的接着性が必要であるところ、緊急逮捕においては犯罪と逮捕の時間的接着性が要件とされておらず、緊急逮捕を現行犯逮捕に含めて理解することはできないとの批判があります。

　もともと、憲法33条の条文を文理解釈すれば、緊急逮捕を合憲とすることには困難が伴います。そこで、「ただ、実質的にその社会治安上の必要を

---

[2]　注3掲記の最大判昭和30・12・14における小谷・池田両裁判官の補足意見など。

考えたとき、右のような緊急状態のもとで重大な犯罪について例外を認めることの合憲性を、かろうじて肯定しうるであろうか」（平野 95 頁～96 頁）との見解が示されるのです。

　(b)　判例は、「かような厳格な制約の下に、罪状の重い一定の犯罪のみについて、緊急已むを得ない場合に限り、逮捕後直ちに裁判官の審査を受けて逮捕状の発行を求めることを条件とし、被疑者の逮捕を認めることは、憲法33条規定の趣旨に反するものではない」[3] と判示しました。

　しかし、その判示するところは刑訴法 210 条の条文内容を繰り返しているだけであり、そこには、格別の合憲とする根拠は示されていません。ただ、「逮捕状の発行を求めることを条件として」と述べているところからしますと、令状逮捕の一種に含めて解しているようにも思われます。

　(c)　この点については、憲法 33 条は司法的抑制を働かせなくても逮捕が合理的な場合として現行犯逮捕を掲げていると解したうえで、これに準ずる合理性がある場合には令状主義の例外を認めることができるとし、緊急逮捕は令状主義の例外としての合理性が認められる場合であるとの見解（田口 75 頁）が妥当でしょう（なお、三井・(1) 11 頁参照）[4]。

　(3)　令状請求を受けた裁判官は、逮捕当時における緊急逮捕の要件と審査時における通常逮捕の要件の双方の存在を審査することになり、双方の要件がともに認められるときにのみ逮捕状が発付されます（光藤・Ⅰ 63 頁参照）。

② 別件逮捕

1　別件逮捕の意義

　逮捕に関しては、前述の通り、逮捕の「理由」と「必要性」という要件を法定することによって、違法・不当な逮捕を一般的に抑制し、かつ、個別・具体的には、令状主義によって司法的抑制をはかっています。それにもかかわらず、別件逮捕と言われるいわば脱法的方法がとられることがあります。

　なお、別件逮捕という言葉は、法令上の用語ではなく、実務の中から生じた概念であると言えます。また、別件逮捕と言っても、そこにはいくつかの

3　最大判昭和 30・12・14 刑集 9 巻 13 号 2760 頁。
4　なお、事後的な司法審査は行われています。

捉え方があります。ここでは、基本的に、いまだ逮捕の要件の備わっていない重い乙罪（例えば殺人罪——以下、これを「本件」と言います）について取り調べる目的で、逮捕の要件の備わっている軽い甲罪（例えば、たまたま発覚した窃盗罪——以下、これを「別件」と言います）でことさらに逮捕する場合のこととして検討していきます（なお、勾留にまで進んだときは別件勾留となりますが、ここでは、基本的に別件逮捕として説明します）。

2　別件逮捕の適否の判断基準

いまだ逮捕の要件の備わっていない重い乙罪（本件）について取り調べる目的で、逮捕の要件の備わっている軽い甲罪（別件）でことさら逮捕するという捜査方法を分析してみますと、先ず、甲罪で逮捕したことそれ自体は、形式的には逮捕の要件が備わっていたのですから、それだけをみれば、適法であるかのようにも思われます。

また、甲罪での身柄拘束中に乙罪について任意の取調べをすることも可能です。というのも、刑訴法198条1項からすれば、捜査官は、身柄拘束中の被疑者に出頭を求め（出頭に応ずる義務があるか否かは、別問題であり、出頭義務はないと解しますが）、これを取り調べることができるとされているからです（なお、第4章③2(2)参照→91頁）。

（1）　それでは、別件逮捕は、適法なのでしょうか、違法なのでしょうか。

別件逮捕の適法・違法を判断する基準については、大枠で、二つの考え方が提示されています。

（a）　一つは、いわゆる別件基準説と言われるものです。この説によれば、軽い甲罪（別件）について逮捕の理由と必要性が備わっていれば、重い乙罪（本件）の取調べがなされても、軽い甲罪（別件）の逮捕は適法であるとし、軽い甲罪（別件）について逮捕の理由と必要性が備わっていないか、あるいは、軽い甲罪（別件）が起訴する価値のないような軽微なものである場合には、軽い甲罪（別件）での逮捕は違法であるとします。他の一つは、いわゆる本件基準説と言われるものです。この説によれば、重い乙罪（本件）の取調べを目的とする軽い甲罪（別件）の逮捕は違法であるとします。

（b）　別件基準説は警察実務がとる立場とされており、通説的見解は本件基準説をとっていますが、別件逮捕を実質的に吟味すれば、これを違法とする本件基準説が基本的に妥当です。別件基準説は、基本的に、別件について逮

捕の要件が備わっていれば適法であり、備わっていなければ違法であるとするのですから、要するに、逮捕の要件一般の問題に帰着し、あえて別件逮捕の概念を立てる必要もないと評することができるでしょう[5]。

（c）なお、上記二つの説の他に、本件基準説を基本としながらも、別件基準説にも一定の理解を示したものと評し得る、いわゆる実体喪失説が有力になっています（川出敏裕『別件逮捕・勾留の研究』（1998年、東京大学出版会）222頁、209〜210頁参照）。この説は、逮捕・勾留という身柄拘束の目的はあくまでも公訴提起のための逃亡の防止と罪証隠滅の防止にある点を強調するなど、説得的な考え方でありますが、別件についての逮捕の理由と必要性が備わっている以上は、基本的には、令状発付自体は適法とするなど、別件基準説と同様の理解を示しているところもあり、そのすべてについてまでは賛同しかねます（実体喪失説の問題点等については、渡辺147頁以下参照）。

（2）別件逮捕を違法とする理由としては、次の3点を挙げることができます。

第1に、別件逮捕は、令状主義を定める憲法33条と、抑留・拘禁に関する基本的人権を定めた憲法34条に違反するということです。

すなわち、先ず、軽い甲罪（別件）で令状を発付した裁判官は、捜査官が実は重い乙罪（本件）についての取調べをしようとしているとの真意を知らないまま、甲罪（別件）についての令状を発付しているのであってみれば、乙罪（本件）については、司法審査を経ていないことになる（憲法33条違反となる）からです。次に、被疑者にとっては、逮捕の真の理由を知らされずに（軽い甲罪の令状しか示されていない等）身柄を拘束されたことになりますし、犯罪事実（被疑事実）を明示する令状によらずに身柄拘束されたことになりますので、拘禁に対する被疑者の基本的人権を侵害し、防御の権利をも侵していることになる（憲法34条違反となる）からです。

第2に、別件逮捕は、逮捕・勾留に関する刑事訴訟法の精神に反するということです。すなわち、逮捕・勾留の目的は、あくまでも、逃亡と罪証隠滅

---

[5] なお、浦和地判平成2・10・12判時1376号24頁（百選〔第9版〕18事件）は、別件逮捕・勾留を「本件についての取調べを主たる目的として行う別件逮捕・勾留」としたうえで、別件逮捕・勾留それ自体が適法な場合であっても、事件単位の原則から、余罪としての本件の取調べを違法とする考え方が示されています。

の防止のための身柄の確保にあり、取調べそのものは逮捕・勾留の目的ではありません。それなのに、別件逮捕においては、重い乙罪については、身柄の拘束が、取調べのために、さらに言えば、自白獲得のために積極的に利用されているからです。

第3に、別件逮捕は、起訴前の身柄拘束に関して厳しい時間的制約を定めた刑訴法203条以下の規定を潜脱することになって違法であるということです。つまり、別件逮捕（そして勾留）後に、改めて本件についての逮捕（そして勾留）が見込まれているからです。

以上のような理由から分るように、別件逮捕は、その根底に「脱法的本質」（田宮97頁）を有しているのであり、まさに逮捕権の濫用とされる逮捕方法なのです。したがって、別件逮捕は違法と言わざるを得ません。

(3) 判例を見ますと、最高裁は未だ別件逮捕の適否についての明確な判断を示してはいません。しかし、最決昭和52・8・9刑集31巻5号821頁〔狭山事件〕には、傍論ではありますが、次のような、別件逮捕のいわば定義付けとその適否について表現しているようにも読める判示部分があります。つまり、「専ら、いまだ証拠の揃っていない『本件』について被告人を取調べる目的で、証拠の揃っている『別件』の逮捕・勾留に名を借り、その身柄の拘束を利用して、『本件』について逮捕・勾留して取調べるのと同様な効果を得ることをねらいとしたもの」との判示部分があるということです（ただ、この事案における第1次の逮捕・勾留は上記判示部分で示した場合にはあたらないとし、その適法性を認めています）。また、最大判昭和30・4・6刑集9巻4号663頁〔帝銀事件〕でも、これも傍論ではありますが、ほぼ同旨の表現をしている部分があります（なお、この事例は、別件逮捕ではなく別件起訴・勾留の場合でありました。そして、検事が、先ず軽い罪につき起訴勾留の手続をとった後、重い罪につきさらに被告人の取調べをしたからといって、これを違法違憲と解すべき理由はないとしています）。

なお、下級審の裁判例では、本件基準説の立場から別件逮捕を違法としたものも少なくありません。中には、もっぱら本件について取り調べる目的で行なったいわゆる典型的な別件逮捕・勾留に当たると言い得る事案についてのものですが、①逮捕・勾留手続を自白獲得の手段視し、②別件による逮捕・勾留期間満了後に、改めて本件による逮捕・勾留が見込まれている点に

おいて、刑訴法が定めた拘束期間を潜脱し、③令状主義の原則を定める憲法33条および拘禁に関する基本的人権の保障規定たる憲法34条に反する、という明確な理由を示して違法としたものがあります[6]。

3 勾留

1 勾留の意義・要件

勾留とは、被疑者または被告人の身柄を拘束する裁判およびその執行を言います。勾留の実体的要件は、勾留の理由と必要性です（以下ここでは、被疑者勾留を中心に論じ、必要に応じ、適宜被告人勾留についても触れます。なお、被告人勾留について第7章②5(2)を参照→149頁）[7]。

(1) 勾留の理由としては、被疑者（被告人）が、①罪を犯したことを疑うに足りる相当の理由があることのほかに、②（ⅰ）定まった住居を有しないこと、（ⅱ）罪証を隠滅すると疑うに足りる相当な理由があること、（ⅲ）逃亡し、または逃亡すると疑うに足りる相当な理由があることのうちの一つ以上に当たることです（法207条1項、60条）[8]。

ところで、逮捕の場合は、逃亡・罪証隠滅の「虞」は、逮捕の必要性の内容とされています（規143条の3）。これに対して、勾留の場合は、上記の通り、逃亡と罪証隠滅について、それらを「すると疑うに足りる相当な理由があるとき」と定めたうえで[9]、それらが、住居不定とともに、勾留の「理由」の内容とされています（法207条1項、60条）。これらを勾留の「必要性」で

---

6 金沢地七尾支判昭和44・6・3刑月1巻6号657頁〔蛸島事件〕参照。
7 起訴前勾留＝被疑者勾留と起訴後勾留＝被告人勾留とでは、勾留の実体的要件や勾留質問、勾留理由開示の手続、勾留の取消、勾留の執行停止などには内容的違いはありませんが、勾留の主体、勾留期間、逮捕前置主義の有無、保釈の可否、接見指定の可否などについては両者に違いがあります。起訴前勾留の期間は、勾留請求の日から原則として10日ですが、通じて10日を超えない限度で延長できますので、延長すれば20日間勾留し得ることになります（法208条）。なお、特別の事件については、さらに5日間延長できます（法208条の2）。起訴後勾留の期間は、公訴提起の日から2箇月であり、1箇月ごとに更新できます（法60条1項本文）。但し、法89条1号、3号、4号、6号にあたる場合を除いては、更新は1回に限られます（法60条2項但書）。
8 なお、法207条1項本文の趣旨は、保釈を除いて、被告人の勾留に関する条文が被疑者勾留に準用されるということです。
9 勾留の場合は、このように正確には逃亡・罪証隠滅の「虞」ではなく、逃亡・罪証隠滅を「すると疑うに足りる相当な理由」となっている点を注意しておく必要があります。ただ、一般には、「虞」と表示されることも少なくないのですが、上記の意味として理解すべきです。

はなく、「理由」の内容と位置付けたのは、勾留の要件を厳格にする趣旨からであると一般に理解されています。

(2) 勾留の必要性がないということについては、勾留の理由があるように見えながら勾留することが相当でない（勾留するまでもない）事情をいうとされ、事件の性質（軽微な事案など）や本人の事情（住居不定ではあるが、確実な身柄引受人がいるなど）等を考量して判断することになります。

2 逮捕前置主義

(1) 逮捕前置主義（逮捕先行主義）とは、被疑者勾留をする場合には、勾留に先行して逮捕が必要である、つまり、被疑者を逮捕しないで、はじめから勾留請求することは許されないとの原則です。なお、起訴後勾留＝被告人勾留については、逮捕前置は当てはまりません。

(2) 逮捕前置主義がとられる条文上の根拠としては、刑訴法 207 条 1 項が「前 3 条の規定による勾留の請求を受けた裁判官は」としており、同法 204 条、205 条の規定は、被疑者が逮捕されていることを前提としたうえで、検察官が、勾留請求をする場合のみを定めており[10]、それ以外に検察官が被疑者勾留を請求することを許す規定もないことから、被疑者勾留を請求するには、必ず逮捕が先行していなければならないとされるのです。

(3) 逮捕前置主義がとられる実質上の根拠は、逮捕と勾留の二つの段階において司法的チェック（司法審査）をして司法的抑制の徹底をはかり、それによって、被疑者の人権保障を全うしようとするところにあります。

すなわち、被疑者の身柄拘束をするにあたっての初期段階では、身柄拘束の必要性判断は未だ流動的であり、被疑者からの弁解の聴取やその後の捜査の進展によっては、犯罪の嫌疑や身柄拘束の必要性が希薄になったり消滅することもあり得るので、いきなり 10 日間という長期に及ぶことにもなり得る身柄拘束をするよりも、先ずは逮捕という短期間の身柄拘束を先行させる方が、被疑者の人権保障に適うことになるからだとされています（新関雅夫ほか『令状基本問題・下』（1996 年、一粒社）261 頁〔金谷利廣〕、豊田健「事件単位の原則について」実務ノート第 3 巻 86 頁参照）。

つまり、逮捕前置主義は、後述の事件単位の原則と共に、被疑者の身柄拘

10　因みに、法 206 条は逮捕の時間的制約にしたがうことのできない場合の規定でありますが、逮捕を前提とすることに変わりありません。

束についての司法的抑制を厳重にすることによって、不必要な身柄拘束を防止し、被疑者の人権保障を図っていこうとする原則と言えます。

そして、逮捕の先行があるかどうかは、後に7で述べる（→110頁）事件単位の原則により、被疑事実を基準として判断されることになります。

3　勾留の目的

以上のような勾留の要件と関連させて、勾留の目的は、被疑者（被告人）の逃亡を防止して将来の公判への出頭を確保することと、罪証隠滅の防止の二つにあるとされています。

ところが、これら以外に、有罪判決確定後の刑の執行確保や、再犯の防止といったことまでも勾留の目的に含める考え方（この場合は特に被告人について考えられ易いでしょう）もあります。

しかし、有罪判決確定後の刑の執行確保については、とうてい認めることができません。なぜならば、有罪判決が確定するまでは、被疑者（被告人）は無罪の推定を受けているからです。さらに、再犯の防止というのは、条文上の根拠がないことはもとより、いわば一種の予防拘禁を認めることになり、基本的人権の見地から認めることはできません。

4　勾留の手続と裁判

被疑者の勾留は、検察官の請求により（法205条、204条参照）裁判官によってなされます。勾留をするには、前述した勾留の理由と必要性という実体的要件のほかに手続的要件も充たしていなければなりません。勾留の手続的要件としては、前述の逮捕前置の他に、勾留質問を経由していることが必要です。すなわち、勾留の請求を受けた裁判官は、被疑者に対し被疑事実を告げ、これに関する陳述を聞いた後でなければ勾留をすることはできません。ただし、被疑者が逃亡した場合は、この限りではありません（法207条1項、61条）。この手続が勾留質問です（なお、被告人の勾留質問について、第7章②5(2)参照→149頁）。裁判官は、勾留の要件が充たされていると判断したときは、速やかに勾留状を発しなければなりません（法207条4項）。なお、勾留状の執行は、原則として、検察官の指揮によって行われます（同条1項、70条）。

5　勾留の場所

勾留の場所は刑事施設ですが（法207条1項、64条1項）、刑事施設に収容することに代えて、都道府県警察に設置されている留置施設（刑事収容14条1

項参照）に留置することができるとされています（刑事収容15条）。そして、この規定に従い、被疑者勾留については、多くの場合上記留置施設に収容されています。このような留置施設を一般に代用刑事施設と言います。なお、代用刑事施設は、基本的に、例外と捉えるべきです。

6 勾留理由開示

勾留理由開示の制度は、被疑者（被告人）がいかなる理由で勾留されたかを公開の法廷で明らかにするために定められた制度であり（法207条1項、82条、83条、280条1項、同条3項）、憲法34条の「何人も、正当な理由がなければ、拘禁されず、要求があれば、その理由は、直ちに本人及びその弁護人の出席する公開の法廷で示されなければならない」との規定を受けて定められたものです。

勾留理由開示の請求権者は、勾留されている被疑者（被告人）、その弁護人、法定代理人、保佐人、直系の親族、兄弟姉妹、利害関係人です（法207条1項、82条1項、同条2項）。勾留の理由の開示は、公開の法廷で、裁判官、裁判所書記官が列席して行われます（法207条1項、83条1項、同条2項）。被疑者（被告人）およびその弁護人が出頭しないときは、原則として、開廷することができません（法207条1項、83条3項）。法廷において、裁判官（裁判長）は、勾留の理由を告げなければなりません（法207条1項、84条1項）。

7 勾留の効力範囲を決める基準（事件単位説と人単位説）

（1）勾留の効力の及ぶ範囲を決める基準については、いわゆる事件単位説と人単位説との対立がありましたが、現在では事件単位説が通説であり実務のとるところです（この基準は、基本的に、逮捕についてもあてはまります）。

事件単位説は、事件すなわち勾留状に記載されている犯罪事実に限定して、勾留の効力およびその効力の及ぶ範囲が決せられるとします。すなわち、勾留の効力は、勾留状に記載されている犯罪事実についてのみ及ぶのだから、勾留は各別の事件ごとに行われなければならないとするのです（これを事件単位の原則とも言います）。

これに対して、人単位説は、要するに、勾留は1度なされればその効力が被疑者（被告人）の身柄について一体的に及ぶとし、現に拘禁され目的を達している状況において被疑者（被告人）を二重に勾留することは（別罪であっても）、訴訟行為の一回性の原則に反するとし、また、一人の被疑者（被告人）

に同時に2個以上の身柄の拘束があるのは、常識的に見て不自然であるとするのです。

(2) 事件単位説の基本的主張は、事件ごとに勾留の理由と必要性を司法審査することによって、司法的抑制を図り、令状主義の原則を厳格に適用していこうとするところにあると言えます。すなわち、逮捕・勾留の理由と必要性についての判断を事件単位ごとに行うことによって、身柄拘束の根拠を明確にしようとするのです。

これに対し、人単位説からすれば、勾留の効力は人すなわち被疑者（被告人）について既に一体的に生じているのだから、余罪についても逮捕・勾留関係が生じているということになります。その結果、甲事実で逮捕した被疑者を乙事実だけで勾留したり、甲事実で逮捕・勾留した被疑者をもっぱら乙事実について取り調べるといったことも可能となります。つまり、余罪について、それを司法的審査に服させずに身柄拘束を認めてしまうことになり、その結果、令状主義の原則に反する結果をもたらしてしまいます。

(3) 事件単位説からすれば、甲事件について勾留されている者について、さらに乙事件で勾留するための要件が認められる限り、乙事件で勾留すること、つまり、勾留の競合（二重勾留）が認められることになります。そして、それは、余罪をもって「潜在的な勾留の根拠」にせず（田宮93頁参照）、余罪を現実に顕現させて司法審査の下に置くこと（司法的抑制）を意味しています。

(4) なお、甲事実による勾留が、もっぱら乙事実の捜査に利用されていたことが事後になって判明した場合、これを被疑者・被告人の利益になる方向で考慮することは、形式的には事件単位の原則に反することになっても、差し支えないとされるのが一般です（田宮93頁、光藤・Ⅰ80頁、田口83頁など）。この点については判例もあります[11]。

8　勾留の取消しと執行停止

(1) 勾留の取消しとは、勾留の裁判の効力を将来に向かって失わせる裁判のことです。勾留の理由または勾留の必要がなくなったときは、裁判所は、勾留されている被疑者（被告人）もしくはその弁護人、法定代理人、保佐人、

11　最判昭和30・12・26刑集9巻14号2996頁参照。

配偶者、直系の親族、もしくは兄弟姉妹の請求により、または職権で、決定をもって勾留を取り消さなければなりません（法207条1項、87条1項）。また、勾留が不当に長くなったときも、同様の請求により、または職権で、決定をもって勾留を取り消さなければなりません（法207条1項、91条）。

(2) 勾留の執行停止とは、勾留の効力は維持しつつ、勾留の執行のみを一時的に停止させる方法のことです。勾留の執行停止は、勾留の効力が消滅していない点や取消し事由は保釈と同様でして、その他にも保釈と機能的に類似しているところがありますが、①保証金を必要としない点、②被告人だけでなく被疑者についても認められる点、③期間を定めることができる点（法98条1項参照）、④職権によってのみ認められる点などは、保釈と異なります。

裁判所は適当と認めるときは、決定で、勾留されている被疑者（被告人）を親族、保護団体その他の者に委託して、または被疑者（被告人）の住居を制限して、勾留の執行を停止することができるのです（法207条1項、95条）。

④ 逮捕・勾留一回性の原則

同一事件についての逮捕・勾留は、原則として、1回しか許されません。これを逮捕・勾留一回性の原則と言います（この原則を定めた条文はありませんが、一般に承認されています。一罪一逮捕・一勾留の原則とも言いますが、一罪一逮捕・一勾留の原則という言い方は、後記の分割禁止の原則を指して使われることもあり、必ずしも用語が統一されていないところがあります）。この原則からして、同一の被疑事実についての再逮捕・再勾留は、原則として、許されません（再逮捕・再勾留禁止の原則。なお、他に、この原則の一適用として、いわゆる重複逮捕・重複勾留禁止の原則（分割禁止の原則）も導き出されます）。同一人を同一の被疑事実で再逮捕・再勾留することを無条件に許してしまいますと、刑訴法が203条以下で起訴前の身柄拘束についての時間的制限を厳格に定めたことが無に帰してしまうからです。

ただし、刑訴法には再逮捕を予定した規定もあり（法199条3項。なお、規142条1項8号参照）、例外的に犯罪の重大性や事情の変更等に照らして、再逮捕する必要性・合理性があり、逮捕の不当な「蒸し返し」にならないような

場合であれば、再逮捕が許されるとするのが通説的見解といえます。再勾留を例外的に認めることについては見解が分かれますが、より要件を厳格にすることによって認めるのが多数の見解と言えましょう（田宮94頁、三井・(1) 32頁、上口119頁など。なお、この原則の詳細について、渡辺166頁以下参照）[12]。

5 接見交通権

　身柄拘束中の被疑者・被告人の防御権にとって最も重要なものは、弁護人との接見交通権です。

1　接見交通権の根拠

　刑訴法39条1項は、「身体の拘束を受けている被告人又は被疑者は、弁護人又は弁護人を選任することができる者の依頼により弁護人となろうとする者……と立会人なくして接見し、又は書類若しくは物の授受をすることができる」と規定し、被疑者・被告人の権利として、弁護人（以下、弁護人となろうとする者を含みます）との接見交通権を定めています。

　そして、その際、「前項の接見又は授受については、法令……で、被告人又は被疑者の逃亡、罪証の隠滅又は戒護に支障のある物の授受を防ぐため必要な措置を規定することができる」（同条2項）ことになっています。

　さらに、同条3項は、「検察官、検察事務官又は司法警察職員……は、捜査のため必要があるときは、公訴の提起前に限り、第1項の接見又は授受に関し、その日時、場所及び時間を指定することができる」と規定して、捜査官が接見指定することができる旨を定めています。なお、同条3項は、「公訴の提起前に限り」としていることから分かるように、被告人の場合の接見については、接見指定はできません（なお、接見交通権で特に問題となるのは、接見指定制です。そこで、以下では被疑者との接見交通権を中心に論述します）。

---

[12]　東京地決昭和47・4・4刑月4巻4号891頁、判時665号103頁（百選〔第9版〕17事件）は、同一被疑事件についての単なる事情変更を理由とした再逮捕・再勾留は刑訴法203条以下の趣旨からして許されないものの、同法199条3項が再度の逮捕が許される場合のあることを前提にしていることは明らかであるとし、現行法上再度の勾留を禁止した規定もなく、また、逮捕と勾留との密接不可分性からして、法は例外的に同一被疑事実につき再度の勾留をすることも許していると解されるとしました。そして、そのうえで、再勾留が許されるのは、先行の勾留期間の長短、身柄釈放後の事情変更の内容、事案の軽重、その他諸般の事情を考慮して、「身柄拘束の不当なむしかえしでないと認められる場合に限る」旨判示しました。

被疑者（被告人）の弁護人との接見交通権は、憲法34条前段の「何人も、理由を直ちに告げられ、且つ、直ちに弁護人に依頼する権利を与へられなければ、抑留又は拘禁されない」との規定、すなわち、憲法上の権利である弁護人依頼権に由来して設けられたものであって、弁護人依頼権の内容をなすものと言えます。なぜならば、弁護人依頼権は、単に弁護人に依頼するだけではなく、保護者・援助者たる弁護人から有効な弁護を受けることを内容とするものであって、そのためには、被疑者（被告人）は、先ず、弁護人と会って、相談し、その助言を受けるということが大前提となるからです。最大判平成11・3・24民集53巻3号514頁〔安藤・斎藤事件〕（百選〔第9版〕36事件）も、この権利は、「憲法の保障に由来するもの」としています。

　そして、接見交通権は「弁護人からいえばその固有権の最も重要なものの一つ」[13]ということになります。

2　接見交通権の内容

　弾劾的捜査観からすれば、捜査段階においても当事者主義が基本に据えられ、被疑者側がする自己の防御のための証拠収集・保全が重要になってきます。弾劾的捜査観の立場から、捜査手続を公訴の提起および追行の準備と捉え、被疑者側の防御活動を実効あらしめようとするには、接見交通権の保障は必須の原理ということになります。

　判例も、「接見交通権は、身体を拘束された被疑者が弁護人の援助を受けることができるための刑事手続上最も重要な基本的権利に属するものである」[14]としています。そして、それは弁護人との秘密交通権であり、自由交通権でなければなりません[15]。

　また、弁護人からすれば被疑者との接見は、被疑者弁護における弁護活動の大半を占めるものであり、極めて重要な弁護活動の一つということになります。

3　接見指定制

　このように、刑訴法は、憲法上の権利である弁護人依頼権を受けて、39

13　最判昭和53・7・10民集32巻5号820頁〔杉山事件〕。
14　注13掲記の最判昭和53・7・10。
15　ところで、近時、判例は、接見交通のための設備がない検察庁舎内での弁護人と被疑者との接見について、「面会接見」、すなわち、秘密交通権が十分に保障されないような形態での短時間の接見という新たな概念を創出しました（最判平成17・4・19民集59巻3号563頁）。

条1項で、身体の拘束を受けている被告人または被疑者と弁護人との接見交通権を保障しましたが、前述の通り、同条3項で、被疑者段階での接見[16]について捜査官による接見指定制も採用しています。指定事項は、接見の「日時、場所、及び時間」に及びます。なお、その指定に不服があれば、その「取消又は変更」を求めて、準抗告ができます（法430条）。

ところで、この接見指定制については、その運用の仕方によっては、自由交通権たる接見交通権が大幅に制限され、原則と例外が逆転してしまうことにもなってしまいます。そこから、そもそも、このような捜査機関による接見指定は、憲法上許されるものなのか、ということが問題とされます。

この点について、前掲最大判平成11・3・24は、「憲法は、刑罰権の発動ないし刑罰権発動のための捜査権の行使が国家の権能であることを当然の前提とするものであるから、被疑者と弁護人等との接見交通権が憲法の保障に由来するからといって、これが刑罰権ないし捜査権に絶対的に優先するような性質のものということはできない」、「接見交通権の行使と捜査権の行使との間に合理的な調整を図らなければならない」などと述べ、さらに、接見指定制が接見交通権を制約する程度等を説示したうえで、「刑訴法39条3項本文の規定は、憲法34条前段の弁護人依頼権の保障の趣旨を実質的に損なうものではない」として、刑訴法39条3項を合憲としました。

ただ、ここで注意しておかなければならないことは、上記のように、最高裁は刑訴法39条3項を合憲としましたが、同条同項が定める「捜査のため必要があるとき」の今後の解釈・運用次第では、同条同項を違憲とする余地が残されているということです。

4 接見指定の要件

(1) 接見指定の要件である「捜査のため必要があるとき」の解釈については、学説が分れています。

---

[16] 問題となるのは、被告人勾留と被疑者勾留が競合している場合です。最決昭和55・4・28刑集34巻3号178頁（百選〔第9版〕39事件）は、「同一人につき被告事件の勾留とその余罪である被疑事件の逮捕、勾留とが競合している場合、検察官等は、被告事件についての防禦権の不当な制限にわたらない限り、刑訴法39条3項の接見等の指定権を行使することができる」としています。しかし、このような場合は、原則としては、接見指定権は行使できないとすべきであり、例外的にできる場合については、「被告事件についての防禦権の不当な制限」になっていないかどうかを厳格に解すべきでしょう。なお、この問題の詳細は、渡辺202頁以下参照。

その1は、いわゆる捜査全般説です。この説は、いわゆる罪証隠滅の虞を含めた捜査全般の必要性のことであるとします。しかし、この説によると、捜査の便宜上から、何かにつけて罪証隠滅の虞ということを持ち出す危険があり、その「必要」の範囲が広がり過ぎてしまいます。したがって、この説は、捜査権の行使と接見交通権の行使との合理的調整の見地からすれば、採り得ない見解であると思います。

　その2は、いわゆる限定説です。この説は、現に被疑者を取り調べ中とか実況見分や検証等に立ち会わせるなどして、現に身柄を利用している場合であって、物理的に接見が不能ないし困難な場合に限るとします（通説的見解）。

　その3は、いわゆる準限定説です。この説は、限定説よりも被疑者の身柄の利用の範囲を広め、現実の身柄利用に限定せず、取調べの予定や実況見分あるいは検証への同行の予定をも含むとします。この説については、「予定」をも含めているところに疑問があります。

　(2)　次に、判例を見ますと、最判平成3・5・10民集45巻5号919頁〔浅井事件〕は、注13掲記の最判昭和53・7・10の判示内容に依って、弁護人等と被疑者との接見交通権が憲法の保障に由来することから、刑訴法39条3項の指定は、あくまで必要やむを得ない例外的措置であるとしたものの、「捜査の中断による支障が顕著な場合には、捜査機関が、弁護人等の接見等の申出を受けた時に、現に被疑者を取調べ中であるとか、実況見分、検証等に立ち会わせているというような場合だけでなく、間近い時に右取調べ等をする確実な予定があって、弁護人等の必要とする接見等を認めたのでは、右取調べ等が予定どおり開始できなくなるおそれがある場合も含むものと解すべきである」と判示しました。したがって、「間近い時」で「確実な」といった限定は付しているものの、「予定」をも含めている点で、準限定説と同様の立場に立ったものと思われます。

　また、前掲最大判平成11・3・24も準限定説の立場に立っています。

　(3)　思うに、接見交通権の行使と捜査権の行使との間で合理的調整をする必要があることは認めざるを得ませんが、そこでの合理的調整に内容を盛り込むにあたっては、あくまでも、刑訴法39条1項が原則であり、同条3項は例外であるということが大前提とされなければなりません。つまり、いかに捜査権が国家の権能によるものであるとの前提に立つとしても、捜査権と

憲法に由来する接見交通権という権利とが衝突した場合には、基本的には、原則たる接見交通権に優位が認められるということを意味していると考えるべきです。したがって、同条3項の適用にあたっては、捜査のため必要やむを得ない場合と言えるかということを特に意識した運用がなされなければなりません。

さらに、例外規定たる同条3項には但書があり、「但し、その指定は、被疑者が防禦の準備をする権利を不当に制限するようなものであつてはならない」とされているのであり、この但書規定によって、例外規定たる同条3項は、さらに制約を受けているということを忘れてはなりません[17]。

(a) 以上のように考えれば、捜査全般説や準限定説を採り得ないことは勿論、ぎりぎり限定説の立場をもって基本的に是認し得るとしても、それは、捜査権という権能と接見交通権という権利の二つの衝突が熾烈でない場合[18]に限って妥当性を有すると思われます。そして、少なくとも、第1回目の接見（初回接見）については、被疑者の基本権からしても、一刻も早い接見が急務であり、弁護人等から接見の申出があれば、仮に、捜査機関が取調べ等で被疑者の身柄を現に利用中であっても、その身柄利用を中断してでも接見をさせなければならないことになると解すべきです。

なぜならば、第1回目の接見は、憲法上の権利たる弁護人依頼権を現実化させ、かつ、黙秘権といった被疑者の基本権をも含めた重要な問題についての説明等が接見の内容になる筈だからです。特に、それが逮捕直後であるような場合はなおさらです。

そうであれば、上記限定説については、初回接見の場合とか、捜査権という権能と接見交通権という権利の二項対立が深刻であるような場合には、身柄利用を中断してでも接見させなければならない場合があるといった条件を付することによって、基本的妥当性を有することになると考えます。

(b) なお、判例は、その後、逮捕直後の時点における弁護人となろうとする弁護士と被疑者との第1回目の接見について、「捜査に顕著な支障が生じ

---

[17] なお、前掲最判昭和53・7・10、最判平成3・5・10、最大判平成11・3・24のいずれの判例も、接見指定は、必要やむを得ない例外措置であり、被疑者の防御の準備をする権利を不当に制限することは許されないとの趣旨を述べ、刑訴法39条3項但書の内容に言及しています。
[18] 例えば、接見が何回目かのもので、特に時間的に切迫性のないような場合などです。

118　第5章　身柄の確保と防御権

るのを避けることが……可能なときは」といった限定を付けてはいるものの、接見のための時間を確保するために、取調べの中断が必要な場合もあることをも認める判断を示しました[19]。

5　接見指定の方式

最後に、接見指定の方式について検討します。

(1)　刑訴法39条3項は、「接見……に関し、……指定することができる」と定めるだけで、接見指定の方式については、何も規定されていません。従前の捜査実務においては、いわゆる一般的指定書・具体的指定書の組合せ方式が採用されていました（一般指定方式）。この制度は、法務大臣訓令「事件事務規程」28条に基づいて運用されていたのです。

しかし、このような制度に対しては、刑訴法39条1項が原則で同条3項が例外であるとの法の趣旨に反している、原則と例外とを逆転させるものである、といった批判が加えられており、一般指定書を違法な接見指定処分とする多くの下級審裁判例もありました[20]。

(2)　このような、従前の一般的指定書・具体的指定書に対する批判を背景にして、1988年（昭和63年）4月に上記法務大臣訓令「事件事務規程」28条は改廃になり、一般的指定書は廃止されました。現在では、いわゆる通知書方式（通知事件方式）が採られています。

すなわち、先ず、検察官が、警察署長等被疑者を拘束している施設の長に対して、あらかじめ「捜査のため必要があるときは、その日時、場所、及び時間を指定することがあるので通知する」旨を記載した接見等の指定に関する通知書を交付しておき、次いで、弁護人から接見の申出があると、その時に指定の必要がないときはそのまま接見させ、指定の必要があるときには具体的な日時等を指定する、という方式が採られています。

なお、この具体的指定については、実務上は、ファクシミリで送付したり、電話等による口頭での指定などが行われています[21]。

ところで、このような運用になっているとはいえ、指定制度そのものは存

19　最判平成12・6・13民集54巻5号1635頁〔第2次内田事件〕（百選〔第9版〕37事件）。
20　その最初のものとして、鳥取地決昭和42・3・7下刑集9巻3号375頁参照。
21　なお、現在、法務省は、接見の指定をすることがある旨の通知書が出されている事案についての運用基準を表明しており、かなり柔軟な運用になってきてはいます（その運用基準について、司法研修所編『平成23年版　刑事弁護実務』(2012年、日本弁護士連合会) 66頁参照）。

在しているわけですから、具体的な指定いかんによっては、一般的指定書当時と同様の違法状態が生まれる可能性も否定し切れません。

したがって、常に、接見交通権が憲法に由来する権利であるとの基本理念を念頭において、刑訴法39条3項但書を意識した運用がなされなければならないのです。

6 証拠保全請求権

1 意 義

捜査機関は、強大な国家の権力を背景に捜査活動を行い、大量の証拠を、ほぼ一方的に収集・保全することができます。しかし、被疑者・被告人側には、そのような力は与えられていません。弁護人は、被疑者・被告人に有利な証拠を収集すべく奔走しますが、何らの強制処分権も有していないところからして、そこには大きな限界があります。弁護士法23条の2による照会も、証拠収集の方法としては、決して十分なものではありません。そこで、当事者対等主義の理念に基づいて、被疑者（被告人）側の請求により、裁判官をして証拠保全をさせるべく定められたのが、証拠保全の制度です。

2 証拠保全請求の手続等

被告人、被疑者または弁護人は、あらかじめ証拠を保全しておかなければその証拠を使用することが困難な事情があるときは、第1回の公判期日前に限り、裁判官に押収、捜索、検証、証人の尋問または鑑定の処分を請求することができます（法179条1項）。そして、上記の「請求を受けた裁判官は、その処分に関し、裁判所又は裁判長と同一の権限を有する」（法179条2項）とされていますので、それぞれの処分についての総則の規定が準用されることになります（なお、証拠保全の請求手続について、規137条、138条参照）。

なお、判例には、この規定に基づく押収の請求を却下する裁判に対しては、準抗告をすることができるとしたものがあります[22]。

22　最決昭和55・11・18刑集34巻6号421頁。

第6章　公　訴

　捜査が終わり、証拠が収集・保全されますと、次は公訴の提起（起訴）の段階となります。本章では、先ず、公訴一般に関する諸原則や公訴提起の手続に関しての重要問題等（訴因の意義・機能と訴因の特定についても）について説明します。そして、訴訟条件の意義とその分類、公訴時効制度の内容等について論じます。

1　公訴についての諸原則

　司法警察員は、犯罪の捜査をしたときは、原則として（例外として微罪処分（法246条但書、犯捜規198条参照）などがあります）、速やかに書類および証拠物とともに事件を検察官に送致（送致については、第5章11(8)(b)参照→98頁）しなければなりません（法246条本文）。すなわち、警察官には事件送致についての裁量権はなく、警察官は、原則として、すべての事件を検察官に送致しなければなりません。これを検察官への全件送致主義と言います。そして、検察官による補充捜査を経るなどして公訴の提起（起訴）の段階に至ります。

1　国家訴追主義・起訴独占主義・検察官訴追主義
　(1)　国家訴追主義とは、公訴の提起・追行の権限が検察官という国家機関に存することを言います。なお、公訴とは、特定の刑事事件について、裁判所の審判を求める意思表示のことを言います。
　刑訴法247条は、「公訴は、検察官がこれを行う」とし、検察官という国家の機関が行うことを規定することによって、国家訴追主義を明らかにしました。なお、国家訴追主義は、国家のみが公訴を提起する権限を有していることから、起訴独占主義とも言われます（なお、例外として、法262条以下の準起訴手続と、検察審査会法41条の10の指定弁護士による公訴の提起とがあります）。また、起訴独占主義は、検察官だけが公訴担当官となるところから、検察官の起訴独占主義であり、検察官訴追主義とも言われます。

(2) 国家訴追主義は、以下のような考え方に基づいていると言えます。すなわち、犯罪と刑罰が国家の関心事であり、国家は、犯罪を否定的に評価し、それに対しての国家的措置として、刑罰を科すことになる以上、訴追権行使が、公平に、全国一律に行われなければならないということです。もし仮に、訴追権の行使を個々の被害者や一般国民に委ねますと、私的感情や地方の特殊事情などに影響されて、公平を欠くような訴追が行われる虞が生じます。それを防ぐためにも、国家訴追主義が必要となってくるのです。

しかし、他方、国家訴追主義は、官僚的独善に陥る危険性もありますし、また、被害者や一般の国民感情から遊離したような訴追権行使がなされる虞もあります。特に、次に述べる起訴便宜主義と相俟って、その危険はさらに増大します。そこで、我が法は、後の②8（→129頁）で詳述するように、検察審査会や準起訴手続の制度を定めて、そのような訴追権行使のチェックが可能となるようにしています。

2 起訴便宜主義

起訴便宜主義（近時は、起訴裁量主義と呼ぶこともあります）とは、起訴するに十分なだけの犯罪の嫌疑と訴訟条件が具備していても、検察官の裁量によって不起訴とすること（起訴猶予）を認める考え方です。

これに対して、起訴法定主義とは、そのような犯罪の嫌疑と訴訟条件が具備する限り、必ず起訴しなければならないとする考え方を言います。

(1) 起訴便宜主義の根拠については、次のように要約できます。

第1は、いわば刑事政策面からのものです。すなわち、起訴猶予処分を特別予防処分と捉えるのです。さらに、起訴便宜主義をとれば、起訴猶予の可能性があることから民事上の示談を促すことが容易になり、ひいては被害者の被害回復にも寄与することになります。このことは、また、いわゆる応報感情の衰退にも影響を与えることになります。

第2は、訴訟経済面からのものです。すなわち、無用な刑事手続はなるべく避けるべきだということです。

(2) 刑訴法は、248条で起訴猶予の要件を定め起訴便宜主義を採用することを明らかにしました。すなわち、①犯人の性格・年齢・境遇、②犯罪の軽重・情状、③犯罪後の情況、により訴追を必要としないときは、公訴を提起しないこと（起訴猶予）ができるのです。

このような内容からも分るように、起訴猶予の要件としては、一方で、犯人の性格・年齢・境遇といったような主観的要素（人格的要素）を考慮するとともに、他方では、犯罪の軽重といった客観的要素も考慮されます。このことは、起訴猶予処分が刑事政策的観点（とりわけ、犯罪対策のありよう）から捉えられており、特別予防の面からも、一般予防の面からもその要件が定められているということを意味します。

3　起訴変更主義

起訴便宜主義の考え方を一貫させれば、一旦提起した公訴も取り消すことができるとするのが論理的です。というのも、起訴猶予の要件としての様々な要素は、起訴の後になってから判明することもあるからです（なお、法257条は、公訴の取消しについて理由を定めていませんので、その理由は起訴猶予すべき事情に限定されません。このことから生じる問題につき、渡辺218頁参照）。

そこで、刑訴法257条は「公訴は、第1審の判決があるまでこれを取り消すことができる」と定めました。これを起訴変更主義と言います。なお、取消しができる時期は、上記条文にある通り、第1審の判決があるまでに制限されています。

2　公訴提起の手続等

1　起訴状の提出と起訴状記載事項

公訴の提起（起訴）は、起訴状を裁判所に提出することによって行われます（法256条1項）。検察官は、捜査の結果明らかになった犯罪事実を理由として、被告人に対して刑罰権が存在することを主張して、裁判所に対しその審判を求めるのです。公訴の提起によってはじめて刑事裁判の手続が開始されますので（不告不理の原則）、公訴制度は弾劾主義に立脚した制度ということになります（第1章④1(2)参照→11頁）。

起訴状には、①被告人の氏名その他被告人を特定するに足りる事項、②公訴事実、③罪名を記載しなければなりません（同条2項）。なお、公訴は、検察官の指定した被告人以外の者にその効力を及ぼしません（法249条）。

そして、公訴事実は、「訴因を明示してこれを記載しなければならない」のであり、「訴因を明示するには、できる限り日時、場所及び方法を以て罪

となるべき事実を特定してこれをしなければならない」のです（法256条3項）。要するに、起訴状に公訴事実を記載するには、訴因の明示・特定ということが重要になってきます。

そして、訴因とは、ある一定の社会的事実たる犯罪事実（いわば生の犯罪事実）を刑法各本条に定める犯罪の構成要件にあてはめて法律的に構成された特定の具体的事実である、ということになります。

訴因制度は、訴因と訴因外事実とを区別し（訴因の区別機能）、審判の対象を訴因に限定する機能を有しています。これが訴因の審判対象画定（限定）機能です。それは、さらに、審判の対象とその範囲（攻撃防御の対象）を明確にすることによって、被告人に対する不意打ちを防止し、被告人の防御を全うさせる機能を併せ持っています。これを、訴因の防御機能と言います。なお、最決平成13・4・11刑集55巻3号127頁（百選〔第9版〕46事件）は、訴因は「審判対象の画定」機能と被告人の防御のための「争点の明確化」機能とを有するとの基本的考え方を示しました（この判例の内容について、第8章②3(5)(c)参照→175頁）。

それでは次に、訴因の特定ということについて検討しましょう。

2　訴因の特定

(1)　訴因の特定は、先ず、訴因の事実的側面を特定しなければなりません。そして、それによって、その法律的側面も特定されなければなりません。というのも、法律的側面を抜きにした犯罪事実があり得ない以上、訴因の法律的側面も、また、特定されなければならないのは当然だからです。

なお、刑訴法256条3項にいう「できる限り」というのは、「できる限り正確に」という意味です。日時、場所、方法がわからないときは、その記載を欠いてもよいということではありません。

(2)　次に、訴因の特定の程度を考えてみましょう。この点については、いわゆる識別説と防御権説とが対立しています。

識別説は、訴因の審判対象画定機能とりわけ区別機能を基本とし、訴因として記載された特定の犯罪構成要件該当事実が、他の犯罪事実から識別できる程度に特定されていればよいとします（田口209頁など）。この立場からすれば、例えば、殺人罪の訴因であれば、それが傷害致死罪や過失致死罪と区別できる程度に特定されていれば、それで足りるということになります。実

務の運用は識別説にしたがっています。

　これに対し防御権説は、さらに、被告人が防御権を十分に行使できる程度にまで記載されていなければならないとします（光藤・Ⅰ286頁、三井・Ⅱ164頁、上口342頁など）。この立場からすれば、犯行の日時・場所・方法が特定される必要があるのはもちろんのこと、例えば、共謀共同正犯の場合においては、共謀の日時・場所・共謀の内容などが特定されていなければならないということになります。

　思うに、刑訴法256条3項の「できる限り」というのは、上記（1）で述べたように「できる限り正確に」ということを意味しています。そうであれば、共謀共同正犯における「共謀」ないし「謀議」は、共謀共同正犯における「罪となるべき事実」にほかならないのですから[1]、共謀の日時・場所等も特定されるべきです。そうでなければ、被告人は、現実に、十分な防御を尽くすことが困難になります。したがって、防御権説をもって適確・妥当な見解とすべきであり、この点についての実務の運用には疑問があります。

　訴因の特定に関する判例として、密出国の日時等について幅のある表示がなされた場合についての最大判昭和37・11・28刑集16巻11号1633頁〔白山丸事件〕、覚せい剤使用の日時・場所の表示に幅があり使用量等にも明確を欠くところがあった場合についての最決昭和56・4・25刑集35巻3号116頁〔吉田町覚せい剤事件〕（百選〔第9版〕45事件）参照。なお、これらの判例は、いずれも訴因の特定に欠けるところはない旨判示しました[2]。

3　起訴状一本主義

　公訴の提起には、公判請求手続という正式手続と後の6（→128頁）で述べる略式手続（略式命令請求手続）とがあります。公訴の提起は、前述の通り、起訴状を提出して行いますが（法256条1項）、公判請求手続においては、いわゆる起訴状一本主義がとられ、起訴状のみが提出されます。

　（1）　起訴状一本主義とは、公訴提起にあたっては、起訴状のみが（まさに起訴状一本だけが）提出されるということです。それを内容面から見れば「起

---

[1]　最大判昭和33・5・28刑集12巻8号1718頁〔練馬事件〕。ただ、この判例は、共謀の判示については謀議の日時・場所・その内容の詳細を具体的に判示することを要しないとしています。
[2]　他に、訴因の特定に欠けるところはないとしたものとして、最決平成14・7・18刑集56巻6号307頁〔前原遺体白骨化事件〕、最決平成17・10・12刑集59巻8号1425頁〔阿倍野区麻薬特例法違反事件〕など参照。

訴状には、裁判官に事件につき予断を生ぜしめる虞のある書類その他の物を添附し、又はその内容を引用してはならない」(法256条6項)との原則ということになります。これは、予断排除の原則の一つの典型です。

(a) 職権主義による旧刑訴法時代には、検察官は、公訴提起にあたって、起訴状とともに捜査で集めた証拠物や証拠書類などの一件記録を裁判所に提出し、裁判所は、これによって、事件の内容をあらかじめ頭に入れて公判に臨んでいました。しかし、検察官が有罪の確信をもって起訴していることからしても、捜査側の集めた資料のみを精査して裁判官が第1回公判に臨むというのは、裁判官の心証が始めから有罪に傾き易く、公平性を維持し難いものとなる虞があります。

(b) そこで、現行刑訴法は、憲法37条1項の保障する「公平な裁判所」の実現を担保するために、起訴状一本主義を採用し、裁判所をして白紙の状態で第1回公判期日に臨ませることにしました。このことは、同時に、公判中心主義を徹底させ、弁論主義の実効性を担保することにもなります(公判中心主義、弁論主義については、第7章① 2の(1)および(2)(d)参照→139頁、141頁)。

(c) 刑訴法256条6項が禁じているのは、「事件につき予断を生ぜしめる虞のある書類その他の物」の「添附」と「内容の引用」ですが、実際に問題となるのは、書類の「内容の引用」です。というのも、実務において、起訴状提出時に書類その他の物を添付することはまず考えられないからです。

(2) ところで、前述のように、刑訴法は、256条3項で、訴因の明示を要求しています。そこで、刑訴法256条6項(起訴状一本主義)と同条3項(訴因の明示・特定)との関係が問題となります。

すなわち、犯罪によっては、起訴状に証拠書類の内容を引用しなければ訴因の特定ができない場合があるからです。例えば、脅迫とか名誉毀損などの犯罪が、文書を使って行われた場合などがそれです。

最判昭和33・5・20刑集12巻7号1398頁は、起訴状に脅迫文書の全文とほとんど同様の記載がなされた場合について、その記載された事実が訴因を明示するために必要であるときは、起訴状一本主義に反しないとしています。また、最決昭和44・10・2刑集23巻10号1199頁は、名誉毀損の起訴状につき、名誉毀損の文章を引用しても、抽出して記載してあれば不当ではないとしています。

つまり、判例の考え方からすれば、このような場合には、訴因の明示・特定の要求の方が起訴状一本主義に優先し、その結果、訴因明示の要請の前では、その限度で予断排除の原則が譲歩する場面も生じることになるのです。

ただ、このような場合でも、極力、訴因明示の要求と起訴状一本主義との調和が図られるべきであることは言うまでもありません。したがって、文書の引用は最小限にとどめ、できるだけ内容を要約して摘示すべきであり、要約記載をもって原則とすべきです。

(3) 次に問題となるのは、いわゆる余事記載をどう考えるかです。すなわち、犯罪の動機、悪経歴・悪性格・悪性行等や前科といった予断を生じさせる虞のある事項を起訴状に記載することが許されるか否かです。

(a) これらの余事記載は、刑訴法256条6項が明文で禁止しているわけではありませんが、実質的には、「内容の引用」と同様に、予断を生ぜしめる虞があります。したがって、これらの記載も、原則として、起訴状一本主義に反することになります。

ところで、この点についても「内容の引用」の場合と同様に、刑訴法256条3項の訴因明示の要求との関係が問題となります。ここでも、前述のところと同様に、訴因明示のために必要不可欠であれば（例えば、前科を脅迫や恐喝の手段に用いた場合など）、それがたとえ裁判官にある程度の予断を生ぜしめる虞があっても、訴因の明示・特定に必要であれば、その限度で、認められることになります。

最判昭和31・3・13刑集10巻3号345頁は、訴因の明示に必要不可欠な場合とは、「公訴犯罪事実の内容をなすかまたは少なくともそれと密接不可分の関係にある」場合である旨を判示しています。

(b) ところで、余事記載には、二つの類型があります。一つは、前述したような、裁判官に予断を生ぜしめる虞のあるそれであり、もう一つは、いわば単なる余事記載（不必要な記載）とでも言うべきものです。前者は、刑訴法256条6項違反として起訴状が無効となりますが、後者については、同条2項違反として、そのような記載部分は、削除すればよいことになります。

(4) なお、起訴状一本主義は、略式手続（後記6参照→128頁）や公判手続の更新、破棄差戻、移送後の手続には適用がありませんし（規289条、213条の2参照）、上訴審の手続にも、その性質上、適用がありません。ただし、略

式手続については、刑訴法463条により通常の規定にしたがい審判することとなった場合、および刑訴法465条により正式裁判の請求があって通常の規定にしたがい審判をすることとなった場合（法468条2項）には起訴状一本主義の原則に戻ります（規293条参照）。

(5) ところで、起訴状一本主義に違反したときは、刑訴法338条4号の「公訴提起の手続がその規定に違反したため無効であるとき」に該当し、公訴棄却の判決がなされます。

4 一罪の一部起訴

訴追裁量権に関連して、一罪の一部起訴の可否が問題になります。すなわち、単純一罪の被害の一部を除外して起訴したり、科刑上一罪や包括一罪の関係にある罪の一部のみを起訴することができるか、といった問題です。通説・判例[3]はこれを認めています。

当事者主義を徹底した現行刑訴法の下では、審判の対象をどのように設定するかは検察官の専権事項でありますから、基本的に、一罪の一部起訴は認められます。ただし、合理的理由が認められない場合には違法になると思われます。例えば、告訴がない場合に、強姦罪を単純暴行で起訴することなどは認められません[4]（田口201頁参照）。

5 公訴権濫用論

(1) 後記8（→126頁）で述べるように、不当な不起訴処分に対しては、検察審査会や準起訴手続などの法的制度としての控制手段が存在しますが、不当起訴に対しては何らの規定も置かれていません。そこで、人権擁護の視点に立って弁護実務の中から生まれてきたのが、いわゆる公訴権濫用論です。

公訴権濫用論は、要するに、嫌疑のない起訴ないし嫌疑不十分で有罪の見込みのない起訴（なお、犯罪の嫌疑を公訴権の前提条件とするのが、今や一般的理解となっています）[5]や刑訴法248条の起訴猶予相当事由があるのに特定の者を弾圧するなどの目的で訴追裁量権を違法に行使して行った起訴は、訴追権の濫用であるから、訴訟を打ち切るべきであるとする理論と言えます。

---

3 最判昭和59・1・27刑集38巻1号136頁。なお、一部起訴があった場合の、裁判所の審判の範囲につき最大判平成15・4・23刑集57巻4号467頁（百選〔第9版〕42事件）、量刑に問題が生じる場合につき東京高判平成17・12・26判時1918号122頁参照。
4 東京地判昭和38・12・21下刑集5巻11＝12号1184頁。
5 最判昭和53・10・20民集32巻7号1367頁〔国家賠償事件〕（百選〔第9版〕40事件）は「刑

公訴権濫用論は、上述のように訴訟手続を打ち切るべきであるとの理論ですが、一方では、不当起訴であっても、嫌疑なき起訴や嫌疑不十分な起訴の場合については、そのまま無罪の判決を得た方が被告人の権利は守られるとの考え方も十分成り立ち得るところです。

しかし、起訴されるということ自体の被告人に与える不利益は重大なものであり、後に無罪になっても、応訴を余儀なくされた不利益は取りかえしようがありません。裁判が長期にわたった場合などは、なおさらです。また、起訴猶予相当なのに起訴された場合などは、無罪になるとは限らず、起訴段階での刑事政策的配慮が必要だったということになります。

(2)　なお、最決昭和55・12・17刑集34巻7号672頁〔チッソ川本事件〕（百選〔第9版〕41事件）は、「検察官の裁量権の逸脱が公訴の提起を無効ならしめる場合のありうることを否定することはできないが、それはたとえば公訴の提起自体が職務犯罪を構成するような極限的な場合に限られる」とし、かなり限定された場合についてですが、検察官の訴追裁量権の逸脱が公訴提起それ自体を無効にする場合のあり得ることを認めました。

この判例に対しては、「事実上公訴権濫用論の適用の途を閉ざした」（白取227頁）との批判がある一方、「法定の訴訟条件以外の理由から公訴提起が無効となる場合のあり得ることを認めた意義は大きい」（田口178頁）といった一定の評価もなされています[6]。

6　略式手続

略式手続とは、公判を開かず、書面審理によって一定額以下の罰金または科料を科す裁判です。簡易裁判所は、検察官の請求により、その管轄に属する事件について、公判手続によらず、書面審理のみで100万円以下の罰金または科料を科す裁判（これを略式命令と言います。なお、第14章①2(1)(a)②参照→

事事件において無罪の判決が確定したというだけで直ちに……公訴の提起・追行……が違法となるということはない。けだし……起訴時あるいは公訴追行時における検察官の心証は、その性質上、判決時における裁判官の心証と異なり、起訴時あるいは公訴追行時における各種の証拠資料を勘案して合理的な判断過程により有罪と認められる嫌疑があれば足りるものと解するのが相当であるからである」とし、嫌疑の存在が適法な公訴の前提となる旨の判断をしています。この判例の趣旨からしても、嫌疑なき起訴や嫌疑不十分な起訴は不当な起訴ということになりましょう。

6　なお、この判例の原審である東京高判昭和52・6・14高刑集30巻3号341頁、判時853号3頁は、正面から公訴権濫用論を認める判断をして注目されました。

286頁)をすることができます（法461条）。被告人が、検察官から略式手続についての説明と正式裁判を受ける権利の告知を受け、この手続によることに異議がないことが確かめられた場合に限り、この手続によることができます（法461条の2、462条）。略式命令には、罪となるべき事実、適用した法令、科すべき刑および付随の処分ならびに略式命令の告知があった日から14日以内に正式裁判の請求をすることができる旨を示さなければなりません（法464条）。略式命令を受けた者または検察官は、その告知を受けた日から14日以内に正式裁判の請求をすることができます（法465条1項）[7]。

7　不起訴処分

公訴を提起しない処分が不起訴処分です。不起訴処分をするときは、不起訴裁定書が作成されます。不起訴処分がなされるのは、①訴訟条件を欠く場合、②被疑事実が罪とならない場合、③犯罪の嫌疑がない場合（嫌疑不十分の場合を含みます）、④犯罪の嫌疑はあるが、（ⅰ）必要的な刑の免除にあたる場合、（ⅱ）起訴猶予にする場合です（司法研修所検察教官室編『検察講義案（平成21年版）』(2010年、法曹会) 84頁～89頁参照）。

8　不起訴処分の当否を審査する制度

ところで、前述の通り、現行法が起訴便宜主義の他に国家訴追主義、起訴独占主義を採用している結果、検察官には強大な権限が与えられることになりました。そして、もし、このような強大な権限が適正に行使されないということが起こると、その弊害は甚大となります。そこで、不当な不起訴処分を控制し、不起訴処分の当否を審査する制度が設けられています。

(1)　検察審査会

(a)　検察審査会は、衆議院議員の選挙権を有する者の中から「くじ」で選定した11人の検察審査員をもって構成されます（検審4条）。検察審査員の任期は6ヶ月です（同14条）。

(b)　従前、検察審査会制度で最も問題とされていたのは、検察審査会の議決が「参考」とされるのみで、検察官を拘束しないという点でした。ところが、2004年（平成16年）の検察審査会法の一部改正で、拘束力のある起訴議決に基づく公訴提起の制度が新設されました（同41条の6第1項、同第2項、同

---

[7]　略式手続を合憲とした判例として、最大判昭和24・7・13刑集3巻8号1290頁参照。

41条の9～41条の12)。

　起訴議決に基づく公訴の提起までの手続の概要は次の通りです。不起訴処分の当否に関する議決には、「起訴相当」「不起訴不当」「不起訴相当」の各議決がありますが(同39条の5第1項)、「起訴相当」の議決をした検察審査会が検察官から公訴を提起しない処分をした旨の通知を受けたときは、再度当該処分の当否の審査をしなければならないと定められました(同41条の2第1項)。そして、検察審査会がこの再度の審査で起訴を相当と認めるときは、拘束力のある「起訴をすべき旨の議決」がなされます。これを起訴議決と言います(同41条の6第1項前段)。

　起訴議決がなされ、所定の手続を経て、地方裁判所に議決書の送付があったときは、裁判所は、起訴議決に係る事件について公訴の提起およびその維持に当たる者を弁護士の中から指定しなければなりません(同法41条の9第1項)。指定を受けた弁護士(指定弁護士)は、起訴議決に係る事件について公訴を提起し維持するために、検察官の職務を行います(同第3項本文)。ただし、検察事務官および司法警察職員に対する捜査の指揮は、検察官に嘱託してこれをしなければなりません(同第3項但書)。指定弁護士は、一定の場合を除き、速やかに起訴議決に係る事件について公訴を提起しなければなりません(同法41条の10)。

(2) **準起訴手続 (付審判請求手続)**
　(a) 準起訴手続とは、刑法193条から196条の罪(職権濫用罪等)や破壊活動防止法45条、無差別大量殺人行為を行った団体の規制に関する法律42条、43条など、いわゆる人権蹂躙事件について、不当な不起訴処分が行われないように、犯罪の告訴人等が裁判所に直接事件を審判に付することを請求できるようにしたものです。

　これは、前述の一部改正された検察審査会法による起訴議決に基づく公訴の提起と並ぶ、起訴独占主義の例外をなすものであり、付審判請求手続とも言います(法262条～269条)。

　(b) すなわち、上記の事件について告訴・告発をした者は、検察官の公訴を提起しない処分(不起訴処分)に不服があるときは、その検察官所属の検察庁の所在地を管轄する地方裁判所に、事件を裁判所の審判に付することを請求できます(法262条1項)。

検察官は、請求を理由があると認めるときは公訴を提起しなければなりませんが（法264条）、理由がないと判断したときは、請求書を受け取った日から7日以内に意見書を添えて書類および証拠物とともに、請求書を裁判所に送付しなければなりません（規171条）。

裁判所は右請求について審理し（法265条）、請求棄却の決定か、もしくは、事件を管轄地方裁判所の審判に付する決定を行います（法266条）。付審判決定があれば、公訴提起があったものとみなされます（法267条）。つまり、公訴提起が擬制されるのです。

そして、事件が審判に付されたときは、その事件について公訴の維持にあたる者を弁護士の中から指定しなければなりません（法268条1項）。指定を受けた弁護士（指定弁護士）は、事件について公訴を維持するため、検察官の職務を行います（同条2項本文）。ただし、検察事務官および司法警察職員に対する捜査の指揮は、検察官に嘱託してこれをしなければなりません（同条同項但書）。

(3) 不起訴理由などの告知

刑訴法は260条以下において、告訴人、告発人または請求人に対して、起訴・不起訴の通知をしなければならないことを規定し、また告訴人らの請求があるときは、それらに対して不起訴処分の理由をも告知しなければならないことを定めています（法261条）。

なお、他に、被害者等通知制度があります。

③ 訴訟条件

1 訴訟条件の意義

訴訟条件の意義については、これまで多くの議論がなされてきました。現在では一般に、訴訟条件とは、公訴を有効に成立させ、訴訟を有効に存続させ、有罪・無罪の実体判決をするための要件（条件）とされています。すなわち、訴訟条件は、有罪・無罪の実体判決および実体審理の要件であるとともに、検察官の公訴提起（起訴）の要件です[8]。

---

8 これは当事者主義的訴訟条件論（観）によると言えます。なお、職権主義的訴訟条件論（観）からすれば、訴訟条件とは、有罪か無罪かの実体審理をする（そして、実体判決をする）ための

訴訟条件が欠ける場合を訴訟障害といい、その訴訟障害事由にしたがい、管轄違いの判決、公訴棄却の判決・決定といった形式裁判や免訴判決（免訴判決の本質については、第14章①2(3)(c)参照→288頁）によって、訴訟手続が打ち切られることになります[9]。

2 訴訟条件の分類

訴訟条件の分類については、分類の視点に応じて、種々の分類の仕方が可能になります。

(1) 例えば、免訴判決の本質をどう考えるかに関連して、実体的訴訟条件と形式的訴訟条件とに、あるいは訴訟追行条件と手続条件とに区分するなどの分類方法も示されてきました。しかし、このような分類の仕方は、免訴判決の本質についての学説が多岐にわたっているところからして、必ずしも適当ではないでしょう。

(2) また、①訴訟条件が、一定の事実の存在・不存在のいずれにかかるのかによって、積極的訴訟条件と消極的訴訟条件とに区分され、②刑事事件一般に共通のものか、親告罪の場合の告訴のように一定の犯罪についてのみ必要とされるのかによって、一般的訴訟条件と特殊的訴訟条件とに分けられ、③職権で調査するのか、当事者の主張を待って判断するのかによって、絶対的訴訟条件と相対的訴訟条件とに分けるなど、これまで様々な分類方法が提示されてきました。

この①〜③の３種の分類方法は、いずれもが合理的理由に基づくものと言えますが、より一般的な分類方法は、法文に定める訴訟障害事由に該当しないことをもって類型的（典型的）訴訟条件とし、それ以外については、法文に定めのない訴訟障害事由を措定し（例えば、迅速な裁判違反）それに該当しないことをもって非類型的（非典型的）訴訟条件とする分類法でしょう。以下、それについて説明します。

要件と解されるのに対し、当事者主義的訴訟条件論からすれば、それだけではなく、公訴提起の要件でもあるとし、その点が重要になります。つまり、訴訟条件を起訴の要件とすることによって、被告人が不当な応訴を強制されないようにしようとするところに力点が置かれているのです。

[9] 免訴の本質を形式的実体裁判と捉える立場からすれば、訴訟の「打切り」というよりも「終結」と表現する方が適当かとも思いますが、一般の用例にならい「打切り」とします。

(a) **類型的（典型的）訴訟条件**

　刑訴法329条（管轄違いの判決）、337条（免訴の判決）、338条（公訴棄却の判決）、339条（公訴棄却の決定）の各条文が定める訴訟障害事由に該当しないことが訴訟条件となります。

　すなわち、同法329条については被告事件が裁判所の管轄に属していないことが訴訟障害事由ですので、裁判所の管轄に属していることが訴訟条件になります。同法337条については同条1号から4号の免訴事由に該当していないこと、同法338条については同条1号から4号の判決による公訴棄却事由に該当していないこと、同法339条については同条1項1号から5号の決定による公訴棄却事由に該当していないことが、それぞれ訴訟条件となります。なお、上記各条文参照。また、他に特別法上のものもあります。

(b) **非類型的（非典型的）訴訟条件**

　例えば、被告人の基本権を害するような迅速な裁判違反（これについては判例の認めるところです。第7章③8(2)参照→162頁）や公訴権濫用（公訴権濫用論については、本章②5参照→127頁）を訴訟障害事由と捉え、それに当たらないことをもって訴訟条件と考えるのです。

3　訴訟条件の存否の判断

　訴訟条件の存否の判断は、原則として、裁判所の職権調査事項であるとするのが通説です。ただし、例外的に、土地管轄については、被告人の申立てがあってはじめて判断されることになっています（法331条1項）。そして、これ以外の訴訟障害事由についての申立ては、裁判所の職権発動を促す意味を有するにすぎません。

4　公訴時効

1　公訴時効制度の意義と根拠

(1)　公訴時効の制度とは、公訴提起のなされていない一定の期間が経過することによって、以後、公訴提起をすることができなくなるという制度です。刑訴法250条は刑の種類や軽重に応じて公訴時効期間を定め、同法251条、252条が、公訴時効期間を定める刑についての規定を置いています。

(a)　同法250条は、2010年（平成22年）4月27日、「刑法及び刑事訴訟法

の一部を改正する法律」によって改正されました。その結果、人を死亡させた罪であって禁錮以上の刑にあたるものについては、①死刑にあたる罪については時効そのものを廃止し、②それ以外のものについては時効期間を延長して、（ⅰ）無期の懲役または禁錮にあたる罪については30年、（ⅱ）長期20年の懲役または禁錮にあたる罪については20年、（ⅲ）それ以外の罪については10年、とする改正が行われました（改正後の法250条1項〔新設〕）。

そして、上記以外の罪については、改正前の刑訴法250条冒頭の「時効は、」との文言の後に「人を死亡させた罪であって禁錮以上の刑に当たるもの以外の罪については、」との文言を加え条文全体を新たに250条2項とする改正がなされましたが、それ以外の文言は従前通りです（同条同項参照）。

(b) なお、改正後の刑訴法250条の規定は、本改正法施行の際、既に公訴時効が完成している罪については適用されませんが（附則3条1項）、改正後の同法250条1項の規定は、平成16年改正法附則3条2項の規定にかかわらず、同法の施行前に犯した、人を死亡させた罪であって禁錮以上の刑に当るもので、本改正法施行の際その公訴時効が完成していないものについても遡及適用されます（附則3条2項）。

(c) なお、私見によれば、上記2010年改正は、いささか拙速に過ぎ、政策的判断に傾き過ぎたきらいがあるように思われます。

(2) 公訴時効が完成していれば、検察官は、それを理由に、当該被疑事件を不起訴処分にすることを要します。起訴後にそのことが判明した場合には、刑訴法337条4号により、免訴判決の言渡しがなされます。つまり、公訴時効の完成は訴訟障害事由の一つであり、公訴時効の未完成は訴訟条件（消極的訴訟条件）の一つということになります。

(3) 公訴時効制度の根拠についての学説には様々なものがあり、一般に、①実体法説、②訴訟法説、③競合説、④新訴訟法説の四つが挙げられます。これらの各説については、それぞれに論者による力点の置き方など微妙なニュアンスの違いがありますが、概ね、次のような内容の主張であると言えます。

(a) 実体法説（団藤376頁など）は、時の経過により、被害者ないし社会の応報感情・必罰感情が衰退し、犯罪の社会的影響が微弱化し、可罰性ないし刑罰の必要性が減弱するので、その結果、未確定の刑罰権自体が消滅すると

します。この説に対しては、被害者遺族らの必罰感情（とりわけ殺人等における場合）は衰退することはないとの批判があり、また、実体法的な刑罰権が消滅するのなら無罪とすべき筈なのに、なぜ免訴になるのかの説明がつかないと批判されます。

　訴訟法説（井上正治『判例学説刑事訴訟法〔新訂版〕』（1966年、酒井書店）140頁など）は、時の経過により、証拠等が散逸し、また証人の記憶も減退し曖昧化するので、真実の発見と適正な裁判の実現が困難ないし不可能になるとします。この説に対しては、時が経過しても証拠の残っている犯罪もあるし、証拠の散逸等は事件の軽重とは関係がない筈なのに、何ゆえ、犯罪の軽重によって公訴時効期間に差異があるのかの説明がつかないと批判されます。

　競合説（平野153頁など）は、上述した実体法説と訴訟法説のそれぞれの根拠を併せ主張する立場でして、これまでの通説的見解であるとされてきました。この説に対しては、上記両説に対するそれぞれの批判が、そのまま加えられます。

　(b)　以上の三つの説は、いずれもが、時の経過という自然的・社会的現象面に着目したうえ、主として、刑罰を科す国家側の視点で公訴時効の根拠を説明していると言えます。

　これらの学説に対して、時効が完成することによって、犯罪の社会的影響の有無や証拠が散逸しているか否かについての現実的状況を問うことなく、訴追権（公訴権）行使ができなくなるという公訴時効制度の機能面に着目する新訴訟法説と呼ばれる学説（田宮223頁〜224頁、坂口裕英「公訴時効」鴨良弼編『法学演習講座刑事訴訟法』（1971年、法学書院）258頁〜259頁など）が有力になっています。

　すなわち、この説は、一定の期間国家によって訴追されなかったという事実状態を尊重して（これを前提として）、処罰を受ける個人の立場から、個人の法的・社会的地位の安定を図るため、国家が訴追権（公訴権）自体を行使し得なくなるのだとします。

　(c)　公訴時効制度の根拠を考えるにあたっては、新訴訟法説の視点を基本に置き、犯罪の社会的影響の微弱化、証拠等の散逸（この中には無罪証拠の散逸も含まれるということが重要です）、将来の被疑者・被告人（あくまで想定上の者であって、公訴時効がなければ、将来、この立場に置かれ得る者）側に生じる諸事情な

どといった、国家の訴追権が一定の長期間行使されなかったという時間の経過がもたらす様々な総合的事情を考慮する必要があります。そして、そのような事情が、上記の意味での被疑者・被告人の法的・社会的地位の安定ということを要請し（時効の利益を受ける者を「真犯人」と捉えるのではありません）、その結果、犯人の処罰が不相当なものとなるため、国家の訴追権と刑罰権とが消滅すると解するのが基本的に妥当でしょう（鈴木131頁参照）。

したがって、公訴時効制度は、国家の訴追権・刑罰権という利益よりも個人の利益が優先するという価値判断に基づいたものと言えます。そしてそれは、個人の基本権の保障（法的・社会的地位の安定）と実体的真実の発見（犯人必罰）との調和（「個」と「全」との調和）についての具体的適用問題の一つということにもなりましょう。なお、前記2010年改正が公訴時効制度の根拠論にどのような影響を与えたかについては、議論の分かれるところです。

2 公訴時効の起算点

公訴時効の起算点について、刑訴法253条1項は、「時効は、犯罪行為が終つた時から進行する」と定めています。そして、「共犯の場合には、最終の行為が終つた時から、すべての共犯に対して時効の期間を起算する」（同条2項）ことになっています。

ここで問題となるのは、「犯罪行為が終つた時」をどのように解するかです。挙動犯の場合（偽証罪や暴行罪など）は、実行行為の時が、すなわち、犯罪行為を終った時であり、これについての争いはありません。

争いがあるのは、傷害罪や窃盗罪のような結果犯の場合であり、実行行為終了時説と結果発生時説との対立があります。通説・判例[10]は結果発生時説に立っています[11]。

次に、結果発生時説に立った場合でも、傷害致死罪などの結果的加重犯の場合の結果の発生を、基本犯の結果（傷害）の発生時とするのか、加重結果（死）の発生時とするのかが問題とされます。それ以外に、業務上過失傷害から業務上過失致死に至る場合などについても、傷害の発生時が基準時とな

---

10 最決昭和63・2・29刑集42巻2号314頁〔チッソ水俣病刑事事件〕（百選〔第9版〕44事件）。
11 他に、結果発生時説に立つ近時の判例として、競売妨害罪に関する、最決平成18・12・13刑集60巻10号857頁参照。

るのか、それとも最終結果たる死亡の時をもって基準時とするのかが問題になります。注10掲記の最決昭和63・2・29は、業務上過失致死の事例ですが、「刑訴法253条1項にいう『犯罪行為』とは、刑法各本条所定の結果をも含む趣旨と解するのが相当である」と判示し、最終結果の発生時（死亡時）をもって「犯罪行為が終つた時」の基準時としました。

3　公訴時効の停止制度

(1)　公訴時効の停止制度とは、一定の事由（公訴時効停止事由）の発生により公訴時効の進行が停止し、その停止事由が消滅した後は残存する時効期間が進行するという制度です。

　刑訴法254条1項は、「時効は、当該事件についてした公訴の提起によってその進行を停止し、管轄違又は公訴棄却の裁判が確定した時からその進行を始める」と定めています[12]。そして、同条2項は、「共犯の一人に対してした公訴の提起による時効の停止は、他の共犯に対してその効力を有する。この場合において、停止した時効は、当該事件についてした裁判が確定した時からその進行を始める」と規定しています。

　公訴時効停止事由として、刑訴法は、①上記した、当該事件についての公訴の提起（法254条1項）、②犯人が国外にいる場合（法255条1項）[13]、③犯人が逃げ隠れしているため有効に起訴状の謄本の送達もしくは略式命令の告知ができなかった場合（同条同項）の三つを定めています。なお、犯人が国外にいる場合の時効の停止については、起訴状謄本の送達等ができないことを要件としないとするのが判例の立場です[14]。

(2)　公訴提起による時効停止の効力については、その効力の及ぶ客観的範囲（物的範囲）が問題になります。

　なお、この問題は、刑訴法254条1項の条文が「当該事件」についてした公訴の提起によって公訴時効の進行が停止すると定めているところから、当

12　なお、訴因変更請求について、訴因変更請求書を裁判所に提出することにより、その請求に係る特定の事実に対する訴追意思を表明したものと見られるので、刑訴法254条1項に準じて公訴時効の進行が停止するとした判例として、最決平成18・11・20刑集60巻9号696頁参照。
13　最決平成21・10・20刑集63巻8号1052頁は、「犯人が国外にいる間は、それが一時的な海外渡航による場合であっても、刑訴法255条1項により公訴時効はその進行を停止すると解される」と判示しました。
14　最判昭和37・9・18刑集16巻9号1386頁。

該「事件」をどのように解するか（訴因なのか、公訴事実なのか、それとも罪となるべき事実なのか、といった議論があります）という問題とも関連し、そのことが議論を多少複雑なものにしている面も否定できません。

　通説・判例[15]は、公訴事実の同一性の範囲に及ぶとします。本来、審判の対象を訴因とする通説・判例の立場からすれば、この問題も訴因に限定するのが筋だと思われますが、上記条文の当該「事件」を公訴事実（の同一性）と解する余地があることなどもあってか、一定の理由付けをして公訴事実の同一性の範囲に及ぶとするのです。その理由としては、例えば、公訴の存在の「付随的効果」とするもの（平野144頁～145頁）や、一事不再理効が公訴事実の同一性の範囲で認められることとの対比によるもの（光藤・Ⅰ365頁）などがあります。これに対し、反対説は訴因に限定すべきであると主張しています（白取255頁、福井258頁）。

　この点については、公訴時効成立の及ぶ客観的範囲が免訴判決の一事不再理効を経て公訴事実の同一性の範囲に及ぶとされることとの均衡を考えますと、公訴時効の停止効も公訴事実の同一性の範囲に及ぶとすることには、一応の説得性もあるように思われます（小島淳「形式裁判の内容的確定力」判例演習350頁、光藤・Ⅰ365頁参照）。

　しかし、公訴時効が完成していないことは訴訟条件の一つであり、訴訟条件は、公訴提起の要件であり、有罪・無罪の実体判決と実体審理の要件でもあることを考えますと、審判対象論との整合性も重要になってくると思われます。審判の対象が訴因であるということは、まさに、訴因について攻防がなされるということです。

　また検察官は、訴因変更する場合の変更後の訴因にかかる罪の公訴時効期間をも勘案しながら訴訟追行をしていれば、公訴時効完成前に、いつでも予備的・追加的に訴因変更ができる筈です（福井258頁参照）。そうであれば、公訴時効停止効の及ぶ客観的範囲を訴因に限定して考える立場が論理的に一貫していて妥当でありましょう。

　したがって、通説・判例の見解には疑問があります。

15　最決昭和56・7・14刑集35巻5号497頁。

第7章　公判準備段階の手続と公判手続

　当該事件について公訴が提起されますと、被告事件として、裁判所に訴訟係属が生じ、公判が開かれることになります。本章では、公判の諸原則を説明したうえで、先ず、公判準備段階での諸手続を、証拠開示（とりわけ、公判前整理手続におけるそれ）と保釈を中心に説明します。次に、公判手続に進み、公判期日の手続について、冒頭手続、証拠調手続、弁論、判決の順に検討し、弁論の分離・併合・再開、公判手続の更新、公判手続の停止、簡易公判手続、即決裁判手続、迅速な裁判などを論じ、最後に裁判員制度について説明します。

1　公判総説

1　公判手続とは
　公判手続とは、公訴の提起からはじまって裁判の終局的確定までのすべての過程を言います（広義の公判手続）。そして、その中核をなすのが公判廷での公判期日における手続（狭義の公判手続＝公判）です（なお、公判期日および公判廷については、後記31 参照→ 151 頁）。

2　公判の諸原則
　(1)　公判手続の原則として、大きくは、当事者主義（ここでは当事者追行主義が特に意味を持ちます）と公判中心主義を挙げることができます。

　当事者主義については、第1章4 2 （→ 12 頁）で詳述しましたので、そちらを参照してください。公判中心主義とは、当該事件についての心証形成（とりわけ有罪・無罪の判断）は公判廷での公判期日における手続（上記「狭義の公判手続」）に基づいて行わなければならないとの原則です。

　(2)　そして、公判中心主義を実効的なものとするため、次のような諸原則がとられます。すなわち、公開主義、直接主義、口頭主義、弁論主義、継続審理主義です。

　(a)　公開主義とは、近代国家における公判の基本原則であり、裁判の公開

を意味します。憲法82条は裁判の公開を保障し、同条1項は「裁判の対審及び判決は、公開法廷でこれを行ふ」とし、さらに憲法37条1項は、「すべて刑事事件においては、被告人は、……公開裁判を受ける権利を有する」と定めています。ここにおいて、重要なことは、憲法が、82条とは別に、37条1項で、刑事事件についての裁判の公開を、被告人の憲法上の権利として保障したことです。これは、過去の歴史を省みて、仮にも被告人が、秘密裏の非公開の刑事裁判を受け、人権侵害を受けることがないように、そして、万が一にも無辜(無実の者)が処罰されるようなことがないようにしようとの意図のもとに設けられたものです。

なお、ここでいう公開とは、訴訟の当事者だけでなく、広く国民一般の傍聴を許すことを意味します。これを一般(的)公開主義と言います。

このような憲法の規定を受けて、刑訴法は、「公判期日における取調は、公判廷でこれを行う」(法282条1項)ことにし、「判決は、公判廷において、宣告によりこれを告知する」(法342条)と定めました。なお、公開主義には例外があります(憲82条2項参照)。

公開主義との関連で、法廷におけるメモの採取が問題とされてきました。これについて、最大判平成元・3・8民集43巻2号89頁〔レペタ訴訟〕は、表現の自由の精神に照らし、原則として、公判廷において傍聴人がメモを取ることを認める旨の判断を示しました(詳細は、渡辺256頁以下参照)。

(b) 直接主義とは、裁判所が公判廷で直接取調べた証拠資料のみに基づいて審判をするという原則です。

ここでの直接(性)には二つの側面があります。一つは、いわば証拠方法についての直接性です。つまり、裁判所はオリジナルである証拠方法によって心証をとるべきであるとする証拠法則としての側面です。この面から捉えた場合を実質的直接主義(客観的直接主義)と言います。他の一つは証拠調べ手続についての直接性です。つまり、証拠調べは当該受訴裁判所が自ら行うべきであるとする手続原則としての側面です。この面から捉えた場合を形式的直接主義(主観的直接主義)と言います。

(c) 口頭主義とは、書面主義に対立する考え方です。それは、証拠調べを含む公判期日における手続は口頭によって提供された訴訟資料に基づいて行われるべきであるという原則です(田宮236頁、田口251頁、総研189頁～190頁

参照)。なお、口頭主義を採ることが公開主義を実現したとも言えます。

(d) 弁論主義とは、一般には、審判は当事者の主張、立証、意見陳述に基づいて行われなければならないという原則のことを言います。弁論主義が口頭主義と結び付くと口頭弁論主義となります (法43条1項など)。

(e) 継続審理主義とは、事件の審理をできるだけ継続して集中的に行うべきであるとする原則であり、集中審理主義とも言われます。刑訴法281条の6がこの点を定めています。すなわち、「裁判所は、審理に2日以上を要する事件については、できる限り、連日開廷し、継続して審理を行わなければならない」(法281条の6第1項) のであり、訴訟関係人は、期日を厳守し、審理に支障を来さないようにしなければなりません (同第2項)。

② 公判準備段階の手続

本節および次節では、第1審公判についての、公判準備段階における手続と公判手続について論じます。なお、刑訴法は、第1審、控訴審、上告審との三審制をとっていますが、原則として (刑訴法に特別の定めのある場合を除いて)、第1審の公判に関する規定は控訴審の審判に準用され (法404条)、控訴審の規定は上告審の審判に準用されます (法414条)。

1 起訴状謄本の送達、弁護人の選任、公判期日の指定等

(1) 裁判所は、公訴の提起 (起訴) があったときは、遅滞なく起訴状の謄本を被告人に送達しなければなりません (法271条1項)。そして、公訴の提起があったときから2箇月以内に起訴状の謄本が送達されないときは、公訴提起は、さかのぼってその効力を失います (同条2項)。起訴状謄本の送達が必要とされるのは、被告人に対し、審判の対象を告知して防御の準備をさせるためです。

(2) 裁判所は、公訴の提起があったときは、被告人に弁護人があるときを除いて、遅滞なく被告人に対し、①弁護人を選任することができる旨 (弁護人選任権があること)、②貧困その他の事由により弁護人を選任することができないときは弁護人 (国選弁護人) の選任を請求することができる旨、③必要的弁護事件の場合は、弁護人がなければ開廷できない旨、を知らせなければなりません (法272条1項、規177条)。

(3) 裁判所は、公判期日を定め、公判期日には被告人を召喚（召喚については、後記 5(1)参照→ 149 頁）しなければなりません（法 273 条 1 項、2 項）。また、公判期日は、これを検察官、弁護人および補佐人に通知しなければなりません（法 273 条 3 項）。

2 訴訟関係人の事前準備

　第 1 回公判期日から実質的な審理を集中的に行うには、訴訟関係人の事前準備が必要です。そこで、刑訴規則は、178 条の 2 から 178 条の 11 において、事前準備に関する規定を置きました。その中のいくつかを見ていきましょう。

　訴訟関係人は、第 1 回の公判期日前に、できる限り証拠の収集および整理をし、審理が迅速に行われるように準備しなければなりません（規 178 条の 2）。

　検察官は、第 1 回の公判期日前に、被告人または弁護人に対し、刑訴法 299 条 1 項本文の規定により、閲覧する機会を与えるべき証拠書類または証拠物があるときは、公訴の提起後なるべく速やかに、その機会を与えなければなりません（規 178 条の 6 第 1 項 1 号）。弁護人は、被告人その他の関係人に面接するなどの方法によって、事実関係を確かめ、検察官が閲覧する機会を与えた証拠書類または証拠物について、なるべく速やかに、刑訴法 326 条の同意をするかどうかまたはその取調べに関し異議がないかどうかの見込みを検察官に通知しなければなりません（規 178 条の 6 第 2 項 1 号、同第 2 項 2 号）。

　検察官および弁護人は、第 1 回の公判期日前に、相手方と連絡して、起訴状記載の訴因もしくは罰条を明確にし、または事件の争点を明らかにするため、相互の間でできる限り打合わせをしなければならないし（規 178 条の 6 第 3 項 1 号）、証拠調べその他審理に要する見込みの時間等裁判所が開廷回数の見通しを立てるについて必要な事項を裁判所に申し出なければなりません（同第 3 項 2 号）。その他、裁判所が行うべき事項を含め、様々な規定が置かれています。

3 証拠開示
(1) 証拠開示の意義とその必要性

　証拠開示とは、訴訟の一方の当事者が、手持ちの証拠を相手方当事者に閲覧させるなどして、その証拠の内容を明らかにすることです。なお、実際に開示される必要のある証拠が、とりわけ検察官手持ちのそれであることは言

うまでもありません。しかし、後述の 2004 年 (平成 16 年) の一部改正前の刑訴法の規定によるのでは、検察官手持証拠を事前に全面開示させるには余りに不十分でした。

先ず、刑訴法 299 条 1 項によれば、検察官、被告人または弁護人が証拠書類または証拠物の取調べを請求する場合には、「あらかじめ、相手方にこれを閲覧する機会を与えなければならない」とされていますので (なお、規 178 条の 6 第 1 項 1 号参照)、検察官がそれらの証拠の取調べを請求するにあたっては、被告人・弁護人にこれらの証拠を事前開示する必要があります。しかし、この規定は、検察官が取調べ請求をする意思のある証拠についての規定とされていますので、検察官が取調べ請求する意思のない証拠については、事前開示されることはなく、被告人・弁護人が閲覧することはできません。

次に、刑訴法 300 条は、「第 321 条第 1 項第 2 号後段の規定により証拠とすることができる書面については、検察官は、必ずその取調を請求しなければならない」と規定しています。しかし、この規定の実効性には疑問があります。というのも、刑訴法 321 条 1 項 2 号後段の要件 (この要件については、第 13 章 2 1(2)(b) 参照→269 頁) を充たしているかどうかの判断が、検察官に委ねられているからです。

(2) **判例**

上記のような刑訴法上の規定のもとで、最高裁は、従前から検察官手持証拠の全面的事前開示については、これを否定的に解しているところ[1]、最決昭和 44・4・25 刑集 23 巻 4 号 248 頁で、訴訟指揮権に基づく個別的証拠開示命令を認める判断を示しました[2]。

すなわち、「本件のように証拠調の段階に入った後、弁護人から、具体的必要性を示して、一定の証拠を弁護人に閲覧させるよう検察官に命ぜられたい旨の申出がなされた場合、事案の性質、審理の状況、閲覧を求める証拠の種類および内容、閲覧の時期、程度および方法、その他諸般の事情を勘案し、その閲覧が被告人の防禦のため特に重要であり、かつこれにより罪証隠滅、証人威迫等の弊害を招来するおそれがなく、相当と認めるときは、その訴訟指揮権に基づき、検察官に対し、その所持する証拠を弁護人に閲覧させ

---

1 最決昭和 34・12・26 刑集 13 巻 13 号 3372 頁、最決昭和 35・2・9 判時 219 号 34 頁参照。
2 なお、この判例は、注 1 掲記の 2 つの判例を変更したものではありません。

るよう命ずることができるものと解すべきである」と判示したのです。
　しかし、この判例によるのでは、開示にも限界があり、検察官手持証拠を全面的に事前開示させるには不十分でした。すなわち、開示命令が裁判所の訴訟指揮権に基づくものであり、開示の相当性についての判断等が個別的になされるということは、裁判所の裁量が広範なものとされるだけに、その裁量いかんでは、開示の時期、範囲等が不安定なものになってしまうということです。そこで、かねてより、新たな立法が要望されていましたところ、2004年（平成16年）の刑訴法の一部改正において、全面的ではないものの、次に述べる公判前整理手続の中で行われる新たな証拠開示制度が創設されました（なお、公判前整理手続に付されない事件については、今後もこの最決昭和44・4・25の基準によることになりましょう）。

4　公判前整理手続・期日間整理手続とそこでの証拠開示
(1)　公判前整理手続の概要

　これまでも、前述した「事前準備」と呼ばれる第1回公判期日前の準備手続が行われていましたが、必ずしも十分な効果を挙げていませんでした（とりわけ迅速性の点において）。
　ところで、後述の裁判員制度（後記④参照→162頁）の導入に伴い迅速な充実した公判審理は必須なものとされるに至り、そこで、充実した公判の審理を、継続的、計画的、迅速に行うため、公判前整理手続の制度が創設されました。
　すなわち、「裁判所は、充実した公判の審理を継続的、計画的かつ迅速に行うため必要があると認めるときは、検察官及び被告人又は弁護人の意見を聴いて、第1回公判期日前に、決定で、事件の争点及び証拠を整理するための公判準備として、事件を公判前整理手続に付することができる」ことになりました（法316条の2第1項、なお、規217条の2）。
　そして、裁判員の参加する裁判の対象事件は、公判前整理手続に付することが必要的とされました（裁判員49条）。なお、上記の刑訴法の条文からも明らかな通り、充実した公判の審理を継続的、計画的、かつ迅速に行うために必要があると認められる場合には、裁判員の参加する裁判の対象外の事件であっても公判前整理手続に付することができます。
　(a)　公判前整理手続の主宰者は、当該被告事件の受訴裁判所です。

公判前整理手続は、その重要性からして、必要的弁護がとられる場合の一つとされました（法316条の4、316条の7、316条の8第1項）。そして、被告人については、「被告人は、公判前整理手続期日に出頭することができる」（法316条の9第1項）と定められ、出席する権利が保障されています。

公判前整理手続で行うことができるものとして、訴因または罰条を明確にさせることや証拠決定など12の重要な事項が定められています（法316条の5）。

(b) 公判前整理手続においては、当該被告事件の争点と証拠の整理をすることが中心となります（法316条の13～316条の24が、「第2目　争点及び証拠の整理」の表題のもとに置かれています。なお、規217条の19～217条の23参照）。

なお、公判前整理手続における手続については、公判前整理手続調書の作成が義務付けられています（法316条の12第2項）。

公判前整理手続の終了にあたっては、裁判所は、検察官および被告人または弁護人との間で、事件の争点および証拠の整理の結果を確認しなければなりません（法316条の24）。そして、手続の結果については、検察官および被告人側の冒頭陳述が終わった後、公判期日において、当該公判前整理手続の結果を明らかにしなければなりません（法316条の31第1項）。なお、公判前整理手続の結果を明らかにする手続について、規217条の29参照。

(2) 期日間整理手続

審理の経過いかんによっては、第1回公判期日後においても事件の争点および証拠の整理をする必要があります。そこで、「裁判所は、審理の経過にかんがみ必要と認めるときは、検察官及び被告人又は弁護人の意見を聴いて、第1回公判期日後に、決定で、事件の争点及び証拠を整理するための公判準備として、事件を期日間整理手続に付することができる」（法316条の28第1項）と定めました。期日間整理手続には、原則的に、公判前整理手続の規定が準用されます（同第2項）。

(3) 公判前整理手続での証拠開示

それでは、公判前整理手続で行われる証拠開示に関する規定（法316条の28第2項により、期日間整理手続にも準用されます）を見ていくことにします。

(a) 検察官側の証拠開示

先ず、検察官が行うべき証拠開示には、次の三つの種類があります。

①その1は、検察官請求証拠の開示です。すなわち、検察官によって取調

べ請求がなされた証拠（検察官請求証拠）の開示（法316条の14）です。

　公判前整理手続において、検察官は、公判期日において証拠により証明しようとする事実、すなわち証明予定事実を記載した書面（いわゆる証明予定事実記載書）を、裁判所に提出し、被告人または弁護人に送付しなければならず（法316条の13第1項）、検察官は、その証明予定事実を証明するために用いる証拠の取調べを請求しなければなりません（同第2項）。そして、検察官は、この取調べを請求した証拠（検察官請求証拠）については、速やかに、被告人または弁護人に対し、開示しなければなりません（法316条の14）。なお、この開示は必要的開示です。

　そして、具体的な開示は、刑訴法316条の14各号に掲げる証拠の区分に応じ、当該各号に定める方法によって行われます（法316条の14柱書）。

　②その2は、類型証拠の開示です。すなわち、特定の検察官請求証拠の証明力を判断するために重要と認められる一定類型の証拠（いわゆる類型証拠）の開示です（法316条の15）。

　検察官は、上記刑訴法316条の14で開示した証拠以外の証拠であって、一定の類型に該当する証拠（法316条の15第1項各号に定める9類型の証拠）であり、かつ、「特定の検察官請求証拠の証明力を判断するために重要であると認められるものについて、被告人又は弁護人から開示の請求があつた場合」には、「その重要性の程度その他の被告人の防御の準備のために当該開示をすることの必要性の程度並びに当該開示によつて生じるおそれのある弊害の内容及び程度を考慮し、相当と認めるときは、速やかに」開示をしなければなりません（法316条の15第1項）。なお、この請求をするときは、被告人または弁護人は、「被告人の防御の準備のために当該開示が必要である理由」を明らかにしなければなりません（同第2項2号）。

　この場合の開示は、前述した刑訴法316条の14第1号に定める方法によって行われます。そして、この場合、検察官は、必要と認めるときは、開示の時期もしくは方法を指定し、または条件を付することができます（法316条の15第1項柱書）。

　③その3は、主張関連証拠の開示です。すなわち、上記法316条の14および316条の15による開示がなされた証拠以外の証拠であって、被告人側の事実上および法律上の主張に関連する証拠（いわゆる主張関連証拠）の開示

です（法316条の20）。

　先ず、被告人または弁護人が、検察官の証明予定事実を記載した書面の送付を受け、かつ、前記の刑訴法316条の14および316条の15第1項の規定による証拠開示を受けた場合には、被告人または弁護人は、「検察官請求証拠について、第326条の同意をするかどうか又はその取調べの請求に関し異議がないかどうかの意見」を明らかにしなければなりません（法316条の16第1項）。また、証明予定事実その他の公判期日においてすることを予定している事実上および法律上の主張があるときは、裁判所および検察官に対し、これを明らかにしなければならず（法316条の17第1項）、これを証明するために用いる証拠の取調べを請求しなければなりません（同第2項）。

　そして、検察官は、前記の刑訴法316条の14および316条の15第1項の規定による開示をした証拠以外の証拠であって、被告人または弁護人が明らかにした上記の事実上および法律上の主張（つまり、法316条の17第1項の主張）に関連すると認められるものについて、被告人または弁護人から開示の請求があった場合は、「その関連性の程度その他の被告人の防御の準備のために当該開示をすることの必要性の程度並びに当該開示によつて生じるおそれのある弊害の内容及び程度を考慮し、相当と認めるときは、速やかに」開示しなければなりません（法316条の20第1項）。なお、この請求をするときは、被告人または弁護人は、「被告人の防御の準備のために当該開示が必要である理由」を明らかにしなければなりません（同第2項2号）。

　この場合の開示は、前述した刑訴法316条の14第1号に定める方法によって行われます。そして、この場合、検察官は、必要と認めるときは、開示の時期もしくは方法を指定し、または条件を付することができます（同第1項）。

(b) **被告人側の証拠開示**

　これに対し、被告人側の行うべき証拠開示は、被告人側が前記の証明予定事実（法316条の17第1項の証明予定事実）を証明するために用いる証拠の取調べを請求した場合に（法316条の17第2項の取調請求）、その証拠について開示義務を負うことです（法316条の18）。

　そして、具体的な開示は、刑訴法316条の18各号に掲げる証拠の区分に応じ、当該各号に定める方法によって行われます（法316条の18柱書）。

(c) 裁判所による裁定の制度

　以上のようにして、一定の要件のもとに、事前に証拠開示がなされることになりましたが、上記各証拠開示の要件について見解が対立して争いが生じることも考えられます。そこで設けられたのが、証拠開示に関する裁判所による裁定の制度です。

　①その１は、開示方法等の指定です。すなわち、「裁判所は、証拠の開示の必要性の程度並びに証拠の開示によって生じるおそれのある弊害の内容及び程度その他の事情を考慮して、必要と認めるときは、第316条の14（第316条の21第4項において準用する場合を含む。）の規定による開示すべき証拠については検察官の請求により、第316条の18（第316条の22第4項において準用する場合を含む。）の規定による開示すべき証拠については被告人又は弁護人の請求により」（つまり、この場合は、いずれも開示義務のある当事者の請求によります）、決定で、当該証拠の開示の時期もしくは方法を指定し、または条件を付することができます（法316条の25第1項）。この決定に対しては、即時抗告をすることができます（同第3項）。

　②その２は、開示命令です。すなわち、裁判所は、「検察官が第316条の14若しくは第316条の15第1項（第316条の21第4項においてこれらの規定を準用する場合を含む。）若しくは第316条の20第1項（第316条の22第5項において準用する場合を含む。）の規定による開示をすべき証拠を開示していないと認めるとき、又は被告人若しくは弁護人が第316条の18（第316条の22第4項において準用する場合を含む。）の規定による開示をすべき証拠を開示していないと認めるときは、相手方の請求により」、決定で、当該証拠の開示を命じなければなりません（法316条の26第1項前段）。そして、この場合において、裁判所は、開示の時期もしくは方法を指定し、または条件を付することができます（同第1項後段）。この決定に対しては、即時抗告ができます（同第3項）。

　なお、証拠開示命令の対象となる証拠に関し、最高裁は、主張関連証拠についてのものですが、「刑訴法316条の26第1項の証拠開示命令の対象となる証拠は、必ずしも検察官が現に保管している証拠に限られず、当該事件の捜査の過程で作成され、又は入手した書面等であって、公務員が職務上現に保管し、かつ、検察官において入手が容易なものを含むと解するのが相当である」[3]と判示しました。

③その３は、証拠および証拠の標目の提示命令です。すなわち、裁判所は、上記の開示方法等の指定または開示命令の請求についての決定をするにあたり、必要があると認めるときは、検察官、被告人または弁護人に対し、当該請求に係る証拠の提示を命ずることができます（法316条の27第1項前段）。また、裁判所は、被告人または弁護人がする開示命令の請求について決定をするにあたり、必要があると認めるときは、検察官に対し、その保管する証拠であって、裁判所の指定する範囲に属するものの標目を記載した一覧表の提示を命ずることができます（同第2項前段）。なお、これらの場合、裁判所は、何人にも、提示された証拠および一覧表の閲覧・謄写をさせることができません（同第1項後段、同第2項後段）。

5　被告人の召喚・勾引・勾留

(1)　召喚、勾引

公判廷には被告人が出頭することが必要です。そこで、被告人の出頭を確保する強制処分として、召喚と勾引が認められています。

召喚とは、被告人や証人などに対し、一定の指定した日時・場所に出頭することを命ずる裁判を言います（被告人の召喚の手続等について、法57条、62条、63条、65条、275条参照）。

勾引とは、被告人や証人などを一定の場所に引致する裁判およびその執行を言います（被告人の勾引の手続等について、法58条、62条、64条、66条～68条、73条～76条参照）。

(2)　勾　留

被告人の勾留については、被告人が被疑者段階から、既に勾留されており、被疑者勾留における被疑事実と同一の公訴事実で、勾留期間中に起訴された場合は、起訴と同時に自動的に被告人勾留になると解するのが通説であり、実務の運用です。それ以外の場合は、勾留質問を経て、裁判官または裁判所の職権によって勾留されることになります（詳細は、渡辺163頁参照。なお、被疑者勾留との異同について、第5章注7参照→107頁）。

6　保　釈

保釈とは、保釈保証金の納付を条件として、被告人に対する勾留の執行を

3　最決平成19・12・25刑集61巻9号895頁。なお、最決平成20・9・30刑集62巻8号2753頁（百選〔第9版〕57事件）参照。

停止して（したがって、観念的には勾留は維持されています）、その身柄の拘禁を解く裁判とその執行のことです（因みに、被疑者勾留（起訴前勾留）では、保釈は認められません（法207条1項但書）なお、第5章の注7、注8参照→107頁）。

(1) 刑訴法89条は、「保釈の請求があったときは、次の場合を除いては、これを許さなければならない」と定めて、同条1号から6号の事由にあたる場合を除いては、保釈をしなければならないと規定しました。これを権利保釈（必要的保釈）と言い、保釈請求があれば、同条各号が定める法定の除外事由にあたる場合を除いて、保釈しなければなりません。保釈は、権利保釈が原則です。なお、権利保釈は憲法上の要請に基づいていると言えます。なぜならば、憲法34条によれば、何人も、正当な理由がなければ、拘禁されないのであって、身柄の拘禁たる勾留は例外的措置と考えるべきだからです。

刑訴法89条が例外として定める権利保釈の除外事由は、次の通りです。

すなわち、①「被告人が死刑又は無期若しくは短期1年以上の懲役若しくは禁錮に当たる罪を犯したものであるとき」（同条1号）、②「被告人が前に死刑又は無期若しくは長期10年を超える懲役若しくは禁錮に当たる罪につき有罪の宣告を受けたことがあるとき」（同条2号）、③「被告人が常習として長期3年以上の懲役又は禁錮に当たる罪を犯したものであるとき」（同条3号）、④「被告人が罪証を隠滅すると疑うに足りる相当な理由があるとき」（同条4号）、⑤「被告人が、被害者その他事件の審判に必要な知識を有すると認められる者若しくはその親族の身体若しくは財産に害を加え又はこれらの者を畏怖させる行為をすると疑うに足りる相当な理由があるとき」（同条5号）、⑥「被告人の氏名又は住居が分からないとき」（同条6号）の各事由です。

さらに、「禁錮以上の刑に処する判決の宣告があった後は、……第89条の規定は、これを適用しない」（法344条）とされていますので、禁錮以上の刑の宣告があったときも権利保釈の除外事由となります。

(2) 次に、刑訴法90条は、「裁判所は、適当と認めるときは、職権で保釈を許すことができる」と定めていますので、上記権利保釈の除外事由がある場合でも、職権で保釈をすることができます。これを裁量保釈（任意的保釈）と言います[4]。

また、同法91条1項は、「勾留による拘禁が不当に長くなったときは、裁

判所は、第88条に規定する者の請求により、又は職権で、決定を以て……保釈を許さなければならない」と定めています。これは義務的保釈と呼ばれます。

(3) 最後に、保釈の手続の概略を見ておきましょう。

裁判所は、保釈の裁判をする場合には、保釈を許す場合も保釈の請求を却下する場合も、検察官の意見を聴かなければなりません（法92条1項）。裁判所は、保釈を許す場合は、保証金額を定めなければなりません（法93条1項）。そして、この保証金額は、犯罪の性質および情状、証拠の証明力ならびに被告人の性格および資産を考慮して、被告人の出頭を保証するに足りる相当な金額でなければなりません（同条2項）。なお、保釈を許す決定は、保証金の納付があった後でなければ執行できません（法94条1項）。

3 公判手続

本節では、第1審公判手続について論じることにします（なお、控訴審、上告審への準用について、法404条、414条参照）。

1 公判廷

刑訴法282条1項は、「公判期日における取調は、公判廷でこれを行う」と定めています。公判期日とは、一般に、裁判所、当事者、その他の訴訟関係人が公判廷に会して訴訟行為をなすべく定められた日時のことを言います。公判廷とは、「公判を開く法廷」（総研185頁）のことを言いますが、主として、狭義の公判手続（公判期日における手続）を行うために開かれる法廷のことを指しています。そして、法廷は、原則として、裁判所またはその支部で開かれます（裁69条）。なお、公判廷における用語は日本語です（裁74条）。

刑訴法286条は、「被告人が公判期日に出頭しないときは、開廷することはできない」と規定し、被告人には、公判期日に、公判廷に出席する権利と義務がある旨を定めています（なお、例外として、刑訴法283条、284条、285条、286条の2、314条1項など参照。因みに、控訴審では出頭の権利はあるが、原則として、出頭の義務はないことについて第15章4 2(1)参照（→320頁）、上告審では出頭の権利

---

4 否認事件における公判前整理手続が実質的に終了している段階での裁量保釈を認めた原決定を是認した判例として、最決平成22・7・2判時2091号114頁、判タ1331号93頁参照。

も義務もないことについて同章⑥2参照（→326頁））。

2　公判期日の手続

公判期日の手続は、冒頭手続、証拠調べ手続、弁論、判決の順で進行していきます。

(1)　冒頭手続

冒頭手続は、次のように行われます。

(a)　最初に、人定質問が行われます（規196条）。人定質問は被告人が起訴状に記載された人物に間違いないかどうかを確かめるために行われる手続であり、裁判長はその確認に足りる事項を問わなければなりません。一般には、被告人の氏名、本籍、住居、生年月日、職業などを質問しています。

(b)　次に、検察官によって、起訴状の朗読が行われます（法291条1項）。この場合、起訴状記載の公訴事実、罪名、罰条を読み上げるのが一般です。

なお、刑訴法290条の2第1項または同第3項の決定（被害者特定事項を公開の法廷で明らかにしない旨の決定）があったときは、起訴状の朗読は、被害者特定事項を明らかにしない方法（例えば、被害者の氏名を読まずに、単に被害者と言い換えるなど）で行われます。この場合、検察官は、被告人に起訴状を示さなければなりません（法291条2項）。

また、起訴状記載内容の不明部分などについての求釈明とそれに対する釈明も、この段階で行われます。

(c)　その後、裁判長によって、黙秘権等の告知がなされます（法291条3項、規197条）。ここで告知されるべき事項は、いわゆる包括的黙秘権だけでなく、それ以外の被告人の権利を保護するため必要な事項も含まれます。

(d)　以上の手続が済むと、被告人・弁護人の陳述が行われます。裁判長は、被告人および弁護人に対し、被告事件について陳述する機会を与えなければなりません（法291条3項）。ここでは、公訴事実に対する認否や違法性阻却事由・責任阻却事由の主張のような事件の実体に関する事項だけでなく、管轄違いの申立て（法331条）、移送の請求（法19条）、公訴棄却（法338条、339条参照）の申立てなど、手続に関する事項についての陳述も行われます。

なお、移送の決定と土地管轄についての管轄違いの申立ては、証拠調べ開始後は、することができなくなりますので（法19条2項、331条2項）、その請

求ないし申立てをするのであれば、この段階でしておく必要があります。

(2) 証拠調べ手続

証拠調べ手続は、次のように行われます。

(a) 先ず、検察官の冒頭陳述が行われます。これは、検察官が、今後証拠により証明しようとする事実を説明する手続です。刑訴法は、「証拠調のはじめに、検察官は、証拠により証明すべき事実を明らかにしなければならない」と定めています（法296条本文）。

これに対し、被告人・弁護人の冒頭陳述は、義務的なものではありませんが（規198条）、これまでも、事案によって、弁護人の冒頭陳述が行われてきました。ところで、公判前整理手続に付された事件の場合で、被告人・弁護人側に証拠により証明すべき事実その他の事実上および法律上の主張があるときについては、検察官の冒頭陳述に引き続いて、被告人・弁護人が冒頭陳述を行うべく義務付けられました（法316条の30前段）。

なお、冒頭陳述にあたっては、検察官が行う場合も被告人・弁護人が行う場合も、証拠とすることができずまたは証拠として取調べを請求する意思のない資料に基いて、裁判所に事件について偏見または予断を生ぜしめる虞のある事項を述べることはできません（法296条但書、規198条2項。なお、316条の30後段は法296条但書を準用すると定めています）。

(b) 冒頭陳述の後に、証拠調べ請求がなされます（法298条1項、規189条）。証拠調べ請求は、証拠と証明すべき事実との関係、すなわち立証趣旨を具体的に明示して行われます（規189条1項）。なお、実務では、証拠調べ請求は、証拠等関係カードを用いて行っています。

(c) 次に、証拠決定（証拠としての採否の決定）が行われます（規190条）。証拠決定に際して、裁判所は、証拠意見を聴かなければなりません。すなわち、請求による場合は相手方または弁護人の意見を聴かなければなりませんし、職権による場合は検察官および被告人または弁護人の意見を聴かなければなりません（規190条2項）。なお、刑訴法326条の同意（法326条の同意については、第13章⑧参照→278頁）は証拠意見とは異なりますが、実務では、同条の同意をするか否かの確認も、この段階で行っています。

(d) 証拠決定の後、裁判所は、検察官および被告人または弁護人の意見を聴いて、証拠調べの範囲、順序、方法を定めることができます（法297条1

項)。また、裁判所は、適当と認めるときは、何時でも、検察官および被告人または弁護人の意見を聴き、一旦定めた証拠調べの範囲・順序・方法を変更することができます（法297条3項）。

（e）以上の手続が行われた後に証拠調べが実施されます。証拠調べは、証拠の種類により、①証人尋問（304条。なお、法143条〜164条参照）、②鑑定人等の尋問（法304条。なお、鑑定人尋問については、勾引に関する規定を除いて、証人尋問の規定を準用（法171条、規135条）、通訳人・翻訳人の尋問については、鑑定の規定を準用（法178条、規136条））、③証拠書類の取調べ（朗読の方法によるのが原則です（法305条）、なお、訴訟関係人の意見を聴き相当と認めるときは、要旨の告知をもって朗読に代えることができます（規203条の2））、④証拠物の取調べ（展示（示すこと）の方法によります（法306条）。なお、証拠物たる書面の取調べについては朗読しかつ展示する方法によります（法307条））、⑤被告人質問（法311条）などが行われます（なお、ビデオリンク方式による証人尋問について第13章③1参照→274頁）。

（f）証人とは、自らが実際に体験した事実ないしその体験に基づいて知り得た事実を裁判所または裁判官の面前で供述する訴訟の第三者を言います。召喚を受けた証人には出頭義務があり、正当な理由なく出頭しない場合には、過料、費用賠償、罰金、拘留などの制裁があります（法150条、151条）。証人が出頭した場合は宣誓義務（法154条）および証言義務があり、正当な理由なく宣誓または証言を拒んだ場合には、上記出頭義務違反の場合と同様の制裁があります（法160条、161条）[5]。なお、一定の場合には証言を拒むことができます（証言拒絶(否)権）。証言拒絶(否)権については、刑訴法146条〜149条参照。

証人尋問の手続については、人定尋問（規115条）、宣誓（法154条）を経て、証人尋問が行われます。尋問は刑訴法では、先ず裁判長または陪席の裁判官が行うと定められていますが（法304条1項）、実際には、法律で定める順序を変更して（同条3項）、先ず、検察官、被告人または弁護人による尋問が交互尋問の形式で行われ、その後で、裁判所（裁判長・陪席裁判官）による補充尋問が行われています。交互尋問の詳細について、刑訴規則199条の2

---

5 因みに、証言を法律上強制する目的のもとに、いわゆる刑事免責を付与して得た嘱託証人尋問調書の証拠能力等について、最判平成7・2・22刑集49巻2号1頁（百選〔第9版〕71事件）参照。

〜199 条の 14 参照。

　(g)　検察官、被告人または弁護人は、証拠調べに関し、異議を申し立てることができます（法 309 条 1 項）。異議の対象は、「冒頭陳述、証拠調べの請求、証拠決定、証拠調べの範囲、順序、方法を定める決定、証拠調べの取調方式、証明力を争う機会の付与など証拠調べに関係のあるすべての訴訟行為」（総研 426 頁）に及びます。但し、これらのうち、裁判所が行う「証拠調べに関する決定」（証拠決定や証拠調べの範囲、順序、方法を定める決定など）に対する異議申立ては、「法令の違反があること」を理由とする場合に限られ、「相当でないこと」を理由とする異議申立てはできません（規 205 条 1 項）。

　(h)　当該事件の被害者等（被害者等については、法 290 条の 2 第 1 項参照）または当該被害者の法定代理人から、被害に関する心情その他の被告事件に関する意見の陳述の申出があるときは、裁判所は公判期日において、その意見の陳述をさせます（法 292 条の 2 第 1 項）（なお、被害者の手続参加については、第 2 章 6 2 参照→39 頁）。

　(3)　弁論

　証拠調べが終わった後で弁論が行われます。ここに弁論とは、証拠調手続終了後当事者によって行われる意見陳述のことです（いわゆる狭義の弁論であり、後記の検察官の論告と弁護人のいわゆる最終弁論、被告人の意見陳述を含みます）。

　先ずは、検察官が、事実および法律の適用について意見を陳述しなければなりません（法 293 条 1 項）これを一般に論告と言います。その際、刑の量定についても意見を述べることになっています。これを求刑と言います。

　次に、被告人および弁護人は、意見を陳述することができます（同条 2 項）。一般には、先ず弁護人が弁論（狭義の弁論としての最終弁論）を行い、その後で被告人が最終陳述を行っています。

　(4)　判決

　最後に、判決となりますが、判決は、公判廷において宣告により告知します（法 342 条。なお、規 34 条、裁 70 条参照）。そして、判決の宣告をするには、主文および理由を朗読し、または主文の朗読と同時に理由の要旨を告げなければなりません（規 35 条 2 項）。

　3　弁論の分離・併合・再開

　(1)　刑訴法 313 条 1 項は、「裁判所は、適当と認めるときは、検察官、被

告人若しくは弁護人の請求により又は職権で、決定を以て、弁論を分離し若しくは併合し、又は終結した弁論を再開することができる」と定めています。ここにいう弁論とは広義の弁論であり、公判期日に当事者である検察官および被告人・弁護人を関与させて行う審理手続のことを言います（池田＝前田 358 頁、寺崎 282 頁など）。

(2) 弁論は、1 人の被告人ごとに、また 1 個の公訴事実ごとに成立しますが、①1 人の被告人が複数の公訴事実で起訴される場合（例えば、併合罪の場合）もあれば、②被告人を異にする複数の事件が公訴事実の全部あるいは一部において共通する場合もあります（例えば、共犯事件の場合）。そして、上記①の場合には、訴訟経済上からも被告人の利益の点からも、併合するのが実務上の原則となっています。また、②の場合も、事実認定の合一的確定や訴訟経済の観点から、併合されるのが一般です。②の場合、併合された弁論の各被告人のことを共同被告人と言います。しかし、事件によっては、併合審理をすることが相当でない場合も起り得ます。

以上のように弁論は、併合したり分離したりする必要があります。そこで、刑訴法は、上記のように、313 条で弁論の分離・併合の制度を定めたのです。

(3) 弁論の分離とは、併合されている弁論（審理手続）を分けて、各別に審理することであり、弁論の併合とは、複数の弁論（審理手続）を 1 個の手続で、同時・併行的に審理することを言います。そして、上記(2)①の場合についての分離・併合を客観的分離・併合と言い、(2)②の場合についての分離・併合を主観的分離・併合と言います。

なお、被告人の防御が互いに相反する等の事由があって、被告人の権利を保護するために、分離の必要が認められる場合があります。そのような場合、裁判所は、検察官、被告人もしくは弁護人の請求により、または職権で、決定を以て、弁論を分離しなければなりません（法 313 条 2 項、規 210 条）。これを弁論の必要的分離と言います。

(4) 刑訴法 313 条 1 項は、弁論の再開についても定めています。弁論の再開とは、一旦終結した公判審理の手続を再開し、新たな審理を続行することです。弁論を再開すると、公判審理の手続は結審前の状態に戻り、再開後の審理手続が従前の審理手続と一体のものとなります。

4　公判手続の更新

公判手続の更新とは、一定の事由が生じた場合に、公判手続をやり直すことです。

(1)　公判手続の更新が行われるのは、次の四つの場合です。

①開廷後に裁判官が替わったとき。但し、判決の宣告をする場合は、この限りではありません（法315条）。②開廷後被告人の心神喪失により公判手続を停止した場合（規213条1項）。③簡易公判手続によって審判する旨の決定が取り消されたとき、または即決裁判手続によって審判する旨の決定が取り消されたとき。但し、この場合はいずれも、検察官および被告人または弁護人に異議がないときは、この限りでありません（法315条の2、350条の11第2項）。④開廷後長期間にわたり開廷しなかった場合において必要があると認めるとき（規213条2項）の四つです。

以上のうち①から③は必要的な場合であり（但し、①、③については、上記の通り例外があります）、④は任意的な場合です（なお、上記の四つの場合の他に、裁判員の参加する裁判の場合の公判手続の更新について、裁判員61条、87条参照）。

(2)　公判手続の更新については、一般に、口頭主義、直接主義を害するような事情が生じた場合に、それによって失われた実体形成行為の部分を整理・回復・補充することであると説明されることがありますが（田宮280頁、総研248頁参照）、口頭主義、直接主義をもって、この制度の統一的根拠であるとしているわけではないと思われます。というのも、上記①の裁判官の交替の場合は、上記根拠が当てはまるものの、それ以外の場合について考えますと、例えば、②の場合は直接主義とは関係しませんし、③の場合は、手続が不適法ないし不相当となったことによるものだからです。

したがって、公判手続の更新の根拠は、それぞれの場合ごとに考えるのが妥当と思います。あえて統一的な根拠をもって理解しようとすれば、裁判の公正さのために、手続の連続性の絶たれた部分や不適法・不相当となった部分を回復・補充する制度ということになりましょう（なお、松尾・上319頁参照）。

なお、更新の手続の概要については、刑訴規則213条の2参照。

5　公判手続の停止

公判手続の停止とは、公判手続の進行に障害がある場合に、公判手続を法

的に進行できない状態にすることです。

　公判手続の停止がなされるのは、次の四つの場合であり、原則として、そのいずれもが必要的です。すなわち、①被告人が心神喪失の状態にあるときは、検察官および弁護人の意見を聴き、決定で、その状態の続いている間、公判手続を停止しなければなりません。但し、無罪、免訴、刑の免除または公訴棄却の裁判をすべきことが明らかな場合には、被告人の出頭を待たないで、直ちにその裁判をすることができます（法314条1項）。ここに心神喪失の状態とは、訴訟能力を欠く状態を言います[6]。②被告人が病気のため出頭することができないときは、検察官および弁護人の意見を聴き、決定で、出頭することができるまで、公判手続を停止しなければなりません。但し、刑訴法284条および285条の規定（軽微事件について、被告人の出頭義務を免除する規定）によって代理人を出頭させた場合は、この限りではありません（法314条2項）。③犯罪事実の存否の証明に欠くことのできない証人が病気のため公判期日に出頭することができないときは、公判期日外においてその取調べをするのが適当と認める場合の外、決定で、出頭することができるまで公判手続を停止しなければなりません（法314条3項）。④訴因または罰条の追加または変更により、被告人の防御に実質的な不利益を生ずる虞があると認めるときは、被告人または弁護人の請求により、決定で、被告人に充分な防御の準備をさせるため必要な期間、公判手続を停止しなければなりません（法312条4項）。なお、上記①〜③の場合については、医師の意見を聴かなければなりません（法314条4項）。

6　簡易公判手続

　簡易公判手続の概要は、以下の通りです。

（1）　被告人が、公判の冒頭手続での意見陳述に際し、起訴状記載の訴因について有罪である旨の陳述をしたときは、裁判所は、検察官、被告人および弁護人の意見を聴き、有罪である旨の陳述のあった訴因に限り、簡易公判手続によって審判をする旨の決定をすることができます（法291条の2本文）。ただし、死刑または無期もしくは短期1年以上の懲役もしくは禁錮にあたる

6　最決平成7・2・28刑集49巻2号481頁（百選〔第9版〕54事件）。なお、同判例によれば、訴訟能力とは、「被告人としての重要な利害を弁別し、それに従って相当な防御をすることのできる能力」を意味します。

事件については除かれます（同但書）。

（2）簡易公判手続の公判手続上の特徴は次の通りです。第1は、伝聞法則の原則的不適用です。すなわち、検察官、被告人または弁護人が証拠とすることに異議を述べたものを除いて、伝聞証拠禁止の原則（伝聞法則）が適用されません（法320条2項）。第2は証拠調べ手続の簡略化です。すなわち、証拠調べは、公判期日において、適当と認める方法で行うことができるのであって、刑訴法296条（検察官の冒頭陳述）、297条（証拠調べの範囲・順序・方法の予定と変更）、300条から302条まで（証拠調べ請求の義務、自白調書の証拠調べ請求時期の制限、捜査記録の一部についての証拠調べ請求の方法的制約）、304条から307条まで（証拠調べの方式など）の規定が適用されません（法307条の2）。また、刑訴規則198条（弁護人等の冒頭陳述）、199条（証拠調べの順序）、203条の2（証拠書類等の取調べ方法）の規定も適用されません（規203条の3）。

（3）裁判所は、簡易公判手続による旨の決定をした事件が、簡易公判手続によることのできないものであるか、または簡易公判手続によることが相当でないものであると認めるときは、その決定を取り消さなければなりません（法291条の3）。なお、前記4(1)の③参照（→157頁）。

7　即決裁判手続

即決裁判手続は、簡易・迅速な裁判手続の一つとして、2004年（平成16年）の刑訴法の一部改正の際に設けられた手続です[7]。その概要は、以下の通りです。

（1）検察官は、公訴を提起しようとする事件について、事案が明白かつ軽微であること、証拠調べが速やかに終わると見込まれることその他の事情を考慮し、相当と認めるときは、公訴の提起と同時に、書面により即決裁判手続の申立てをすることができます（法350条の2第1項本文）。ただし、死刑または無期もしくは短期1年以上の懲役若しくは禁錮にあたる事件については除かれます（同第1項但書）。

（2）即決裁判の申立ては、即決裁判手続によることについての被疑者の同意が必要です（法350条の2第2項）。弁護人がある場合は、被疑者の同意のほか、弁護人の同意があるかまたはその意見を留保しているときに限って申立

---

[7] なお、即決裁判手続の合憲性を認めた初めての判例として、最判平成21・7・14刑集63巻6号623頁（百選〔第9版〕62事件）参照。

てをすることができます（同第4項）。

　検察官が被疑者に同意をするかどうかの確認を求めるときは書面によることを要し、検察官は、被疑者に対し、即決裁判手続を理解させるために必要な事項（弁護人がいないときは、弁護人を選任できる旨を含む）を説明し、通常の審判手続も受けることができる旨を告げなければなりません（同第3項）。また、被疑者が同意をし、および弁護人が同意をしまたはその意見を留保するときも、書面でその旨を明らかにすることを要します（同第5項）。

　同意をするかどうかの確認を求められた被疑者が同意をするかどうかを明らかにしようとする場合に、被疑者が貧困その他の事由により弁護人を選任することができないときは、裁判官は、被疑者以外の者が選任した弁護人がある場合を除いて、請求により、被疑者のために弁護人を付さなければなりません（法350条の3第1項）。なお、選任請求の手続については、刑訴法37条の3が準用されます（同第2項）。

（3）　裁判所は、即決裁判手続の申立てがあった事件について、被告人が公判の冒頭手続での意見陳述に際し起訴状記載の訴因について有罪である旨の陳述をしたときは、原則として、即決裁判手続によって審判する旨の決定をしなければなりません（法350条の8柱書）。

　なお、上記の同意が撤回された場合などのほか、即決裁判手続によることができないと認めるとき（法350条の8第1号～第3号）、または、即決裁判手続によることが相当でないと認めるとき（同4号）は、決定で、即決裁判の申立てを却下しなければなりません（規222条の14前段）。被告人が上記の有罪の陳述をしなかった場合も同様です（同後段）。

　即決裁判の申立てが却下された場合は、通常の手続によって審理されます。

（4）　即決裁判手続による事件は必要的弁護事件です。すなわち、即決裁判により審判する旨の決定を行う公判期日および即決裁判手続による公判期日は、弁護人がないときは開廷できませんし（法350条の9）、即決裁判手続の申立てがあった場合に被告人に弁護人がないときは、できる限り速やかに、職権で弁護人を付さなければなりません（350条の4）。

（5）　即決裁判手続の公判手続上の特徴は次の通りです。第1は伝聞法則の原則的不適用です（法350条の12）。第2は証拠調べ手続の簡略化です。すな

わち、証拠調べは、公判期日において、適当と認める方法で行うことができるのであって（法350条の10第2項）、刑訴法296条、297条、300条から302条まで、304条から307条までの規定が適用されません（法350条の10第1項）。また、刑訴規則198条、199条、203条の2の規定も適用されません（規222条の18）。以上は簡易公判手続の場合と同様です。なお、刑訴法284条（軽微事件についての被告人の出頭義務免除・代理人の出頭）、285条（被告人の出頭義務とその免除）の規定は適用されません（法350条の10第1項）。

（6）　即決裁判手続においては、できる限り、即日判決の言渡しをしなければならず（法350条の13）、懲役または禁錮の言渡しをする場合には、その刑の執行猶予の言渡しをしなければなりません（法350条の14）。

（7）　即決裁判手続による判決に対しては、事実誤認を理由としての控訴申立てはできません（法403条の2第1項）。また、上訴裁判所は、事実誤認を理由として原判決を破棄することはできません（法403条の2第2項、413条の2）。

（8）　裁判所は、即決裁判手続による旨の決定をした事件について、判決言渡し前に前記の同意または有罪である旨の陳述が撤回された場合などのほか、即決裁判手続によることができないと認めるとき（法350条の11第1項1号〜3号）、または、即決裁判手続によることが相当でないと認めるとき（同第1項4号）は、即決裁判手続によって審判する旨の決定を取り消さなければなりません（同第1項柱書）。なお、前記4(1)の③参照（→157頁）。

8　迅速な裁判

（1）　憲法37条1項は、「すべて刑事事件においては、被告人は、……迅速な……裁判を受ける権利を有する」と定め、被告人の権利という視点から迅速な裁判を規定しています。これは、無罪であれ有罪であれ、刑事被告人という不安定・不自由な立場から一刻も早く解放されるのが刑事被告人にとっての重要な利益とされるからです。また、迅速な裁判は国家の刑事政策の視点からも要請されます。例えば、裁判が長引けば、事件そのものが風化していくことも避けられず、また、有罪判決の場合、それが持つ刑事政策的効果、すなわち、刑の一般予防的効果も特別予防的効果も、そのいずれもが薄らいでしまうことになるからです。

そこで、刑事訴訟法は憲法の理念を受け、迅速な裁判を刑事訴訟法の目的の一つとして掲げたのです（法1条、なお、規1条参照）。なお、裁判の迅速化

に関する法律2条参照。

　(2)　迅速な裁判について訴訟制度上の問題として特に検討されなければならないことは、長期化した裁判に対する迅速な裁判の理念からする審理の打切りについてです。この点について、最大判昭和47・12・20刑集26巻10号631頁〔高田事件〕（百選〔第9版〕61事件）は、迅速な裁判違反を理由とする審理の打切りを認めました。

　この判決において最高裁は、「憲法37条1項の保障する迅速な裁判をうける権利は、憲法の保障する基本的人権の一つであり、右条項は、……個々の刑事事件について、……審理の著しい遅延の結果、迅速な裁判をうける被告人の権利が害せられたと認められる異常な事態が生じた場合には、これに対処すべき具体的規定がなくても、……その審理を打ち切るという非常救済手段がとられるべきことをも認めている趣旨の規定であると解する」とし、「その審理を打ち切る方法については現行法上よるべき具体的な明文の規定はないのであるが、……本件においては、これ以上実体的審理を進めることは適当でないから、判決で免訴の言渡をするのが相当である」と判示しました。

　なお、この判例は、憲法37条1項がいわゆるプログラム規定でなく、著しく遅延した裁判から被告人を救済しうる効力規定であるということを判示した点からも、また、刑訴法337条が法定する免訴事由以外のいわば超法規的免訴事由を認めた点からも、画期的な判例と言えるでしょう。

4　裁判員制度

1　裁判員制度の趣旨

　裁判員の参加する刑事裁判に関する法律（以下「裁判員法」という）1条には「趣旨」規定が置かれ、「この法律は、国民の中から選任された裁判員が裁判官と共に刑事訴訟手続に関与することが司法に対する国民の理解の増進とその信頼の向上に資することにかんがみ、裁判員の参加する刑事裁判に関し、裁判所法……及び刑事訴訟法……の特則その他必要な事項を定めるものとする」と規定しました。

　なお、上訴審については、従来通り、裁判官のみで審理されます（裁判員2条参照）。

2 裁判員制度の概要
(1) 対象事件
　裁判員の参加する合議体で取り扱われる対象事件は、①死刑または無期の懲役若しくは禁錮に当たる罪に係る事件、②裁判所法26条2項2号に掲げる事件（いわゆる法定合議事件）であって、故意の犯罪行為により被害者を死亡させた罪に係るもの（①に該当するものを除く）です（裁判員2条1項）。

(2) 公判前整理手続
　裁判員の参加する合議体で取り扱われる対象事件については、必要的に、第1回の公判期日前に、公判前整理手続に付されることになっています（裁判員49条。公判前整理手続については、本章②4参照→144頁）。

(3) 合議体の構成
　裁判員の参加する合議体の員数は裁判官3人、裁判員6人で構成するのが原則とされ、裁判官のうち1人が裁判長になります（裁判員2条2項本文）。例外として、裁判官1人、裁判員4人による合議体（以下、これを「小合議体」と表示します）の制度も定められています（同2条2項但書、同条3項）。

(4) 裁判官、裁判員の権限
　刑の言渡しの判決、刑の免除の判決、無罪の判決などに係る裁判所の判断のうち、①事実の認定、②法令の適用、③刑の量定については、合議体の構成員である裁判官（以下「構成裁判官」という）および裁判員の合議によります（裁判員6条1項、なお、同66条1項）。

　これに対し、上記の判決などに係る裁判所の判断のうち、（ⅰ）法令の解釈に係る判断や、（ⅱ）訴訟手続に関する判断（少年法55条の決定を除く）といった専門的で複雑な法律判断を要することの少なくないものについては、構成裁判官のみの評議によって判断することになっています（裁判員6条2項、なお、同68条1項）。なお、この場合、構成裁判官の合議により、裁判員にその評議の傍聴を許し、裁判員の意見を聞くことができます（同68条3項）。

　裁判所が証人等の尋問をする場合には、「裁判員は、裁判長に告げて、裁判員の関与する判断に必要な事項について」、証人その他の者の尋問をする権限を有していますし（同56条）、被告人が任意に供述する場合には、被告人質問をする権限も有しています（同59条）。

　「裁判員は、独立してその職権を行う」（同8条）とされています。

(5) 裁判員の資格および選任手続

裁判員は、衆議院議員の選挙権を有する者の中から選任されます（裁判員13条）。裁判員の選任手続の概略を示せば、以下の通りです。

地方裁判所は、次年に必要な裁判員候補者の員数をその管轄区域内の市町村に割り当て（同20条）、各市町村の選挙管理委員会は、選挙人名簿に登録されている者の中から裁判員候補者の予定者をくじで選定して裁判員候補者予定者名簿を調製し（同21条）、それを地方裁判所に送付します（同22条）。

地方裁判所は、送付を受けた上記予定者名簿に基づいて、裁判員候補者名簿を調製し（同23条）、その名簿に記載された裁判員候補者の中から、定められた員数の呼び出すべき裁判員候補者をくじで選定します（同26条）。

その後、裁判員候補者の呼び出し（同27条、28条）、裁判員候補者への質問手続（同34条）等の法定された手続を経て（なお、同30条～33条、35条参照）、裁判所が、くじその他作為が加わらない方法として最高裁判所規則で定める方法にしたがい、不選任の決定がなされなかった裁判員候補者の中から裁判員を選任する決定をします（同37条1項。なお、選任方法の詳細について裁判員規35条参照）。

選任にあたって、検察官および被告人は、裁判員候補者について、それぞれ4人（但し、小合議体の場合は3人）を限度として、理由を示さずに不選任の決定の請求をすることができます（裁判員36条1項。これは、一般に、アメリカ法の専断的忌避の制度に倣ったとされています）。この請求は、被告人の明示の意思に反しない限り、弁護人もすることができます（同条4項、刑訴法21条2項）。理由を示さない不選任の請求があったときは、裁判所は、当該理由を示さない不選任の請求に係る候補者について不選任の決定をします（裁判員36条3項）。

また、裁判員の欠格事由（同14条）、裁判員への就職禁止事由（同15条）、辞退事由（同16条）、事件に関連する不適格事由（同17条）などが詳細に定められています。

(6) 裁判員の義務

裁判員および補充裁判員には、①法令に従い公平誠実にその職務を行なわなければならない義務（裁判員9条1項、10条4項）、②裁判員法70条1項に規定する評議の秘密その他職務上知り得た秘密を漏らしてはならない義務

（同9条2項、10条4項）、③裁判の公正さに対する信頼を損なうおそれのある行為をしてはならない義務（同9条3項、10条4項）、④その品位を害するような行為をしてはならない義務（同9条4項、10条4項）が課されています。

なお、裁判員等による秘密漏示罪について、裁判員法108条参照。

(7) **公判手続**

裁判官、検察官および弁護人は、裁判員の負担が過重にならないようにしつつ、裁判員がその職責を十分に果たすことができるよう、審理を迅速でわかりやすいものとすることに努めなければなりません（裁判員51条）。

ところで、裁判員は、基本的に、訴訟記録等を読まないところなどから、公判廷での審理内容等についての裁判員の記憶ないし心証の保持が懸念されていたところ、2007年（平成19年）5月の「裁判員の参加する刑事裁判に関する法律等の一部を改正する法律」によって改正がなされ、証人尋問等の内容を記録媒体に記録する制度が創設され、裁判員の記憶喚起等の方策について、一応の手当てがなされました（同65条1項）。

(8) **評議・評決**

裁判官と裁判員との合議体による評議については、当然のことながら、構成裁判官および裁判員が行います（裁判員66条1項）。裁判員は、評議に出席し、意見を述べなければなりません（同条2項）。

裁判官と裁判員の合議体による判断（評決）については、「構成裁判官及び裁判員の双方の意見を含む合議体の員数の過半数の意見による」こととされました（同67条1項）。「双方の意見を含む」とされていますので、過半数の意見の中には、裁判官および裁判員の各々1人以上の賛成意見が含まれていなければならないことになります。したがって、例えば、裁判官については一人の有罪意見もなく裁判員のみで有罪の過半数意見（裁判員の5人ないし6人の有罪意見）になったとしても、有罪にはできません。

(9) **部分判決手続**

ところで、被告人に余罪があり、それが追起訴された場合、追起訴事件についても同一の裁判員の参加する合議体で、そのまま審理が続けられることになると、裁判員に対し過重負担を強いることになります。だからと言って、そのような事態になるのを避けようとの理由から、もし併合審理をしないということにしてしまうと、その場合は、被告人の併合の利益、科刑の適

正さなどの点から問題が生じます。

　そこで、追起訴がなされた場合の審理に関する方策を定めた規定が必要になると思われていたところ、前記 2007 年（平成 19 年）5 月の裁判員法の一部改正によって、部分判決制度が創設されて、一応の手当てがなされました。

　部分判決制度の概要は、以下の通りです。

　すなわち、併合事件の一部を 1 または 2 以上の被告事件ごとに区分し、この区分した事件ごとに、順次、審理する旨の決定をします（区分審理決定。裁判員 71 条）。この区分して審理することになった事件を区分事件（同 72 条参照）と言います。そして、区分事件ごとに裁判員を選任して、その裁判員が加わった合議体が事実認定に関する部分判決をします（同 78 条、79 条）。さらに、すべての区分事件審判が終わった後、新たに選任された裁判員が加わった最後の合議体が、残りの事件の審理と併合されたすべての事件について、情状を含めた審理をし、全体についての刑の言渡しを含めた終局判決を言い渡します（同 86 条）。なお、区分事件の裁判員は、上述の通り、区分事件ごとに別々に選任されますが、3 人の構成裁判官は区分事件および最後に併合された事件のすべてを通じて同じです（部分判決の詳細は渡辺 319 頁以下参照）。

3　裁判員制度の合憲性と判例

　裁判員制度については、周知の通り、創設の前後を通じて、また今日においても、合憲論と違憲論との間で様々な論争が行われていますが、最大判平成 23・11・16 刑集 65 巻 8 号 1285 頁は、裁判員制度は、憲法 31 条、32 条、37 条 1 項、76 条 1 項、80 条 1 項、76 条 3 項に違反するものではないし、また、裁判員の職務は憲法 18 条後段が禁ずる「苦役」に当たらないことは明らかであるとして、その合憲性を認めました。

　なお、その後も最判平成 24・1・13 刑集 66 巻 1 号 1 頁で、「裁判員制度による審理裁判を受けるか否かについて被告人に選択権が認められていないからといって、同制度が憲法 32 条、37 条に違反するものではない」との判断も示しました[8]。

---

[8]　なお、この選択権については、渡辺直行「裁判員制度の理念的位置付けと、憲法との関係及び今後の検討課題についての一考察」修道法学第 28 巻第 1 号 19（576）〜44（551）頁参照。私見は、この選択権を与えることが公平な裁判所の視点からする違憲の疑いを解消し得る根拠にはなり得る、と考えています。

第 8 章　審判の対象と訴因

　本章では、前章の公判手続を踏まえ、審判の対象たる訴因をめぐる諸問題について考えます。先ずは訴因についての基本的考え方や訴因と公訴事実の捉え方等について説明します。次に訴因変更ついて、訴因変更の要否、訴因変更の根拠、訴因変更が必要になる場合等について論じます。さらに、訴因変更の可否の限界枠としての公訴事実の同一性という概念について検討し、その後で、訴因変更の許否についても考えます。そして、最後に訴因変更命令について論じます。

1　審判の対象

1　総説

　訴因の意義・機能、訴因の特定については、第 6 章 2 の 1 および 2 (→ 122、123 頁) で説明しました。

　旧刑事訴訟法においては、訴因という概念はなく、起訴状には「犯罪事実」[1]が記載され、犯罪事実（公訴事実）が審判の対象とされていました。これに対し、現行刑訴法は、英米法の count に由来する「訴因」の制度を採用しましたが、旧法時代の「公訴事実」という概念も残しています。すなわち、刑訴法 256 条は、起訴状には公訴事実を記載しなければならないと定め（同条 2 項 2 号）、「公訴事実は、訴因を明示してこれを記載しなければならない」（同条 3 項）と規定しています。そして、同法 312 条 1 項では、訴因は「公訴事実の同一性を害しない限度において……追加、撤回又は変更」が許されると規定しています。

　そして、現行法が公訴事実という概念を残したために、審判の対象が何であるかについて、公訴事実対象説と訴因対象説とが対立して、次のような論

---

[1] なお、これを慣習的に「公訴事実」と呼んでいました。

争が行われてきました。

　すなわち、公訴事実対象説は、職権主義の立場から刑事手続を考え、審判の対象は、訴因の背後にある公訴事実だとし、裁判所は、常に、訴因の背後にある公訴事実について審判する権利義務があり、その中のいかなる事実について審判するかについては、訴因に拘束されないとしました。これに対して訴因対象説は、当事者主義の立場から刑事手続を考え、審判の対象は訴因だとし、裁判所は、当事者たる検察官が提出した起訴状に記載されている訴因についてのみ審判する権利義務があり、審判の範囲については、訴因に拘束されるとしたのです。そして、そもそも、訴因と公訴事実との関係をどのように考えたらよいのかということが大いに論じられました。

2　訴因と公訴事実の捉え方と審判の対象

(1)　そこで、先ず、前述のような論争がなされた背景（前提）として、これまで、「訴因」と「公訴事実」とのそれぞれの概念が、どのように捉えられてきたか、ということから見ていくことにします。

　かつては、公訴事実が訴因とは別個の事実ないし出来事（訴因事実を含む、訴因より広い範囲の事実・出来事）として（すなわち事実概念を中心にして）捉えられていました。すなわち、訴因と公訴事実とが、それぞれ、基本的に、広狭に差のある（その意味で別個の）事実概念として捉えられ、両者が、いわば同じ土俵上で、重なる部分を持ちながら併存する別個・独立の事実として捉えられていたため、そのいずれが審判の対象になるのか（訴因の背後にある、いわば範囲の広い公訴事実か、それより範囲の狭い訴因か）が争われたのです。

(2)　しかるに、現在の通説は、訴因と公訴事実とを同じ土俵上で別個・独立に併存する具体的事実として捉えることはせず、訴因こそが審判の対象たる具体的事実であるとして捉え、公訴事実については、「公訴事実の同一性」（法312条1項参照）という使われ方をするところから分かるように、主として、枠概念ないし機能概念（訴因変更が可能となる外枠として機能します）として抽象的・観念的に捉えるようになりました。つまり、公訴事実は、それも事実には違いないのですが、「事実」そのものはあくまで訴因という形で表示されますので、公訴事実の事実としての独自性が没却され、それが具体的事実として訴因と別個・独立に捉えられることはありません。

　なお、上記の意味で、訴因と公訴事実とは、事実概念としては基本的に同

じだと考えればよいのですが、あえて両者の違いを示すとすれば、公訴事実は訴因として示された事実をより抽象的に捉えた概念と考えればよいでしょう（佐藤文哉「訴因制度の意義」松尾浩也＝井上正仁編『刑事訴訟法の争点〔第3版〕』(2002年、有斐閣) 115頁参照)。そして、訴因こそが審判の対象となるのです。

3 審判対象論と訴因の本質

上記2(1)で述べたような訴因と公訴事実についての従前の理解のもとで、訴因の本質についても法律構成説と事実記載説とが対立していました。

(1) 法律構成説は、審判の対象についての公訴事実対象説と同一の基盤に立つ（公訴事実対象説から導かれます）考え方でして、訴因の法律的評価の点に着目する考え方です。つまり、審判の対象は公訴事実だということを前提にして、訴因は、被告人の防御のために、公訴事実の法律構成を示したものにすぎないとしました。

これに対して、事実記載説は、審判の対象についての訴因対象説と同一の基盤に立つ（訴因対象説から導かれます）考え方でして、訴因の事実的側面に着目する考え方です。つまり、訴因こそが審判の対象たる具体的事実であり、それは、犯罪事実そのものを記載したものであるとするのです。

現在の通説は、当然にして、事実記載説の立場に立っています。

(2) 以上述べたように、審判の対象は訴因（＝公訴事実)[2]であり、公訴事実は、「公訴事実の同一性」のように用いられるところから分かるように、主として、機能概念ないし枠概念（訴因変更する場合（本章②参照）の旧訴因と新訴因とを比較するための一つの限界枠）として使われるのです[3]。したがって、裁判所は、検察官によって提示された具体的事実たる訴因についてのみ審判すべきであり、訴因以外にいかなる事実が証明できるかなどを探求すべきではないということになります。判例も、審判の対象は訴因であるとしています[4]。

---

[2] 前述の意味で、審判対象としては、訴因と公訴事実とは同じものなので、＝の記号で表示しましたが、両者の捉え方の違いや、公訴事実の機能概念などをも含めて、両者の関係を表示しようとすれば、≒の記号を用いるのが妥当でしょう。

[3] したがって、公訴事実には一般的・抽象的には犯罪事実という意味があるものの、それが具体的事実たり得るのは、審判対象としての訴因事実と同じものとしての意味で（その限りで）具体的「事実」たり得るだけであり、それ以外の場面においては、訴因と別個・独立の具体的事実としての意味は失われていると言えます。

[4] 最決昭和25・6・8刑集4巻6号972頁など。

2 訴因変更の要否（訴因変更はどのような場合に必要になるか）

1 訴因変更の根拠

（1）公判の審理が進むにしたがい、起訴状に記載された審判対象たる訴因と証明可能な事実との間に何らかのくい違い（変化ないし変動）が生じてくることがあり、そのままでは訴因として特定された事実（訴因事実、すなわち訴因として明示・特定された具体的事実）を認定できない場合が起こり得ます。

その場合、「裁判所は、検察官の請求があるときは、公訴事実の同一性を害しない限度において、起訴状に記載された訴因又は罰条の追加、撤回又は変更を許さなければならない」し（法312条1項）、また、「裁判所は、審理の経過に鑑み適当と認めるときは」、訴因または罰条を追加または変更すべきことを命ずることができます（同条2項）。これが訴因変更です（なお、上記の同条2項で定める訴因変更命令については、後の5参照→186頁）。

訴因変更は、上記の通り、「公訴事実の同一性を害しない限度において」行うことができるのです（現在の通説の理解からすれば、公訴事実が同一というのは、要するに、後の3 3（→181頁）で述べる判断基準に基づいて旧訴因と新訴因との関係を同一と評し得ることを言います）。したがって、旧訴因と新訴因との間に公訴事実の同一性が認められない場合は、訴因変更をすることはできません[5]。

（2）訴因変更が許される根拠についても、審判の対象についての公訴事実対象説と訴因対象説とでは異なった理解がなされてきました。

（a）すなわち、公訴事実対象説からすれば、裁判所は、訴因外事実についても、もともと審判する権利義務があるのですから（審判の対象は訴因の背後にある公訴事実としているのですから）、訴因の変更が許されるのは理論上当然ということになります。

（b）これに対し、訴因対象説からすれば、審判の対象はあくまで訴因に限定されるのですから、訴因外の事実については、本来、別訴で訴追されるべき筈だということになります。

しかし、次のような政策的理由から、訴因対象説においても訴因の変更に

---

[5] これは訴因変更の可否の問題です（後記3参照→179頁）。なお、このほかに、訴因変更の許否も問題となります（後記4参照→184頁）。

は合理性があるとされています。すなわち、先ず、一定範囲の訴因外事実を1回の訴訟で審判できることにすれば、被告人にとっては一括処理の利益があり、それはまた、訴追側にとっても訴訟経済上有益だから、とされるのです。そして、さらに、別訴とせずに引き続いて審判すれば、裁判官の心証も連続し証拠も新鮮ということになり、その方が真実の発見にとっても有益であるといったことなども、その理由とされています。

2 訴因変更が必要となる場合

それではここで、どのような場合に訴因の変更が必要になるかという問題を検討しましょう。

この点についても、前述した訴因の本質についての法律構成説（審判対象についての公訴事実対象説から導かれます）の立場からの主張と、事実記載説（審判対象についての訴因対象説から導かれます）の立場からの主張とで異なった理解がなされてきました。

(1) すなわち、法律構成説の立場からすれば、訴因は一つの社会的事実を構成要件にあてはめて法律的に構成したものであるという点が重視され、訴因の事実と証拠調べの結果認められる可能性のある事実との間にくい違いが生じ、そこから法律構成の仕方が違ってくれば、訴因そのものの同一性が失われ（維持できなくなり）、訴因の変更が必要ということになります。

(2) これに対して、事実記載説の立場からすれば、当事者に対し攻撃防御の対象（審判対象）を明確にして、被告人の防御権を保障することをもって訴因の重要な機能だとするのですから、具体的事実の面こそが被告人の防御権にとって重要なものとなります。したがって、事実そのものにくい違い（変化）が生じれば、法律構成に変化が生じなくても、訴因の変更が必要になるのです。

もっとも、わずかな事実の変化があった場合でも訴因変更手続が必要であるとするのは煩雑であり、実際的でもありませんので、一般には、被告人の実質的な防御の利益を害するほどの重要な事実の変化があった場合に、訴因変更手続が必要であると解されています（平野136頁、田宮195頁、田口316頁、寺崎324頁など）。

(3) 判例も、法人税逋脱罪に関して、「第1審判決は、本件逋脱所得の内容として、検察官の主張しなかった仮払金175万円、貸付金5万円を新たに

認定し、また、検察官の主張した借入金75万円を削除して認定しており、……かような認定は、被告人側の防禦に実質的な不利益を与えることもありうるのであるから、訴因変更の手続を要する」と判示しました[6]。

すなわち、この判例は、法律構成の変化ではなく、事実関係の変化から訴因変更を要するとしていますので、明らかに事実記載説に立脚していることになります。

思うに、被告人の防御ということから考えれば、犯罪事実の法律構成ももとより重要ですが、具体的事実こそがより重要です。したがって、事実記載説の立場に立って、被告人の防御の利益を害するような、一定の重要な事実にくい違いが生じた場合に、訴因変更が必要になると考えるのが妥当です。

3　訴因変更要否の基準

それでは、具体的に、どのような事実のくい違いがあった場合に訴因の変更が必要となるのでしょうか。

この点については、基本的には、審判対象範囲の画定（限定）と被告人の防御という二つの観点から考える必要があります[7]。そこで、訴因変更要否の判断基準を一定の類型ごとに場合分けしてその具体的適用を考え、さらにその基礎となる被告人の実質的防御の利益の捉え方についても検討します。

(1) 訴因事実（訴因として特定された事実）のうちの一部の事実を認定する場合

これは、いわば「大は小を兼ねる」の原則があてはまる場面であり、いわゆる縮小認定の場合です。この場合は、被告人には、既に訴因に記載された全部の事実について、防御の機会が与えられていたわけですから、その一部を認定しても、一般に被告人に不利益はありません。したがって、基本的に、訴因変更の必要はないということになります。

判例も同様です。例えば、①強盗罪の訴因につき恐喝罪を[8]、②殺人未遂罪の訴因につき傷害罪を[9]、③殺人罪の訴因につき同意殺人罪を[10]、④強盗致

6　最決昭和40・12・24刑集19巻9号827頁。
7　なお、田宮195頁は、「形式的には事実の識別可能性、実質的には被告人の防御の保障が基準となる」としています。
8　最判昭和26・6・15刑集5巻7号1277頁。
9　最決昭和28・11・20刑集7巻11号2275頁。
10　最決昭和28・9・30刑集7巻9号1868頁。

死罪の訴因につき傷害致死罪を[11]、それぞれ認定しています。

　しかし、このような場合に注意しなければならないことは、このような縮小認定の前提として、当該認定事実が起訴状記載の訴因に含まれていなければならないということです。

　例えば、強盗から恐喝を認定する場合、脅迫のやり方は同じであるが、脅迫された相手が反抗を抑圧されたのか、それとも、いわゆる畏怖の限度に止まったのかの判断だけが異なったような場合については、強盗の訴因から恐喝の事実を訴因変更なしに縮小認定することができます。しかし、一般的に、どのような場合でも強盗の訴因から恐喝の事実を縮小認定できるわけではありません。

(2)　被告人が防御方法を基本的に修正することを要する程度の変化がある場合、または、同一構成要件内の事実でも被告人の刑事責任を増大させる程度の変化がある場合

　このような場合は、訴因変更が必要です。判例は、前者にあたるものとして、例えば、クラッチペダルを踏みはずした過失からブレーキをかけるのが遅れた過失を認定する場合[12]、後者に当たるものとして、同じ法人税逋脱罪における逋脱所得の内容を増大して認定する場合[13]、などについて、訴因変更手続が必要であるとしています。

(3)　重い構成要件にあたる事実を認定する場合

　この場合は、当然にして、被告人の防御権に影響を及ぼすのであり、新たな事実を訴因に追加すると否とを問わず、訴因変更が必要であることは言うまでもありません。

(4)　同一の基本的構成要件と、いわゆるその修正形式（未遂・共犯など）ならびに修正形式相互間での変化がある場合

　これらの場合も、基本的には、前述したところの基準で考えていけばよいことになります。すなわち、縮小認定の考え方や防御方法の修正の必要性などから考えていくことになります。そして、事実のくい違い（変化）が被告人の防御に実質的な不利益を与えるほどの重要なものとなるかどうかについ

11　最判昭和29・12・17刑集8巻13号2147頁。
12　最判昭和46・6・22刑集25巻4号588頁。
13　前掲注6判例。

ては、次の(5)(a)で述べる抽象的防御説の立場に立って考えればよいことになります。

(5) **被告人の防御の利益の判断基準**

最後に、事実記載説に立った場合の訴因変更要否の実質的判断基準の基礎となる被告人の実質的な防御の利益をどのように捉えていくかについて検討します。この点については、いわゆる具体的防御説と抽象的防御説の二つの説があります。

(a) 具体的防御説は、被告人側の具体的防御活動や審理経過などを踏まえて、被告人の防御上に実質的な不利益が生じるか否かを判断し、実質的不利益が生じる場合には訴因変更が必要であるとします。

これに対して抽象的防御説は、訴因事実と証明可能な事実との間のくい違いを抽象的に考えて、被告人の防御上に実質的な不利益が生じる可能性がある場合でも訴因変更が必要であるとします。

思うに、具体的防御説は、被告人側の具体的主張が何かを中心にして、訴訟経過なども含めてケース・バイ・ケースでの認定をするため、個々の訴訟の具体的な進展にしたがって訴因変更の要否が決定されることになりますので、不安定な基準と言わざるを得ません。

そこで、通説は、抽象的防御説の立場から、問題を一般的に捉え、どのような事実のくい違い（変化）ならば、通常、一般的・抽象的に被告人の防御に実質的不利益を及ぼすかを考え、不利益を及ぼす可能性がある場合には訴因変更が必要であるとします[14]。抽象的防御説をもって妥当とすべきです。

(b) 最判昭和36・6・13刑集15巻6号961頁は、収賄の共同正犯の訴因に対し、被告人が贈賄の共同正犯であると弁解した事案について、贈賄の共同正犯の事実を認定するには（これは、縮小認定とは違います）、訴因、罰条の変更手続を経ることを要するとしました。そして、同判例は、被告人が自認している事実についても、その事実を認定するには訴因変更が必要であるとしていますので、判例の立場は抽象的防御説であると言われています（田宮199頁など）。他に、注6掲記の最決昭和40・12・24も、「被告人側の防禦に実質的な不利益を与えることもありうるのであるから、訴因変更の手続を要

14　なお、田宮199頁は、具体的防御説は、「現実不利益説であるのに対し」て、抽象的防御説は、「不利益可能性説とでも称すべきである」としています。

する」と判示しているところから見て（「ありうる」との判示文言は、実質的不利益の可能性を示しています）、判例は抽象的防御説の立場に立っていると評価できます（最判解説昭和40年度247～248頁〔船田三雄〕参照）。

（ｃ）ところで、最決平成13・4・11刑集55巻3号127頁（百選〔第9版〕46事件）は、訴因の機能について、「審判対象の画定」機能と「争点の明確化」機能とに分け、審判対象の画定に必須の事実、つまり訴因の記載として不可欠な事項については、それと異なる事実を認定するには、訴因変更が必要であるとの前提をとり、その範囲を超える事実も、争点の明確化などのため、訴因に明示することが望ましい場合があるとしました。

すなわち、これは、殺人の共同正犯の事案ですが、殺人の実行行為者が誰であるかが争点の一つになっており、起訴時の訴因では、被告人はＢと共謀のうえＡを殺害したとされていましたが、1審公判がかなり進んだ段階で、Ｂと共謀のうえ「被告人において……殺害した」という実行行為者を被告人と明示する訴因変更がなされました。これに対し第1審判決は、「被告人は、Ｂと共謀の上」とし、被告人とＢとの共謀を認めたうえで、実行行為者について、再度の訴因変更の手続を経ることなく、「Ｂ又は被告人あるいはその両名において」行ったとの事実を認定し、原審もこれを是認したところ、最高裁もこれを是認しました。

判示内容は、以下の通りです。

すなわち、「殺人罪の共同正犯の訴因としては、その実行行為者がだれであるかが明示されていないからといって、それだけで直ちに訴因の記載として罪となるべき事実の特定に欠けるものとはいえない」から、「訴因において実行行為者が明示された場合にそれと異なる認定をするとしても、審判対象の画定という見地からは、訴因変更が必要となるとはいえないものと解される。とはいえ、実行行為者がだれであるかは、一般的に、被告人の防御にとって重要な事項であるから、当該訴因の成否について争いがある場合等においては、争点の明確化などのため、検察官において実行行為者を明示するのが望ましいということができ、検察官が訴因においてその実行行為者を明示した以上、判決においてそれと実質的に異なる認定をするには、原則として、訴因変更手続を要するものと解するのが相当である。」しかし、「実行行為者の明示は、前記のとおり訴因の記載として不可欠な事項ではないから、

少なくとも、被告人の防御の具体的な状況等の審理の経過に照らし、被告人に不意打ちを与えるものではないと認められ、かつ、判決で認定される事実が訴因に記載された事実と比べて被告人にとってより不利益であるとはいえない場合には、例外的に、訴因変更手続を経ることなく訴因と異なる実行行為者を認定することも違法ではない」、というものです。

(d) なお、この判例の基準がこれまでの抽象的防御説、具体的防御説による基準に対してどのような関係に立つのか、また、これ自体が今後の訴因変更要否の新たな基準になるのかについては、様々な評釈がありますが、以下のように解することはできるでしょう。

すなわち、これまで、訴因の明示ないし特定の程度については、第6章②2（→123頁）で述べたように、識別説と防御権説とが対立していますが、本判例が、「争点の明確化などのため、検察官において実行行為者を明示するのが望ましい」としたのは、従来からの実務の立場である識別説を基本としながらも、実質的に、防御権説の考え方にも配慮したものと評し得るでしょう。

また、「訴因においてその実行行為者を明示した以上、判決においてそれと実質的に異なる認定をするには、原則として訴因変更を要する」とするものの、「実行行為者の明示は……訴因の記載として不可欠な事項ではない」、つまり、訴因の拘束力が及ばない、としているところからしますと、次のように解することができるでしょう。すなわち、①訴因の拘束力の及ぶ事実の変化（くい違い）については、従来通り、抽象的防御説の立場を維持しつつも、②訴因の拘束力の及ばない事実の変化については、本来の訴因変更要否の問題とは別に、被告人の防御権保障（不意打ち防止）の視点から当該争点変更を手続に反映させる方法を示したものと解することができます（なお、田口307頁〜308頁参照）。そして、②についての基本的考え方は、訴因変更の場合の具体的防御説の考え方とパラレルな立場に立っているように思われます。

4 訴因と訴訟条件

訴訟条件は、公訴を有効に成立させ、訴訟を有効に存続させ、有罪・無罪の実体判決をするための要件（条件）です（訴訟条件については、第6章③参照→131頁）。したがって、それは、公訴提起時から判決時まで備わっていなければなりません。それでは、訴訟条件の存否は、何を基準にして判断するので

しょうか。訴因と訴訟条件のテーマで論じられるのは、主としてこの問題です。場合を分けて考えてみます。

 （1） 起訴状記載の訴因によれば訴訟条件が具備されているけれども、審理の結果認定されるべき事実を基準にすると訴訟条件が欠けることになる場合、訴訟条件は実体審理のための有効要件でもありますから、訴訟条件の欠缺が判明した後の実体審理は許されないことになります。その場合、裁判所は、自らの心証に基づいて直ちに（現訴因のままで）公訴棄却等の形式裁判ないし免訴判決で審理を打ち切ってもよいのでしょうか、それとも訴因変更をしたうえで打ち切るべきなのでしょうか。

 例えば、非親告罪たる強姦致傷罪での起訴があったところ、親告罪である単純強姦罪の事実しか認定することができず、かつ告訴がない（この段階での新たな告訴もない）場合には、強姦致傷罪の訴因のままで、直ちに公訴棄却によって手続を打ち切ってよいのでしょうか、それとも単純強姦罪に訴因変更したうえで公訴棄却にすべきなのでしょうか。また、詐欺罪（公訴時効期間は7年）で、犯行後6年目に起訴があったところ、単純横領罪（公訴時効期間は5年）の事実が認定されたような場合、単純横領罪は公訴時効完成により訴訟条件を欠くに至っていますが、この場合も、詐欺罪の訴因のままで、直ちに免訴判決をしてよいのでしょうか、それとも単純横領罪に訴因変更したうえで免訴判決をすべきなのでしょうか。

 (a) この点については、心証基準説と訴因基準説との対立があります。心証基準説は、審判対象論についての公訴事実対象説においてとられる考え方と言えます。この説によれば、訴因は単に被告人の防御のための制度であり、公訴棄却等の形式裁判ないし免訴判決によって訴訟を打ち切る場合は、実体審理がなされないのですから、新訴因に変更させて新訴因に対しての防御をさせる必要はないとし、現訴因のまま、直ちに自らの心証に基づいて訴訟を打ち切ることができるとします。

 これに対し、訴因基準説は、審判対象論についての訴因説の立場においてとられる考え方と言えます。この説によれば、訴訟条件を欠くに至った場合にも、あくまで訴因を基準にして訴訟条件の存否を判断すべきであるとし、検察官が訴因変更をすれば、変更後の新訴因を基準にして公訴棄却等の形式裁判ないし免訴判決で訴訟を打ち切り、検察官が訴因変更をしなければ、現

訴因について無罪の判決をすべきであるとします。訴因基準説が多数説であると言えます。

　思うに、審判対象を訴因とする以上、訴訟条件の存否の判断も訴因を基準に行うべきですから、訴因基準説が、基本的に妥当です。

　(b)　もっとも、縮小認定ができる場合には、訴因変更することなく、縮小認定をして形式裁判ないし免訴判決で審理を打ち切ることも可能です。ただ、いかなる場合でも縮小認定をして形式裁判ないし免訴判決で訴訟を打ち切れると解すべきではありません。少なくとも、検察官が当該縮小事実についても予備的に主張している（処罰を求めている）と認められる場合に限定すべきです。

　したがって、上記強姦致傷罪から単純強姦罪を縮小認定する場合について言えば、検察官が、強姦致傷の訴因を維持しつつ、単純強姦についても予備的に主張しているものと認められる場合であれば、訴因変更をせずに縮小認定して、現訴因のまま、公訴棄却することができるでしょう（田口326頁、上口376頁）。そして、予備的主張についての検察官の意思が明らかでない場合には、検察官に対し求釈明し、検察官からの釈明を待って判断すべきです（松浦秀寿「訴因と訴訟条件」実務ノート第2巻41頁以下、特に55頁注（12）参照）。

　判例には、訴因変更することなく、公訴棄却の形式裁判ないし免訴判決で、審理の打切りをしたものがあります。

　例えば、道路交通法（以下「道交法」と略称します）上の非反則行為として、交通反則通告手続を経ないで起訴された事実（制限速度40キロ超過）が、道交法上の反則行為（制限速度20キロ超過）にあたると認定された事案（因みに、当時の反則通告手続が必要となる超過速度は毎時25km未満でした）について、訴因変更手続を経ることなく、認定事実を基準に、交通反則通告手続を経ていないとして公訴棄却の判決（法338条4号）をしたもの[15]、業務上横領罪の訴因で起訴されたが、単純横領罪であると認定され、単純横領罪であれば公訴提起時に公訴時効が完成していた事案について、訴因変更手続を経ることなく免訴判決を言い渡したもの[16] などがあります。これらは、いずれも、上記の縮小認定の考え方によったものと思われます。

15　最判昭和48・3・15刑集27巻2号128頁。
16　最判平成2・12・7判時1373号143頁。

(2) 次に、公訴提起時の訴因を基準にして、はじめから訴訟条件を欠いていた場合、例えば、告訴のないまま親告罪の訴因で起訴したような場合には、当然に公訴棄却の形式裁判で手続は打ち切られることになります。そして、この場合には、裁判所は直ちに訴訟を打ち切るべきなのか、それとも告訴の追完が認められるのか、あるいは、訴訟条件を具備する訴因への訴因変更をすることができるのかということが問題とされます。

一般に、告訴を欠いたまま親告罪の起訴がなされた場合について、告訴の追完を許さないとするのが通説・判例[17]ですが、訴訟条件を具備する訴因への変更については、告訴がないまま親告罪たる親族相盗になる窃盗の訴因で起訴した場合に、訴因事実の一部について、被害者を親族関係にない者とする非親告罪たる窃盗罪への訴因変更を許した判例があります[18]。

思うに、このような瑕疵は重大であり、原則的には、告訴の追完や上記のような訴因変更は認めるべきではないと考えます。

③ 公訴事実の同一性（訴因変更の可否と限界の基準）

1 公訴事実の同一性の捉え方

(1) ところで、上記②1(1)(→170頁)で述べたように、訴訟手続が進展していく中で（とりわけ証拠調べをしていく中で）、起訴状記載の訴因（訴因事実）と証拠調べの結果裁判所が抱いた心証に基づく事実との間に何らかのくい違いが生じてくることがあります。例えば、証拠調べの結果、当初の訴因とは異なった犯罪事実が認定されるような場合です。このような場合に、訴訟手続を、動的に時間的に観察して、ある時点と別の時点において公訴事実（後述の通り、現実に比較するのは、結局のところ、新旧の訴因事実です）が前後同一であると言えるか、すなわち、当初の訴因と後に証拠調べの結果裁判所が抱くに至った心証に基づく犯罪事実（訴因変更する場合の変更後の訴因）とが、一定の関係にある場合に、その両者を同一のものと評し得るのか。これが、公訴事実の同一性と言われる問題です[19]。

---

17 大判昭和5・7・1刑録22巻1191頁、名古屋高判昭和25・12・25判特14号115頁。
18 最決昭和29・9・8刑集8巻9号1471頁。
19 なお、公訴事実の同一性は、公訴事実の単一性、すなわち、静的に見て（ある一定の時点

(2) 現在の通説的立場に立って述べれば、公訴事実は、観念的・抽象的に、主として、機能概念ないし枠概念として考えられていますので、公訴事実の同一性を具体的に捉えようとすれば、結局のところ、訴因と訴因（旧訴因と新訴因）の比較の問題ということになります。つまり、旧訴因と新訴因とが前後同一の関係にあると評価できるのかの問題です。

2 公訴事実の同一性の機能

ところで、現行法上、公訴事実の同一性の概念は、次のような機能を有しています。

①訴因変更の客観的限界を画する機能です（以下で主として論じるのは、この機能に関してのものです）。すなわち、訴因変更の可否の基準となる機能です。刑訴法312条1項は、「公訴事実の同一性を害しない限度において……訴因……の……変更を許さなければならない」としています。②二重起訴禁止の範囲を画する機能です。すなわち、「公訴の提起があつた事件について、更に同一裁判所に公訴が提起されたとき」は、公訴棄却の判決がなされます（法338条3号）。ここにいう「事件」とは、公訴事実を同一にする事実のことだと言われています。③一事不再理効の（最小限の）範囲を画する機能です（一事不再理効については第14章6参照→301頁）。そして、一事不再理効の生じた事件と公訴事実の同一性のある事実について、再度の公訴提起があったときは、「確定判決を経たとき」として、免訴の判決がなされるのです（法337条1号）。④公訴時効停止効（法254条）の範囲を画する機能も挙げられます。すなわち、通説・判例は、公訴時効停止効は、公訴事実の同一性の範囲に及ぶとします。しかし、この点については、反対説も有力です（私見は反対説の立場を妥当と考えます。第6章4 3(2)参照→137頁）。

因みに、公訴時効完成の効果については、それが完成しているのに公訴提起がされれば、免訴判決がなされることになり（法337条4号）、免訴判決には一事不再理効が発生するのですから、その結果、公訴事実の同一性の範囲に及ぶことになります。

で）、犯人と犯罪が共に単一であることを前提にして認められるとするのが伝統的理解です。そして、犯人と犯罪が単一かつ同一であるときに広義での公訴事実の同一性があるとされますが、狭義での公訴事実の同一性とは、動的（時間的）に見て（異なる時点で）、いかなる場合に犯罪が前後同一と言えるかの問題とされています。

3 公訴事実の同一性の判断基準

以上のように、公訴事実の同一性には様々な機能がありますが、ここで検討されるべき問題は、公訴事実の同一性の概念をどのように把握すべきか、つまり、同一性の有無の判断基準をどのように設定するかということです（なお、公訴事実の同一性の基本的概念は、前記各機能に共通ですが、以下では、前記①の機能の視点に立って論じます）。

(1) 先ず、当初の訴因と変更後の訴因が非両立ないし択一関係に立っていなければなりません。というのも、訴因変更は、基本的に、一つの事件について事実的ないし法律的に異なった主張を許し、同一手続内で、一つの事件として解決を図ろうとするものだからです。すなわち、もし新旧の両訴因が両立可能なものであって一罪性を有していないのであれば、それらは単純数罪ないし併合罪となり別訴で解決すべきことになるからです（このことは、別の視点から捉えれば、公訴事実の単一性の問題とも言えます）。

(2) 次に、いわば実質的判断基準が問題となります。

先ず、比較するのは基本的に新旧の訴因（訴因事実）ということになります。そして新旧の両訴因がどのような関係に立っているかが問題となります。

第1の立場は、新訴因と旧訴因との間に事実的共通性が認められれば、それでもって、公訴事実の同一性があるとします。

第2の立場は、訴因事実を一定の規範的内容をもった概念と捉え、新訴因と旧訴因との間には、事実的共通性だけでなく、規範的共通性も必要であるとします。

思うに、結局、この二つの立場の間には、ある事実を、自然的・歴史的事実としてのみ捉えるのか、それとも規範的（ないし法律的）にも捉えるのかの違いがありますが、犯罪はその規範面を抜きにして論ずることはできませんので、第2の立場が妥当です。

(3) そこで、次に問題となるのは、ここでいう規範的共通性の内容をどのように捉えるかであります。この点については多くの見解が提示されています。例えば、訴訟課題同一説（鈴木114～115頁）、刑罰関心同一説（田宮206頁～207頁）、処罰非両立説（光藤Ⅰ315頁）、防御同一説（三井Ⅱ223頁）、訴訟主題同一説（田口334頁）などがあります。

思うに、犯罪が、法益侵害であり、また犯罪は、法益侵害の種類・程度によって類型化し得ることなどを考えますと、事実的共通性を前提にして、主として、法益侵害の共通性をもって規範的共通性の基本的な指標とするのが妥当でしょう。したがって、基本的には、上記のうちの訴訟主題同一説に賛成します。

4　判例の判断基準

ここで、公訴事実の同一性の判断基準について、判例の立場を検討しましょう。

(1)　判例は、いわゆる基本的事実同一説の立場に立っていると言えます。

例えば、最判昭和25・9・21刑集4巻9号1728頁は、恐喝罪と収賄罪との間にも同一性を認めています。すなわち、「恐喝として起訴した事実と原判示第2の事実との間には金員の提供者、収受者、収受の日時、場所、金員の額のいずれもが同一であって、ただ、金員の収受者が提供者を恐喝して金員を交付せしめたのか、単に職務に関し提供された金員を収受したのかの点においておのおのその認定を異にするだけである。されば、起訴事実と原判示事実」とは「基本たる事実関係を同じくするものと認められるから、原判示事実は起訴事実と同一性を失わないものといわなければならぬ」としています。しかし、恐喝と収賄とでは訴訟主題（法益）がまったく異なり、この判例には疑問があります[20]。

(2)　判例について、次に検討すべきは、判例が、基本的事実同一説に立ったうえで、さらに、基本的事実関係が同一性を有しているかどうかについての判断基準を、具体的にどのように考えているかということです。一般に、判例は「共通性基準」と「非両立性（択一関係）基準」の二つの基準をとっているとされます。

共通性基準と言われるものは、基本的事実関係の近接性、密接関連性、共通性が認められるときに、同一性ありとするのです。非両立性基準は、一方の訴因が認められれば他方の訴因は認められないという非両立ないし択一関

20　なお、最決昭和53・3・6刑集32巻2号218頁（百選〔第9版〕47事件）は、枉法収賄の訴因と贈賄の訴因とは基本的事実関係において同一であるとしていますが、この判例の事案は主題（法益）についても共通と言えるのであり、規範的共通性を必要とする立場からも支持できます。他に公訴事実の同一性を認めた判例として、最決昭和63・10・25刑集42巻8号1100頁（百選〔第9版〕48事件）参照。

係にあるときに、同一性ありとするのです。そして、そのいずれもが同一性判断の具体的基準であるとされています。

(3) そこで、さらに検討すべきは、上記二つの基準をそれぞれ独立の基準と見るか否かです。すなわち、これら二つの基準の何れか一つに該当すれば、それでもって公訴事実の同一性ありと言えるかということです。

前述のように、訴因変更は、基本的に、一つの事件についての複数の主張を許すものですから、事件が単一でなければならないのであり、そうである以上、一方の訴因（旧訴因）と他方の訴因（新訴因）とが非両立ないし択一関係に立っていなければなりません（なお、観念的競合や牽連犯のような科刑上一罪の場合は、両立関係には立ちますが、前者は一つの行為によるものであるところから、後者は牽連性があるところから、それぞれ一罪とされるのです）。そして、同一性という以上、共通性それも事実的・規範的共通性がなければならないのは当然です。つまり、非両立性基準と共通性基準のいずれか一方によって公訴事実の同一性ありとされるのではなく、双方の基準に該当することによって、はじめて公訴事実の同一性ありとすべきです。

というのも、例えば、非両立関係（ないし択一関係）にあるというだけで同一性を認めるには不都合な場合もあるからです。具体例として、自動車運転過失致死事件の被告人が実は身代わり犯人であるということが判った場合に、訴因を自動車運転過失致死から犯人隠避に変更することができるかという問題を考えてみれば分かり易いと思います。この場合、この二つの訴因は、たしかに、非両立関係にあると言えます。しかし、自動車運転過失致死における過失と犯人隠避の行為とでは、事実的にも、規範的にも、何らの共通性も見られないのであり、同一性は否定されて然るべきです。このような場合、同一性を否定するのが通説的理解と言えます。

判例における同一性判断の基準は、大筋では、共通性基準と非両立性基準のいずれにも該当しているように思われますが[21]、中には、非両立関係に立たない事例について、事実的共通性だけで、同一性を認めているものもあります[22]。

21　最決昭和27・10・30刑集6巻9号1122頁（同一日時・場所の窃盗と盗品等の運搬）、最判昭和29・8・24刑集8巻8号1426頁（同一物件についての窃盗と詐欺）、最判昭和28・5・29刑集7巻5号1158頁（犯行方法が密接に関連している詐欺と横領）など参照。

(4) 思うに、同一性の判断に際しては、規範的共通性という枠を前提としたうえでの共通性基準と非両立性基準のいずれもが必要であるとすべきです。

4 訴因変更の許否

訴因変更については、「公訴事実の同一性を害しない限度において、」これを「許さなければならない」ことになっています（法312条1項）。しかし、例外的に、訴因変更が可能であっても、これを許すべきではない場合があるのではないかが問題とされます。

この訴因変更の許否に関しては、次の四つが問題となります。

1 訴因変更の時期（機）的限界

公訴事実の同一性の範囲内であっても、訴因変更には時期（機）的限界があるのではないか、ということが問題になります。

学説では、訴因変更には時期（機）的限界があるとするのが一般です。下級審の裁判例では、正面から、訴因変更の時期的限界を認めたものがあります。すなわち福岡高那覇支判昭和51・4・5判タ345号321頁（百選〔第9版〕49事件）は、「約2年6箇月の攻防を経て一貫して維持してきた訴因、即ち本件問題の行為が殺害行為そのものであるとの事実の証明が成り立ち難い情勢となった結審段階」での、検察官の訴因変更請求について、「……それはまさに、不意打ちであるのみならず、誠実な訴訟上の権利の行使（刑訴規則1条2項）とは言い難いうえに、右事実をあらたに争点とするにおいては……被告人としても、これらに対するあらたな防禦活動が必然的に要請され、裁判所もまた十分にその機会を与えなければならないから、訴訟はなお相当期間継続するものと考えられ、迅速裁判の趣旨（刑訴規則1条1項）に反して被告人をながく不安定な地位に置くことによって、被告人の防禦に実質的な著しい不利益を生ぜしめ、延いて公平な裁判の保障を損うおそれが顕著である

22　最決昭和47・7・25刑集26巻6号366頁は、欺罔行為による寄付金集め（詐欺）と無許可・無届の寄付募集（条例違反）について同一性を認めました。しかし、この判例は、先ず、非両立性基準から疑問があります（この判例は、観念的競合と捉えたとも思われますが、疑問です）。また、侵害法益をまったく異にしているところなどからすれば、共通性基準からも妥当でないと考えます。

といわなければならない」と判示しています。

2 訴因の順次的変更

いわゆる訴因の順次的変更は許されるのかが問題とされます。訴因の順次的変更とは、例えば、甲罪（窃盗幇助）と丙罪（盗品譲受け）との間に公訴事実の同一性がないため（上記両罪は非両立の関係になく、公訴事実の単一性がありませんので、同一性もないことになります）訴因変更ができない場合に、甲罪（窃盗幇助）と丙罪（盗品譲受け）との間に別の乙罪（窃盗正犯）を介在させ、先ず甲罪（窃盗幇助）から乙罪（窃盗正犯）への訴因変更をし、その後でまた乙罪（窃盗正犯）から丙罪（盗品譲受け）への訴因変更をし、本来訴因変更の許されない甲罪（窃盗幇助）から丙罪（盗品譲受け）への訴因変更を、結果的に可能とさせようとする方法を言います。このような訴因の順次的変更は、果たして許されるのか。これについては見解が対立し、肯定説（田宮 206 頁など）と否定説（田口 335 頁、光藤・Ⅰ 318 頁、三井Ⅱ 225 頁など）とがあります。

思うに、このような訴因の順次的変更を認めてしまいますと、訴因変更の許される範囲を公訴事実の同一性を害しない場合に限定したことが骨抜きになってしまします。したがって、このような場合はあくまでも甲訴因を基準に考え、甲訴因と最終的な丙訴因との間に公訴事実の同一性がない以上、このような訴因の順次的変更は認められるべきではないと解します。

3 有罪心証の場合の訴因変更

すなわち、裁判所が当初の訴因について既に有罪との心証を形成している場合にも、訴因変更が認められるのか、という問題です。

この問題について、最判昭和 42・8・31 刑集 21 巻 7 号 879 頁（百選〔第 9 版〕A19 事件）は、刑訴 312 条 1 項の規定、起訴便宜主義を採用していること（法 248 条）、検察官に公訴の取消を認めていること（法 257 条）などにかんがみれば、「仮に起訴状記載の訴因について有罪の判決が得られる場合であっても、第 1 審において検察官から、訴因、罰条の追加、撤回または変更の請求があれば、公訴事実の同一性を害しない限り、これを許可しなければならないものと解すべきである」と判示しています。

4 公判前整理手続後の訴因変更

公判前整理手続が導入されたことにより（公判前整理手続については、第 7 章 ②4 参照→144 頁以下）、公判前整理手続を経たことを根拠に（なお、公判前整理

手続においては、訴因変更も許されます。法316条の5第2号)、公判での訴因変更は制約されるのかどうかということが問題とされます。

　この点について、東京高判平成20・11・18高刑集61巻4号6頁（百選〔第9版〕58事件）は、「公判前整理手続の制度趣旨に照らすと、公判前整理手続を経た後の公判においては、充実した争点整理や審理計画の策定がされた趣旨を没却するような訴因変更請求は許されないものと解される」として、この点についての一般的基準を示したうえで、「本件は、公判前整理手続では争点とされていなかった事項に関し、……訴因変更をする必要が生じたものであり、仮に検察官の訴因変更請求を許可したとしても、必要となる追加的証拠調べはかなり限定されていて、審理計画を大幅に変更しなければならなくなるようなものではなかったということができる。そうすると、本件の訴因変更請求は、公判前整理手続における充実した争点整理や審理計画の策定という趣旨を没却するようなものとはいえないし、権利濫用にも当たらない」と判示しています（なお、訴因変更の許否の問題についての詳細は渡辺352頁以下参照）。

5　訴因変更命令

1　訴因変更命令の根拠

　刑訴法312条2項は、「裁判所は、審理の経過に鑑み適当と認めるときは、訴因又は罰条を追加又は変更すべきことを命ずることができる」と規定しています。これが訴因変更命令です。

　訴因変更命令が規定された理由については、次のように解されています。
(1)　すなわち、前述の通り、当初に検察官が設定した訴因と、証拠調べの結果裁判所が抱くに至った心証に基づく事実との間にくい違い（変化）が生じることがあります。その場合、訴因を変更しさえすれば有罪とすることが可能なのに、検察官が何もしないため、そのままでは、無罪判決など、被告人にとって不当に利益な判決がなされる可能性があります。そのような場合に、裁判所が、いわば訴訟的正義の立場から訴因変更命令を発するのです。
(2)　この点についても、審判対象論についての公訴事実対象説と訴因対象説とでは、異なった理解がなされてきました。

(a) すなわち、公訴事実対象説の立場からすれば、もともと、公訴事実が審判の対象なのですから、裁判所は、訴因事実と証拠調べの結果抱いた心証事実との間にくい違いがあると思えば、当然に公訴事実の同一性の範囲内で、別の訴因に変更するよう命じることができるということになります。

(b) これに対して、訴因対象説の立場に立てば、審判の対象はあくまで訴因であり、審判の対象たる訴因は、あくまで、当事者たる検察官が設定するものである以上、その後の審判対象の変更等も検察官によって行われるのが筋であるということになります。

しかし、検察官の不注意などで訴因変更の請求がなされないこともあり得ますので、そのような場合、そのまま漫然と放置しておいたのでは訴訟的正義に悖る（反する）ということにもなります。そのように考えれば、訴因対象説からも、訴因変更命令は可能ということになります。つまり、訴因対象説の立場に立って考えれば、まさに、訴因変更命令は、職権主義が補充的に働く場面の一つということになります。

2 訴因変更命令の要件

訴因変更命令の要件は、①内容的には、「公訴事実の同一性を害しない限度」（法312条1項）における変更でなければならないということであり、②時期的には、「審理の経過に鑑み適当と認めるとき」（同条2項）です。

①の要件が必要とされるのは、訴因変更命令も、その内容が訴因変更である以上、刑訴法312条1項が適用になるのは当然だからです。②の要件については、先ず「審理の経過」に鑑みる以上、審理がなされる段階に入っており、審理がなされた後でなければならないのです。したがって、第1回公判期日前にはその命令を発することはできません。

次に、そのような段階に入っても、「適当と認めるとき」でなければなりません。これは、いわば実質的な要件であり、検察官の設定した訴因と証拠調べなどによって裁判所が抱いた心証に基づく事実とがくい違い、その結果、訴因を変更しなければ、証拠調べの結果に基づく事実を認定できないことが判明したとき、ということになります。

3 訴因変更命令の性質と形成力の有無

(1) 訴因変更命令については、先ず、検察官は、この命令にしたがう義務があるかということが問題とされます。

訴因変更命令は、訴訟指揮権の発動に基づく一種の裁判（決定たる性質を有しています）と解するのが一般です。したがって、検察官はこれにしたがう訴訟法上の義務があるとされています。なお、この効力を命令効と呼んでいます（田宮211頁参照）。

(2) 次に、検察官には訴因変更命令にしたがう義務があるといっても、現実に、検察官が命令にしたがわなかったときの措置を、どのように考えるかが問題とされます。すなわち、訴因変更命令が発せられたにもかかわらず、検察官がこれに応じない場合には、訴因が自動的に変更になったものとして扱うことができるか否かということです。つまり、訴因変更命令には形成力があるか否かの問題です。

この問題も、結局は、審判対象論や職権主義・当事者主義といった本質論にさかのぼって考えることになります。

(a) 形成力を認める説（肯定説）は、もともと、裁判所は、公訴事実について審判する立場にあるのだから、公訴事実の同一性の範囲内で訴因変更命令が発せられれば、検察官がそれにしたがって訴因を変更すると否とにかかわらず、訴因変更の効果が生ずるとします。この説では、訴因は被告人の防御権を保障するにすぎないものと捉えられていますので、訴因変更の主体は、裁判所であれ検察官であれ、どちらでもよいということになります。

(b) これに対して、形成力を認めない説（否定説）は、検察官が訴因変更命令にしたがわない以上、訴因変更の効果は生じないとします（通説）。これは当事者主義に立脚した考え方です。この説では、訴因は、被告人の防御権を保障するだけでなく、当事者たる「検察官の訴訟活動における自己限定的な機能」（高田419頁）をも有するのですから、検察官が命令にしたがって訴因の変更をしてはじめて訴因変更の効果が生ずることになります。

なお、判例は形成力を認めていません。すなわち、最大判昭和40・4・28刑集19巻3号270頁は、訴因変更命令に形成力を認めることは、「訴因の変更を検察官の権限としている刑訴法の基本構造に反する」として、これを消極に解しました。

現行刑訴法の当事者主義構造からして、通説・判例の立場が妥当だと考えます。

4　訴因変更命令を発する義務の有無

裁判所には訴因変更命令を発する義務があるのかということが問題とされます。この点についても、審判対象論にさかのぼって考えれば容易に理解できるところです。そして、訴因対象説からすれば、原則として、裁判所には、訴因変更命令を発すべき義務は認められません。しかし、この問題については、例外的に義務性を認める見解が多数説となっています。

（1）　これまで述べてきたところから明らかなように、当事者主義訴訟構造のもとでは、訴因の設定・変更は検察官の任務ですから、裁判所に訴因変更命令義務を課すようなことを認めるべきではありません。

しかし、前述したように、訴因変更をしないことによって本来有罪となるべき者をみすみす無罪にしてしまうということは、刑訴法の目的の一つである真実主義からいっても、避けるべきだということにもなります。そこで、多くの学説は、犯罪の重大性や、証拠の明白性などを考慮に入れて、訴因変更をしないままで判決をしたのでは著しく正義に反すると認められる場合には、例外的に、訴因変更命令の義務性を肯定しています（平野137頁参照）。

もっとも、そのような例外的な場合でも、裁判所は、いきなり訴因変更命令を発するのではなく、先ずは、訴訟指揮権の行使として、検察官に釈明（規208条）を求めるべきです。そして、変更を勧告したり、または促しても、検察官から変更請求がない場合に、はじめて変更命令を発するのが妥当でしょう。したがって、上記のような例外的場合において、全く変更を促すこともせず、また、勧告すらしなかった場合をもって、義務違反があり得るとすべきであり、事実上変更を促していれば、訴因変更命令の発出という積極的行為に出ていなくても、もはや義務違反はないとすべきです。

（2）　ところで、判例を見ると、最判昭和33・5・20刑集12巻7号1416頁は、「裁判所が自らすすんで検察官に対し訴因変更を促し又はこれを命ずべき積極的な責務があると解するのは相当でなく」と判示していますが、最決昭和43・11・26刑集22巻12号1352頁は、「起訴状に記載された殺人の訴因についてはその犯意に関する証明が充分でないため無罪とするほかなくても、審理の経過にかんがみ、これを重過失致死の訴因に変更すれば有罪であることが証拠上明らかであり、しかも、その罪が重過失によって人命を奪うという相当重大なものであるような場合には、例外的に、検察官に対し、訴

因変更手続を促しまたはこれを命ずべき義務があるものと解するのが相当である」と判示して、例外的に訴因変更命令を発出する義務のある場合があるとしました。

　なお、最判昭和58・9・6刑集37巻7号930頁（百選〔第9版〕50事件）は、8年半にわたり検察官が一貫した主張をしており、審理の最終段階においても、裁判長の求釈明に対し、検察官が、従前の主張を変更する意思はない旨、明確に、かつ、断定的に釈明した事案について、裁判所は、「検察官に対し、訴因変更を命じ又はこれを積極的に促すなどの措置に出るまでの義務を有するものではない」と判示しています。

　このように判例は、事案ごとに具体的判断をしているのです。

第9章　証拠と証拠による認定（証拠法総説）

　公判における審理の中心となるのは事実の認定です。そして、事実の認定は証拠によってなされます。本章では、証拠に関する基本的理解をするため、はじめに証拠の種類を説明し、以下、証拠の許容性（証拠能力）、証拠裁判主義、自由心証主義、挙証責任と推定など、証拠に関しての総論的な問題について検討します。

1　証拠の意義と種類

　証拠とは、基本的に、犯罪事実の認定（それに至る各過程における推認を含みます）の根拠となる資料です[1]。証拠の分類は様々な観点からなされます。

1　証拠方法と証拠資料

（1）　証拠方法とは、事実認定の媒体となる人や物それ自体を言います。証拠方法については、以下のような分類の仕方があります。

（a）　先ずは、人証（証人などの口頭証拠）、書証（供述調書などの証拠書類）、物証（証拠物）に区別する分類方法です。

　この区別は、証拠調べの方式の違いによるものです（その方式について、第7章③2(2)(e)参照→154頁）。

（b）　次は、人的証拠（生存している人の場合）と物的証拠（それ以外の場合）に区別する分類方法です。

　この区別は、証拠方法の性質によるものでして、これを公判廷で取得する強制処分の方式に違いがあります。すなわち、人的証拠の場合は召喚・勾引です（なお、召喚・勾引の意義については、第7章②5(1)参照→149頁）。物的証拠の場合は押収、すなわち、差押え（法99条1項、2項）、領置（法101条）、提出命令（法99条3項（旧2項））です。

1　なお、証拠には、犯罪事実の認定のためのものだけでなく、情状に関するものもありますが、ここでは犯罪事実の認定のためのものを中心に説明します。

(2) 証拠資料とは、証拠方法たる人証・書証・物証を取り調べた結果から感得された内容であり、一定の事実を認定するための根拠となる資料を言います。すなわち、人証たる証人を尋問してそこから得られた証言内容（被告人の場合は被告人質問をしてそこから得られた供述内容）、書証たる供述調書の記載内容、そして、物証たる証拠物の形状（その物の存在・状態）は、そのいずれもが証拠資料です。

証拠方法と証拠資料との間には、前者（証拠方法）を取調べることによって後者（証拠資料）が得られるという関係があります。

2　証拠資料に関する分類

証拠資料については、以下のように分類できます。

(1) 直接証拠と間接証拠

(a) 直接証拠とは、一般に、主要事実（構成要件該当事実など刑罰権の存否および範囲を定める事実。殺人罪で言えば殺意や殺害行為）を直接的に（他の媒介なしに）証明する証拠です[2]。

具体的に殺人罪を例にすれば、①犯行を自白した被告人の供述、②被害状況を述べる被害者の供述（実行行為後被害者に意識のある時間の経過を経て既遂に至った場合や未遂の場合）、③目撃者の犯行目撃証言などを挙げることができます。

(b) 間接証拠とは、主要事実の存在を推認させる事実（これを間接事実と言います）を証明する証拠です。すなわち、間接事実を証明することによって、間接的に主要事実の存在を推認させる証拠のことを言います。この場合は、間接証拠が間接事実を証明し、間接事実によって主要事実が推認されるという経過（間接証拠→〈証明〉→間接事実→〈推認〉→主要事実）をたどります[3]。

(2) 供述証拠と非供述証拠

(a) 供述証拠と非供述証拠については、先ずは、人の供述を内容とするものが供述証拠であり、供述証拠以外のものが（典型的なものは物証）非供述証拠であると形式的に定義付けることができます（寺崎373頁、田宮284頁、松

---

[2] なお、主要事実だけでなく、間接事実を他の媒介なしに証明する間接証拠も、当該要証事実たる間接事実との関係では直接証拠と言うことができます（要証事実を直接証明するという意味で）。

[3] 間接事実が次の間接事実を推認させることもあり、さらに、そのような推認が数次になることもあります。なお、実際には、数次になることが多いと言えます。

尾・下29頁参照)。

　両者の形式的区別としては、まさにその通りですが、言葉が非供述証拠として用いられる場合があり、後に述べるように、伝聞証拠になるのは、基本的には、言葉（言葉だけでなく有意的な動作や身振りなどによる場合もあります）が供述証拠として用いられる場合であることを考えておかなければなりません。したがって、供述証拠と非供述証拠との区別を論じるにあたっては、言葉の用法（言葉の用法については、第12章②1参照→250頁）をも考慮に入れたうえで、供述証拠・非供述証拠それ自体の実質的意義を明確にしておく必要があります。

　(b)　そこで、言葉の用法の視点をも考慮に入れて、供述証拠と非供述証拠の、それぞれの性格や中味を明らかにしながら、両者の区別を考えていくことにします。

　供述証拠と非供述証拠との区別が重要になってくるのは、具体的には、主として、言葉が伝聞証拠になるか否か（伝聞法則が適用になるか否か）の場面においてです。そして、基本的に、言葉が供述証拠として用いられる場合に伝聞法則が適用されるのは、供述証拠特有の危険性に由来します。

　すなわち、供述証拠というものは、供述者が、自らの体験事実を知覚し、記憶し、それを口頭であるいは書面の形で表現ないし叙述したものであり、そこにおいては誤り（見間違い、聞き間違い、記憶違い、言い間違いなど）が生じる可能性がありますから、要証事実（証拠によって証明を要する事実）がその者の体験事実の真実性である場合には、反対尋問によって、その真偽を点検する必要があります。そこで、そのような危険性のある供述証拠は、伝聞法則の規制下に置かれるのです（伝聞法則については、第12章参照）。

　(c)　言葉の用法の視点をも考慮に入れたうえで（伝聞証拠との関連で）供述証拠か非供述証拠かの区別をするには、基本的に（原則的に）犯罪に関連する事項が、人の知覚、記憶に残り、その残された痕跡が表現ないし叙述という伝達過程をたどって裁判所に到達したものであるか否かということが基準になってくると思われます（なお、光藤・Ⅱ99頁、石井一正『刑事事実認定入門〔第2版〕』(2010年、判例タイムズ社) 17頁参照)。

　そうであれば、犯罪に関連する事項が人の知覚、記憶に残り、それが言葉（動作等による場合もあり得ます）による表現ないし叙述という方法によって裁

判所に到達した場合の、その言葉による証拠が供述証拠であり、犯罪に関連する事項が、人の知覚・記憶以外のものとして残った場合（例えば、証拠物など）が非供述証拠であるとして、両者を定義付けるのが、基本的に、妥当でありましょう。

(3) 実質証拠と補助証拠

(a) 実質証拠とは、要証事実（主要事実のこともありますし、間接事実のこともあります）の存否を証明する証拠を言います。

(b) 補助証拠とは、実質証拠（直接証拠のこともありますし、間接証拠のこともあります）の証明力（なお、証明力の意味については、後記④1(1)参照→203頁）の強弱を推認させる事実（これを補助事実と言います）を証明する証拠を言います。この場合は、補助証拠が補助事実を証明し、補助事実が実質証拠たる直接証拠ないし間接証拠の証明力の強弱を推認させるという経過（補助証拠→〈証明〉→補助事実→〈推認〉→実質証拠の証明力の強弱）をたどります。

なお、補助証拠については、それが、証明力を強める（増強する）場合を増強証拠（支持証拠）と言い、証明力を弱める（減殺する）場合を弾劾証拠と言います。そして、一旦弱められた証明力を回復する場合を回復証拠と言うのです。

3 情況証拠

情況証拠とは、基本的には、間接証拠のことを言いますが、実務では、間接事実をも含めて情況証拠というのが一般であり（情況証拠による事実認定においては、間接事実の積重ねと、それらの総合評価が重要になってきます）、さらに、補助証拠と補助事実も共に情況証拠に含ませるのが有益であるとされています（中川武隆ほか〔司法研修所編〕『情況証拠の観点から見た事実認定』（2003年、法曹会）7頁、植村立郎『実践的刑事事実認定と情況証拠〔再訂版〕（2008年、立花書房）38頁参照）。思うに、これらすべてを情況証拠に含めるのが妥当でしょう。

2 証拠の許容性（証拠能力）

1 証拠の許容性の意義

証拠の許容性とは、要するに、証拠能力の問題であります。証拠能力とは、一般には、証拠として使用することのできる適格性のことをいうのです

が、より厳密な定義付けとしては、「厳格な証明の資料として用いることができる証拠の法律上の資格（許容性）」（石井『証拠法』107頁。総研274頁も同旨）ということになります。証拠能力という概念を立てて、それを制限ないし否定するのは、証拠として許容されない（つまり、証拠能力のない）証拠によって、裁判官の心証形成を誤らせないため、また、その心証形成に不当な影響を与えさせないためです。したがって、証拠能力のない証拠は、事実認定の資料として用いることができないのはもちろんのこと、公判廷に提出して証拠調べをすることも許容されないのです。なお、証拠の許容性という言い方は、証拠能力の意味を、いわば機能面・内容面から捉えた表現と言ってもいいでしょう。

ここでは、各種の証拠能力について（後述の、違法収集証拠排除法則、自白法則、伝聞法則など）の問題を論じる前に、証拠の許容性（証拠能力）一般について検討していくことにします。

現在では、一般に、①自然的関連性があり、②法律的関連性があり、③証拠禁止にあたらない場合に、証拠の許容性があるとされています（平野192頁～193頁、田口368頁参照）。

そこで、以下、証拠の関連性と証拠禁止とに分けて述べていくことにします。

2　証拠の関連性（自然的関連性と法律的関連性）

（1）　自然的関連性とは、当該証拠が、当該要証事実に対して、必要最小限の証明力を有していることを言います。そして、自然的関連性すらないような証拠は、調べるだけ無駄であり、調べても時間を浪費するだけですから、証拠能力が認められないとするのです。例えば、単なる噂・風聞・想像・印象等を内容とする陳述などが挙げられます。

（2）　法律的関連性とは、自然的関連性を前提として、当該証拠の証明力の評価を誤らせるような事情のないことを言います。例えば、供述証拠に任意性がない場合や反対尋問を経ていない場合には、そのような証拠には法律的関連性がないということになりますが（もっとも、これらについては、後述の通り、刑訴法で証拠能力が制限されています。自白法則については第11章、伝聞法則については第12章参照）、もっと一般的に、一応の証明力はあるように思われるものの、それを吟味する方法がなく、結局は裁判所に不当な偏見を与えるよう

な事情のある証拠も法律的関連性がないということになります。

すなわち、そのような事情のある証拠は、裁判所の事実認定を誤らせる危険があるので、法律的関連性がないとして、証拠能力が否定されるのです。

(3) なお、いわゆる科学的採証方法による証拠の場合は、自然的関連性と法律的関連性の検討が、ことのほか重要になってきます。というのも、今や科学技術そのものが、進歩も変遷も急であり、理論面も技術面も日々新たになっており、新理論からすれば、それ以前の理論が全く否定されてしまうようなことも起り得ますし、また、「科学的」という表現自体が、一般に過剰な期待と信頼を抱かせかねないからです。

例えば、科学的採証方法による証拠としていわゆる科学的鑑定があります。科学的鑑定と言われるものの場合、鑑定人の技量はもちろん、その拠って立つ理論・技術・方法が一般的に信頼できるものであり、かつ当該事案にとって適確なものであって、さらに、その鑑定結果の妥当性・信頼性が事後の検証に耐え得るような性質のものであってはじめて、自然的関連性、法律的関連性が認められることになりましょう[4]。

科学的採証方法といわれるものには、ポリグラフ検査[5]、犬の臭気選別検査[6]、DNA 型鑑定[7]、声紋鑑定[8]、筆跡鑑定[9] などがありますが、それぞれについて、自然的関連性、法律的関連性が十分に検討されなければなりません（渡辺 368 頁以下参照）。

(4) 関連性についての問題の一つとして、犯罪事実認定の資料として被告人の悪性格や前科等の立証が許されるかということを考えてみましょう。

具体的には、被告人の犯人性（当該犯罪の犯人と被告人との同一性）を立証するために、被告人の悪性格や同種前科、あるいは余罪（特に、類似した他の犯罪事実）等に関する証拠を許容することができるかという問題です。

英米法上では、このような証拠は原則として許されず、証拠能力が否定さ

---

[4] 科学的証拠と言われるものの中には、科学的であるかのような装いを有しているだけのものもあり、もし、そのような可能性があれば、先ずは、自然的関連性が検討されなければなりません。
[5] 最決昭和 43・2・8 刑集 22 巻 2 号 55 頁参照。
[6] 最決昭和 62・3・3 刑集 41 巻 2 号 60 頁（百選〔第 9 版〕70 事件）参照。
[7] 最決平成 12・7・17 刑集 54 巻 6 号 550 頁（百選〔第 9 版〕67 事件）参照。
[8] 東京高判昭和 55・2・1 東高刑時報 31 巻 2 号 5 頁（百選〔第 9 版〕68 事件）参照。
[9] 最決昭和 41・2・21 判時 450 号 60 頁（百選〔第 9 版〕69 事件）参照。

れています（類似事実証拠禁止の原則）。我が国においても、このような証拠は、関連性とりわけ法律的関連性がないものとして、原則として許容されないとするのが通説です。

そもそも、このような証拠は、基本的に、当該犯罪との因果性も希薄であり、このような証拠を許容すれば、裁判官に予断と不当な偏見を与え、それが誤判に結び付く虞があります。そうである以上、原則としてその許容性を否定するのは当然でしょう。

しかし、例外として、法律的関連性の認められる一定の場合には許容されるとするのが一般的理解です。例外的に許容できる場合として一般に挙げられるのは、①犯罪の客観的要素は既に立証されていて、故意、目的、動機、知情等の主観的要素を立証する場合です。判例も、「犯罪の客観的要素が他の証拠によって認められる本件事案の下において、被告人の詐欺の故意の如き犯罪の主観的要素を、被告人の同種前科の内容によって認定した原判決に所論の違法は認められない」[10] としています。その他に、②常習犯について常習性を立証する場合（石井・証拠法283頁）、③犯罪の手段・手口等犯罪の態様に著しい特徴がある場合（松尾・下116頁、田宮327頁など）、④被告人側が、反証として被告人の善良な性格の立証をした場合に、それに対して悪性格を立証して争う場合（平野238頁、石井・証拠法283頁など）などが挙げられています（なお、秋吉淳一郎「同種前科による事実認定」百選〔第8版〕134頁参照）。

ところで、最判平成24・9・7刑集66巻9号907頁は、「本件のように、前科証拠を被告人と犯人の同一性の証明に用いる場合についていうならば、前科に係る犯罪事実が顕著な特徴を有し、かつ、それが起訴に係る犯罪事実と相当程度類似することから、それ自体で両者の犯人が同一であることを合理的に推認させるようなものであって、初めて証拠として採用できるものというべきである」として、前科証拠が許容される場合のあること（つまり、一つの具体的基準）を示しましたが、この判例の事案における前科証拠については、「……前刑放火の事実から被告人に対し放火を行う犯罪性向があるという人格的評価を加え、これをもとに被告人が本件犯行に及んだという合理性に乏しい推論をすることに等しく、このような立証は許されないものとい

---

10 最決昭和41・11・22刑集20巻9号1035頁（百選〔第9版〕66事件）。

うほかない」と判示しました。そして、さらに、最決平成25・2・20裁時1574号4頁は、上記判例を参照としたうえで、「このことは、前科以外の被告人の他の犯罪事実の証拠を被告人と犯人の同一性の証明に用いようとする場合にも同様に当てはまると解すべきである」と判示しています。

(5) なお、量刑事情として余罪を考慮することができるかということも問題とされます。判例は、「起訴された犯罪事実のほかに、起訴されていない犯罪事実をいわゆる余罪として認定し、実質上これを処罰する趣旨で量刑の資料に考慮し、これがため被告人を重く処罰することは許されない」としたうえで、「しかし、他面……量刑のための一情状として、いわゆる余罪をも考慮することは、必ずしも禁ぜられるところではない」としています[11]。

ここで、さらに問題とされるべきは、注6掲記の判例にいう、余罪を実質上処罰する趣旨で量刑の資料に考慮することと、量刑のための一情状として考慮することとを明確に区別できるのかということです。この点を截然と区別し得ない可能性があるとすれば[12]、「公訴の提起が可能である犯罪事実は、刑の量定の資料としても用いることができないと解すべき」との見解（平野182頁）が説得性を有することになると思われます。

3　証拠禁止

証拠禁止とは、関連性のある証拠であっても、それを利用することが「手続の適正を害すると思われる場合」（田口368頁）、あるいは、「一定の優越的利益を守るため」（鈴木192頁）に、その証拠能力を否定して、その利用を禁止するという原則です。そして、その典型とされるのが、後に論じる違法収集証拠排除法則（第10章参照）ということになります。

11　最判昭和41・7・13刑集20巻6号609頁。
12　現に、注6掲記の判例において、6名の裁判官は、結論的には、原判決を破棄する理由とはならないとするものの、「右余罪の判示は、本件公訴事実の外に余罪の事実を認定し、これによって、特に重く量刑したものと認められる」との意見を付しており、この点からしても、明確に上記の点を区別することの困難性が窺えるように思われます。

3 証拠裁判主義

1 証拠裁判主義と厳格な証明

　刑訴法317条は、「事実の認定は、証拠による」と規定しています。この原則が証拠裁判主義と言われるものです。
　(1)　一般に、証拠裁判主義といった場合、それは、次のことを意味しています。すなわち、犯罪事実（後述の通り、犯罪事実そのものだけではありませんが）は、厳格な証明、つまり、①法律上、証拠能力があり、かつ、②適法（式）な証拠調べ手続を経た証拠による証明、によって認定されなければならないということです。なお、判例も、厳格な証明とは、「刑訴の規定により証拠能力が認められ、かつ、公判廷における適法な証拠調べを経た証拠による証明を意味する」としています[13]。
　(2)　ところで、訴訟構造の点から見た場合、人間の理性を信頼するところから初めに生まれた考え方は糺問主義でした（糺問主義と弾劾主義については、第1章4　1参照→10頁）。しかし、そこでは、実体的真実主義を積極的なものとして捉えていたため（積極的実体的真実主義）、証拠裁判主義は採られたものの、証拠において重要なのは証明力であるとされ、証拠能力にまでは思いが至っていませんでした。ところが、後に、近代的な弾劾主義訴訟構造のもとにおいて当事者主義が確立し、さらに、消極的実体的真実主義こそが人権保障原理と調和するとされるに至って（実体的真実等については、第1章2　参照→4頁）、証拠において第一義的に論ぜられるべきは証拠能力であるということになりました。そこで、証拠裁判主義においては、証拠能力の概念が、特に重要なものとなったのです（証拠能力については、前記2　1参照→194頁）。
　「また、『事実』とは、この規定の沿革からみて、現行法の解釈としても、犯罪事実を指すものであり、一切の事実をいうのではないと解しなければならない」（平野180頁）とも言われていますが（通説も同旨）、犯罪事実だけに限

---

[13] 最判昭和38・10・17刑集17巻10号1795頁、判時349号2～11頁〔特に9頁〕〔白鳥事件〕参照。なお、この判示部分は、いわゆる練馬事件（後記注14参照）および松川事件（最大判昭和34・8・10刑集13巻9号1419頁）の「各判決にいう『厳格な証明』とは」と述べた部分に引き続いて判示されたものです。

定しないまでも、犯罪事実が中核となった一定の事実である、というように解すべきことになります。

このように、刑訴法 317 条にいう「事実」および「証拠による」という概念（証拠裁判主義の内容）は、そのいずれもが、特別の規範的意味を持っているのです。

2　自由な証明
(1)　自由な証明とは、厳格な証明以外の証明のことを言います（通説）。

したがって、自由な証明は、証拠能力および適法な証拠調べのいずれからも解放されていることを意味しています。しかし、自由な証明は証拠能力から解放されていると言っても、任意性のない供述を証拠に用いることはできないと解すべきです（法 319 条、325 条参照。なお、池田＝前田 387 頁参照）

(2)　ところで、通説の認める厳格な証明と自由な証明の間に、もう一つの証明の種類を認め、「適正な証明」という概念を用いる見解（平野 180 頁）があります。ここにいう適正な証明とは、要するに、「公判手続に証拠を顕出して当事者に争う機会を与える」（福井 336 頁）ことを手続内容とする証明を意味します。

いずれにしても、一般的には、自由な証明は厳格な証明以外の証明という消極的な定義付けしかなされていません。しかし、そうであっても、そこには、当事者主義、デュープロセス、消極的実体的真実主義といった刑訴法の基本理念に基づいた諸原則からする目的的な規制があって然るべきでしょう。なお、上記「適正な証明」の提案も、そういった規制をする試みの一つと言えましょう。

3　厳格な証明・自由な証明と証明対象事実
次に問題となるのは、厳格な証明の対象となる事実をどのように考えるかです。通説的見解によれば、訴訟法的事実（訴訟手続に関する事実）や量刑事情については、自由な証明でよいが、刑罰権そのものの存否と刑罰権の範囲を定めるための基礎をなす事実は、原則として、厳格な証明を要するということになります。

以下、実体法的事実、訴訟法的事実を含めて、検討していくことにします。

(1) 公訴犯罪事実

公訴犯罪事実が厳格な証明の対象となることは当然です。そして、犯罪事実には、客観的事実だけでなく、主観的事実も含まれます。判例も、共謀共同正犯における共謀について、「『共謀』または『謀議』は、共謀共同正犯における『罪となるべき事実』にほかならないから、これを認めるためには厳格な証明によらなければならないことはいうまでもない」としました[14]。

なお、間接事実についても、主要事実が犯罪事実であれば（なお、主要事実という言葉は、もともと犯罪事実について用いるのが一般ですが）、厳格な証明の対象になると解すべきです。

(2) 処罰条件たる事実

処罰条件は、刑罰権の発生を直接左右するものですから、厳格な証明の対象となります。処罰条件の例としては、例えば、破産犯罪における破産法での破産手続開始決定の確定（破産265条1項柱書など）や、事前収賄罪における公務員となったこと（刑197条2項）などがあります。

(3) 法律上犯罪の成立を妨げる理由となる事実

違法性阻却事由・責任阻却事由といった法律上犯罪の成立を阻却する事由にあたる事実についても、刑罰権の発生に直接かかわるものですから、その不存在の立証については厳格な証明を要すると解すべきです（なお、本章⑤1(2)参照→209頁）。

(4) 法律上刑の加重・減免の理由となる事実

法律上の刑の加重については、結果的加重犯や特別法上の常習累犯窃盗のように、それ自体が、犯罪構成要件要素の一部として規定されている場合もあります。

したがって、ここで問題となるのは、構成要件要素となっていない、その他の場合についてです。それにあたるものとして、いわゆる累犯加重（刑57条・59条）の理由となる事実が挙げられます。それは、刑罰権の範囲を定めるための基礎となる事実ですから、上述した公訴犯罪事実と同様、厳格な証明を必要とすると解すべきです[15]。

法律上刑の減免理由となる事実については、それが刑罰権の発生ないし範

14　最大判昭和33・5・28刑集12巻8号1718頁〔練馬事件〕。
15　最大決昭和33・2・26刑集12巻2号316頁もそのように判示しています。

囲にかかわる事実である以上、犯罪の成立を阻却する事由にあたる事実と同様に考えることができます。したがって、その不存在の立証については厳格な証明が必要であると解すべきです。

(5) 刑の酌量減軽または執行猶予の要件となる情状に関する事実

刑の酌量減軽（刑66条）については、法律上の刑の減免事由とは異なり、量刑の事情に過ぎないので、厳格な証明は必要としません。刑の執行猶予の条件たる情状についても同様です。判例も、刑の執行を猶予すべき情状の有無を判断するには、「必ずしも刑事訴訟法に定められた一定の法式〔「法式」との表示は原文通り〕に従い証拠調を経た証拠にのみよる必要はない」としています（〔 〕内は筆者）[16]。

なお、量刑上の資料たる情状に関する事実であっても、「それが犯罪事実そのものの内容に属するとき（例えば、犯罪の手段・方法の態様、被害の大小など）は、もちろん厳格な証明を必要とする」（高田200頁）点に注意する必要があります。

(6) 訴訟法的事実

これについては、厳格な証明は必要でなく、自由な証明でよいとするのが通説です。判例も、自白の任意性に関する事実について、裁判所が適当と認める方法によって調査すれば足りるとしています[17]。

しかし、自白の任意性に関する事実については、犯罪事実の存否に密接に関連しており、憲法上の保障（憲38条1項）をも併せ考えれば、少なくとも、法廷に顕出して被告人側の意見を聴くなど、被告人の争う権利を保障する何らかの手続が必要でしょう。

自由な証明は、積極的定義がなされていませんので、事案ごとに被告人の防御権保障の見地からその内容を盛り込んでいくことが必要だと思います。

16　最判昭和24・2・22刑集3巻2号221頁。
17　最判昭和28・10・9刑集7巻10号1904頁、なお、最決昭和54・10・16刑集33巻6号633頁参照。

4 自由心証主義

1 自由心証主義と法定証拠主義

(1) 刑訴法318条は、「証拠の証明力は、裁判官の自由な判断に委ねる」と規定しています。この原則が自由心証主義と言われるものです。

自由心証主義の意味するところは、証拠価値（証拠の証明力）の判断については、積極的にも、消極的にも、外部からの法的な規制を加えずに、裁判官の理性を信頼してその自由な判断にまかせるということです（なお、裁判員法62条は、「裁判員の関与する判断に関しては、証拠の証明力は、それぞれの裁判官及び裁判員の自由な判断にゆだねる」と規定しました。したがって、裁判員の参加する裁判については、「裁判官」とあるところを、条文に反しない範囲で、適宜「裁判官および裁判員」と読み替えます）。

証明力とは、証拠自体の信用性と当該証拠の要証事実に対する推認力（いわば狭義の証明力）のことを言います。

(2) ところで、自由心証主義に対立する考え方が法定証拠主義です。それは、糺問主義の訴訟構造のもとで確立されたものです。そこにおいては、証拠価値の判断の仕方が、あらかじめ法定されていました。そして、一定の証拠があれば、必ず、有罪の認定をしなければならないとされたり（積極的法定証拠主義）、一定の証拠がなければ有罪と認定してはならないとされ（消極的法定証拠主義）、証拠価値の判断が外部から法的に規制されていました。

法定証拠主義は、証拠の証明力を、あらかじめ法定しておくのですから、確かに事実認定における裁判官の個人差を排除することができ、法的安定性に寄与するところもありました。しかし、そこでは、消極的法定証拠主義が自白中心に運用された場合の拷問等を手段とする自白強要など（この点について、第1章4 1(1)(b)参照→10頁）、重大な人権侵害行為が生じることにもなり、そのような事態が近代以降批判されたのです。

(3) 自由心証主義は、近代における啓蒙思想が人権の尊重を要求し、近代的弾劾主義の訴訟構造を形成させた結果生まれたものと言えます。それは、人間の理性に信頼をおくという、人間主義、近代合理主義を背景としているのです。

2　自由心証主義における自由

なお、ここで、注意しておかなければならないことは、先ず、自由心証主義における「自由」とは、証拠評価をするにあたって、外部から法的に拘束されないということであり、裁判官の恣意的判断や純然たる意味での自由裁量を許すものではないということです（団藤282頁参照）。

次に、自由な判断に委ねられるのは、証拠評価における判断の仕方（つまり、証拠の証明力をどのように評価・判断するか）についてだということです。そして、それは、前述した証拠それ自体の証明力（いわば信用性）と、証拠と特定の要証事実（証拠によって証明を要する事実）との関係における証明力（狭義の証明力。つまり推認力）の双方についての評価を意味し、それらのいずれもが裁判官の自由な判断に委ねられるのです。

3　自由心証主義の内容

自由心証主義の採用は、人間の理性に対する絶対的信頼[18]を前提としています。つまり、人間の理性に絶対の信頼を置き、裁判官が自由に自らの理性を働かせて判断することが、誤判防止の最善の方策だと考えられたことによるのです。

しかし、裁判官の理性による判断が誤判防止の最善の方策といった考え方は、マクロの目で見れば正しい方向性をもっていると言えるものの、具体的裁判にあたっての、個々の裁判官のすべての判断について妥当するかとなると、そこに疑問が生じる場合もあります（後述の調書裁判への批判なども参照→205頁）。

そこで言われるのが、合理的心証主義、科学的心証主義、客観的心証主義ということです（団藤282頁～283頁、高田253頁参照）。すなわち、自由心証主義にいう自由な判断とは、あくまでも、論理則・経験則に則った合理的な、そして科学的根拠に基づく客観的な判断でなければならないということです[19]。

4　訴訟上の証明

上記の意味での自由心証主義を考えるにあたっては、そもそも、訴訟上の

18　私見によれば、「理性信仰」と言ってもよいでしょう。
19　因みに、心証形成における経験則に基づいた合理性に関して、いわゆる疫学的証明の問題があります。最決昭和57・5・25判時1046号15頁（百選〔第9版〕65事件）は、「疫学的証明のほかに病理学的な証明などを用いることによって合理的な疑いをこえる確実なものとして事実を認定していることが認められるので、原判決の事実認定の方法に誤りはない」としています。

証明というものは、自然科学で求められるような論理的証明ではなく、いわゆる歴史的証明だということを認識しておくことが必要です。

(1) 判例を見ますと、最判昭和23・8・5刑集2巻9号1123頁は、このことに関して次のように判示しています。すなわち、「元来訴訟上の証明は自然科学者の用いるような実験に基くいわゆる論理的証明ではなくして、いわゆる歴史的証明である。論理的証明は『真実』そのものを目標とするのに反し、歴史的証明は『真実の高度な蓋然性』をもって満足する。……だから論理的証明に対しては当時の科学の水準においては反証というものを容れる余地は存在し得ないが、歴史的証明である訴訟上の証明に対しては通常反証の余地が残されている」とするのです。

(2) このように、訴訟上の証明は歴史的証明であり、常に、反証の余地が残る証明なのです。だからこそ、裁判官の判断は、より「真実」に近づかせるために、論理則・経験則に則った合理的・科学的・客観的心証主義に依ったものでなければならないということになります[20]。

現代の実務が、公判廷での供述よりも、検面調書を重視し[21]、そのことから「調書裁判」という批判が投げかけられていることなどに思いを致したとき、ここでの「自由」は、あくまで、外的な法的拘束を受けないとの消極的な自由を意味するにすぎないということを再確認しなければなりません。

重要なことは、裁判官がどのように論理則・経験則に則った合理的「判断」をするかということ、それ自体です。

5　自由心証主義の例外

次に、自由心証主義の例外について見ていくことにします。

(1) 自由心証主義によれば、被告人の自白だけでも、裁判官が有罪であるとの確信を抱くに至れば、有罪認定も可能だという筋道になります。

しかし、自白はとかく偏重され易いものであり、裁判官といえども例外ではなく、その弊に陥り易いところがあると言えます。そこで、そのような事態に陥ることを防止するため、自白には必ず補強証拠が必要であるとし、自

20　ただ、そうは言っても、近代合理主義、科学万能主義（特に科学と技術が結びついてのそれ）に対する反省・見直しを忘れてはなりません。
21　自由心証主義においては、どの証拠を事実認定の資料として選択するかも裁判官の自由とされているところに起因します。

白が自己に不利益な唯一の証拠である場合には有罪の認定ができないことにしました（憲38条3項、法319条2項、同条3項）。

これは、自白の証明力を法的に制限するものであり、その結果、自由心証主義の例外規定として捉えることができます[22]。

(2) 公判調書は証明力が法定されています。すなわち、公判期日における訴訟手続で公判調書に記載されたものは、公判調書のみによってこれを証明することができますので（法52条）、これも自由心証主義の例外規定ということになります。

6 証明（心証）の程度

最後に証明の程度（心証の程度）ということを検討しておく必要があります。すなわち、自由心証主義により裁判所（官）がどの程度の心証を抱くに至ったときに有罪の事実認定ができるかという問題です。これは、有罪認定のための証明基準とも言えます。

(1) この点については、これまで二つの基準が示されてきました。一つは「高度の蓋然性」の証明基準とも言われるものであり、他の一つは「合理的な疑いを超える（beyond a reasonable doubt）」証明基準と言われるものです。

(a) 前者は、犯罪の証明があったというためには、当該犯罪の成立を肯定する証拠が積み上げられて、罪を犯したとの「高度の蓋然性」が認められるに至った場合に有罪の心証形成が可能になるとの考え方です。

(b) 後者は、犯罪の成立を否定する方向への評価を消し切れるか否かが重要になってきます。すなわち、そのような否定的評価（無罪かもしれないとの評価）を合理的な疑いが残らないまでに（合理的な疑いを差し挟む余地がないまでに）消し切ることができない以上、有罪の認定はできないとの考え方です。すなわち、犯罪の成立を否定する評価を一つ一つ消していき、そのような否定的評価を、合理的な疑いが残らないまでに消し切ったときに、犯罪が成立せず無罪ではないかとの「合理的な疑いを超えた」と言えることになり、そこにおいて、はじめて有罪の心証形成が可能になるとするのです。

---

22 ところで、最大判昭和33・5・28刑集12巻8号1718頁〔練馬事件〕は、憲法38条3項の規定について、「自白の証明力……に対する自由心証を制限し」たものであり、「その証明力が犯罪事実全部を肯認できない場合の規定でもなく、……本来犯罪事実全部を肯認することのできる証明力を有するもの」と判示し、証明力そのものでなく、自由心証主義を制限したものとしています。

そして、犯罪の成立を否定すべき合理的な評価がなお残っている場合には、無罪ではないかとの合理的な疑いが残っているわけですから、それは同時に、未だ犯罪の成立についての合理的な疑いが残っているということになります。したがって、未だ有罪の認定はできないことになり、それ以上の立証がなされない限り、「疑わしきは被告人の利益に」の原則ないし無罪推定の原則により、無罪とされるのです。

（2）　この点について、最決平成19・10・16刑集61巻7号677頁〔TATP殺人未遂事件〕（百選〔第9版〕63事件）は、「刑事裁判における有罪の認定に当たっては、合理的な疑いを差し挟む余地のない程度の立証が必要である。ここに合理的な疑いを差し挟む余地がないというのは、反対事実が存在する疑いを全く残さない場合をいうものではなく、抽象的な可能性としては反対事実が存在するとの疑いをいれる余地があっても、健全な社会常識に照らして、その疑いに合理性がないと一般的に判断される場合には、有罪認定を可能とする趣旨である。そして、このことは、直接証拠によって事実認定をすべき場合と情況証拠によって事実認定をすべき場合とで、何ら異なるところはない」と判示し、前記の「合理的な疑いを超える」証明基準に立つことを明らかにしました。

（3）　上記二つの基準について、上記判例が出るまでは、最高裁の立場が、基本的に、「高度の蓋然性」の証明基準に立っていると思われ、「合理的な疑いを超える」証明基準についての態度を必ずしも明確にしていなかったこともあり、どちらの考え方がより適切であるかといったような、或る種の二者択一的な議論もなされてきました。しかし、この二つの基準は、当然とも言えるのですが、もともと対立するものと解すべきではなく、共に有罪認定のために必要な基準として、並存するものと解すべきです。

すなわち、現行法の当事者主義訴訟構造からすれば、「合理的な疑いを超える」証明基準に立って、犯罪成立についての否定的評価を（つまり、犯罪の成立についての反対事実が存在するとの疑いを）、すべて合理的な疑いが残らないまでに、消し切ることができなければ、そもそも有罪の心証形成には辿りつけないとするのが思考上の前提となります（その意味で、この基準は、有罪認定のための第一義的な基準ということになります）。そして、そのことと併せて、犯罪成立の肯定的評価を積み重ね、犯罪を行ったとの高度の蓋然性が認められ

るに至って（そのときには犯罪成立についての否定的評価が、すべて合理的な疑いを残さないまでに、消し切られていなければなりません）、はじめて有罪の心証形成が可能になると考えるべきでしょう。

　なお、近時、最高裁は、被告人の犯人性が争点になった事例で、直接証拠がなく、情況証拠によって事実認定する場合について、上掲最決平成19・10・16を引用したうえで、「情況証拠によって認められる間接事実中に、被告人が犯人でないとしたならば合理的に説明することができない（あるいは、少なくとも説明が極めて困難である）事実関係が含まれていることを要するものというべきである」との判断を示しました[23]。

5　挙証責任と推定

1　実質的挙証責任（客観的挙証責任）

　公判廷において証拠調べも済み、当事者双方の立証が尽くされた場合でも、証明の対象となっている事実が証明されるとは限らず、真偽不明の状態が生じることがあります。そのような場合（真・偽いずれとも証明されなかった場合）に、不利益な法的判断（認定）を受ける当事者の地位ないし負担を実質的挙証責任と言います。

　(1)　ところで、刑事訴訟においては、前述の通り、「疑わしきは被告人の利益に」の原則ないし無罪推定の原則が厳然として存在しますので（なお、第14章②2参照→289頁）、検察官が、当該犯罪事実について「合理的な疑いを超える」証明をしないかぎり、有罪認定はできず、犯罪の証明がないものとして無罪が言い渡されます（法336条）。

　したがって、公訴犯罪事実のすべての要素、およびそれに準ずる事項については、検察官が実質的挙証責任を負っています。すなわち、①公訴犯罪事実、②処罰条件たる事実、③刑の加重理由となる事実などは、いずれも、それらの事実の存在について、検察官が実質的挙証責任を負っているのです。

23　最判平成22・4・27刑集64巻3号233頁。なお、この判例が、「合理的な疑いを超える」証明基準を具体的に示したものか、あるいは、さらに立証のレベルを上げたものか等について議論があり、この判例の評価については様々な見解が示されています。この判例の評釈について、渡辺直行「情況証拠による事実認定（被告人の犯人性推認）のあり方」早稲田法学第87巻第4号145～154頁参照。

そして、原則として、実質的挙証責任は、検察官から被告人の方へ移転することはありません。

（2）　問題となるのは、違法性阻却事由、責任阻却事由、処罰阻却事由、法律上刑の減免理由となる事実などをどう考えるかです。

通説は、これらの事実の不存在について検察官に実質的挙証責任があるとします。なぜならば、これらの事実の不存在（例えば、正当防衛の事実が存在しないこと）も、当該犯罪事実についての刑事責任を基礎づけるという意味においては、公訴犯罪事実の存在と区別すべきではないからです。

2　形式的挙証責任（主観的挙証責任）

形式的挙証責任は、立証の負担ともいい、一般には、ある事実について審理してもらいたいときに、一定の証拠を提出する責任のことです。

すなわち、形式的挙証責任は、公判手続の進行過程の中で、自己に不利益な判断がなされる虞があると考える当事者が、そのような不利益を免れるためにする証拠提出の責任ということになります。そして、それは、訴訟の進展にともなって、一方当事者から他方当事者へ移転することもあります。

なお、被告人側の形式的挙証責任については、これを、いわば争点形成責任として捉えればよいと思われます。例えば、被告人が正当防衛を主張している場合には、被告人側が、一応の合理性をもって正当防衛との主張をし、正当防衛の存否についての争点を形成させれば（そのために、被告人が、公判廷でその点についての供述をすればよいでしょう）、被告人側としては形式的挙証責任を尽くしたことになります。後は、当然のことながら、その不存在について検察官が実質的挙証責任を負うということになるのです。

3　挙証責任の転換

次に、いわゆる挙証責任の転換について見ていくことにします。

（1）　前述の通り、公訴犯罪事実のすべての要素およびこれに準ずる事項については、「疑わしきは被告人の利益に」の原則から、すべて検察官が実質的挙証責任を負うことになっています。

しかるに、例外的に、実質的挙証責任を被告人が負う場合もあるとされています。そして、法がそのような例外を定めるものとして、①刑法230条の2における名誉毀損罪についての、摘示事実の真実性の証明、②刑法207条における同時傷害についての、傷害の軽重または発生者の証明、③児童福祉

法60条4項における児童の年齢の不知についての、無過失の証明などの規定が挙げられます。

なお、この問題を考えるにあたって、先ず注意しておかなければならないことは、挙証責任を転換して被告人に実質的挙証責任を負わせるということは、一般的・形式的には、「疑わしきは被告人の利益に」の原則ないし無罪推定の原則に反することになりますから、みだりに、被告人に挙証責任を負わせることは憲法の定めたデュープロセス（憲31条）違反になるということです（平野187頁参照）。そして、上記①〜③の規定は、いずれについても違憲の疑いをぬぐい去ることができません。

(2) そこで、それらの規定が合憲とされるための基準ないし要件について、いくつかの見解が示されています。

すなわち、先ず、「転換規定が合憲とされるためには、第1に、要証事実のうち検察官が証明する部分から、被告人が挙証責任を負担する部分への推認がある程度の合理性をもっていること、第2に、被告人が挙証責任を負担する部分を除去して考えても、なお犯罪として相当の可罰性が認められること」の2点をもって、合憲とするための要件であるとする見解が示されています（松尾・下24頁〜25頁）。

さらに、この基準以外に、その事実を証明する資料が、通常、被告人側にあるなどして、被告人が挙証する方が便宜であることなども合憲とされる基準として挙げられています（田宮307頁、川出敏裕「挙証責任と推定」松尾浩也＝井上正仁編『刑事訴訟法の争点〔第3版〕』(2002年、有斐閣) 160頁など）。

そして、以上のような事情の一つまたは複数があるかどうかを基準として判断されるべきであろうとの見解も示されています（田宮307頁。なお、挙証責任の転換の合理性について、池田＝前田397〜398頁、三井Ⅲ77頁参照）。

なお、このようにして、「被告人が、挙証責任を負わされた場合でも、合理的な疑をいれない程度まで証明する必要はなく、証明の優越の程度で足りると解しなければならない」（平野187頁。鈴木200頁も同旨）でしょう。

しかし、下級審の裁判例には、「合理的な疑いをいれない」程度の証明を要求しているものがあります[24]。

24　東京高判昭和59・7・18高刑集37巻2号360頁〔「月刊ペン」事件差戻後控訴審判決〕。なお、同判決は、自由な証明で足りるとは解されない、ともしています。

4 推定

推定とは、一定の事実（前提事実）が証明されたことにより、他の事実（推定事実）を認定することを言います。

(1) 事実上の推定

事実上の推定とは、推定が法律で定められておらず、Aという前提事実が証明されたことにより、論理則・経験則に基づいてBという事実を推認することを言います。例えば、間接事実などの情況証拠から要証事実を推認し、その推認が、通常、論理則ないし経験則に則った合理的なものであると判断される場合を言います。

つまり、事実上の推定というのは、裁判所の事実認定にあたって自由心証主義が働く一場面ということになります。

(2) 法律上の推定

法律上の推定とは、一般に、「甲事実があるときは乙事実があるものとする」というように、法律上で、推定の法則が明示されている場合を言います（三井Ⅲ 67 頁など）。

第1に問題となるのは、どの程度の反証を行えば推定規定の効果を阻止できるかです。この場合は、挙証責任が転換されると解すべきではなく、推定事実の存在に合理的な疑いを生じさせる程度の証拠を提出すれば、推定の効果を阻止できると解すべきです（田宮 308 頁、光藤・Ⅱ 120 頁、田口 354～355 頁）。第2に問題となるのは、被告人側が上記の証拠提出の責任を果たさなかった場合の推定規定の効果をどのように考えるべきかです。第1説は、いわゆる義務的推定説であり、裁判所は、推定事実の認定を義務付けられているとします（高田 205 頁）。第2説は、いわゆる許容的推定説であり、被告人が上記の証拠提出責任を果たさなかったことを一つの情況証拠として、推定事実を認定できるとします（平野 186 頁、光藤・Ⅱ 121 頁）。第1説は、「疑わしきは被告人の利益に」の原則に反する疑いがあり賛成できません（田口 355 頁、白取 333 頁参照）。第2説が通説的見解と言えます。

法律上の推定は、公害法5条、麻薬特例法14条などに見られます（これら二つの法律の正式名称は凡例の法令名略称欄参照）。

第 10 章　違法収集証拠排除法則

　本章から第 13 章までで証拠法則について論じます。第 11 章の自白法則と第 12 章、第 13 章で述べる伝聞法則とその例外は、それぞれ刑訴法上に規定されたものですが、本章で述べる違法収集証拠排除法則については、直接これを定めた明文規定があるわけではありません。ここでは、この法則の根拠、排除基準、排除の具体的要件などを、判例を分析・検討するなどして考えていきます。そして、最後に、この法則により証拠が排除される場合には、それに由来する派生証拠も排除されるとのいわゆる毒樹の果実の理論も検討します。

1　総　説

1　違法収集証拠排除法則の捉え方

　違法収集証拠排除法則とは、違法に収集された証拠の証拠能力を否定し、それを事実認定の資料から排除する原則のことです。単に排除法則とも言います。

　(1)　この問題を考えるには、実体的真実主義とデュープロセスとの関係（第 1 章2参照→4 頁）をどのように捉えて行くかの問題にさかのぼって考えると分り易いでしょう。

　(a)　すなわち、積極的実体的真実主義の立場に立って考えれば、仮に、証拠の収集手続に違法があったとしても、その証拠が真実発見に役に立つものであれば、証拠能力を認めてもよいことになります。特に、証拠物については、供述証拠と違って、収集手続がどのようなものであれ、その物自体の存在・性質・形状には何らの影響がないのですから（もともとの、証明力には影響が生じないのですから）、収集手続の違法を理由に、あえて証拠能力まで否定する必要はないということになります[1]。

---

[1]　因みに、証明力は、当該証拠に証拠能力があることを前提に判断されるのですが、最少限の証明力すらない証拠は、自然的関連性がないものとして、証拠能力が否定されます（第 9 章2 2

(b) これに対して、消極的実体的真実主義の立場に立ち、デュープロセスこそが被告人の人権保障にとって第一義のものであるとの理念を重視して考えれば、証明力の有無は問題とされず、そもそも、そのような違法に収集した証拠の、証拠としての資格が問われることになります。

すなわち、証拠収集も適正手続に則って行われるべきは当然であり、違法な手段によって収集された証拠などには、証拠能力を与えるべきではないということになります。したがって、ここにおいては、実体的真実主義（ここでは積極的実体的真実主義）が、後退することになるのです。

(2) ところで、違法収集証拠排除の問題を理解するには、以下の視点からの考察も有用です。

それは、実体法たる刑法と手続法たる刑事訴訟法との関係から考えてみるということです。つまり、刑法は刑事訴訟法によって実現されるのだけれども（なお、刑事訴訟法の目的は刑法の実現に尽きるものではないということについては、第1章③参照→8頁）、刑法規範が刑事訴訟法固有の規範によって事実上機能しなくなるという視点からの考察です。別の言い方をすれば、刑事訴訟法規範が刑法規範そのものに相関的に影響を与えるという視点から考えるということです。

かつての実体法重視思想によれば、手続法たる刑事訴訟法は実体法たる刑法の助法と位置付けられていましたが、今日言われるところの手続法重視思想からすれば、刑事訴訟法は刑法から独立した意義をもった法律であると解され、刑事訴訟における手続それ自体の価値（基本的人権の保障と実体的真実の発見）が重視されるに至っています。

したがって、そこにおいては、手続法固有の規範が措定され、それによって、実体法規範が事実上機能しなくなるといった場合が起こるのです。そして、その一例として挙げられるのが違法収集証拠排除法則ということになります。つまり、証拠の収集手続に違法があれば、証拠としての許容性（証拠能力）が認められないことになり（証拠禁止にあたることになります。証拠禁止については、第9章②3参照→198頁）、証拠は公判廷から排除されることになります。そして、それ以外に犯罪を証明する証拠が存在しないということになれ

---

(1)参照→195頁)。

ば、その結果、被告人は無罪となります。

　結局のところ、まさに、手続法たる刑事訴訟法固有の規範によって、実体法たる刑法規範が事実上機能しなくなり、その結果、刑罰権が発生しないことになるのです。

2　排除法則の背景・沿革・学説等

　(1)　ところで、違法収集証拠排除法則は、主に 1950〜1960 年代を中心としたアメリカにおける判例の集積の中で形成されたものと言われています。

　そこには、国家からの自由という考え方が基本にありました。つまり、違法収集証拠を排除することによって違法捜査を抑止し（抑止効）、もって、個人の自由を保障しようという考え方です。なお、ここにおいては、この「抑止効」の他に、「裁判所が違法に加担しないという『司法の廉潔性』」も強調されたと言われています（田宮 398 頁）。

　(2)　ところで、最高裁が初めて違法収集証拠排除法則を採用したのは、後に詳述する最判昭和 53・9・7 においてです。そこに至るには学説も様々に展開されてきましたが、当時の学説は、憲法のデュープロセス（憲 31 条）や令状主義（憲 35 条、33 条）の問題として、あるいはそれらの延長線上で論じることが多かったと言えます。というのも、違法収集証拠排除法則については、それ自体についての刑訴法上の直接の明文規定がないからです。

　なお、近時では、刑訴法に根拠法条を求める学説もあります。例えば、「一般に違法収集の証拠は、317 条の『証拠』すなわち『適正な証拠』とはいえず犯罪事実の認定に利用することはできない。……自白については、……319 条 1 項が特別規定として働くことになる」（鈴木 227 頁）との見解です。つまり、刑訴法 317 条の「証拠」を適正な証拠とするのです。また、刑訴法 220 条 2 項をもって、「証拠収集手続の違法を証拠排除に直結させる」規定とする見解（上口 496 頁）も示されています。

3　判例による違法収集証拠排除法則の採用宣言

　それでは、ここで、最判昭和 53・9・7 を見てみましょう。事実の概要は違法な所持品検査にかかるものです。すなわち、覚せい剤所持の容疑のある者に対しての職務質問中、相手の着衣上衣の内ポケットの中に手を入れて所持品を取り出したところ、その中に覚せい剤があり、覚せい剤所持で現行犯逮捕し、これを差し押えたというものです（この所持品検査の違法性について、

第4章①2(2)参照→66頁)。

判示内容は次のようなものでした。

すなわち、「違法に収集された証拠物の証拠能力については、憲法及び刑訴法になんらの規定もおかれていないので、この問題は、刑訴法の解釈に委ねられているものと解するのが相当であるところ、……証拠物は押収手続が違法であっても、物それ自体の性質・形状に変異をきたすことはなく、その存在・形状等に関する価値に変りのないことなど証拠物の証拠としての性格にかんがみると、その押収手続に違法があるとして直ちにその証拠能力を否定することは、事案の真相の究明に資するゆえんではなく、相当でないというべきである」としたうえで、「しかし、他面において、事案の真相の究明も、個人の基本的人権の保障を全うしつつ、適正な手続のもとでなされなければならないものであり、ことに憲法35条が、憲法33条の場合及び令状による場合を除き、住居の不可侵、捜索及び押収を受けることのない権利を保障し、これを受けて刑訴法が捜索及び押収等につき厳格な規定を設けていること、また、憲法31条が法の適正な手続を保障していること等にかんがみると、証拠物の押収等の手続に、憲法35条及びこれを受けた刑訴法218条1項等の所期する令状主義の精神を没却するような重大な違法があり、これを証拠として許容することが、将来における違法な捜査の抑制の見地からして相当でないと認められる場合においては、その証拠能力は否定されるものと解すべきである」[2]と判示し、違法収集証拠排除法則を採用することの宣言をしたのです[3]。

② 違法収集証拠排除法則の実質的根拠

違法収集証拠の証拠能力は、これを否定するのが通説ですが、排除法則の実質的根拠については、いくつかの考え方が提示されています。

大別すれば、次の三つに要約することができます。

---

[2] 最判昭和53・9・7刑集32巻6号1672頁〔大阪覚せい剤事件〕(百選〔第9版〕94事件)。
[3] ただし、この事案における「本件証拠物の押収手続の違法は必ずしも重大であるとはいえない」とし、またこれを「被告人の罪証に供することが違法な捜査抑制の見地に立ってみても相当でないとは認めがたい」として、当該証拠物の証拠能力は肯定されました。

第1は、規範説（憲法保障説）です。この考え方は、違法収集証拠の利用は、憲法31条の適正手続、つまり、デュープロセスに違反するということが基本になっており、憲法の基本権保障は、違法収集証拠の排除を予定しているとします。そして、特に、憲法35条、33条の令状主義に違反するような方法で収集された証拠は排除されるとするのです。
　なお、この説は、もともとは、アメリカにおける憲法についての判例（1914年のウィークス事件）が認めたところがもとになっていると言われています。そして、この考え方に立って、「基本権侵害の場合にしか排除法則を肯定しない」として、憲法上の国民の基本権を侵害する場合だけ排除法則が適用されるとの考え方が示されています（渥美194頁）。
　この考え方に対しては、憲法を守るために犯人を放免するのは筋違いではないかという批判が加えられます。
　しかし、この批判は、デュープロセスを被告人の人権保障のための防壁とし、消極的実体的真実主義を基本とする現行の刑事訴訟手続のもとにおいては、必ずしも正鵠を射た議論とは言えないと思います。
　第2は、司法の廉潔性説（司法の無瑕性説）です。この考え方は、裁判所が違法に収集された証拠を事実認定の資料として使用すれば、裁判所が違法行為に加担したことになり、裁判所の公正さが疑われ、裁判所に対する国民の信頼が裏切られることになるというのです。
　この考え方に対しては、証拠上明白な犯人を放免してしまうことこそ、裁判所に対する国民の信頼を裏切ることになるとの批判があります。
　この点については、違法収集といってもそれが軽微な瑕疵である場合に、有用な証拠が排除され、その結果、重大な事件の犯人が処罰を免れるというような極端な場合であれば、このような批判も説得性を持つ場合がありましょう。しかし、後述のように、各要因を利益衡量して考える相対的排除説の立場からすれば（なお、井上正仁『刑事訴訟における証拠排除』（1985年、弘文堂）374頁参照）、そのような極端な場合についてまで証拠排除されることはないと思われます。
　そもそも、司法の廉潔性（無瑕性）という概念には、司法手続が適正手続に則って行われなければならないという意味が含まれているのであり、そうである以上、基本的には、デュープロセスを重視する立場（ひいては消極的実

体的真実主義の立場) に立っての反批判が可能となるでしょう。

　第3は、抑止効説です。この考え方は、将来へ向けての違法捜査を抑止するためには、違法な手段によって収集された証拠の証拠能力を否定し、これを事実認定の資料から排除することが最も効果的だとするのです。なお、この考え方の根底には、将来における違法捜査を抑止することによって、善良な一般国民に対しての国家による基本的人権侵害行為を予防できるとの思いがあるとも言われています。

　この考え方に対しては、違法捜査に対する抑止効は論証されていないとの批判があります。

　しかし、抑止効というものが、とかく、統計的数字などを基礎にして、懐疑的に見られるような一般的傾向があるところからすれば、この批判は余り説得的ではないように思われます。現実的に見ても、この批判の発祥地アメリカと我が国とでは犯罪状況がかなり異なっていますから、アメリカでの批判がそのまま我が国にあてはまるわけでもありません。

　このように、上記三つの考え方にはそれぞれ批判があるのですが、排除法則の根拠については、上記抑止効説が中心とならざるを得ないと思われます。結局のところ、抑止効説を中心にして、他の二つの根拠をも考慮しつつ、総合的な判断がなされるべきでしょう。

③　違法収集証拠の排除基準

1　絶対的排除説と相対的排除説

　排除の一般的基準については、これを絶対的に捉えていく立場 (いわゆる絶対的排除説) と、諸般の事情を総合的に勘案して相対的に捉えていく立場 (いわゆる相対的排除説) とがあります。

　(1)　絶対的排除説は、一般的に証拠収集手続に違法があれば、直ちに証拠排除すべきであるとする考え方です。

　この説は、一般に、排除法則の根拠についての前記②で挙げた規範説 (憲法保障説) に親しむ基準であるとも言われており、排除法則をもって、直接憲法に由来するものと捉えたうえで、憲法上の基本権保障の手続要件に違反するか否かを判断基準としています。

例えば、この立場に立つものとして、次のような見解があります。すなわち、「規範説つまり『権利論』によれば、基本権侵害が認められれば、証拠は直ちに排除される。……だが、逆に、基本権侵害にならない程度の違法の場合には、排除法則を考えない」(渥美192頁)との見解です。

この見解は、前記規範説のところで挙げた、憲法上の「基本権侵害の場合にしか排除法則を肯定しない」(渥美194頁)との考え方が前提になっていると思われます。

通説は後者の立場、すなわち、いわゆる相対的排除説に立っています。

(2) 相対的排除説は、証拠収集手続に憲法違反以外の法令違反等の事実がある場合にも排除法則の適用を認めることが前提になっていますが、その場合、証拠収集手続に違法があるからといって、直ちに証拠排除に至るわけではないとする考え方です。ただし、憲法違反がある場合には絶対的に排除されるとするのが一般です。

そして、憲法違反以外の事由による場合は、前記の将来における違法捜査の抑止や司法の廉潔性といった根拠に基づいて、諸般の事情を検討し、そのうえで、証拠排除をしなければならない必要性と証拠排除の結果生ずるであろう不利益とを利益衡量して、排除を決定すべきであるとするのです。

そうであれば、そこにおいて、上記の利益衡量をするための要因を具体的に検討する必要が生じます。

その要因としては次のものが挙げられています。すなわち、①手続違反の程度、②手続違反がなされた状況、③手続違反の有意性(計画性の有無や違法性の認識の有無・程度等)、④手続違反の頻発性(現に頻発しているか、頻発の虞があるかなど)、⑤手続違反と当該証拠獲得との因果性、⑥証拠の重要性、⑦事件の重大性(個々の事件の特性や、それに対する社会的関心の強弱も考慮に入れます)の各要因です(井上前掲書404頁〜405頁)。

(3) 思うに、各事件の個別性ということを考えれば、収集手続における違法性の有無や程度を判断するにあたっても、個別的・具体的な判断をせざるを得ず、排除法則の根拠をも総合的に考慮する必要があると思われます。そうであれば、その基準は、どうしても、利益衡量的なものを中心に考えていかざるを得ないでしょう。したがって、基本的には、相対的排除説の立場をもって妥当と考えます。

ただし、相対的排除説をもって、後述の排除の相当性があっても重大な違法と言えないときには排除されないという意味に限定してしまうような捉え方をすべきではありません。つまり、後述の競合説を前提としたうえで、令状主義の精神を没却するほどの重大な違法にまでは至っていない場合であっても、各要因を利益衡量し、排除の相当性があれば排除されるというところに、相対的排除説の意義を見出すべきでしょう。

2　排除の要件（具体的基準）

ところで、前掲の最判昭和53・9・7は、一般的な排除基準としては、相対的排除説を採用したものであると言われていますが、その要件（具体的基準）としては、「違法の重大性（重大な違法）」と「排除の相当性」の二つを挙げています[4]。

そこで問題となるのは、具体的に違法収集証拠を排除するためには、この二つの要件のいずれにも該当することが必要なのか、それとも、いずれか一方の要件に該当するのでよいのかということです。

(1) 重畳説と言われる立場は、この二つの要件に重畳的に該当することが必要である（両要件が並存的に必要である）とします。競合説と言われる立場は、この二つの要件のうちのいずれかに該当すれば証拠排除し得るとします。

(2) ところで、前掲最判昭和53・9・7は、「違法の重大性」については、憲法および刑事訴訟法の所期する「令状主義の精神を没却するような重大な違法があり」としており、「排除の相当性」については、前の部分に続けて「これを証拠として許容することが、将来における違法な捜査の抑制の見地からして相当でないと認められる場合」としています。

この判例の叙述の仕方からすれば、重大な違法があって、かつ、これを証拠として許容することが相当でない場合、と読むことになるでしょう。

したがって、この判例について言えば、基本的には、いわゆる重畳説に立っていると解さざるを得ないと思われます。

(3) ところで、相対的排除説の立場から考えるならば、排除の要件は、排除の諸根拠に基づいて具体的な検討をすべきであり、そのうえで、排除すべ

---

[4] 判例の表現では、後者の要件、つまり「排除の相当性」については、「違法な捜査の抑制の見地からして相当でないと認められる場合」とされています。

きか否かを相対的に考えていくことになります。そうである以上、競合説の立場に立って考える方が、事案ごとに具体的妥当な解決を図ることのできる範囲が広がり、合理的であると思われます。

3 排除の要件の内容

そこで次に、排除の要件である「違法の重大性」と「排除の相当性」について、その内容を検討することにします。

(1) 先ず、「違法の重大性」について検討していくことにしますが、前掲最判昭和53・9・7は、令状主義の精神を没却するような重大な違法と言っているのですから、まさに憲法の定める令状主義に違反する場合か、それに準ずるくらいの違法に限定しているように思われます。

(a) この判例が、上記のような違法をもって重大な違法と考えているとすれば、それは、かなり限定されたものであり、そのような場合には、当然に「排除の相当性」も認められる筈でありますから、違法の重大性とは別に、あえて「排除の相当性」という要件を立てる必要もないことになり、「排除の相当性」基準の独自性は没却されてしまうのではないでしょうか（なお、田宮403頁）。また、この判例のように、「違法の重大性」を限定して捉え、かつ、重畳説に立って判断していくことになると、排除法則の適用される場面は極端に狭められてしまうことになるでしょう。

したがって、重畳説をとる判例の立場からすれば、「違法の重大性」の内容は、もっと緩やかに捉えられてもよいのではないかと思われます。

ところで、違法の重大性が問題とされた従来からの例としては、次のような場合が例示されています。すなわち、「証拠の収集について、①憲法35条に違反した場合、②被疑者等の基本的人権を侵すような方法がとられた場合、③刑法上処罰に値するような違法行為が行われた場合、④刑訴法上の強行規定に違反した場合等」です（田宮402頁）。

思うに、これらは、いずれもが、その抽象的内容・程度等からして、「違法の重大性」基準にあてはまるものと解すべきでしょう。

(b) ところで、最判平成15・2・14刑集57巻2号121頁〔大津覚せい剤事件〕（百選〔第9版〕96事件）は、最高裁として初めて、逮捕手続についての違法の重大性と排除の相当性を認め、違法収集証拠であることを理由として現実に証拠排除をしました。

事実の概要は、次のようなものです。

すなわち、①警察官が、窃盗についての逮捕状の発付されている被疑者を、逮捕状を持参しないで（したがって、逮捕状を示さずに）逮捕し、後に、逮捕状に、逮捕状を示したとの虚偽の記載をし、さらに、そのような内容虚偽の捜査報告書を作成し、後日公判廷でもそのような虚偽の証言をした。②また、同被疑者を警察署に連行した後、同日中に、同被疑者に対して尿の検査をし、鑑定の結果、その尿から覚せい剤成分が検出され、その尿の鑑定書をも疎明資料として覚せい剤所持と自己使用の罪について捜索差押許可状の請求をして同許可状の発付を得、逮捕前に既に発付されていた窃盗についての捜索差押許可状と併せて、被疑者宅の捜索をし、覚せい剤を差し押えた。以上がその概要です。

これについて、最高裁は、本件尿と尿の鑑定書について、先行の違法捜査手続と後行の証拠収集手続（採尿手続）との間には密接な関連性があるとし、当該尿の鑑定書は、違法収集証拠であるとして、その証拠能力を否定しました。

なお、この判例は、窃盗罪で逮捕した後の、後日行われた本件覚せい剤の差押えについては、司法審査を経て発付された覚せい剤事件についての捜索差押許可状によってされたものであること、逮捕前に適法に発付された窃盗事件についての捜索差押許可状の執行と併せて行われたものであることなどの諸事情からすると、本件覚せい剤の差押えと上記尿の鑑定書との関連性は密接なものではないとし、本件覚せい剤と当該覚せい剤に関する鑑定書については、その証拠能力を肯定しています。

ところで、それまでの最高裁判例では、先行の捜査手続の違法性が後行の証拠収集手続に及ぼす影響を厳格に解し、利用関係については、同じ事件の捜査といった、同一目的に向けられ（例えば、覚せい剤の自己使用事件の証拠として用いるため、採尿を行う場合など）、かつ、一連の手続を直接利用した場合に限定して、後行の証拠収集手続を違法としたものがありましたが[5]、この判例は、先行の違法な捜査手続と後行の証拠収集手続との間に密接な関連性があれば排除し得るとしており、この点からも注目されます。

5　最判昭和61・4・25刑集40巻3号215頁（百選〔第9版〕95事件）参照。

(2) 次に、「排除の相当性」の内容について検討してみましょう。

(a) 前掲最判昭和53・9・7は、「排除の相当性」として、具体的には、違法捜査の抑制（止）の必要性を挙げています。

なお、前述のように、同判例の立場では証拠排除するには「違法の重大性」と「排除の相当性」とが重畳的（並存的）に必要になりますので、「違法の重大性」を同判例が言うような限定したものとして捉えますと、あえて「排除の相当性」という基準を設定するまでもないことになってしまうでしょう。

これに対し、競合説の立場に立てば、違法性がそれほど重大でない場合でも、将来の違法捜査の抑止等のために排除法則を適用する必要が強ければ、それを独立の基準と捉えて、排除法則を適用していくことになります。したがって、違法が重大というまでには至っていなくても、違法捜査の抑止といった「排除の相当性」基準からの証拠排除を認めることも可能になってくると思われます。

(b) ところで、前掲最判平成15・2・14は、違法の重大性を認めただけでなく、「このような違法な逮捕に密接に関連する証拠を許容することは、将来における違法捜査抑制の見地からも相当でないと認められるから、その証拠能力を否定すべきである」としており、排除の相当性もあるとの判断をしています。そこで、以下、この点を考えてみます。

この最判平成15・2・14の事案における逮捕手続そのものの違法は、警察官の逮捕状執行についての手続に誤りがあったものであり[6]、これまでの判例の考え方からすれば、それだけでは、必ずしも重大な違法とまでは言えない可能性のあるものでした。しかるに、捜査官らは、逮捕後に、自らの逮捕手続の違法を糊塗する（ごまかす）ための様々な違法行為（逮捕状への虚偽事項の記入や内容虚偽の捜査報告書の作成、公判廷で事実に反する証言をしたことなど）を行っていました。そこで、逮捕行為の違法だけでなく、これらの警察官の態度を総合的に考慮した結果、違法の重大性と排除の相当性を認めるとの判断に至ったと言えます。

そうであれば、この判例においては、実質的には、違法の重大性だけでな

---

6 逮捕状の緊急執行の手続（法201条2項、73条3項）をとっておけば、特に、問題はなかった筈なのに、それをしなかったというものです。

く、将来における違法捜査抑制（止）の見地からする排除の相当性についても多分の考慮が払われていると評することもできるでしょう[7]。

4 排除法則についてのその他の問題

便宜、ここで、排除法則についてのその他の問題についても説明しておくことにします。

(1) 私人による違法収集証拠

私人が違法に収集した証拠も排除されるべきか否かが問題とされます。この点について、通説は、原則として排除されないが、捜査機関が私人を利用したり私人に依頼したりして私人が違法に収集した場合には、排除されるとしています（なお、詳細は渡辺411頁以下参照）。

(2) 排除の申立て適格

違法収集証拠の排除を申し立てることのできる者は、当該違法な証拠収集の対象となった者に限定されるのか否かということが問題とされることがあります。しかし、証拠禁止として違法収集証拠を排除するのは、違法捜査により権利侵害を受けた者の権利救済を目的とするからではなく、あくまでも、違法捜査を抑止することと共に、適正手続を担保し、国民の司法に対する信頼を確固たるものとするためなのですから、そのような証拠が誰に対して使用されるかによって排除の可否に違いが生じることはありません。したがって、被告人は、誰に対して違法捜査（違法な証拠収集）がなされたかを問題にすることなく、その排除を申し立てることができると解すべきです。

(3) 違法収集証拠への同意

違法収集証拠であっても、被告人が同意した場合には、当該証拠は証拠能力を有することになるのか、が問題とされます。

この点については、第13章 8 3（→280頁以下）で論じていますので、そこを参照してください。

---

[7] ただ、この判例は、実際の逮捕後の上記各違法行為も一連の逮捕手続の一環であると考えて、第一義的には、あくまでも逮捕手続に関しての「違法の重大性」の問題として捉えたものと思われます。

④ 毒樹の果実の理論

1 毒樹の果実の理論の意義

毒樹の果実の理論 (the fruit of the poisonous tree doctrine) とは、違法な捜査活動によって収集された第1次的証拠たる物証や自白（毒樹）が排除される場合には、それに由来する第2次的証拠（派生的証拠）たる物証や自白（果実）も証拠排除されるとする理論です。この理論も、もともとはアメリカの判例法によるものです。

2 判例の状況

一般に、学説は毒樹の果実の理論を認めています。なお、最高裁判例で正面から直接この理論の採否についての判断をしたものは今のところありませんが[8]、最判昭和58・7・12刑集37巻6号791頁が、伊藤裁判官の補足意見として、この問題を論じています。なお、この補足意見は、「法廷意見を代弁したものといい得る」（最判解説昭和58年度186頁〔森岡茂〕）とも評価されていますので、ここで検討しておきましょう。

この事案では、違法な別件逮捕中の自白に由来する裁判官の勾留質問調書および消防職員の質問調書の証拠能力が問題になりました。同補足意見の毒樹の果実の理論に関する部分を挙げると、次のように述べています。

(1) すなわち、先ず、①「違法収集証拠（第1次的証拠）そのものではなく、これに基づいて発展した捜査段階において更に収集された第2次的証拠が、いわゆる『毒樹の実』として、いかなる限度で第1次的証拠と同様に排除されるかについては、それが単に違法に収集された第1次的証拠となんらかの関連をもつ証拠であるということのみをもって一律に排除すべきではなく、第1次的証拠の収集方法の違法の程度、収集された第2次的証拠の重要さの程度、第1次的証拠と第2次的証拠との関連性の程度等を考慮して総合的に判断すべきものである」としています。

---

[8] ただし、前掲最判平成15・2・14は、一部この理論の例外法理に触れているとも言えるでしょう。なお、同判例における尿の鑑定書を「毒樹」であるとし、差し押えられた覚せい剤を「果実」であると理解するのが多数の見解と言えます。例えば、大澤裕「違法収集証拠の証拠能力(3)」百選〔第8版〕141頁など。

そして、②「第1次的証拠の収集者自身及びこれと一体とみられる捜査機関による第2次的収集証拠の場合には、特段の事情のない限り、第1次的証拠収集の違法は第2次的証拠収集の違法につながるというべきであり、第2次的証拠を第1次的証拠と同様、捜査官に有利な証拠として利用することを禁止するのは、将来における同種の違法捜査の抑止と司法の廉潔性の保持という目的に合致するものであって、刑事司法における実体的真実の発見の重要性を考慮にいれるとしても、なお妥当な措置であると思われる」と論じています。

ただ、結論としては、③「以上のように右勾留質問調書及び消防官調書は第1次的証拠との関連の程度が希薄であることに加え、本件の事案も重大であり、右各調書は証拠としても重要であること等を総合考慮すれば、これらの証拠能力を否定することは、違法収集証拠の排除の目的を越えるものであるというべきであるから、これらの調書を裁判の資料とした措置には、所論の違法があるものとはいえない。」としました（引用箇所のはじめに付した①～③の番号は筆者）。

(2) この補足意見は、結論的には、排除法則の適用を否定して証拠能力を肯定した判決の内容を是認していますが、前掲②の部分で論じているところからして、例えば、警察官面前調書（員面調書など）から検察官面前調書（検面調書）へと引き続いたいわゆる反復自白の場合などには、捜査機関が一体とまでは言えないとしても、同様の取調べが繰り返されている可能性が高いと言え、毒樹の果実の理論を適用すべき場面を十分に想定できるでしょう。

そして、第2次的証拠が毒樹の果実として排除されるためには、第1次的証拠と第2次的証拠との関連性（毒樹と果実との関連性）がどの程度のものであるかが重要になってきます。

なお、関連性の程度については、第1次的証拠に関する、先行の捜査手続の違法が後行の証拠収集手続に及ぼす影響についての前掲最判平成15・2・14の考え方を、応用できると思われます。すなわち、同判例が、上記影響について、それを密接な関連性があることとした（前記3 3(1)(b)参照→220頁）趣旨を、第1次的証拠と第2次的証拠との関連性の場合にも応用して考えますと、この場合も、「密接な関連性」があれば、第2次的証拠を排除し得ると思われます。

3 毒樹の果実の理論の例外と排除法則の例外

ところで、毒樹の果実の理論を形成したアメリカの判例においては、毒樹の果実の理論には例外があるとし、①独立入手源の法理、②不可避的発見の法理、③希釈法理、に基づく各例外を認め、これらの例外のいずれかにあたる場合には証拠能力が認められるとしています。

(1) ①の独立入手源の法理とは、派生的証拠が違法な押収等とは別個独立の捜査活動から得られた場合をいうとされ、②の不可避的発見の法理とは、必然的発見の法理とも言われ、違法捜査によらなくても、いずれ他の捜査官が適正手続に則ってその証拠を不可避的に発見した筈である場合をいうとされています。③の希釈法理とは、最初の違法捜査と派生的証拠の発見との間に他の証拠が介在したり適法証拠も多数あるなどして、違法捜査と派生的証拠の発見との間の因果関係が希薄になっている場合をいうとされています。

因みに、不可避的発見の法理による例外は、毒樹の果実の理論における例外として扱われるだけでなく、そもそも、次で述べる善意の例外とともに、排除法則そのものの例外としても論じられています（田宮405頁、田口379頁参照）。

(2) なお、便宜上、ここで上記の「善意の例外」についても述べておくことにします。善意の例外とは、排除法則そのものの例外とされるものであり、結果的には違法捜査になっているのだけれども、当該捜査官が、証拠収集当時、その手続を合法であると信じていた（善意的確信に基づいていた）場合には、その証拠は排除されないとするものです。

したがって、善意の例外は、排除法則の根拠を違法捜査の抑止（抑止効）におく場合にとられる例外ということになります。というのも、排除法則の根拠が違法捜査の抑止にあるのだとすれば、はじめから当該捜査の合法性を信じており、違法捜査を行っているとの認識のない捜査官に対しては、違法捜査を抑止するといったところで、もともと違法であるとの認識がないのですから、違法捜査抑止効の働く余地がなく抑止効は意味をなさないからです。

(3) 問題はこれらの例外を認めることの是非についてです（なお、排除法則そのものの例外についても、便宜ここで検討します）。

(a) これらの例外もアメリカの判例法の中から形成されてきたものです

が、排除法則そのものの例外とされる善意の例外については、前述のところからも分かるように、証拠を排除したとしても違法捜査を抑止する効果のない場合でありますから、抑止効の立場において生じる例外であるということになります。

しかし、前述の排除基準に関する相対的排除説、競合説の立場からすれば、排除法則の根拠は抑止効のみに止まるものではないのであり、抑止効がないとの一事をもって、たやすく例外を認めるべきではないと思われます。

また、違法捜査の抑止ということから考えた場合でも、「違法抑止は個々の捜査官に対する特別予防作用ではなく、むしろ一般予防的・機構的効果に着目するものというべきであるから、この例外を正面から認めるのは相当ではない」（鈴木229頁）ということになります。

また、不可避的発見の法理による例外についても、主として、抑止効の立場において生じる例外の言えますが、「違法行為と証拠発見との間に因果関係が少ないと見られる点を重視している」との見解（石井一正「違法収集証拠排除の基準—最判昭53・9・7以降の判例を中心として—」判タ577号15頁）が説得的だと思います。そして、そうであれば、このような場合は、違法行為と証拠収集との間の関連性ないし因果性の有無・程度の問題と考えればよく、あえて例外とする必要はないでしょう。また、派生証拠について言えば、要は、第1次的証拠と派生証拠との間の関連性ないし因果関係が薄いとすればよいでしょう。

(b) 次に、毒樹の果実の理論の例外とされる前記①の独立入手源の法理による例外と③の希釈法理による例外とを見ていくことにします。

これら二つの例外については、「おおむね合理的で、わが国においても採用されてもよい」（光藤・中158頁）とし、これらの例外の採用に肯定的な見解があります。これに対し、「日本では判例の二段階の違法判断構造のため、そもそも排除される場合がきわめて限定されている。それ以上に、上に述べた『例外』を認めることには疑問がある」（白取374頁）として、これらの例外を認めることに否定的な見解もあります。

この点についての私見を述べれば、以下の通りです。

①先ず、希釈法理による例外から検討しましょう。

この例外については、第1次的証拠と第2次的証拠（派生的証拠）との間に

介在する事情が具体的にどのようなものであり、それによって真に両者の間の因果関係が遮断される程に希釈されているかどうかを慎重に吟味する必要があると考えます。

そして、その吟味は、後述の独立入手源の法理の場合と同様、基本的には、具体的な排除要件の検討・評価過程において行えばよいのであって、あえて例外とするまでの必要性はないように思います。

②次に、独立入手源の法理による例外について検討します。

先ず、前掲最判昭和53・9・7が重畳説をとっていることを考えますと、そもそも、排除法則が具体的に適用される場面はかなり限定されていることになります。そこで、そのうえさらに独立入手源の法理による例外が適用されるような場面をどれ程想定できるかについては疑問が生じます。

また、競合説の立場で考えれば、「違法の重大性（重大な違法）」と「排除の相当性」の双方の要件に該当するかどうかをそれぞれ詳細かつ具体的に検討することになります（これに対し、重畳説では、一方の要件（違法の重大性）に該当しなければ、他方の要件（排除の相当性）については検討しなくてもよいことになりましょう）。したがって、全く別のルートからの情報により収集したものかどうかということは、具体的な排除要件に当たるか否かを幅広く検討し評価していく中で判断すればよいということになります。

このように考えますと、上記法理による例外についても、それを認めることの必要性はかなり薄弱だということになりましょう。

第11章　自白法則

> この章では、自白の証拠能力の制限（狭義の自白法則）と、制限される根拠についての考え方を説明し、約束による自白と偽計による自白を取り上げます。次に、自白の証明力について、自白の補強法則を中心に補強証拠適格、補強の範囲（とりわけ、罪体の概念をどう捉えるか）などについて検討し、自白の証明力評価の基準についても説明します。そして、最後に共犯者の自白の証明力について、共犯者の自白にも補強証拠が必要か否かを検討します。

1　自白と自白法則

　自白とは、自己の犯罪事実の全部またはその重要部分を認める被告人（被疑者）の供述です。なお、一方で犯罪事実を認めながら、他方で犯罪の成立を阻却する事由（違法性阻却事由等）の存在を主張する場合も自白と言えます（井戸田210頁、鈴木218頁、田宮343頁など）。
　自白に関しては、憲法および刑事訴訟法が、それぞれ、二つの規定を置いています。
　その一つは、自白の証拠能力の制限についての規定であり、憲法38条2項、刑訴法319条1項の定めるところです。これを狭義の自白法則と言います。一般に、自白法則と言った場合は、この狭義の自白法則を指すことが多く、後記の強制自白、長期拘束自白、不任意自白の排除の問題として論じられてきました。
　もう一つは、自白の証明力を制限し、自白には補強証拠が必要であるとの規定であって、憲法38条3項、刑訴法319条2項、3項の定めるところです。これを自白の補強法則と言います（本章3 1参照→234頁以下）。
　なお、上記二つの自白に関する法則を合わせて広義の自白法則と言うこともあります。

2 自白の証拠能力

1 自白の証拠能力の制限とその根拠

ここでは、先ず、狭義の自白法則である自白の証拠能力の制限の問題について考えていくことにします。

憲法38条2項は、「強制、拷問若しくは脅迫による自白又は不当に長く抑留若しくは拘禁された後の自白は、これを証拠とすることができない」と規定し、刑訴法319条1項は、これを受けて、憲法が規定する上記自白（なお、「強制……による自白」を強制自白と呼び、「不当に長く抑留……後の自白」を長期拘束自白と呼ぶのが一般です）以外に、さらに、「その他任意にされたものでない疑いのある自白」という文言を付け加えて、いずれも、「これを証拠とすることができない」と定め、そのような自白の証拠能力を否定しています。

それでは、このように自白の証拠能力が制限される根拠は何でしょうか。

この点については、いわゆる虚偽排除説と人権擁護説とが提唱され、両説を折衷する考え方がこれまでの通説的見解とされていましたが、その後、後述する違法排除説と言われる考え方が台頭してきました。

(1) 虚偽排除説は、いわば証明力の点から自白の証拠能力を考えていると言えます。

すなわち、上記のような強制等によってなされた自白は、証明力において劣るということ、具体的には、虚偽の虞があるということを前提に証拠能力を考えています。すなわち、そのような証明力の劣る証拠を事実認定の資料にすることは実体的真実の発見にとって有害であるから、そのような自白は排除されるべきだとするのです。

(2) これに対して、人権擁護説は、強制や拷問等によって得られた自白に証拠能力を認めたのでは、憲法38条1項が被告人に黙秘権を保障していることや憲法36条が公務員の拷問を禁止したことが無意味になってしまい、憲法の人権保障規定が実効性を担保できなくなってしまうから、そのような自白は排除されるべきだとするのです。

この説は、主に、黙秘権侵害の有無ということを基準としており、自白そのものの真実性を問題としていませんので、真実主義の理念からは離れるこ

とになります。その点からして、虚偽排除説とは基本的に別の視点に立っていることが分かります。しかし、被告人の供述そのもの（強制・拷問等により、供述についての自由意思が侵害されていること）を基準としているという点では、虚偽排除説と共通するところがあります。

なお、この二つの説は、共に任意性（自白が任意になされたか否か）の観点から自白の証拠能力を考えていますので、任意性説と呼ばれます。

（3）　ところで、このような考え方に対して、刑訴法319条1項が不任意の自白を証拠排除していることは明らかであるとしても、そもそも、自白の証拠能力の問題は、憲法との関連で考えれば、単に自白の任意性だけの問題ではないのではないか、ということが問われるようになりました。つまり、違法な手段によって得られた自白は、任意性の有無を問うまでもなく証拠排除されるべきであるとの考え方が示されたのです。

このような考え方は、自白排除の基準を、自白そのものが任意になされたか否かという点に求めず、その前段階の自白採取手続の中で考え、そこに違法なものがあったかどうかを考えていくのです。それは、まさに、違法収集証拠排除法則の自白版とでも言えるような考え方ということになります。

ここにおいては、自白の証拠能力についての審査対象は客観的事実たる自白採取手続そのものとなり、採取された自白が違法な手続に基づくものであれば、そのような自白は、違法手続を抑止する等のために、排除されるとするのです。これが違法排除説であり（田宮351頁参照）、その位置付け等については見解が分かれるものの、近時の通説的見解と言えます。

（4）　ところで、刑訴法319条が明文で、不任意自白を排除していることとの関係で、違法排除説をどのように位置づけるか、つまり、任意性説と言われる虚偽排除説および人権擁護説と違法排除説との関係をどのように考えるかということが問題とされます。

不任意自白がなされたということは、捜査官による何らかの強制や不当な長期にわたる身柄拘束といったような、違法な外的要因が働いたことによるものと推認できますので、一応、不任意自白をも違法収集自白に含め得るでしょう。そうであれば、違法排除ということをもって、ここでの自白法則（不任意自白の排除のことを言うのが一般です）の上位概念として捉えることも可能になってくると思われます。その場合は、刑訴法319条1項の条文にある

「強制、拷問又は脅迫による自白」や、「不当に長く抑留又は拘禁された後の自白」（憲法39条2項にも同様の文言があります）というのは、違法収集自白の例示と捉えればよいということになります。そして、刑訴法319条1項を「適正な取調に基づく任意の自白」でない疑いがある自白の排除と捉えることによって（鈴木221頁）、条文解釈上の整合性の保持も可能になりましょう。

なお、判例は、違法収集証拠が排除される要件として、違法の重大性と排除の相当性を挙げていますので（第10章③の2および3参照→219頁、220頁）、この判例の立場を前提にすれば、違法が重大でない場合は、あくまで自白そのものの任意性の有無を検討することになります。

いずれにしても、この三つの考え方は相互に排斥し合うものではなく、併存するものと考えるべきです。

2 約束による自白と偽計による自白

ここで、証拠能力が問題となる自白として、具体的に、いわゆる約束による自白と偽計による自白について検討を加えてみることにします。

判例は、これらの自白について、基本的には、虚偽排除説ないし人権擁護説の立場に立って問題の解決を図ろうとしているように思われます。しかし、違法排除説を上述のように理解すれば、これらの自白についても、自白獲得手段の違法性という観点から、統一的に扱うことも可能となるでしょう。

(1) そこで、判例を見ていくことにします。先ず、約束による自白についてのものとしては、最判昭和41・7・1刑集20巻6号537頁（百選〔第9版〕74事件）があります。

すなわち、この判例は、自白をすれば起訴猶予にする旨の検察官の言葉[1]を信じた被告人（当時は被疑者）が、起訴猶予になることを期待してした自白について、「本件のように、被疑者が、起訴不起訴の決定権をもつ検察官の、自白をすれば起訴猶予にする旨のことばを信じ、起訴猶予になることを期待してした自白は、任意性に疑いがあるものとして、証拠能力を欠くものと解するのが相当である」と判示しました。

この判例は、虚偽排除説と人権擁護説の双方から判断したと解するのが一

---

1 なお、この事案では、その旨の言葉が検察官から被告人（当時は被疑者）に直接伝えられたのではありません。

般的ですが、その点、判文だけからでは、必ずしも明白ではありません。

なお、この点に関し、「約束による自白の排除は、虚偽排除説によらなければ十分の説明がなされえない場合だと一般に考えられているが、少なくとも約束不履行の場合は、違法排除説によっても十分説明可能な場合といいうるであろう」（鈴木前掲論文319～320頁）との見解が示されています。

思うに、このような場合は、約束不履行の場合でなくても、このような約束をすること自体が被告人に対する重大な利益誘導になると評し得る場合であれば、違法排除説によって排除することも可能となるでしょう。

(2)　次に、偽計による自白についてのものとして、最大判昭和45・11・25刑集24巻12号1670頁があります。

事実の概要は、次のようなものです。

すなわち、①検察官が、先ず被告人に対し、共犯者とされる被告人の妻が自供した旨の虚偽の情報を与えて、被告人に共謀を認める自白をさせました（因みに、この段階では調書を取っておりません）。②次に妻と交替させ、その旨（被告人が自白した旨）を妻に対して告げて、妻からも、共謀についての自白を得た[2]ので、直ちにその調書をとりました。③そして、もう1度被告人と交替させ、再度被告人に対し、妻は共謀を認めているが間違いはないかと確認したうえで、被告人の自白調書をとり、さらに警察官に再度の取調べをさせ自白調書をとった、というものです。

これについて、次のように判示しました。

すなわち、「もしも偽計によって被疑者が心理的強制を受け、その結果虚偽の自白が誘発されるおそれのある場合には、右の自白はその任意性に疑いがあるものとして、証拠能力を否定すべきであり、このような自白を証拠に採用することは、刑訴法319条1項の規定に違反し、ひいては憲法38条2項にも違反するものといわなければならない」としたのです。

この判例も、任意性を問題にし、基本的には、人権擁護説と虚偽排除説との双方から判断したものと解されていますが、前記判示部分より前のところで、「捜査手続といえども、憲法の保障下にある刑事手続の一環である以上、刑訴法1条所定の精神に則り、公共の福祉の維持と基本的人権の保障とを全

---

[2]　このような検察官の一連の取調べのやり方を、弁護人は「切り違え尋問」と名付けました。

うしつつ適正に行われるべきものである」と説示し、捜査そのものを、憲法の保障下にある刑事手続の一環と捉え、捜査の適正ということを特に強調していることや、取調べにおける自白獲得方法（いわゆる「切り違え尋問」）の違法性をもって実質的な証拠排除理由としていることなどからしますと、違法排除説の立場にも近づいた判断をしているように思われます。

　(3)　なお、最決平成元・1・23判時1301号155頁〔百選〔第9版〕78事件〕は、違法な接見制限中の自白の証拠能力についても、自白の任意性の問題と捉え、任意性に疑いがないからとして、自白に証拠能力を認めました。しかし、違法排除説の立場から考えれば、当該自白調書の証拠能力を否定する余地もあったと思われます[3]。

3　自白の証明力

1　自白の証明力の制限

　(1)　自白の証明力（なお、証明力の意義については、第9章4 1(1)参照→203頁）については、先ずは自白の証明力の制限の問題として論じられます。

　自白については、かつてそれが「証拠の王」あるいは「証拠の女王」などと言われ、自白採取が余りにも重視され過ぎ、そのことが拷問等の非人道的な取調べの原因になっていたという歴史があります。

　そこで、法は、自白の偏重を避けて、人権保障の見地から、非人道的な取調べを防ぎ、誤判（冤罪）を防止すべく、自白の証明力に関しての制約規定を設けました。

　第1は、内容的制約規定であり、自白の補強法則と言われるものです。すなわち、自白だけでは被告人を有罪とすることができないということ、つまり、自白事件で有罪とするには、自白の他に必ず補強証拠が必要であるとする法則です（憲38条3項、法319条2項、同条3項）。

　第2は、手続的制約規定であり、証拠調べの順序からする手続的制約で

---

[3]　因みに、違法排除説をとったと思われる裁判例として、東京地判昭和62・12・16判時1275号35頁〔百選〔第9版〕75事件〕、福岡高判昭和61・4・28刑月18巻4号294頁〔鹿児島夫婦殺人事件差戻審判決〕参照。なお、東京高判平成14・9・4東高時報53巻1〜12号83頁、判時1808号144頁〔ロザール事件〕〔百選〔第9版〕77事件〕は、自白獲得手段の違法が重大である場合は、自白の任意性を判断するまでもなく、当該自白を排除すべきであるとしました。

す。すなわち、自白調書の取調べは、犯罪事実に関する他の証拠が取り調べられた後でなければ、その取調べの請求をすることができないとの制約です（法301条）。この点は後の6（→243頁）で詳述します。

(2) 補強法則について、憲法38条3項は、「何人も、自己に不利益な唯一の証拠が本人の自白である場合には、有罪とされ、又は刑罰を科せられない」と定め、刑訴法319条2項は、「被告人は、公判廷における自白であると否とを問わず、その自白が自己に不利益な唯一の証拠である場合には、有罪とされない」と規定しています。すなわち、補強法則とは、仮に裁判官が被告人本人の自白だけで有罪との心証を抱いていても、被告人本人の自白だけでは決して有罪認定ができないとの法則ということになります。そして、本人の自白以外に補強証拠が存在してはじめて有罪認定が可能になるのです（なお、第9章④5(1)参照→205頁）。

補強法則については、補強証拠適格と補強の範囲（罪体の概念も含めて）、補強の程度などが、主として、論じられます。

2 補強証拠適格

補強証拠適格とは、補強証拠となり得る資格です。そして、どのような証拠が補強証拠適格を有するかが問題とされます。

(1) 補強証拠となり得る証拠は、先ず、当然のことながら証拠能力のある証拠でなければなりません。

次にそれは、自白とは別個独立のものでなければなりませんから、被告人の自白以外の証拠でなければならず、同一被告人の自白は、どの段階でなされたものであっても相互に補強証拠とはなり得ません。したがって、同一被告人の公判廷における自白と公判廷外の自白は相互に補強証拠たり得ないのです。最大判昭和25・7・12刑集4巻7号1298頁は、被告人の、第1審公判調書中の供述記載と、司法警察官に対する供述記載とによって有罪を認定したことについて、「互に補強証拠を要する同一被告人の供述を幾ら集めてみたところで所詮有罪を認定するわけにはいかない道理である」と判示しています。

因みに、判例は、従前から、憲法上は公判廷での自白は憲法38条3項の「本人の自白」には含まれず、公判廷の自白には補強証拠を要求しなくても憲法の同条項に違反しないとの立場に立っています[4]。したがって被告人の

公判廷外の自白と公判廷における供述（自白）とによって犯罪事実を認定しても憲法38条3項には違反しないということになります（新版注釈第5巻171頁、257頁〔植村立郎〕参照）[5]。

しかし、公判廷の自白であっても、それは、被告人本人の自白であることには変わりがありませんので、この判例には学説から疑問が呈せられています（平野236頁、鈴木225頁など）。

(2) 次に、いわゆる共犯者の自白が補強証拠になり得るか否かを検討します。

(a) この点、判例は、共同被告人になっていると否とを問わず（共同被告人の供述であっても）、一貫して補強証拠となることを認めていると一般に理解されています（総研380頁）。

(b) 学説も肯定説が通説的見解であると言えます。肯定説の多くは、要するに、被告人本人の自白があり、それ以外に証拠があれば、その証拠が共犯者の自白であったとしても、法が予想する「定型的な誤判の危険」は解消されるといった理由付けをして、共犯者の自白を補強証拠にすることができるとするのです（高田259頁、田宮362頁）。しかし、この問題については、少数説ではありますが、否定説が説得的に主張されています（井戸田236頁など）。

(c) 思うに、誤判（とりわけ冤罪）ということを考えた場合、共犯者の自白というものは、他人に責任を転嫁する危険がありますし、また、他人を共犯者に仕立て上げ、事件に引き込む虞（いわゆる「巻き込みの危険」）もあるといったところから、それ以外の証拠と比べ、誤判（冤罪）を引き起こす危険性の程度が高いと言えます。なお、補強証拠として用いられる場合は、本人が自白しているところからして、一般に、いわゆる巻き込みの危険はいくらか減少しているかのようにも思えますが、本人の自白があるからといって、自

4　最大判昭和23・7・29刑集2巻9号1012頁（百選〔第9版〕A30事件）。
5　なお、最大判昭和24・4・6刑集3巻4号445頁は、当該判決裁判所におけるものに限定しています。他に、公判廷における被告人の自白が憲法38条3項の「本人の自由」に含まれないとするものとして、最大判昭和25・10・11刑集4巻10号2000頁、最大判昭和42・12・21刑集21巻10号1476頁（百選〔第9版〕81事件）参照。なお、刑訴法上は、「公判廷の自白であると否とを問わず」としているので、同一被告人の自白は補強証拠たり得ないことは明らかですが、公判廷外の自白と公判廷の自白とで有罪認定をしても憲法違反でないとの判例の立場からすれば、そのことは上告理由には当たらないことになります。もっとも、上告理由にはならなくても、法411条1号によって、原判決を職権破棄することは可能です。

白そのものの危険性からすれば、それ自体に、もともと自白としての危うさがあるわけだし、巻き込みの危険性が解消し切れるわけではありません。

したがって、肯定説が、共犯者の自白を補強証拠とすることによって定型的な誤判の危険が解消されるとするのは疑問です。また、肯定説の言う定型的な誤判の危険が解消されるというのも、必ずしも明らかでありませんが、この点については、架空犯罪で罰する危険が解消されるということを意味しているように思われます。

以上の検討からすれば、理論的にも実際的にも否定説が妥当です。

3 補強の範囲と罪体の概念

補強証拠の補強の範囲については、犯罪事実のいかなる部分（範囲）について補強証拠が必要であるかということが問題とされます。

(1) この点については、罪体説（形式説）と実質説とが対立しています。

(a) 罪体説（形式説）は、罪体すなわち犯罪事実の客観的側面について補強を要するとしています（通説）。

(b) これに対して、実質説と言われる考え方は、補強の範囲について、自白にかかる事実の真実性を担保するものであれば足りるとして、実質的に捉えています（平野233頁〜234頁、237頁参照）。この立場は、罪体説のように、客観的に補強の範囲を限定しません。つまり、罪体といったような枠にはめずに、要は、自白された事実が真実であるということを合理的に担保するに足りるだけの証拠があればよいとするのです。

判例は、基本的には、実質説の立場に立っていると言えます。

すなわち、最判昭和23・10・30刑集2巻11号1427頁は、「自白を補強すべき証拠は、必ずしも自白にかかる犯罪組成事実の全部に亘って、もれなく、これを裏付けするものでなければならぬことはなく、自白にかかる事実の真実性を保障し得るものであれば足るのである」と判示しています。

(c) 思うに、判例の考え方は、実際の適用の場面では、通説の考え方とさほどの違いはないようですが[6]、何らかの客観的な補強の範囲を定めておかないと、自白自体の証明力の強弱によって、補強証拠を必要とする範囲にかなりの差異が生じてしまうことになります。その結果、場合によっては、補

---

6 注5掲記の最判昭和42・12・21参照。

強証拠の必要性の範囲が極端に狭められてしまうことが予想されます。したがって、一定の基準は必要なのであり、基本的には、罪体説の立場で考えていくべきです。

(2) 次に、罪体の概念をどのように捉えるかが問題となります。具体的には、犯人と被告人との同一性を罪体の中に含めるか否か、つまり犯人と被告人との同一性（被告人が犯人であること）についてまで補強証拠を必要とするか否かという問題です。

(a) 不要説（通説）は、犯罪行為に起因する客観的法益侵害が罪体であるとし、例えば、殺人罪の場合であれば、他殺死体が存在すれば、これと自白とで有罪認定ができるとします（この立場を、狭義での罪体説と言うこともあります）。

この見解は、自白の危険性を指摘しつつも、被告人と犯罪行為者との同一性までが補強されなければならないことになると、あまりに有罪判決が困難となり、偶然に左右される弊害も生ずることになるとしています（平野234頁、田口389頁。なお、平野234頁は、前記実質説の立場に立ったうえで不要としています）。そして、この点については裁判官の合理的自由心証に委ねてよいとするのです（田口389頁）。

(b) これに対して、必要説は、罪体の中には犯人と被告人との同一性をも含めるべきだとし、犯人と被告人との同一性についても補強証拠が必要であるとします（高田261頁、井戸田238頁。上口488頁も同旨）。

この見解は、一般に、誤判（とりわけ冤罪）の危険の防止という観点からすれば、単に犯罪事実そのものの存在の立証だけを強調するのでは一面的であり、被告人と犯人との同一性についても補強証拠が必要であるとするのです。ただ、その場合、直接証拠である必要はなく、間接証拠で足りる（高田261頁）あるいは情況証拠で足りる（井戸田237頁）との見解が示されています。

(c) 犯罪事実については、その客観的側面が重要であることは当然ですが、誰が犯人であるかということは、その中でもとりわけ重要なことであり、だからこそ、万一の冤罪を防止すべく、憲法および刑訴法は様々なデュープロセスに関する規定を置いているのです。必要説をもって妥当と考えます。

③ 自白の証明力

以下、私見について詳述します。

犯人と被告人との同一性についてまで補強証拠が必要であるとすると、不要説がいうように、有罪が困難になることがあるかもしれません（ただ、「あまりに有罪判決が困難」とするのは、必ずしも適切な指摘とは言えないと思います）。というのも、犯人と被告人との同一性について自白が唯一の証拠となるケースは、罪種によっては、少なからず存在するようにも思われるからです[7]。

しかし、否認事件においてすら、各種の情況証拠（それが単独では直接に被告人と犯人との同一性を指し示すものでなくても）の積み重ねとその総合評価によって被告人の犯人性を推認することは可能とされています（なお、間接事実についても、最終的に合理的疑いを超える証明がなされなければならないことは、勿論です）。そして、実際にも、犯人と被告人との同一性が、情況証拠（いわば相互に補強関係のある情況証拠）の積み重ねとその総合評価によって認定されています。

そして、上記のような情況証拠の積み重ねとその総合評価によって事実認定がなされていることからすれば、自白事件においても犯人と被告人との同一性にかかる証拠が唯一自白のみであるという事案は、言われるほどには多くないように思われます。

自白事件の場合も、自白以外の各種証拠と自白との整合性の程度が高まることによって、上記否認事件における情況証拠による総合認定の場合のように、それらの各種証拠が単独では直接に犯人と被告人との同一性そのものを示すものでなくても、それらの各種証拠の積重ねとその総合評価によって、実質的には犯人と被告人との同一性を推認することが可能になってくる場合があると思われます。

したがって、一部の窃盗事件のような例外的場合を一般化して、はじめから、犯人と被告人との同一性についての補強証拠は必要でないと断定してしまう見解には賛成できません。というのも、不要説に立つと、窃盗事件の場合などは、先ずは、自白さえ獲得すればよいといった危険な方向に傾く虞を生じさせるだけでなく、それ以外の重大な事件においてまで、犯人と被告人との同一性についての補強証拠の存在を軽視することにもなりかねないから

---

[7] この点、村瀬均「自白の信用性の評価」松尾浩也＝井上正仁編『刑事訴訟法の争点〔第３版〕』（2002年、有斐閣）175頁は、「窃盗や放火などでは、その犯行態様から、犯人と被告人との同一性について自白が唯一の証拠となることが多い」としています。

です。そして、その結果、冤罪を生み出しかねないことになってしまう虞があるからです。事実認定において最も重要な課題は、犯人と被告人との同一性の認定であるということを再認識すべきです[8]。

　ところで、後述のいわゆる共犯者の自白にも補強証拠が必要であるか否かの問題について、私見は、必要説の立場を妥当と考えていますが、必要説に立っても、補強の範囲について被告人と犯人との同一性については補強証拠を不要としたのでは、必要説の論拠すなわち第三者を巻き込むことの防止という論拠の説得性が大幅に減殺されてしまいます（場合によっては無意味に帰してしまいます）。この点からも、補強の範囲については、犯人と被告人との同一性についてまで補強される必要があるとすべきです。

　なお、補強証拠となる証拠は、それが証拠能力のある証拠であれば、情況証拠（間接事実等）で足りるとすべきです。

4　補強の程度

　補強証拠の補強の程度として論じられるのは、補強証拠にはどの程度の証明力が必要であるかという問題です。この点については、いわゆる絶対説と相対説とで見解の対立があります。絶対説は、補強証拠そのものの証明力を問題とし、補強証拠だけで事実についての一応の心証を抱かせる程度の証明力が必要であるとします。これに対して、相対説は、自白と相俟って事実についての証明ができる程度であればよいとしています。

　思うに、相対説からすると、自白の証明力が強いと評価される場合には、補強証拠の証明力がかなり弱い場合であっても、自白と相俟って立証がなされたとされることにもなりかねませんので、絶対説をもって妥当と考えます。

　なお、判例は、補強証拠の補強の範囲の問題と補強証拠の証明力の問題とを明確に区別した判断をしていないところ、補強の範囲について実質説の立場から判断している最判昭和24・4・7刑集3巻4号489頁では、「各具体的の事件においては、被告人の自白と補強証拠と相待って、犯罪構成要件た〔ママ〕

---

[8]　ところで、実務においては、そもそも犯人と被告人との同一性についての裁判所の事実認定は極めて慎重であり、被害者等の犯人識別供述が存在する場合にも、その犯人識別供述を裏付ける物証の存在が極めて重要だとされていること（永井敏雄「犯人の同一性」50選・下219頁）なども参考とされるべきです。

る事実を総体的に認定することができれば、それで十分事足るのである」と判示しており、この判例は、補強の程度について、相対説の立場に立った判断をしていると言えましょう。

5 自白の証明力評価（判断）の基準

（1）ここでは、自白それ自体の証明力評価の基準（指標）について考えてみます。

自由心証主義のもとで、自白それ自体の証明力評価の基準を検討し、それを客観化することは、裁判官（裁判員の参加する裁判の場合は、以下条文に反しない範囲で裁判員を含む）がする自白についての証明力判断にとって、きわめて重要な問題です。

一般に、自白は他の証拠よりも証拠としての価値が高いと思われがちであり、捜査実務においても、被疑者の取調べは、自白を獲得することを目的に行われているという現実があります。そして、自白の評価を誤ったところに起因する冤罪事件が少なからず存在したことも、歴史に学ぶところから明らかです。

したがって、自由心証主義のもとにおいて、自白自体の証明力評価の基準を客観化していくための不断の努力を続けていく必要があります。

ただ、ここで注意しておかなければならないことは、そのような評価基準が客観化され、一般化される途上において、評価基準自体（とりわけ、後記(2)(c)の自白それ自体の内容にかかる基準など→242頁）が形骸化してしまい、裁判官が、それらの評価基準を、安易に機械的に当該被告事件に当てはめて、型にはまった事実認定をすることがないようにしなければならないということです。因みに、実際の判決書の中で、例えば、「何某の供述は具体的で迫真性にとみ臨場感があり……よって信用できる」といったような常套句的叙述は、しばしば目に触れるところです。

しかし、そのような問題があるといっても、評価基準を一層客観化していくことの重要性に変わりはありません[9]。

（2）そこで、具体的な証明力（特に信用性）評価の基準について検討していくことにします。学説の挙げる基準は様々ですが、その評価基準は、次の四

---

9 これからは、場面によって、科学化が必要になってきます。ただ、科学化には危険も伴うことを忘れてはなりません。

つに要約できます。

　(a)　第1は、自白した者の属性です。

　例えば、年齢、性格、肉体的・精神的障害の有無、健康状態、環境といったものです。これらの属性から、自白時に暗示や誘導にかかりやすいとか、捜査官に迎合しやすいといった要素が認められる場合には、そのことを前提としたうえでの慎重な判断が必要とされます。

　(b)　第2は、自白採取過程の状況です。

　いつ、どのような経緯で、自白するに至ったのかといったことが中心となります。例えば、自白をした際の状況に関し、取調べ開始時刻が何時ごろで、何時間取り調べられたかといったこと、取調べにあたっての不適切な行為の有無などです。任意性に疑いがあるといった証拠排除事由に当たる状況にまでは至っていなくても、取調べに何らかの行き過ぎや異常性が認められれば、その分、自白の信用性は低くなると見るべきです。

　(c)　第3は、自白それ自体の内容です。

　一般に、自白するに至った動機が合理的で、自白内容が、自然で、具体的で、迫真性があり、臨場感があるような場合は、自白の信用性は高いとされています。

　しかし、この点については、より一層の慎重な判断が必要です。というのも、前述したように、「具体的」とか「迫真性」とか「臨場感」といった文言は、判決書の中で、決まり文句のように使われることがありますが、そういった諸要素から信用性が高いと評価される自白の多くは、検面調書など捜査官の作成した自白調書上のものだからです。

　そして、現在の実務では、捜査官の作成する調書の記載方式が、基本的に、いわゆる一問一答式になっておらず、いわゆる物語風の文脈で記載する方式をとっている以上、その調書が（まさに調書そのものが）、具体性や臨場感といったような上記の諸要素を備えているのは当然とも言えるからです。

　したがって、自白の中にこれらの諸要素が認められるからといって、それだけで自白の証明力が高いと判断するのは危険です。

　また自白と否認の双方の供述がある場合は、果たしてそれが自白の変遷なのか、否認の変遷なのかを慎重に検討する必要があります[10]。つまり、そのように変遷するに至った原因の究明こそが大切なのです。自白と否認供述が

交互に存在し変遷しているような場合には、先ずは自白の信用性を疑ってみる必要があります。そして、そこにおいて重要なことは、変遷するに至った理由・経緯などであり、それらの点が慎重に検討されなければなりません。

(d)　第4は、他の証拠や客観的事実と符合ないし一致するか否か（整合性の有無）です。

この基準が最も客観的な基準であることは言うまでもありません。

自白の内容と他の客観的証拠ないし他の証拠から認められた客観的事実とが符合ないし一致していれば、その自白の信用性は高いと評価されてよいでしょう。

自白と客観的事実との一致の例として、いわゆる「秘密の暴露」があります[11]。一般に、自白の中に秘密の暴露があれば、その自白の信用性は高いと言えます。ただ、ここで注意すべきは、その秘密が、本当に自白した本人しか知り得なかったものなのかについて充分に吟味がなされたかということです。つまり、秘密の暴露にいう秘密とは、まさに、「真犯人」しか知り得ない事実だからです[12]。

6　自白の証明力評価に関する手続的制約

自白の証明力の評価に関しての手続的制約があることを忘れてはなりません。すなわち、証拠調べの順序からくる手続的制約のことです。

刑訴法301条は、「第322条及び第324条第1項の規定により証拠とすることができる被告人の供述が自白である場合には、犯罪事実に関する他の証拠が取り調べられた後でなければ、その取調を請求することはできない」と規定しています。

10　例えば、実際の判決書の中では、否認（ないし弁解）が一貫していないので、否認している供述は信用できず、自白が信用できるといった旨の判断が示されることもあります。しかし、それは一方では自白自体が一貫していないことにもなるのであり、むしろ、自白の信用性こそが疑われて然るべきです。したがって、この点の検討は、現実にはもっと重視されなければなりません。

11　最判昭和57・1・28刑集36巻1号67頁〔鹿児島夫婦殺人事件〕によれば、秘密の暴露とは、「あらかじめ捜査官の知りえなかった事項で捜査の結果客観的事実であると確認されたというもの」ということになります。

12　なお、原審が秘密の暴露に当たる事実についての供述が含まれていることなどを理由に自白の信用性を肯定した事案について、秘密の暴露があるわけではなく、自白を裏付ける客観的証拠もほとんど見られず、原審の判断過程には経験則に反する違法があるとした最判平成12・2・7民集54巻2号255頁〔草加事件民事上告審判決〕（百選〔第9版〕80事件）参照。

すなわち、自白調書を取り調べる場合には、それより前に、それ以外の犯罪事実に関する他の証拠の取調べをして、その後でなければ自白調書の取調べは請求できません。

つまり、この規定は、自白以外の証拠によって、構成要件該当事実の主要部分について一応の証明をさせた後に自白調書を取り調べることにしたのであり、自白の証明力判断を慎重にさせて、補強法則を実効あらしめるための一つの担保規定になっていると言えます[13]。

4 共犯者の自白の証明力

1 いわゆる共犯者の自白と補強証拠の要否

いわゆる共犯者の自白[14]については、前記3 2(2)(→236頁)で述べた補強証拠適格の問題の他に、被告人本人が犯行を否認している場合に、いわゆる共犯者の自白を唯一の証拠にして有罪認定をすることができるか否かということが論議されています。いわゆる共犯者の自白には補強証拠が必要であるか否かという問題です。

必要説は、共同被告人になっていると否とを問わず、共犯者の自白は、被告人の自白（憲38条3項の「本人の自白」、法319条2項の「その自白」）に含まれるとし、共犯者の自白にも補強証拠が必要であるとします。したがって、必要説によれば、共犯者の自白を唯一の証拠として被告人を有罪とすることはできないことになります（団藤285頁、高田258頁、白取393頁）。

なお、必要説に立ったうえで、「共犯者2人以上の者の自白があれば、本人の自白はなくても、……本人の有罪をみとめることができる」との見解もあります（団藤重光「共犯者の自白」齊藤金作博士還暦祝賀『現代の共犯理論』（1964

---

13 なお、現実の公判では、自白調書だけでなく、被告人の前科に関する資料なども、いわゆる乙号証として、犯罪事実に関する証拠の取調べ後に提出されるのが一般です。ただ、公判前整理手続（第7章2 4(1)参照→144頁）がとられる事件では、証拠決定が、基本的に、公判前整理手続で行われるため、上記法301条が形骸化されてしまうことにもなります。

14 共犯者の自白という言い方は講学上の一般的言い方ですが、共犯者の供述と表現することもあります。共犯者の自白と言われるものは、基本的には、あくまでも、他人（他方の共犯者）の犯罪事実に関するものであって、もしその他人が自らしたとすれば自白にあたるべき供述という意味だとされていますが（高田257頁参照）、自分は、他方の共犯者と「意思を通じて行った」、あるいは、「共謀した」と述べている部分については、自分自身のことについての供述でもあります。

年、有斐閣）705 頁）[15]。

　不要説は、共犯者の自白も、任意のものである限り、一般証人の供述と同様の証明力を有するとし（江家義男『刑事証拠法の基礎理論〔訂正版〕』（1952年、有斐閣）52 頁）、あるいは、自白強要の危険があるのは、「共犯」の自白に限らず、およそ広義の自白[16]も同様であり、共犯者の自白だけを本人の自白とするのは理由がない（平野 233 頁）とし、共犯者の自白に補強証拠は必要でないとします。つまり、不要説によれば、憲法 38 条 3 項にいう「本人の自白」ないし刑訴法 319 条 2 項にいう「その自白」というのは、被告人本人の自白に限定されることになり、上記の「本人の自白」ないし「その自白」には、共犯者の自白は含まれないとし、被告人本人が否認している場合、共犯者の自白のみで被告人を有罪とすることができるとするのです。

2　判　例

　判例は、共犯者は、共同審理を受けていると否とにかかわらず、被告人本人との関係では、被告人以外の者であり、共犯者の自白を「本人の自白」と同一視しまたはこれに準ずるものとすることはできないとして、共犯者の自白に補強証拠は必要でないとしています。

　すなわち、「憲法 38 条 3 項の規定は、……わが刑訴 318 条（旧刑訴 337 条）で採用している証拠の証明力に対する自由心証主義に対する例外規定としてこれを厳格に解釈すべきであって、共犯者の自白をいわゆる『本人の自白』と同一視し又はこれに準ずるものとすることはできない。けだし、共同審理を受けていない単なる共犯者は勿論、共同審理を受けている共犯者（共同被告人）であっても、被告人本人との関係においては、被告人以外の者であって、被害者その他の純然たる証人とその本質を異にするものではないからである。されば、かかる共犯者又は共同被告人の犯罪事実に関する供述は、憲法 38 条 2 項のごとき証拠能力を有しないものでない限り、自由心証に委かさるべき独立、完全な証明力を有するものといわざるを得ない」[17]と判示したのです。

15　なお、最判昭和 51・10・28 刑集 30 巻 9 号 1859 頁（百選〔第 9 版〕82 事件）参照。
16　平野 226 頁からすれば、ここでの広義の自白とは、第三者の自己の犯罪事実を認める旨の供述が被告人に対する証拠として用いられる場合のことを指しているように思われます。
17　最大判昭和 33・5・28 刑集 12 巻 8 号 1718 頁〔練馬事件〕。

この判例からすれば、被告人本人が否認している場合、共犯者の自白だけで（共犯者の自白を唯一の証拠として）被告人を有罪とすることができることになります。

3　検　討

学説上では必要説と不要説のどちらが多数とも言いがたい現状にあると思われるところ、この問題は、基本的に、自白というものの危険性から考えていくのが肝要だと考えます。特に、共犯者の自白の危険性については、早くから指摘されていたところです。

(1)　そこで先ず、補強証拠必要説が、「自白偏重を防止する趣旨からいって、本人の自白と共犯者の自白とのあいだに差異はない」（団藤286頁）ということをその根拠にしている点は、肯認されなければなりません。

共犯者の自白について具体的に考えてみますと、例えば、甲・乙共同正犯の場合に、「乙と共同して実行したとの甲の自白だけで、甲を有罪とすることが危険であるならば、同じ自白をもって乙を有罪とすることは矛盾といわなければなるまい」（高田258頁）ということになります。そして、このことは、自白一般の危険性の問題として還元することもできます。

次に、必要説のうちの代表的見解が、次の点をその根拠の一つにしているのも肯認できます。

すなわち、「反対の見解をとるときは、共犯者の一人が自白をし他の一人が否認したばあいには、他に補強証拠がないかぎり、自白をした者が無罪となり〔つまり、自白をした方について言えば、本人の自白があっても、補強証拠がない以上有罪にはできないことになり、その結果無罪ということになります〕否認した者が有罪となる〔つまり、否認をしている方について言えば、この場合本人の自白がないのですから、そもそも補強証拠の問題とはならず、共犯者の自白だけでもそれを被告人以外の第三者の供述と捉え、裁判官の自由心証により有罪とすることが可能となります〕という非常識な結果にみちびくであろう」とされるのです（団藤286頁、なお、〔　〕内は筆者）。

そのうえで、さらに考えなければならないことは、共犯者の自白特有の危険性についてです。例えば、共犯者の一方が、自己に対する有利な取り扱いを期待して捜査官に迎合し、その結果、自己にとって不利益な事実は隠蔽し、共犯者の他方にとって不利益な事実は誇張するといった場面を想定する

ことができます。極端な場合は、犯罪に関与していない無実の者（無辜）を巻き込む（引っ張り込む）危険をも想定できます。

このように、共犯者の自白というものは、常に誤判（冤罪）につながる危険性を有しているのです。

(2) 以上のようなところからして、私は、必要説をもって妥当と考えます。したがって、本人が否認している場合に、共犯者の自白だけで被告人を有罪と認定することはできないのであり、有罪認定をするには補強証拠が必要であると解すべきです。

そして、上述したような、無実の者を巻き込むことの防止（冤罪の防止）という点からして、補強証拠で補強する補強の範囲については、前記3 3(2)(c)(→238頁) で述べたように、犯人と被告人との同一性についてまで及ぶ必要があると考えます。

なお、前記補強証拠必要説と補強証拠不要説との二つの見解が対立しているところ、これら二つの説の他に折衷的な説も唱えられています。

すなわち、公判廷外の共犯者の自白の場合には補強証拠を必要とするとし、公判廷での共犯者の自白の場合には補強証拠を必要としないとする見解です（田宮360頁）。

しかし、そもそも、公判廷の自白と公判廷外の自白とを区別して考えること自体、その合理性に疑問があり、この見解には賛成できません。

第 12 章　伝聞法則

　伝聞という言葉は、世上一般に、「伝え聞き」とか、「又聞き」といった意味で使われますが、刑訴法上でも同様に理解すればよいのでしょうか、それとも何か違った特別の意味があるのでしょうか。本章では、伝聞証拠が、原則として、禁止される理由を考え、伝聞証拠とは一体どういう証拠なのか等、伝聞法則を理解するための基本的問題について検討します。

1　伝聞証拠の意義と伝聞法則の根拠

1　伝聞証拠の形式的定義と実質的定義

　刑訴法 320 条 1 項は、「第 321 条乃至第 328 条に規定する場合を除いては、公判期日における供述に代えて書面を証拠とし、又は公判期日外における他の者の供述を内容とする供述を証拠とすることはできない」と定めています。これが伝聞法則 (伝聞証拠排除の原則、伝聞禁止の原則) を定めた規定です。

　伝聞法則とは、伝聞証拠には原則として (法 321 条から 328 条に規定する場合を除いては) 証拠能力がないとの証拠法則です (なお、簡易公判手続 (第 7 章③ 6 参照→ 158 頁) には伝聞法則は、原則として、適用になりませんし (法 320 条 2 項)、即決裁判手続 (第 7 章③ 7 参照→ 159 頁) にも、原則として、適用されません (法 350 条の 12))。

　それでは、伝聞証拠とはどのような証拠を言うのでしょうか。上記刑訴法の規定に即して定義すれば、伝聞証拠とは、基本的に、公判期日における供述に代わる書面あるいは公判期日外における他の者の供述を内容とする供述を証拠とするものということになります。

　しかし、伝聞証拠については、上記条文に即して形式的に定義するだけでなく、後述するような沿革等をも理由とし、より実質的な定義付けがなされています。それによれば、伝聞証拠とは、裁判所の面前においての反対尋問を経ていない供述証拠ということになります。このように実質的に定義付け

そして、この見解にしたがい、さらに要証事実（証拠によって証明を要する事実）との関係をも加味して定義付ければ（要証事実については、本章②2参照→252頁）、伝聞証拠とは、裁判所の面前における反対尋問を経ていない供述証拠であって、原供述内容たる事実の真実性を証明するために用いられる証拠ということになります。

具体的に伝聞証拠になる場合としては、一般に、①事実認定の基礎となるべき或る事実の体験者が、その体験した事実を自ら書面に記載して提出した場合（供述書）、②上記①の事実の体験者からその体験事実を聞いた者が、その聞いた事実を書面に記載して提出した場合（供述録取書）、③上記①の事実の体験者からその体験事実を聞いた者が、公判廷で、その聞いた事実を供述する場合（伝聞証言）、の三つが挙げられます。

ところで、伝聞証拠は何ゆえに禁止されるのでしょうか。

それは、基本的に、伝聞証拠を許容してしまうと、当該伝聞証拠の供述内容となっている事実（例えば、証人甲がAから聞いたこととして公判廷で述べている事実）が、果たして、真実であるか否かを点検できないし、憲法が保障する反対尋問権が担保されないことになってしまうからだと言えます。

2 伝聞法則と憲法37条2項との関係

ところで、伝聞法則と憲法37条2項の被告人の証人審問権との関係はどのように解したらよいのでしょうか。

憲法37条2項は、「刑事被告人は、すべての証人に対して審問する機会を充分に与へられ、又、公費で自己のために強制的手続により証人を求める権利を有する」と定めています。そして、同条同項前段で定める証人審問権の保障規定は、被告人の反対尋問権を確保する意味で設けられたものと言えます。というのも、この規定は、英米法の伝聞法則の考え方に由来するものであり、英米法の伝聞法則の趣旨は反対尋問権の保障にあるからです。

そうであれば、この証人審問権の保障は、法廷に出頭してきた証人に対しての反対尋問権を保障しただけでなく、「およそ供述証拠を提供する者一般」（鈴木203頁）を証人と解したうえで、その意味での証人に対する反対尋問権を保障したものとして捉えていかなければならないことになります。

したがって、憲法37条2項前段については、これを「被告人の反対尋問

権を保障したものであり、伝聞証拠を原則として排斥したものである」とし、「この『証人』とは、公判廷で宣誓して証言する狭義の証人だけではなく、およそ供述証拠を提供する供述者をいうものと解しなければならない」（平野203頁）とするのが妥当ということになります。

しかるに、最判昭和30・11・29刑集9巻12号2524頁は、憲法37条2項の証人については、「職権により又は当事者の請求により喚問した証人」、つまり、公判廷に出頭した証人だけを意味すると解しています。

3 直接主義との関係

刑訴法320条以下の伝聞法則については、これを、直接主義（なお、ここでの直接主義は、証拠法則としての側面から捉えた実質的直接主義を意味します。第7章①2(2)(b)参照→140頁）を根拠にして説明しようとする立場もあります。つまり、刑訴法320条以下の規定は、直接主義を明らかにしたものにすぎないとの見解です。

しかし、そのような見解は、基本的には、大陸法的・職権主義的立場から証拠と裁判所との関係を問題にする（すなわち、裁判所が正確な心証を得ることに資するという点を重視する）考え方と言えましょう。直接主義そのものは、公判の重要な原則であり、伝聞法則には直接主義の理念も含意されていると言えますが、徹底した当事者主義的訴訟構造をとる現行刑訴法のもとで320条以下の規定を解釈・適用するにあたっては、基本的に、反対尋問権を根拠とした伝聞法則を採用したものと解するのが妥当でしょう[1]。

2 伝聞と非伝聞

1 言葉の用法と伝聞・非伝聞

(1) 伝聞証拠について論じる場合、一般に、言葉が供述証拠として用いられる場合には、伝聞証拠になる場合もあるし、ならない場合もありますが、非供述証拠として用いられる場合には、伝聞証拠とはならず非伝聞証拠になるとされています[2]。

---

1 なお、近時は、調書裁判に対する対策として、直接主義の重要性を見直そうとの傾向があります。
2 なお、動作等の行為も供述証拠となって伝聞証拠になり得る場合もありますが、主として問題

2 伝聞と非伝聞

　それでは、何ゆえ、言葉が供述証拠として用いられる場合だけが伝聞証拠になり得、伝聞法則が適用になるのでしょうか。
　それは、供述証拠というものが、或る事実を、知覚し、記憶し、それを表現ないし叙述するという過程をたどり、それらの各過程には誤りが生じる可能性（供述証拠特有の危険性）があるからです（この点について、第9章①2(2)(b)参照→193頁）。つまり、供述（言葉）が証拠（供述証拠）となり、その要証事実が当該言葉の意味する内容の真実性である場合には、反対尋問によって、その真偽をチェックする必要性があるからです。
　ところで、供述証拠であっても、当該言葉（供述）の用法によっては上記のような供述証拠特有の危険性を考える必要のない場合があります。そのような場合は、当該言葉が非供述証拠として用いられる場合であるとされ、非伝聞証拠とされるのです。そこで、次に、言葉が供述証拠として用いられる場合と非供述証拠として用いられる場合について考えてみましょう。
　(2)　言葉が供述証拠として用いられる場合というのは、典型的には、或る事象（出来事）が、人によって知覚され、その人の記憶に残り、それが言葉によって表現ないし叙述され、その言葉が独立した有意性を持ち、あるいは、その言葉の意味・内容の真実性が問題とされる場合のことです。
　これに対し、言葉が非供述証拠として用いられる場合（言葉の非供述証拠的用法の場合）というのは、言葉としては存在していますが、基本的に、当該言葉の意味・内容が独立した有意性を持たない場合、あるいは、一応の意味・内容はあっても重要でない場合のことを言います（なお、下記①、②は、非供述証拠的用法というよりも、非供述証拠そのものであるとする見解もあります）。
　一般に取り上げられる例で考えれば（田宮371頁～372頁、田口399頁～400頁、光藤・Ⅱ208頁参照）、例えば、①他人の肩をたたきながら「元気かね」と発言する（ここでは、全体として、好意ないし親しみを示す行態となっています）、あるいは、②殴られた者が「うぁー」と叫ぶように、その言葉が咄嗟(とっさ)の機会に自然に発せられており、いわば言葉が「ほとんど行為同然」と言えるような状態になっている場合（田宮371頁）など（いわば、言葉が行為化している場合）は、言葉が独立した意味・内容を持っていませんので（したがって、言葉の意味・内

になるのは言葉ですので、ここでは、原則として、言葉についての問題として考えていきます。

容の真実性が問題となることもありません）、言葉の非供述証拠的用法の場合と言え、非伝聞となるのです。そして、例えば、③AとBとの会話から、A、B両者の面識関係を推認するような場合は、会話の言葉に意味内容があっても、基本的には、AとBが会話をしているということ（これは一つの間接事実です）自体に重要な意味があり、会話（言葉）の意味・内容はほとんど重要性を持たず（その点では独立した有意性を持たず）、勿論、会話内容の真実性も問題となりません。つまり、この場合は、言葉が供述証拠の外観を呈しているものの、その使われ方からして、非供述証拠的用法の場合ということになります。したがって、これもまた非伝聞となるのです。

以上の通り、言葉が供述証拠として用いられているのか、非供述証拠的用法になっているのかは、基本的には、前記のような言葉の具体的用法あるいは、当該場面における言葉の位置付け（場合によっては、結果的に要証事実にも踏み込むことがあります）によって決まるのです。

そして、伝聞か非伝聞かは、後述の通り、供述証拠であることを前提として、要証事実が何であるかによって決まります。

2 要証事実と伝聞証拠

(1) 前述したように、言葉の非供述証拠的用法の場合には、当該言葉は非伝聞となりますが、言葉が供述証拠である場合は、伝聞証拠になる場合（当該言葉の意味・内容の真実性が要証事実となる場合）と、伝聞証拠にならない場合（当該言葉の意味・内容が問題となっても、その真実性は要証事実とはならず、基本的には、その有意性のある言葉の存在が要証事実となる場合）とがあり、伝聞証拠になるか否かの基準は、結局のところ、要証事実が何か、ということになります。

(2) この点を、一般に挙げられる具体例（公判廷での供述（伝聞証言）の例）を用いて確認しておきましょう。

例えば、公判廷において、証人甲が、「Aが、『XがBスーパーで万引したのを見た』と言っていました」と証言した場合、証人甲は、「XがBスーパーで万引したのを見た」との原供述者Aの言葉を聞いて、そのAから聞いたことを公判廷で供述しています。

(a) Aのこの言葉を、仮に、Bスーパーを被害者とする被告人Xの窃盗事件の事実を認定するための証拠にしようとする場合には、この言葉は、まさに伝聞証拠になります。

なぜならば、この場合の要証事実は、「XがBスーパーで万引した」ということの真実性であり、その言葉の意味する内容の真偽（真実性）を反対尋問によって点検する必要があるからです。そして、そのことについての直接の体験をした（見た）のは、証人甲ではなく、当該公判廷に在廷していない原供述者Aであり、Aに対してはその場で反対尋問ができないからです。

(b) これに対して、この同じ「XがBスーパーで万引した（のを見た）」というAの言葉を、仮に、Xを被害者とする被告人Aの名誉毀損事件の事実を認定するための証拠にしようとする場合に置き換えて考えてみますと、その場合は伝聞証拠にはなりません。

なぜならば、この場合も、この言葉の意味・内容は、Xの名誉を毀損する言葉として問題になっていますけれども、この場合の要証事実は、被害者Xの名誉を毀損する被告人Aの発言した当該言葉の存在そのもの（当該言葉を発したこと自体）であり、その言葉の意味・内容の真実性は、要証事実との関係では、はじめから問題とされないからです。そしてこの場合は、Aの上記発言を直接体験した（聞いた）のは証人甲なのであり、甲は在廷しており、甲に対しては、Aが本当にその言葉を発言したのかどうかについて、その場で反対尋問ができるからです。

このようにして、同じ供述証拠であっても、それによって立証しようとする事実（要証事実）が何であるかによって、伝聞証拠になったり、ならなかったりするのです。つまり、伝聞証拠の概念は相対的なのです。

(3) ところで、判例も基本的には、要証事実（主要事実も間接事実も含めて）が何かを基準にし、当該要証事実を当該供述者が直接知覚したか否かによって、伝聞になるかどうかを決めるという立場に立っていると思われます。

(a) すなわち、最判昭和38・10・17刑集17巻10号1795頁〔白鳥事件〕は、「甲が一定内容の発言をしたこと自体を要証事実とする場合には、その発言を直接知覚した乙の供述は伝聞証拠にあたらないが、甲の発言内容に符合する事実を要証事実とする場合には、その発言を直接知覚したのみで、要証事実自体を直接知覚していない乙の供述は伝聞証拠にあたる」〔判決要旨〕としました。そして、「被告人が、『白鳥はもう殺してもいいやつだな』と言った」旨の甲の供述については、被告人が、そのような内容の発言をしたこと自体を要証事実としているものであると説示したうえで（この場合、後述の

通り、何をもって要証事実とするかが問題です)、つまり、その言葉の存在自体を立証しようとする場合であるからとしたうえで、非伝聞であるとしました。

(b) 上掲白鳥事件の判例が、要証事実が何かを基準にして、伝聞と非伝聞とを分けていること自体は、これまで述べてきた伝聞と非伝聞との区別の仕方等からして、適切・妥当であったと思われ、これを肯認できます。

しかし、この判例が、被告人が上記のような発言をしたこと自体(つまり、言葉の存在自体)を要証事実としているのだから伝聞ではないとしたことについては賛成できません。この点について、この場合は、被告人が「白鳥殺害の意図を持っていたことが要証事実なのであり」、被告人がそのような意図を持っていたことが「その犯行を証明するための間接事実なのである」とし、「最高裁が簡単に伝聞証拠でないといいきっているのには疑問がないわけではない」との見解が示されてしています(平野龍一「伝聞排斥の法理」日本刑法学会編『刑事訴訟法講座第2巻』(1964年、有斐閣) 216頁)[3]。

思うに、後述 (3(2)参照→256頁) のように、上記の「白鳥はもう殺してもいいやつだな」という供述(言葉)の要証事実は、原供述者が殺意を有していたという要証事実(主要事実)を推認するための殺害の動機を有していたという事実(これは、主要事実たる殺意を推認する間接事実です)なのであり、そうであれば、当該言葉の意味・内容の真実性(詳しく言えば、真意に基づいて、本気で述べているか)が点検されなければならなかったのです。したがって、上記甲の供述については、これを伝聞証拠として、伝聞例外にあたるか否かを検討すべきであったと思われます。

(c) ところで、上記判例の事案については、このような言葉が殺害の動機ひいては殺意を推認するものだとしても、これを、後述の精神的状態に関する供述と捉え、関連性の問題として真摯性(しんしせい)をチェックすれば足り、非伝聞と解してよいとするのが多数説と言えます。

そこで次に、精神的状態に関する供述について考えてみることにします。

3 精神的状態に関する供述

(1) 供述者の供述当時(供述時現在)の精神的状態(心理状態)に関する供述

---

[3] ただ、同頁のその後で、「しかし、……知覚、記憶、表現、叙述のすべての点で、供述証拠としての特質を持っているものだけを伝聞証拠とするならば、このような言葉は、伝聞ではなく、ただ一般的な『関連性』の問題として『真しさ』が要求されることになろう」としていますが。

(以下「精神的状態に関する供述」とします)の証拠能力については、学説が対立しています。そこで、この点についての検討をし、後に私見を述べることにします。

(a) すなわち、非伝聞説は、精神的状態に関する供述はそれが供述証拠にあたる場合でも、以下に述べるところの供述過程の特性からして、これを非伝聞とし、したがって証拠能力を有するとします(田宮372頁～373頁、田口400頁など多数説)。これに対し、伝聞説は、精神的状態に関する供述も供述証拠であり、要証事実によっては伝聞証拠になり得るのであって、伝聞証拠になる場合は、伝聞例外と言える場合に限って証拠能力を認めるとします(戸田弘「心の状態を述べる供述・自然発生的な供述と「伝聞証言」」実務ノート第1巻25頁以下、小野慶二「伝聞の意義(1)」百選〔新版=第2版〕149頁など。なお、松尾・下56頁、光藤・Ⅱ213頁も、基本的に、伝聞説に立っていると思われます)。

(b) これを両説の理由とするところから見ますと、非伝聞説は、精神的状態に関する供述は、供述証拠特有の知覚、記憶、表現ないし叙述という過程のうち、知覚、記憶の過程を欠くので(つまり、精神的状態は外界の出来事を知覚して記憶するものではないので)、一般的に、供述証拠特有の危険性は少ないとします。そして、表現ないし叙述の真摯性や正確性等をチェックすれば足り(つまり、関連性さえ点検すれば足り)、そのためには反対尋問によるまでの必要はないとして、非伝聞になるとするのです。

これに対し、伝聞説は、表現ないし叙述の真摯性や正確性について問題が残る以上、供述証拠に特有の危険性を否定し得ないとして、あくまでも供述証拠としたうえで、要証事実によっては伝聞証拠になり得るとします。そして、伝聞証拠になる場合は伝聞例外の要件を検討していくことになります。

(c) 私見によれば、非伝聞説が、精神的状態の供述の場合は一般的に関連性さえ点検できれば足りる、と決めつけてしまっていることには賛成できません。なぜならば、精神的状態に関する供述がすべて知覚、記憶の過程を欠落しており、供述証拠特有の危険が少ないと言い切ってしまうことには、少なからず疑問があるからです。

すなわち、精神的状態を表わす言葉の中には、深層意識の中にあったものが、顕在化して、言葉に表わされることもあると思われます。そうであれば、基本的に、深層意識にあったものが意識の表層に現れて認識され(例え

ば、「嫌い」(「好き」)と思っていたのに、「好き」(「嫌い」)だということが判った場合など)、それが言葉に表わされたと考えることも可能になると思われるからです。そして、その場合、深層意識を認識した経過等(この経過の中で、何らかの知覚・記憶がよみがえることもあるでしょう)を明らかにする必要があるからです。

　したがって、精神的状態に関する供述も、基本的には、これを本来の供述証拠として扱い、そのうえで、要証事実が何かという視点から伝聞か非伝聞かを検討すべきだと考えます。

　(2)　ところで、前掲白鳥事件における「被告人が『白鳥はもう殺してもいいやつだな』と言っていた」との甲の供述については、前述したように、多数説はこれを精神的状態の供述であり非伝聞であるとしています。

　例えば、「被告人の発言には知覚・記憶の部分がないこと、被告人の内心を推認するには被告人の発言を直接聞いた者の供述が有力な証拠であること、被告人の発言の真摯性(本気の発言か冗談の発言か)が、問題となるにしても証拠の関連性一般の問題として吟味しうること」などから、この場合を非伝聞と解してよいとするのです(田口 401～402 頁。なお、田宮 372 頁～373 参照)。

　しかし、この場合、被告人の精神的状態が問題となっているとしても、この場合の要証事実は被告人が有する殺人の動機(さらに、それの存在を間接事実として、最終的には、主要事実たる殺意が推認されるに至ります)なのであり、上記言葉(供述)の存在だけでなく、その言葉の意味・内容の真実性(この場合は、本気でそのように思っていたのかが重要です)も事実認定の資料にされていると考えるべきでしょう。そうであれば、本来その供述の真意(その言葉を述べた真意)を反対尋問によって確認する必要があり、基本に忠実に考えて、反対尋問によるテストを経ていない以上、伝聞証拠になると考えるべきです。

　なお、非伝聞説については、真摯性等を、「いつ・どのようにしてそれを吟味するのか手続面での保障が必ずしも明確では」ない(光藤景皎『口述刑事訴訟法・中〔補訂版〕』(2005 年、成文堂) 211 頁)との批判もありました。

　(3)　そこで次に問題となるのは、精神的状態に関する供述に証拠能力を認めるには、伝聞例外要件に該当しなければならないとした場合、例外要件をどのように考えたらよいのかということです(各種伝聞例外要件については、第 13 章参照)。

この点については、アメリカ法に倣い、特信情況が認められるかぎり、それをもって伝聞例外要件として、証拠能力を認めるとの見解があります（戸田前掲論文25頁以下）。これに対しては、現行法の条文にない伝聞例外を認めることになってしまうとの批判が加えられています。

思うに、この点については、やはり、刑訴法の各条文の解釈にしたがって考えていくべきでしょう。すなわち、基本的には、第13章で述べる刑訴法321条以下の伝聞例外要件に該当しない限り証拠能力は認められないとするのが本来の筋道だと考えます（なお、渡辺460頁～461頁参照）。

4　写真・録音テープ・CD・ビデオテープ・DVD等について

次に、伝聞証拠になるか非伝聞証拠になるかについて論争のある、写真や録音テープ等・ビデオテープ等について検討していくことにします（なお、この問題を検討していくには、伝聞例外についての規定が関連してきますので、適宜、第13章の伝聞例外の参照箇所を表示しました）。

(1)　写　真

(a)　写真については、先ず、現場写真について検討することにします。なお、これが検証調書や実況見分調書に添付されている場合（いわゆる説明写真）は、基本的に、当該検証調書等と一体をなすものとして、当該検証調書等と同様に考え、それについての伝聞例外の要件（法321条3項。なお、鑑定書に添付されている場合であれば、同条4項により同条3項と同様となります。法321条3項については、第13章[2]3参照→272頁）を充たしているかどうかを点検すればよいことになります（なお、後述のいわゆる供述写真については、検証調書や実況見分調書等における、いわゆる現場供述（第13章[2]3(3)(b)参照→273頁）と同様に扱うことになります）。

問題は、独立した証拠としての写真の証拠能力です。これについては、非供述証拠説と供述証拠説とが対立しています。

①非供述証拠説（通説）は、写真は光学技術に基づいて機械的に被写体が撮影されたものだから、非供述証拠であるとし、伝聞法則の適用はないとします。ただ、要証事実との関連性は立証する必要がありますが、それには、撮影者に対する反対尋問までの必要はないとし、写真自体あるいは他の証拠（その現場を知る者の証言など）によって立証されればよいとするのです。

判例もこの立場に立ち、「犯行の状況等を撮影したいわゆる現場写真は、

非供述証拠に属し、当該写真自体又はその他の証拠により事件との関連性を認めうる限り証拠能力を具備するものであって、これを証拠として採用するためには、必ずしも撮影者らに現場写真の作成過程ないし事件との関連性を証言させることを要するものではない」と判示しています[4]。

②これに対し、供述証拠説は、写真は確かに機械的に被写体が撮影されたものだが、撮影・現像（現像は、フィルムを用いる旧来型カメラによる場合です）・プリント等の各過程には人為的操作が加わりかつ修正等も可能であるところから、あるいは写真は対象たる事実を観察し記録し表現するものであり報告文書的性格を有するところから、供述証拠とすべきであり伝聞法則が適用されるとします。そして、伝聞例外の要件については、写真についての明文規定がないところからして、刑訴法321条3項を準用ないし類推適用すべきだとするのです。したがって、撮影者を証人として喚問し、いつ、どこで、どのような方法で撮影したか等について尋問し、真正に作成されたものであることが明らかになって、はじめて、証拠能力が認められるとします。

③上記両説の違いの重要な点は、供述証拠説に立って伝聞法則が適用されるとし、刑訴法321条3項をもって伝聞例外の要件にすると、撮影者不明の場合や撮影者が供述不能の場合には、撮影者に作成の真正を供述させ、その点を明らかにすることができないため、証拠能力を認めることができなくなるのに対し、非供述証拠説に立って非伝聞であるとすれば、そのような場合でも、撮影者の証言以外の方法で関連性が立証され、その点の確認ができれば、証拠能力を認めることが可能となるところにあります。

確かに写真には報告文書的要素もありますが、写真には記憶の過程がないことは勿論（記憶の代わりに、光学機械的記録の過程が含まれていますが、そこには人の心理的活動はありません）、そもそも、人の供述過程自体が存在（介在）しません（それにあたる部分はすべて光学機械によります）。したがって、これらの点からすれば、基本的に、写真は非供述証拠であり、伝聞法則は適用にならないということになります。

ただ、撮影後の人為的操作による編集・修正・改ざん等については、前掲判例（注4掲記の最決昭和59・12・21）の時代とは異なった視点から検討する必

4　最決昭和59・12・21刑集78巻12号3071頁〔新宿騒擾(乱)事件〕（百選〔第9版〕92事件）。

要があります。すなわち、フィルムに写し撮る旧来型のカメラの場合であれば、写真についての改ざん等の可能性を、他の物的証拠について生じるそれと同列に考えればよかったとも言えますが、現在主流になっているデジタルカメラでの撮影の場合には、撮影後に、コンピューターを操作して、容易に、それもかなり高度な編集が可能なのであり、改ざん等の可能性は、はるかに高まったと言えます。したがって、写真を供述証拠として扱い、撮影者を証人として尋問すべし（特に反対尋問によって）との供述証拠説（このような視点から供述証拠説に立つものとして白取401頁参照）が、一つの現実的説得性を持つに至ったとも言えるでしょう。

　しかし、上述のように、写真には、人の供述過程がないことからすれば、これを供述証拠とするには、解釈としてはいささか無理があります。したがって、非供述証拠説に立って、伝聞法則は適用にならないと解さざるを得ません。また、現場写真は、通常は光学機械的原理に基づき正確に作成されていると推定できましょう。たしかに、デジタルカメラによる写真の場合は、前述のような問題がありますが、現場写真についてまで、それがデジタルカメラによる写真だからというだけで、その写真を供述証拠とするわけにもいかないでしょう。

　④いずれにしても、従来型のカメラによる場合であれ、デジタルカメラによる場合であれ、作成の真正さ、具体的には被写体たる現場と当該写真との同一性などについての疑義が合理的根拠に基づいて主張されたような場合には、関連性の点からしても、そのような疑義の有無を明白にする必要があるのは当然です。

　そのためには、関連性立証にあたっても、先ずは、刑訴法321条3項の手続を類推し、撮影者に作成過程に関する証言をさせることをもって原則的運用とすべきです（訴訟指揮にあたっては、そのような運用を原則とすべきです）。現に実務においては、当該写真を証拠とすることについての同意がなければ、「多くの場合撮影者を尋問して、写真の作成過程を明らかにした後採否を決めている」（石井・証拠法191〜192頁）と言えます。

　ところで、撮影者が不明の場合や死亡等によって供述不能の場合をどうするかですが、従来型のカメラによる写真の場合には、これまでの非供述証拠説からの見解に立って、当該写真自体やその他の証拠資料によって関連性を

立証させることで足りるでしょう。

　問題はデジタルカメラの場合です。この場合については、前述のような容易な編集・修正の可能性からして、多少の懸念もありますが、現場写真の場合であれば、やはり、当該写真自体や当該現場を知る者の供述、あるいは写真と現場との比較などといった撮影者の供述以外の証拠によって関連性を立証させることが可能でしょう。したがって、基本的には、従来型カメラによる場合と同様に、撮影者が不明等の場合でも、他の証拠による関連性立証を認めてよいと思われます。ただ、この場合には、その立証によって作成が真正であること（現場と写真の同一性など）についての合理的根拠に基づいた疑義を解消するための証明の程度を、従来型カメラの場合よりも詳細かつ多角的なものとすべきです。そして、そのような立証がなされない限り、関連性立証がなされていないとして、証拠能力を認めるべきではありません。

　(b)　次に、犯行再現写真（被害再現写真も含めて）についてはどうでしょうか。

　①犯行再現写真の場合は、一般に、写真撮影報告書ないし実況見分調書と題する書面として証拠請求された当該書面に、それらの書面と一体をなす写真（その書面の一部としての写真）が添付され、例えば、「相手が立っていた位置を示すのが写真1で、私が立っていた位置を示すのが写真2であり」といったような説明文が付されます。そして、それが、いわば実況見分調書等における現場指示と同様に評価できるような、いわゆる説明写真の場合には、基本的に、それらと一体をなす書面そのものの証拠能力の問題として考えればよいことになります（第13章②3(3)(a)参照→273頁）。

　②なお、上記のような書面に添付された写真集が犯罪再現の独立の証拠としての意味で用いられる場合には、当該写真の証拠能力も問題となりますが、これについては、写真という手段を用いた犯行についての供述、つまり、いわゆる供述写真（石井前掲書193頁は、このような写真を「供述写真」とでも呼称し得るとしています）ということになるのであって（後述の検証調書や実況見分調書における現場供述（第13章②3(3)(b)参照→273頁）と同様に扱います）、それは供述証拠として扱われ、その場合は、当該写真によって証明しようとしている内容の真実性が問題になるのですから、伝聞法則が適用されることになります。つまり、被告人が再現した犯行再現の写真集の場合は刑訴法322条

1項が、被害者が再現した被害再現の写真集の場合は、通常は、刑訴法321条1項2号か同条同項3号が、それぞれの伝聞例外要件になると解されます。但し、写真そのものについては署名・押印は不要でしょう（石井前掲書193頁参照）。

そして、上記のような写真（説明写真であれ、供述写真であれ）の添付された書面は、表題はどうあれ、その書面の性質からして、原則的に、本来の実況見分調書と解すべきではなく、再現者の供述録取書と解すべきです。そうであれば、再現者が被告人以外の者（被害者など）の場合には、通常は、刑訴法321条1項2号ないし3号が（同条同項2号については第13章②1(2)参照→267頁、同条同項3号については同章②1(3)参照→271頁）、被告人の場合であれば同法322条1項が（第13章④参照→275頁）、それぞれの伝聞例外要件になると解すべきです（石井・前掲書193頁参照）。したがって、当該文書への再現者の署名・押印も必要になってきます（但し、書面（文書）の方に署名・押印があれば、写真そのものへの署名・押印は必要ないでしょう）。

さらに、この場合でも、被告人や被害者の位置関係等といった客観的状況（説明写真による位置関係等も含めて）の正確性について確認が必要である点では検証等と同様です。したがって、その書面（写真も含めた）自体の成立の真正をチェックする必要がありますから、刑訴法321条3項所定の伝聞例外要件（第13章②3参照→272頁）を充たす必要もあるとすべきでしょう[5]。

(2) **録音テープ・ICレコーダー・CD等**

(a) 録音テープ等（以下、録音テープおよびそれ以外のICレコーダー・CD等の媒体によるものも含めて、基本的には、「録音テープ等」として表示します）についても、先ずは、いわゆる現場録音テープ等から検討していきましょう。

これについても現場写真の場合と同様、供述証拠説もあり、その考え方によれば、現場録音テープ等に証拠能力を認めるには刑訴法321条3項が準用ないし類推適用されるべきことになります。

しかし、録音テープ等については、主として音声が問題とされるところ、現場録音については、あくまでも、機械的に録音されているのですから、現

---

5 なお、警察署内での模擬現場で行った被害状況の再現にかかる実況見分調書及び犯行状況の再現に係る写真撮影報告書について、最決平成17・9・27刑集59巻7号753頁（百選〔第9版〕86事件）参照。

場写真と同様[6]、非供述証拠とすべきです（通説）。

したがって、現場録音テープ等については、伝聞法則は適用されず、関連性さえ立証できれば証拠能力が認められます。なお、作成の真正さについての疑義が合理的根拠に基づいて主張された場合については、基本的に、前述した現場写真の場合と同様に考えるべきです[7]。

(b) 次に、録音テープ等については、いわゆる供述録音テープ等の場合、すなわち供述内容を書面にする代わりに録音テープ等に録音する場合があります。そしてそれが、録音された供述の意味・内容の真実性を問題とする場合であれば、それは、まさに供述証拠なのであり、要証事実からして伝聞証拠となり、伝聞法則が適用になります（通説）。

①この場合の伝聞例外の要件については、基本的に、供述者が被告人の場合であれば刑訴法 322 条が、被告人以外の場合であれば同法 321 条 1 項（通常は同項 2 号か 3 号）がそれぞれ準用ないし類推適用されます。そして、それら所定の各伝聞例外の要件に該当しない限り、いずれも、証拠能力は認められないことになり、上記の各法定された要件を充たしてはじめて証拠能力を有することになるのです。

②ここで問題となるのは、録音テープ等の場合には、一般に、供述録取書の場合のような供述者の署名・押印がないことです。

この点についての通説的見解は、機械的に録音されているのであるし、供述者本人の声が録音されているかどうかは再生した当該録音テープ等の音声や録音したときの状況についての証言によって同一性を点検できるので、あえて署名・押印の必要はないとしています。これに対しては、署名・押印に代わる代替策が必要だとの見解があります。

この問題については、一般に、上記のような方法で同一性の確認はできますので、原則的には、署名・押印がないからといって、それだけで、直ちに伝聞例外に該当しないとするまでのことはないでしょう。したがって、基本的には（捜査官による供述録取書に代えての録音の場合などを除いて）、通説的見解

---

6 視覚によって認識されるか、聴覚によって認識されるかの違いがあるだけです。
7 なお、関連性の点からの同一性立証については、媒体がテープの場合よりデジタル媒体の方が、編集・修正の可能性が高いだけに、その場合は、より詳細かつ多角的な立証が必要になると思われます。

を肯認できるでしょう。

　③ただ、捜査官が、取調べについて、供述録取書に代えて録音する場合については、供述録取書の場合の署名・押印が、作成された当該供述録取書の内容についての肯定・確認の意味を有しているという点とパラレルに考える必要があるでしょう。したがって、録音の正確性等が担保されている必要があり、そのためには、原則として、何らかの方法による、署名・押印ないしそれに代わる肯定・確認を明らかにするための措置が必要だと考えます。

　④なお、録音テープ等による供述録音について（それが捜査官による上記③のような場合に限らず）、再生された供述の供述者と原供述者との同一性や内容等の編集・改ざん等に関して合理的な根拠に基づいた疑義が主張されたような場合はどうすべきでしょうか。このような録音テープ等は、供述者の供述書ないし供述録取書と同様の機能を有しており、同一性がことのほか重要になってくるだけに、刑訴法321条3項の手続を類推適用して、録音者や録音媒体の保管者等の尋問によって、その同一性を確認する必要があります。そして、その同一性等が確認されない以上は、関連性が立証されていないものとして、証拠能力を否定すべきでしょう（なお、田口416頁参照）。

(3)　ビデオテープ・DVD 等

　これら、動体映像と音声とが同時に記録される媒体に保存されている映像・音声の場合（以下、ビデオテープおよびそれ以外のDVD等の媒体によるものも含めて、基本的には、「ビデオ等」として表示します）についても、犯行現場等を録音・録画した場合のいわゆる現場ビデオ等の場合と、当該記録媒体中の供述の意味・内容の真実性が問題となるいわゆる供述ビデオ等の場合とがあり、さらに特殊な場合として、いわゆる犯行再現ビデオ等の場合があります。

　(a)　現場ビデオ等については、映像は現場写真と同様に考え、音声は現場録音テープ等と同様に考えて、基本的に、非供述証拠として扱うべきです。したがって、伝聞法則は適用にならず、関連性さえ明らかになれば証拠能力が認められます（通説）。

　なお、作成の真正さについての疑義が合理的根拠に基づいて主張された場合についても、基本的には、前記、現場写真や現場録音テープ等の場合と同様に考えるべきです。

　(b)　供述ビデオ等については、供述証拠として伝聞法則に服することにな

るなど、基本的なところでは、前記供述写真や供述録音の場合と同様に考えていけばよいでしょう。

（c）　なお、近時は、被告人が捜査官の要求に応じて、自白した自己の犯行状況を再現してその様子を録音・録画した、いわゆる被告人の犯行再現ビデオ等の証拠調べ請求がなされることがあります。これについては、それ自体問題がありますが、証拠能力の問題として考えれば、それが実況見分調書と同様の性格（関係人の位置などの客観的状況を正確に記載しているか等）を有しているところから刑訴法 321 条 3 項が、そして、被告人の供述としての性格を有している点から同法 322 条 1 項が、それぞれ準用されるべきことになります（田宮 329 頁参照）。

　また、被害者等被告人以外の者が犯行ないし被害状況を再現するビデオ等もありますが、その場合であれば、同法 321 条 3 項と同法 321 条 1 項（通常は 2 号か 3 号）が併せ準用されることになります。

第13章　伝聞法則の例外と関連諸問題

　前章では、原則として、伝聞証拠には証拠能力がないことを説明し、伝聞法則に関する基本的問題を論じました。ところで、現行刑訴法は、幅広く、伝聞法則の例外を認める規定を置いています。本章では、伝聞法則の例外規定の解釈を中心に検討を進め、さらに、再伝聞についても検討します。

1　総　説

　英米の判例では伝聞法則の例外が認められています。その基準としては、①信用性の情況的保障の基準、すなわち、当該原供述を信用できるような外部的情況の存在と、②必要性の基準、すなわち、当該原供述者が、原供述をした後、供述不能の状態になっており、原供述を用いる必要性があるということが挙げられています。そして、我が刑訴法も、基本的に、この二つの基準に基づいて、伝聞法則の例外要件を定めています。

　なお、伝聞法則が作用しない場合としては、伝聞例外の他に、伝聞不適用の場合があると言われます。すなわち、①証人尋問調書のように、既に反対尋問の機会が付与されていたような場合（法321条2項）、②当事者の同意がある場合（法326条）や合意書面の場合（法327条）、③反対尋問をすること自体が無意味な被告人自身の供述の場合（法322条）などです。しかし、このような場合についても伝聞例外に含めて議論することも少なくありませんし、これらの証拠も、基本的には伝聞証拠としての形態を有しているのですから、あえて伝聞例外と別個に、伝聞不適用の場合として論ずるまでの必要はないと思います。これらも、基本的に、伝聞例外として考えておけばよいでしょう。

　以下、伝聞例外に関する刑訴法321条から328条の規定（なお、328条については、後述する限定説に立てば、伝聞例外規定ではなく、注意規定ということになります）について説明し、その後で再伝聞についても説明することにします（な

お、以下、本章で刑訴法321条から328条についての条文を表示する場合には、例えば、「321条〇項〇号」のように、単に、条名のみを表示します)。

2 被告人以外の者の供述代用書面（321条）

1 321条1項

被告人以外の者が作成した供述書、またはその者の供述を録取した書面（供述録取書）で供述者の署名もしくは押印（以下、署名もしくは押印のことを、「署名・押印」と表示することもあります）のあるもの[1]、についての伝聞例外の要件は321条1項の定めるところです。

なお、共犯者や共同被告人も、ここにいう「被告人以外の者」に当たります（ポケット・下877頁〔横井大三〕、条解690頁）。また、供述書とは供述者自らがその供述内容を記載した書面でして、条文からも分かるように、供述書については、原則として（原供述者が全く不明の場合を除いて）、署名・押印を必要としません（田宮380頁、上口426頁参照）。

被告人以外の者の供述録取書については、誰の面前での録取であるかによって要件を異にします（321条1項1号、同条同項2号、同条同項3号）。被告人以外の者の供述録取書については、最も要件の厳格な321条1項3号（後記(3)参照→271頁）を原則型として、以下、検察官の面前（同条同項2号）、裁判官の面前（同条同項1号）の順に、要件が緩和されていきます。

(1) 321条1項1号

321条1項1号（以下、ここ(1)においては、単に「本号」と表示します）は、裁判官の面前における供述録取書（裁判官面前調書。「裁面調書」とも略称します。これにあたるものとしては、法179条、226条、227条による証人尋問調書などが挙げられます）の伝聞例外要件を定めています。

(a) 本号前段の伝聞例外要件は、供述不能です（本号前段の「その供述者が死亡、精神若しくは身体の故障、所在不明若しくは国外にいるため公判準備若しくは公判期

---

[1] 署名・押印は、録取の正確性を担保するものであり、供述内容の肯定・確認を意味します。なお、供述録取書は、原供述者が録取者に供述し（第1段階の伝聞）、録取者が自らの知覚・記憶に基づいて書面に記載する（第2段階の伝聞）という過程をたどりますので、本来、再伝聞になるところ、原供述者の署名・押印による肯定・確認があることによって、単純な伝聞として扱われるのです。

日において供述することができないとき」との部分です)。つまり、必要性の基準による要件ということになります。

(b) 本号後段の伝聞例外要件は、異なった供述の存在です(本号後段の「供述者が公判準備若しくは公判期日において前の供述と異つた供述をしたとき」との部分です。なお、条文に「前の供述」とあるのは、裁面調書の内容となっている供述を指します)。なお、この「異つた供述」は、これも広くは自己矛盾の供述に含まれるとすることもありますが、次の321条1項2号の場合のように相反性までは要求されていません。したがって、供述者が、公判期日等において、単に、前の供述と「異つた供述」をしただけの場合でも、裁面調書に証拠能力が認められると解するのが一般です。

(c) 本号の裁面調書については、後記(2)や(3)の場合と違って、特信情況の存在が伝聞例外の要件とされていません。その理由は、裁判官は公平な第三者たる立場にあることなどから類型的に特信情況があるとされるところにあります。

(2) 321条1項2号

321条1項2号(以下、ここ(2)においては、単に「本号」と表示します)は、検察官の面前における供述録取書(検察官面前調書。「検面調書」とも略称します)の伝聞例外要件を定めています。理論的にも実務的にも、最も多く議論の対象とされるのがこの検察官面前調書(検面調書)の伝聞例外要件です。

(a) 本号前段の伝聞例外要件は、供述不能です(本号前段の「その供述者が死亡、精神若しくは身体の故障、所在不明若しくは国外にいるため公判準備若しくは公判期日において供述することができないとき」との部分です)。

本号前段については、次のような点が問題とされます。

①第1に問題となるのは、本号前段の合憲性です。すなわち、本号前段も、前記321条1項1号前段の場合と同様、必要性の基準による要件ということになりますが、検察官は、裁判官と違い、公平な第三者ではなく、一方当事者それも訴追側の当事者であることなどから、供述時の特信情況の保障を認めるのは困難とされ(なお、前段については、条文上からも特信情況の存在が要件になっていませんので)、合憲性に疑義が唱えられてきました[2]。

---

2 因みに、321条1項1号および同条同項3号も、それぞれ、その前段に同様の規定を置いていますが、1号の場合は、裁判官の面前であるというところから、そもそも特信情況を条件とせ

そこで、多くの見解は、本号前段については、条文上は定められていませんが、解釈によって、供述の際の具体的な特信情況の存在が必要だとし、それによって、かろうじて違憲との批判を避けることが可能になるとしています。なお、この場合は比較するものがありませんので、その特信情況は、いわゆる絶対的特信情況の一種ということになりましょう（鈴木 207 頁は、「321 条 1 項 3 号但書のごとき要件を付加して、」としています）。

②次に、本号前段については、公判期日等において証人が証言を拒否（拒絶）した場合に、その者の検面調書を本号前段によって証拠として採用することができるか否かということが問題となります（この問題は、1 号前段、3 号についても、基本的に同様です）。

最大判昭和 27・4・9 刑集 6 巻 4 号 584 頁は、本号前段の各事由を、いわば例示的列挙であるとして、これを拡張的に解釈することを認め、証言拒否という事由も、本号前段にいう「公判期日おいて供述することができないとき」にあたるとしました。判例は、その後もこの立場を維持しており[3]、実務の大勢は、この問題を供述不能という結果から捉え、全く供述を得られない場合については本号前段の事由に含ませていると言えます。

学説も、本号前段を例示的列挙と解するのが通説的理解と言えますが、例示と解しながらも、その具体的適用は厳格にすべきだとの見解が有力です。

思うに、本号前段の事由は、これを、あえて制限的列挙とまで解する必要はないけれども、その具体的適用にあたっては、かなりの慎重さが要請されます。すなわち、真実主義からの必要性ということに偏ることは避けなければならないし、そもそも、被告人の反対尋問権の保障ということが憲法上の権利であるということを再認識すべきです。拡張すればするだけ、被告人の反対尋問権の保障されない場面が増えるのですから、その拡張的解釈にも自ずと限度があるとしなければなりません[4]。

なお、本号前段が挙げている供述不能事由は、基本的には、本人の意思以外の事由にかかる場合と言えますが、証言を拒否するというのは、まさに本

ず、3 号の場合はいわゆる絶対的特信情況を要件としています。
3　最決昭和 44・12・4 刑集 23 巻 12 号 1546 頁など。
4　東京高判平成 22・5・27 高刑集 63 巻 1 号 8 頁は、供述不能を一時的なものでは足りないとするなど、規範的視点に立って厳格な解釈をしています。この評釈として、渡辺直行「供述不能の意義」重判〔平成 23 年度〕188 頁参照。

人の意思によるものであり、本号前段の事由が例示列挙であるとしても、そこに列挙された事由とはその基本的性格を異にしています。そして、証言拒否ということまで本号前段の事由に含めますと、証言拒否ということは本人の意思次第でどのようにでもなることですから、例えば、検察官がどうしてもその者の検面調書を証拠採用してもらいたいときには、検察官が作為を弄し、当該証人に働きかけて証言を拒否させるといった事態も想定できます。

　以上のような理由から、証言拒否の場合にまで拡張する判例の考え方は、余りに必要性ということに傾き過ぎており、賛成できません。

　③ところで、証言拒否に検察官側の作為があったような場合は、これをどのように扱うべきでしょうか。このような場合には、当該証人の検面調書は、当然に証拠排除されるべきです。

　この点、最判平成7・6・20刑集49巻6号741頁（百選〔第9版〕85事件）は、出入国管理及び難民認定法（入管法）の退去強制により本国に強制送還された外国人の検面調書の証拠能力を、本号前段により認めることができるかについて判示する中で（結論は、当該供述調書の証拠能力を認めたのですが）、次のように述べています。

　すなわち、退去強制によって出国した外国人の検察官に対する供述調書については、「検察官において当該外国人がいずれ国外に退去させられ公判準備又は公判期日に供述することができなくなることを認識しながら殊更そのような事態を利用しようとした場合はもちろん、裁判官又は裁判所が当該外国人について証人尋問の決定をしているにもかかわらず強制送還が行われた場合など、当該外国人の検察官面前調書を証拠請求することが手続的正義の観点から公正さを欠くと認められるときは、これを事実認定の証拠とすることが許容されないこともあり得る」と述べ、手続的正義の観点から証拠能力が否定される場合のあることを認めました[5]。

　(b)　本号後段の伝聞例外要件は、①自己矛盾供述の存在（同号後段の「又は公判準備若しくは公判期日において前の供述と相反するか若しくは実質的に異つた供述をしたとき」との部分）および、②相対的特信情況の存在（同号後段但書の「但し、公判準備又は公判期日における供述よりも前の供述を信用すべき特別の情況の存するとき

---

[5]　なお、東京高判平成20・10・16高刑集61巻4号1頁参照。

に限る」との部分。なお、条文に「前の供述」とあるのは、検面調書の内容となっている供述を指します)[6] の二つです。

①ここでの自己矛盾の供述をしたときというのは、公判期日等において、検面調書上の供述と、「相反するか若しくは実質的に異った供述」(これこそが、名実共に「自己矛盾の供述」と言えるものです) をした場合を言います。

②ここでの相対的特信情況は、公判期日等における供述よりも、前の供述すなわち検面調書上の供述を「信用すべき特別の情況」です。そして、このことを検討するに当たっては、前の供述が、公判期日における供述よりも、「信用すべき特別の情況」のもとでなされたことを要求しているという点が重要です。そうであれば、本号後段但書の規定は、単に、公判廷の供述が、検面調書上の供述よりも、信用性の劣る情況でなされたことを要求しているにすぎないと解すべきではありません。相対的ということを単なる比較の問題としてのみ考えるのは危険であり、あくまでも検面調書上の供述に具体的な信用性の情況的保障があることが前提となっているということを銘記すべきです。実務においては、そのことを充分に自覚したうえでの解釈・運用がなされるべきだと考えます。

③特信性については、特信情況を判断するにあたって当該調書の内容をその判断のための資料にできるか否かということが問題とされます。

否定説は、「特別の情況は、公判外の供述に証拠能力を与える要件であるから、それは、供述の外面的付随的事情でなければならない」(江家義男『刑事証拠法の基礎理論〔訂正版〕』(1952年、有斐閣) 103頁、なお、井戸田220頁、平野214頁も同旨) とします。これに対して、肯定説は、供述自体の内容も特信情況判断の資料にしてよいとします (高田229頁など)。

この点について、最判昭和30・1・11刑集9巻1号14頁は、「必ずしも外部的な特別の事情でなくても、その供述の内容自体によってそれが信用性ある情況の存在を推知せしめる事由となると解すべきものである」と判示しました。

---

6 相対的というのは、「信用すべき特別の情況」についての条文が、検面調書上の供述と公判期日等における供述とを比較しているからであるとされています。しかし、後述するように、相対的ということを単なる比較の問題としてのみ捉えるのは危険です。因みに、最も厳格な伝聞例外要件を定めている刑訴法321条1項3号における特信情況は、なんら比較されるものがないので、一般に、絶対的特信情況と言われます。

思うに、裁判所が、検面調書上の供述と公判期日等における供述とが相反するかどうかを判断する場合などに、当該検面調書の提示を求めてその供述内容を見ることもあります[7]。そして、その場合には、既に供述内容を見てしまっているのですから、まったく「特信情況の存否についてこれと無関係に決定せよというのは無理」であり（高田229頁）、供述の外部的（外面的）付随的事情だけで特信情況を判断するというのは、現実的でないと言われるかもしれません。しかし、裁判所が、自己矛盾かどうかを検討する意味で検面調書の供述内容を見ることと、さらに、その見た内容を特信情況の判断資料にするということとは、別問題であり、特信情況は、外部的付随的事情であるということを前提として、その判断がなされるべきです。

(3) 321条1項3号

321条1項3号（以下、ここ(3)においては、単に「本号」と表示します）は、同条同項1号および2号以外の書面についての伝聞例外要件を定めています。したがって、①上記(1)、(2)で説明した以外の者の面前における供述録取書の伝聞例外要件と、②被告人以外の者の供述書のすべて（被害届、告訴状なども含まれます。石井・証拠法176頁、池田＝前田452頁参照）の伝聞例外要件は、いずれもが本号によることになります。

本号に該当する被告人以外の者の供述録取書の中の代表的なものとしては、いわゆる司法警察職員の面前調書があります。すなわち「員面調書」と略称される司法警察員の面前調書（証拠等関係カードでは、「員」と略記されます）と「巡面調書」と略称される司法巡査の面前調書（証拠等関係カードでは、「巡」と略記されます）です。

この伝聞例外要件は最も厳格なものです。すなわち、①供述不能（「その供述者が死亡、精神若しくは身体の故障、所在不明又は国外にいるため公判準備又は公判期日において供述することができず」との部分）、②不可欠性（「且つ、その供述が犯罪事実の存否の証明に欠くことができないものであるとき」との部分）、③絶対的特信情況の存在（「但し、その供述が特に信用すべき情況の下にされたものであるときに限る」との部分）の三つの要件の併存が必要とされています。

---

[7] 規192条により、裁判所は、証拠決定をするにあたっては、必要があれば、訴訟関係人に対し、当該証拠書類ないし証拠物の提示を命じることができることになっています。

2　321条2項

被告人以外の者の公判準備もしくは公判期日における供述を録取した書面（公判調書や公判準備における証人尋問調書）、裁判所もしくは裁判官の検証の結果を記載した書面（検証調書）については、いずれも無条件で証拠能力が認められます。これらは、既に反対尋問の機会が与えられている（公判調書等の場合）か、当事者の立会権が与えられていて（裁判所・裁判官の検証調書の場合）、実質上は反対尋問権が保障されたのと同様に評価できるからだとされています。

3　321条3項

(1)　検察官、検察事務官、司法警察職員の検証の結果を記載した書面（捜査機関作成の検証調書）については、その供述者（当該検証調書の作成者）が公判期日において証人として尋問を受け、その真正に作成されたものであることの供述をしたことが伝聞例外の要件となります。

これは、321条3項における検証調書の作成者が321条2項の場合のように公平な第三者たる裁判所や裁判官ではなく、捜査官であり、また本条の検証の場合には被告人・弁護人の立会いが認められていませんので（法222条1項は法113条を準用していません）、当該検証調書の作成者が公判廷で証人として尋問を受け、当該検証調書が真正に作成されたものであることを供述することによって、証拠能力を認めることにしたのです。

(2)　ここで問題となるのは、いわゆる実況見分調書すなわち捜査機関が任意処分として行う検証の結果を記載した書面も321条3項の書面に含めることができるか否かという点です。

(a)　この点については争いがありますが、通説的見解は、積極説の立場に立ち、含まれるとします。その主たる理由は、実況見分の性質は捜査機関が任意処分として行う検証であり、実況見分と321条3項の検証とは任意処分か強制処分かの点で違いがあるにすぎないからだとされています（田宮384頁など）。判例も積極説に立ち[8]、実務もそのように運用されています。

これに対し、消極説は、「検証は、裁判官の令状によって行うという形式

---

[8]　最判昭和35・9・8刑集14巻11号1437頁。因みに、最決平成20・8・27刑集62巻7号2702頁（百選〔第9版〕87事件）は、私人作成の燃焼実験報告書抄本について、321条3項の準用を否定しましたが、作成者の学識経験等から、321条4項の書面（後記4参照→274頁）に準ずるものとして証拠能力を肯定しました（なお、鑑定書について、第4章②2(2)(a)参照→82頁）。

をとるものであることにより、観察・記述を意識的にし、正確にする機能をもいとなむに反し、実況見分には、必ずしもこの保証がない」（平野216頁）として、同条同項の書面には実況見分調書を含めるべきではないとします。消極説によれば、実況見分調書に証拠能力を認めようとすれば、321条3項ではなく、321条1項3号の要件に該当することが必要になります。

（b）たしかに、検証の場合は令状に基づいて行われるという点を軽視すべきではなく、令状には司法的抑制の理念に基づき司法的審査がなされたことが反映しており、実況見分の場合より正確性等が担保されているとも言えます（本来そうあらねばなりません）。

しかし、実況見分調書で最も問題になる現場供述部分について伝聞例外の要件を厳格に適用していけば（次の(3)(b)参照）、積極説による実務の運用も肯認できると考えます。

（3）ところで、検証調書や実況見分調書には、立会人の指示・説明が記載されますが、これをどのように扱うかが問題とされます。これについては、いわゆる現場指示と現場供述とに分けて考える必要があります。

（a）現場指示（立会人が現場で行う指示・説明）は、検証の動機や手段として行われるのであり、その記載すなわち現場指示の記載は、まさに検証ないし実況見分の結果として記載されたものです。したがって、それは、当該検証調書ないし実況見分調書の一部として、それら調書と一体をなすものとして、321条3項の要件を充たせば証拠能力が認められます。

判例も、実況見分についてのものですが、そのように解し、立会人の指示・説明を求めるのは、「要するに、実況見分の一つの手段であるに過ぎず」とし、その指示・説明の記載は、「結局実況見分の結果を記載するに外ならず」と判示しています[9]。

（b）これに対して、現場供述の場合、すなわち、立会人の説明が、検証ないし実況見分の現場における指示説明の限度を超えており、その説明内容の真実性が要証事実になっているような場合[10]には、321条3項の伝聞例外要件に該当する他、併せて、説明をした立会人が、被告人以外の者であれば

---

[9] 最判昭和36・5・26刑集15巻5号893頁。
[10] なえば、「相手は右のこぶしを握り締めて思いきり殴りかかってきました」と説明したような場合。

321条1項2号ないし3号の要件に、被告人であれば同法322条の要件に、それぞれ該当しない限り証拠能力は認められません[11]。

4　321条4項

鑑定の経過及び結果を記載した書面で鑑定人の作成したものについての伝聞例外の要件については321条3項が準用されます。

なお、鑑定受託者の作成したものについては争いがありますが、通説・判例は321条4項の準用を認めています。したがって、この立場では、鑑定人の作成したものと同様、321条3項の要件を充たすことにより証拠能力が認められます[12]。

3　ビデオリンク方式による証人尋問調書（321条の2）

この規定は、ビデオリンク方式による証人尋問の制度が設けられたことに伴い定められたものです。

1　ビデオリンク方式による証人尋問

ビデオリンク方式による証人尋問については、犯罪被害者等が公判廷で証人として証言する苦痛を考慮し、その精神的負担を少しでも軽減しようとして、2000年（平成12年）の刑訴法改正の際に設けられたものです。

すなわち、裁判所は、性犯罪等一定の犯罪の被害者等を「証人として尋問する場合において、相当と認めるときは、検察官及び被告人又は弁護人の意見を聴き、裁判官及び訴訟関係人が証人を尋問するために在席する場所以外の場所……にその証人を在席させ、映像と音声の送受信により相手の状態を相互に認識しながら通話をすることができる方法によつて、尋問することができる」（法157条の4第1項）ことになりました。この方法による証人尋問のことをビデオリンク方式による証人尋問と言います。

そして、「裁判所は、その証人が後の刑事手続において同一の事実につき再び証人として供述を求められることがあると思料する場合であつて、証人の同意があるときは、検察官及び被告人又は弁護人の意見を聴き、その証人の尋問及び供述並びにその状況を記録媒体……に記録することができる」

11　なお、第12章注5掲記（→261頁）の最決平成17・9・27参照。
12　最判昭和28・10・15刑集7巻10号1934頁。

（法157条の4第2項）こととされました。そして、この「記録媒体は、訴訟記録に添付して調書の一部と」なります（法157条の4第3項）。この規定は、これらの証人に対する他の公判での再度の尋問が予想される場合に、当該証人が繰り返し尋問を受けるのは当該証人にとっての精神的負担ですので、それを軽減するための措置として定められたものと言えます[13]。

2 ビデオリンク方式による証人尋問調書と反対尋問権の保障

上記記録媒体がその一部とされた調書は、共犯者などの、他の手続では伝聞証拠となりますが、321条1項の規定にかかわらず、証拠とすることができるとされました（321条の2第1項前段）。そして、この記録媒体は、公判期日において再生により証拠調べがなされます（法305条4項。なお、321条の2第2項参照）。

なお、「裁判所は、その調書を取り調べた後、訴訟関係人に対し、その供述者を証人として尋問する機会を与えなければならない」（同第1項後段）と定めて、反対尋問権を保障しています。したがって、上記規定からすると、記録媒体があっても、当該証人が、主に反対尋問という形で、再度の尋問を受けることが想定されます。

そこで、当該記録媒体における証人の供述は、「……第295条第1項前段……の適用については、被告事件の公判期日においてなされたものとみなす」との規定を置き（321条の2第3項）、既に記録媒体に収録されている尋問と重複する尋問を制限できるようにしました（法295条1項前段参照）。すなわち、重複尋問を的確に制限することによって、その限度で、当該証人が繰り返し証言させられる事態を回避できるようにし、結果的に、反対尋問権の保障と証人の精神的負担の軽減との調和を図ろうとしているのです（ビデオリンク方式による証人尋問調書の証拠能力の詳細については、渡辺488頁以下参照）。

④ 被告人の供述代用書面（322条）

被告人が作成した供述書、または被告人の供述を録取した書面（供述録取

---

[13] なお、ビデオリンク方式による証人尋問について、被告人の証人審問権との関係などが問題とされますが、最判平成17・4・14刑集59巻3号259頁（百選〔第9版〕72事件）は、その合憲性を認めました。

書）で被告人の署名もしくは押印のあるもの[14]、についての伝聞例外の要件は322条の定めるところです。

すなわち、その供述が被告人にとって不利益な事実の承認を内容としており、かつ、それが自白でない場合であっても、任意にされたものでない疑いがあると認められないこと（つまり、供述に任意性があること）、または特に信用すべき情況（特信情況）のもとにされたものであること[15]、と定められています（同条1項）。

なお、被告人の公判準備または公判期日における供述録取書については、任意性だけが要件とされています（同条2項）。

5　特信文書（323条）

上記321条、321条の2、322条以外の書面については、323条の規定に該当すれば証拠能力が認められます。一般に、これを特信文書と言います。これには次の3種があります。

1　公務文書（323条1号）

戸籍謄本、公正証書謄本その他公務員（外国の公務員を含む）がその職務上証明することができる事実についてその公務員の作成した書面です。例示以外では、不動産の登記事項の全部事項証明書（従前の登記簿謄本に当たる）や印鑑証明書などが挙げられます。

2　業務文書（323条2号）

商業帳簿、航海日誌その他業務の通常の過程において作成された書面です。例示以外では、医師のカルテなどが挙げられます。

3　その他の特信文書（323条3号）

上記1、2に掲げるものの他、特に信用すべき情況の下に作成された書面です。スポーツの記録、学術書、統計表などが挙げられます。

問題となるのは、メモをどう考えるかです。英米法ではメモに証拠能力を認めるいわゆるメモの理論がありますが、メモの理論を用いて一律にメモに

---

[14]　供述書については、原則として、署名・押印は不要である点、署名・押印の意味・機能等については、前記321条1項の場合と同様です（前記② 1および注1参照→266頁）。

[15]　なお、「又は特に信用すべき情況の下にされたものであるとき」というのは、供述内容が被告人に不利益な事実の承認でない場合の要件ということになります。

証拠能力を認めるべきではありません。日記や手紙なども同様ですが、作成プロセス・内容・形式等を総合して実質的にその特信性を判断すべきです。

6 伝聞証言（324条）

1 324条1項

被告人以外の者の公判準備または公判期日における供述（証言）で被告人の供述を内容とするものについての伝聞例外要件は、324条1項の定めるところであり、同条同項によって322条の規定が準用されます。なお、一般に準用されるのは322条1項であると言えます。そして、同条同項が準用されますと、被告人にとっての不利益な事実の承認を内容とする供述が任意になされた場合、または不利益な事実の承認でない供述で供述時に特信情況がある場合、が伝聞例外の要件となり、そのいずれかに該当すれば証拠能力が認められます。

2 324条2項

被告人以外の者の公判準備または公判期日における供述（証言）で被告人以外の者の供述を内容とするものについての伝聞例外要件は、324条2項の定めるところであり、同条同項によって321条1項3号の規定が準用されます。したがって、321条1項3号準用の結果、供述不能、不可欠性、絶対的特信情況の存在の三つが揃うことが伝聞例外の要件となり（前記2 1(3)参照→271頁）、この三つの要件が揃ってはじめて証拠能力が認められます。

7 任意性の調査（325条）

325条は、321条から324条までの規定により証拠とすることができる書面または供述であっても、あらかじめ、原供述が任意にされたものであるかどうかを調査した後でなければ、これを証拠とすることができない旨規定しています。

問題となるのは、この調査を証拠調べの前にしなければならないか否かです。この点について判例は、「必ずしも……証拠調べの前にされなければならないわけのものではなく、裁判所が……証拠調後にその証明力を評価する

にあたってその調査をしたとしても差し支えないものと解すべき」であるとしています[16]。

多数説も、ここでの任意性の調査は、任意性が証拠能力の要件となっている場合（322条1項前段・同条同項但書、324条1項）や特信情況が証拠能力の要件となっていることから事実上任意性が必要とされる場合（321条1項2号但書、同条同項3号但書、322条1項後段、323条3号、324条2項）を除いて、それ以外の場合は、基本的に、自白の任意性とは異なり、必ずしも、証拠能力の要件とはなっておらず、証拠価値ないし証明力判断との関係で要求されているものと解し、その調査の時期については、証拠の証明力評価の段階で調査することをもって足りるとしています（田宮392頁、光藤・Ⅱ242～243頁、鈴木214頁、福井384頁、田口420頁など）。

思うに、ここでの任意性の調査は、実際上、任意性や特信性が証拠能力の要件になっていない場合について必要になるところからすれば、多数説の見解が妥当でしょう。

8　「同意」について（326条）

1　総説

326条1項は、「検察官及び被告人が証拠とすることに同意した書面又は供述は、その書面が作成され又は供述のされたときの情況を考慮し相当と認めるときに限り、第321条乃至前条の規定にかかわらず、これを証拠とすることができる」と規定し、同条2項は、「被告人が出頭しないでも証拠調を行うことができる場合において、被告人が出頭しないときは、前項の同意があつたものとみなす。但し、代理人又は弁護人が出頭したときは、この限りでない」と規定しています。なお、上記同条2項の場合を擬制同意と言います。

326条の同意（以下単に「同意」と表示します）の意義をどのように解するかについては、基本的には、同意をもって反対尋問権放棄の意思表示であるとするいわゆる反対尋問権放棄説（多数説）と、同意をもって当該証拠に証拠能力を付与する訴訟行為であるとするいわゆる証拠能力付与行為説とが対立

16　最決昭和54・10・16刑集33巻6号633頁。

しています[17]。

2　原供述者証人尋問（喚問）の可否

同意の意義をどう捉えるかによって、同意した当事者が当該供述調書の証明力を争う等のために原供述者に対しての証人尋問（そのための証人喚問）をすることができるか否かについての見解が分かれます。

（1）反対尋問権放棄説は、基本的に、同意をした者は、同意した証拠（例えば検面調書などの供述調書）の証明力を争うために、その調書の供述者の証人喚問を請求することはできないとします（例えば、平野220頁）[18]。というのも、同意の本質を反対尋問権の放棄とする以上、反対尋問権を放棄しておいて証人尋問するのは矛盾だからだとするのです。これに対し、証拠能力付与行為説では、基本的に、そのような証人喚問もできるとします。

（2）思うに、この点については、そもそも同意をもって反対尋問権の放棄とすること自体に賛成できません。すなわち、伝聞証拠が証拠排除されるのは、もともと当該証拠（例えば、検面調書などの供述調書）が供述時に反対尋問にさらされていないからです。それが後に「当事者が反対尋問権を放棄したからと言って」当該「供述調書が伝聞証拠でなくなるわけではない」（寺崎429頁。なお、長沼範良ほか『演習刑事訴訟法』（2005年、有斐閣）298頁〔大澤裕〕参照）のです。したがって、同意によって伝聞証拠たる供述調書等に証拠能力が付与されるのは反対尋問権の放棄があったからだとする説は、論理的に無理のある考え方だと思われます。

そうであれば、同意によって伝聞証拠をして「証拠とすることができる」（法326条）ようになるのは、基本的には、伝聞証拠という本来証拠排除されるべき証拠能力のない証拠について、証拠排除の主張をしないということ、いわば一種の責問権の放棄をしたことになると考えるべきであり（田口422頁、寺崎429頁。田口守一『刑事訴訟の目的〔増補版〕』（2010年、成文堂）288頁以下参照）、同意には反対尋問権放棄の意思表示は含まれていないとすべきです。

17　ただ、両説の対立として割り切れないところもあります。例えば、松本芳希「刑訴法326条の同意」新実例Ⅲ6頁のように、証拠能力付与行為説について、「単に反対尋問権の放棄ということに止まらず、より積極的に証拠に証拠能力を付与する訴訟行為と解する」とし、反対尋問権の放棄と証拠能力付与行為とを両立し得るとの立場に立つ見解もある等、学説は錯綜したところがあります。
18　ただ、他の方法で証明力を争うこと自体はできるとしています（平野220頁）。

なお、この点を考えるにあたっては、証人審問権（特に反対尋問権）が憲法37条2項によって被告人に保障された基本権であるということを、あらためて銘記すべきです[19]。

3 同意の射程範囲

(1) なお、証拠能力付与行為説に立つと、同意があれば、それは当事者に与えられた一種の処分権を行使したことになり、伝聞証拠であることについてだけでなく、当該伝聞証拠が違法収集に基づく場合などについても、同意したことによって証拠能力を争えなくなるのでしょうか。

この点については見解が分かれており、これを肯定する見解もあります。

しかし、326条は、あくまでも、本来証拠能力のない伝聞証拠について、例外的に証拠能力を付与することを定めた規定であって、伝聞性以外の理由によって証拠能力の欠如している証拠についてまで証拠能力を付与し得ることを定めた規定ではありません。したがって、そこまで同意の効力を拡張すべきではないと考えます[20]。

(2) なお、326条は「その書面が作成され又は供述のされたときの情況を考慮し相当と認めるときに限り、第321条乃至前条の規定にかかわらず、これを証拠とすることができる」としているのであり、この点からすれば、326条が当事者に証拠能力付与についての最終的処分権を与えたものでないことは明らかです。同意は、前述の通り、伝聞証拠を排除するについての、一種の責問権放棄と捉えられますが、伝聞性以外の点については、上記の「相当性」が認められるかという視点に立って、裁判所が判断すると解すべきです。

したがって、例えば、任意性のない伝聞証拠や最小限の証明力すらないような伝聞証拠について考えた場合、当事者には、伝聞証拠を理由とする証拠

19　憲法37条2項は、被告人には、「すべての証人に対して審問する機会」が「充分に与えられ」ているとしています。

20　なお、最大判昭和36・6・7刑集15巻6号915頁は、被告人が証拠とすることに同意した捜索差押調書は、捜索差押手続が違法であるか否かにかかわらず証拠能力があるとしていますが、この判例は、326条の同意があれば、それだけで違法収集証拠についても証拠能力が付与されることを判示したものと解すべきではなく、「『同意』もあるしその上に『異議なく』適法な証拠調べを経たことをもって、即ち窮極的には刑訴309条1項、規則205条1項による異議の申立がなされなかったことをもって証拠能力を肯定する根本的理由としている」（最判解説〔昭和36年度〕148頁〔栗田正〕）と評されています。

排除についての責問権放棄という意味での処分権はあっても、任意性がないとか最小限の証明力すらないといった点に関しての処分権はないのです。そして、その点については、裁判所が、同意の有無とは別に、証拠能力を付与するのが相当か否かを判断することになると解すべきです。

そうであるならば、違法に収集された伝聞証拠について同意があった場合も、証拠収集手続の違法性を問題とすることについてまでの責問権の放棄があったとすべきではないでしょう。

9 合意書面（327条）

327条前段は、検察官および被告人または弁護人が合意のうえ、文書の内容または公判期日に出頭すれば供述することが予想されるその供述内容を書面に記載して提出したときは、その文書または供述すべき者を取り調べないでも、その書面を証拠とすることができると定めています。このような書面を合意書面と言います。合意書面は、無条件で証拠能力が認められます。

なお、この合意は証拠能力についての合意ですから、その書面の証明力を争うことはできます（327条後段）。

10 証明力を争うための証拠（328条）

1 総説

328条は、「第321条乃至第324条の規定により証拠とすることができない書面又は供述であつても、公判準備又は公判期日における被告人、証人その他の者の供述の証明力を争うためには、これを証拠とすることができる」と定めています。つまり、伝聞例外に該当しない上記書面または供述であっても、それらを、実質証拠としてではなく、弾劾証拠として用いるのであれば[21]、証拠にできるのです。

2 328条の適用範囲

問題となるのは、同条により証拠にできるのは供述者の自己矛盾の供述に

---

21 証明力を「争う」証拠である以上、弾劾証拠に限定して考えるべきです。一般にもそのように解されています。なお、増強証拠も含むとの裁判例も見受けられますが賛成できません。

限定されるか否かです。非限定説もありますが、通説は、供述者の自己矛盾の供述に限るとして、限定説に立っています。なお、限定説に立てば、328条は、伝聞例外を定めた規定ではなく、自己矛盾供述の存在を立証することによって証人等の供述の信用性を減殺できる旨を注意的に定めたものということになります。

　思うに、限定説に立てば、本条は、例えば、Aが公判廷で証人として述べた供述と矛盾する供述を公判廷外でしていたという事実によって、Aの公判廷での供述の証明力（信用性）を減殺させることを可能にする規定だということになります。したがって、公判廷外のAの供述の真偽は問題とされません。

　しかるに、非限定説に立って、例えば、公判廷でのA証人の供述を、別人Bの公判廷外の伝聞証拠で弾劾することを許してしまいますと、事実上、真偽不明な当該伝聞証拠の内容を、あたかも真実であり措信できるものとしてしまうことになります。それでは、そのような伝聞証拠が実質証拠として扱われたのと同様の危険を生じさせることになってしまいます。したがって、非限定説には賛成できません。通説たる限定説が妥当です。

　この点について、最高裁は、近時、限定説の立場に立つことを明らかにしました[22]。

11　再伝聞

　いわゆる再伝聞証拠（以下単に「再伝聞」とします）とは、伝聞証拠の中に、さらに伝聞部分を含む証拠のことを言います。供述代用書面についての場合もあれば、伝聞証言（供述）についての場合もあります。例えば、証人甲が、「私の友人のAが、『自分（A）の同僚のBが〈被告人XがCスーパーで万引きしたのを見た〉と言った』と言っていました」と証言したとしましょう。この場合、甲の公判廷で供述（証言）には、BからAへの第1段階の供述（第1段階の伝聞）と、Aから甲への第2段階の供述（第2段階の伝聞）が含まれています。したがって、再伝聞ということになります。

22　最判平成18・11・7刑集60巻9号561頁（百選〔第9版〕90事件）。

1 学説と判例

(1) 再伝聞に証拠能力を認めるか否かについては学説が分かれています。

多数説は、肯定説の立場に立ち、再伝聞をもって伝聞の複合形態であるから、再伝聞のそれぞれの過程において刑訴法所定の伝聞例外の要件が充たされていれば、再伝聞にも証拠能力が認められるとします（平野224頁、田宮391頁など）。

これに対して否定説は、再伝聞を認める理論を推し進めると、結局は再伝聞以上の多重伝聞を認めることになるとし、そもそも再伝聞を認める論理自体認められないとします（白取422頁、寺崎453頁、鈴木206頁など）。

(2) 判例は、「共同被告人甲の検察官に対する供述調書中に共同被告人乙からの伝聞の供述が含まれているときは、刑訴第321条第1項第2号、第324条によりこれを右被告人乙に対する証拠とすることができる」〔判決要旨〕としています[23]。

この判決要旨だけでは、その理論構成が分かりにくいですが、この判例は、原審たる控訴審が判示したところの理論構成を正当であると認めたものですので、原審たる控訴審の判示するところを見てみましょう。

原審の判示するところの趣旨は、次の通りです。

すなわち、①検察官に対する供述の中に（要するに、伝聞証拠たる検面調書中に）伝聞事項が含まれる場合、その伝聞事項（要するに、再伝聞事項）について証拠能力を認めた規定はない。②しかし、321条1項各号が同号所定の要件に該当すれば証拠能力を認めるとしたのは、そのような供述調書をもって、公判準備または公判期日における供述に代えて書類を証拠とすることを許したものに他ならないから、321条1項2号により証拠能力の認められる供述調書中の伝聞事項は、公判準備または公判期日における供述中の伝聞事項と同等の証拠能力を有するものと解される。③このことは、換言すれば、甲の検面調書中の乙の供述部分（甲が乙から聞いた部分）以外については、321条1項2号のみによって証拠能力が認められ、乙の供述部分（甲が乙から聞いた部分）については、321条1項2号の他、324条が類推適用される。④したが

---

[23] 最判昭和32・1・22刑集11巻1号103頁（百選〔第9版〕91事件）。

って、再伝聞たる乙の供述部分については、324条の類推適用により、322条または321条1項3号が準用される（本事案の場合は、乙は被告人ですので、324条1項により322条が準用される）というのです。

これを要するに、被告人以外の者の検面調書（伝聞証拠）中に、①被告人からの供述部分（再伝聞部分）があるときは、321条1項2号に加えて、さらに324条1項が類推適用されて322条が準用され、②被告人以外の者からの供述部分（再伝聞部分）があるときは、321条1項2号に加えて、さらに324条2項が類推適用されて321条1項3号が準用されることになる、とするのが上掲判例の結論ということになります。

2　検　討

しかし、上掲の判例には、基本的に、論理の飛躍があるように思います。というのも、321条1項2号は、伝聞証拠たる検面調書に、例外的に証拠能力を与える規定であり、検面調書が伝聞例外要件に該当して証拠能力を有することになっても、当該検面調書上の供述が質的に転換して、公判廷での供述と同質のものになるわけではないからです。

また、この場合については、伝聞例外規定が2度適用されていますが、同一の例外規定が重ねて適用されたのではなく、321条1項2号と324条という異なった伝聞例外規定が1回ずつ適用されたのだから、この限度で再伝聞を認めてもよいとする見解もあります（田宮391頁、なお、田口420頁）。しかし、この見解についても賛成できません。なぜならば、同じ伝聞例外規定が2度適用されていなければ再伝聞に証拠能力を認めてもよいとする根拠は、必ずしも明らかでありませんし、再伝聞であることには何ら変わりがないからです。

ただ、この判例事案の場合について考えれば、乙が、自らが甲に述べたとされている当該供述内容を、公判廷で、承認（肯定・確認）した場合に限っては、証拠能力を認める余地も生じるでしょう（鈴木213頁、光藤・Ⅱ258頁、上口447頁参照）。

しかし、いずれにしても、上記のような判例の考え方を一般化すべきではありません。

第14章　裁判の種類・成立・確定・効力と執行

　第1章で刑訴法とは何かということを考え、第2章から前章にわたって、捜査（査査の端緒を含めて）・公訴・公判までの諸手続、その間における当事者の攻撃・防御、審判対象論、各種証拠法則などについて論じてきました。本章では、裁判について考えます。先ずは、裁判の種類を説明したうえで、有罪・無罪の実体判決についての基本的事項と問題点を検討し、次に、裁判の成立（内部的成立・外部的成立）と裁判の確定について論じます。確定については、形式裁判・実体裁判が確定した場合の様々な効力（とりわけ、拘束力）を論じてから、有罪・無罪の実体裁判と免訴判決について発生する一事不再理効について検討します。そして、最後に裁判の執行手続についての概要を説明します。

1　裁判の種類

1　裁判の意義

　裁判を訴訟法上の固有の意味から定義づければ、裁判機関のなす意思表示的な訴訟行為[1]ということになります（なお、第2章①1参照→17頁）。そして、この意味での裁判も、さらに、①有罪・無罪の裁判のように、被告事件に法律を適用し、これに公権的解決を与える裁判機関の意思表示だけを意味する場合（狭義の裁判）と、②裁判機関の訴訟行為のうち、法律行為としての性質を有するものを意味する場合（広義の裁判）とがあります。そして、訴訟法上の用語としては、②の意味で用いられるのが一般です。

2　裁判の種類と各種分類

(1)　判決、決定、命令

　これらは、法律が認める裁判の種類であり（法43条）、裁判の形式から分類したものです。

---

[1]　訴訟行為とは、訴訟手続（捜査および刑の執行を含みます）を構成する行為であって、訴訟法上の効果が認められるものを言います（団藤167〜168頁、総研440頁など）。

（a）その区別の基準は、裁判機関の差異（裁判所がするのか、裁判官がするのか）と、裁判の手続の違い（口頭弁論に基づくか否か、事実の取調べができるか否かなど）です。

①判決は、裁判所のする裁判です。そして、原則として、口頭弁論に基づくことが必要です（法43条1項）。

②決定も、裁判所のする裁判です。しかし、判決と違って、口頭弁論に基づくことを要しません（同条2項）。ただ、決定をするについて必要がある場合には、事実の取調べができます（同条3項）。また、決定は、申立てにより公判廷でするとき、または公判廷における申立てによりするときは、訴訟関係人の陳述を聴かなければなりません（規33条1項）。

なお、略式手続における略式命令は、命令という言葉は使われているものの、その法的性質は命令ではありません。これは決定の特殊な場合です（なお、略式手続について第6章②6参照→128頁）。

③命令は、裁判官のする裁判です。裁判官のする裁判は、すべて命令です。口頭弁論に基づくことを要しませんし（法43条2項）、命令をするについて必要がある場合は事実の取調べができます（同条3項）。この点は決定と同様です。しかし、決定と違って、訴訟関係人の陳述を聴かないですることができます（規33条2項）。

（b）このような三つの区別は、次のような手続的差異を導きます。すなわち、①判決には必ず理由を付することが必要ですが（法44条1項）、決定と命令については上訴を許さないものには理由を付する必要はありません（同条2項）。②上訴の形式を異にします（上訴については第15章参照）。③判事補は、決定と命令に限って一人ですることができます（法45条）。④再審の請求（法435条、436条）、非常上告（法454条）は、判決に対してのみ許されます（再審については第15章⑧→334頁、非常上告については第15章⑨→337頁参照）[2]。

(2) 終局裁判、非終局裁判（終局前の裁判・終局後の裁判）

裁判の機能から分類した裁判の種類です。その区別の基準は、当該被告事件の当該審級からの離脱の有無です。

（a）終局裁判とは、当該裁判所における当該被告事件の訴訟手続を終結さ

---

[2] なお、非常上告については、鈴木335頁のように、終局裁判たる決定に対してもすることができるとの考え方もあります。

せて、その被告事件を、その審級から離脱させる効果をもつ裁判を言います。

例えば、管轄違いの判決（法329条）、有罪・無罪の判決（法333条、334条、336条）、免訴の判決（法337条）、公訴棄却の判決（法338条）、公訴棄却の決定（法339条）などです。上訴審においては、控訴棄却の決定（法385条、386条）、控訴棄却の判決（法395条、396条）、上告棄却の決定（法414条、385条、386条）、上告棄却の判決（法408条、414条、395条、396条）、破棄差戻し・移送の判決（控訴審について法397条、398条〜400条、上告審について法410条〜413条）などがあります。

（b）終局前の裁判とは、終局裁判の準備のために、審理の途中でなされる裁判を言います。

例えば、訴訟指揮の裁判や勾留・保釈など各種強制処分に関する裁判、証拠調べに関する裁判などを挙げることができます。

（c）終局後の裁判とは、終局裁判の後に生ずる派生的な問題についてする裁判を言います。

例えば、裁判によらないで訴訟手続が終了する場合の訴訟費用負担の決定（法187条）、上告裁判所の訂正判決（法415条）、訴訟費用執行免除の申立についての決定（法500条、503条）、解釈の申立についての決定（法501条、503条）、執行異議の申立についての決定（法502条、503条）などです。

(3) **実体裁判、形式裁判**

判断内容から分類した裁判の種類です。

（a）実体裁判とは、公訴の理由の有無、つまり起訴状記載の公訴事実（つまり訴因事実）に理由があるかないかの判断をする裁判を言い、有罪判決（法333条、334条。有罪判決の理由については法335条）、無罪判決（法336条）がまさにそれに当たります（有罪判決については本章②→289頁、無罪判決については本章③→292頁参照）。

実体裁判が確定すれば、一事不再理効（本章⑥参照→301頁）が発生します。この点が、実体裁判と形式裁判との大きな違いです。

（b）これに対して、形式裁判とは、一般に、事件の実体について判断することなく、申立の有効・無効について判断する裁判のことを言いますが（田口426頁、平野270頁）、実際には、申立の無効を理由として、手続の打切りを

する裁判を意味します。管轄違いの判決（法329条）、公訴棄却の判決（338条）公訴棄却の決定（339条）などがこれに当たります。

(c) ところで、免訴判決については、その本質（法的性質）をどのように捉えるかについて争いがあり多くの学説が対立してきました。すなわち、実体裁判説（斉藤326頁、430頁）、実体関係的形式裁判説（団藤159頁、313頁）、形式裁判説（平野151頁）、純形式裁判説（田宮451頁）、形式的本案裁判説（鈴木243頁）、形式的実体裁判説（田口451～452頁）などです（詳細は、渡辺563頁以下参照）。

通説・判例[3]は、形式裁判説の立場に立っていますが、免訴判決にも一事不再理効が発生するとしています（後記⑥2参照→303頁）。つまり、刑訴法337条1号の「確定判決」には免訴判決も含まれるとするのです（なお、純形式裁判説を除いて、上記いずれの説も免訴判決には一事不再理効が発生するとしています）。

免訴判決の本質については、形式的本案裁判説ないし形式的実体裁判説が妥当な見解と考えます。というのも、この両説は、免訴判決をもって犯罪の存否を判断していない、つまり実体形成をしない（実体審理を要しない）という点では形式裁判であるものの（鈴木243頁、田口451頁参照）、刑罰権の存否の判断という公訴の理由性を判断しているという点では、本案裁判ないし実体裁判であるとしており、その内容を最も適確に捉えているからです。

なお、上記両説のいずれによるべきかについては、いずれによるも取扱い上の差異はないでしょうが、形式的実体裁判とする方が免訴判決の本質をより適確に捉えていると思います。

そして、免訴判決の本質を、以上のように、刑罰権の不存在を確認している裁判であると捉えることによって、超法規的免訴事由（第7章③8(2)(→162頁)に掲記した最大判昭和47・12・20〔高田事件〕（百選〔第9版〕61事件）参照）を認めることの妥当性が、一層明確化されることになると考えます。

---

3 最大判昭和23・5・26刑集2巻6号529頁〔プラカード事件〕。

2 有罪判決

1 有罪判決の内容

有罪判決とは、被告事件について、「犯罪の証明があつたとき」に言渡される判決です。刑訴法333条1項は、「被告事件について犯罪の証明があつたときは、……判決で刑の言渡をしなければならない」と定めています。この刑の宣告（宣告刑の表示）は主文の中心的内容となります。刑の免除も有罪判決の一つであり、これも主文で言い渡されます（法334条）。他に、未決勾留日数の本刑への算入（刑21条）なども主文で言い渡されます。

「有罪の言渡をするには、罪となるべき事実、証拠の標目及び法令の適用」を示さなければなりません（法335条1項）。これが有罪判決の理由です。

罪となるべき事実とは、特定の犯罪構成要件に該当する具体的事実、構成要件の修正形式（未遂、共犯）にあたる事実、処罰条件にあたる事実などを言います。証拠の標目とは、罪となるべき事実を認定するための基礎となる証拠の表題・種目を言います。法令の適用とは、主文が導き出される根拠となった実体法の適用のことであり、具体的には、認定した罪となるべき事実に適用される実体法の表示です。

なお、法律上犯罪の成立を妨げる理由または刑の加重減免の理由となる事実が主張されたときは、これらに対する判断も示さなければなりません（法335条2項）。

ところで、量刑の理由を示すことは、法律上義務付けられていません（法335条参照）。しかし、控訴理由の主たるものが事実誤認と量刑不当であること（とりわけ、被告人側からの）を考えますと、法律上義務付けられていなくても、判決書に量刑理由を記載するのが望ましいことは明らかです。なお、実務では、量刑理由の重要なものについては、これを記載する例が多いと言えます。

2 犯罪の証明と事実認定

「犯罪の証明があつた」とは、まさに、犯罪の証明があったとの事実認定（有罪の事実認定）がなされたことを意味します。

どの程度の証明がなされたときに有罪の事実認定ができるかについては、

既に詳述したところですが（第9章④6参照→206頁）、それは基本的に、「合理的な疑いを超える証明」がなされたときであり、そのような証明がなされるに至らなかったとき、つまり、合理的な疑いが残っているときは、「疑わしきは被告人の利益に (in dubio pro reo)」の原則ないし無罪推定の原則にしたがい有罪と認定することはできません（田宮300頁〜301頁、田口349頁、池田＝前田395頁参照）。

なお、「罪となるべき事実」は、前述のところから分かるように、基本的には、構成要件該当事実であるということになりますが、それは、より具体的に言えば、起訴状記載の訴因[4]に対応する構成要件該当の具体的事実を意味することになります。

したがって、ここに「犯罪の証明があつたとき」というためには、訴因として記載された罪となるべき事実が認定されなければなりません。そして、それが、そのまま認定されれば、その結果として、犯罪の証明があったとされることに疑問はありません。また、訴因事実の一部だけが認定された結果、その一部についてのみ有罪判決を言い渡す（一部認定）こと自体も特に問題はありません。問題とされるのは、次の択一的認定についてです。

3 択一的認定

A事実かB事実かのいずれかであることは確かであると認定できるけれども、そのどちらであるかが認定できない場合をどのように扱うかが問題とされます。この問題が、講学上言われるところの択一的認定（狭義での）です。以下、この問題について考えてみます。

なお、択一的認定という用語は、いわゆる「概括的認定」と「予備的認定」をも含めて、広義での択一的認定の意味で使われることがあります。そこで、ここでは先ず、それらと狭義での択一的認定との区別を明らかにしておく必要があります。

（1）概括的認定というのは、同一構成要件内において、例えば、日時や場所等について概括的な認定をすることです。

これについては、一般に、当該犯罪の構成要件的評価に影響のない事実についてのものだからとして、認められています（寺崎嘉博「択一的事実認定」松

---

4 訴因変更があれば変更後の訴因です。

尾浩也＝井上正仁編『刑事訴訟法の争点〔第3版〕』（2002年、有斐閣）200頁参照）。したがって、同一構成要件内での概括的認定が許されるのは、あくまで、当該犯罪の構成要件的評価に影響のない事実に限られます[5]。

なお、日時について、それが時効の起算点となるところから時効の成否に影響がある場合や、場所について、それが土地管轄に影響のある場合などは、いずれも別論としなければなりません。

(2) 次に、予備的認定というのは、いわば大小関係（包摂関係）にある事実について、いわば小の方の事実を認定することです。例えば、既遂と未遂や殺人未遂と傷害といった関係にある場合に用いられます。これは、異なる構成要件間の場合でも認められます。

なお、ここで注意しておかなければならないことは、この場合に、包摂されている方の事実（いわば小の方の事実）を認定できるのは、それについては合理的な疑いを超える証明がなされているからだ、ということです。

(3) これらに対し、狭義での択一的認定（以下では、このことを、単に、「択一的認定」と表示します）というのは、それぞれ異なる構成要件に該当するA事実とB事実について、そのいずれか一方ではあるが、そのどちらであるかを確定して認定できない場合に、「AまたはB」という事実認定をし、軽い方の罪についての有罪認定をすることを言います。

択一的認定の例として講学上挙げられるものに、窃盗と盗品の無償譲受の事実についてのものがあります。つまり、この両罪は非両立の関係にあるところ、被告人が、正当な理由なく、何者かによって被害者から窃取された品物を所持している事実については、合理的な疑いを容れる余地なく認定できたけれども、被告人が、当該盗品たる品物を窃取したのか、それとも、盗品と承知のうえ無償で譲り受けたのかについては、合理的な疑いを容れる余地なく認定できない場合に、「窃盗または盗品無償譲受」との択一的認定をして、軽い方の罪である盗品無償譲受罪として有罪認定をすることが許されるのか、という形で問題提起されます（団藤302頁参照）。

(a) この点について、通説はこれを否定する立場に立っています。その理由として一般に言われるところは、次の通りです。

---

[5] 殺人の共謀共同正犯における実行行為者について概括的認定ないし予備的認定をしたと思われる判例として、最決平成13・4・11刑集55巻3号127頁（百選〔第9版〕46事件）参照。

すなわち、①窃盗についても盗品無償譲受についても、それぞれについては、合理的な疑いを容れないまでの認定がなされていないのに、このような択一的認定を認めると、それは「疑わしきは被告人の利益に」の原則に反する。②合理的な疑いを容れないまでに認定された事実は、被告人が、正当な理由なく、何者かによって被害者から窃取された盗品たる品物を所持しているという事実だけなのに、「窃盗または盗品無償譲受」という択一的認定をするということは、結局、窃盗罪と盗品無償譲受罪との合成的構成要件を創設することになってしまい、罪刑法定主義に反する。③このような認定は嫌疑刑を科するに等しい。以上の三つの理由です。なお、このような認定は「現実問題として心証の曖昧化をもたらす危険もある」との指摘もなされています（鈴木茂嗣「概括的・択一的認定と訴因変更の要否」重判〔平成13年度〕196頁）。通説をもって妥当と考えます。

　(b)　下級審の裁判例では、死亡時期が確定できないというところからくる、人の生・死という二者択一的な問題にかかわる場合ついて、択一的認定を否定したものと肯定したものとがあります[6]。

③　無罪判決

1　無罪判決の内容

　無罪判決とは、被告事件が罪とならないとき、または被告事件について犯罪の証明がないときに言い渡される判決です。刑訴法336条は、「被告事件が罪とならないとき、又は被告事件について犯罪の証明がないときは、判決で無罪の言渡をしなければならない」と定めています。つまり、これらの場合、主文において、「被告人は無罪」と言い渡すのです。

　ここに、被告事件が罪とならないときというのは、訴因事実が存在するものとして立証されたとしても犯罪を構成しない場合、あるいは構成要件に該当しても違法性阻却事由や責任阻却事由に該当するため犯罪として成立しない場合を言います。

　被告事件について犯罪の証明がないときというのは、犯罪の証明がない場

6　否定したものとして大阪地判昭和46・9・9判時662号101頁、肯定したものとして札幌高判昭和61・3・24高刑集39巻1号8頁（百選〔第9版〕97事件）参照。

合、あるいは犯罪の証明が不十分な場合のことを言います。犯罪の証明が不十分というのは、合理的な疑いを超える証明がなされなかったこと、つまり、合理的な疑いを容れない程度までの立証ができなかったということです。この場合は、「疑わしきは被告人の利益に」の原則にしたがって、無罪が言い渡されるのです。

2　1審無罪後の控訴審での勾留の可否

　無罪の裁判の告知があったときは勾留状はその効力を失います（法345条）[7]。

　そこで、問題とされるのは、1審の無罪判決に対して控訴があった場合の控訴審での勾留の可否です。この点について、判例は、「記録等の調査により、右無罪判決の理由の検討を経た上でもなお罪を犯したことを疑うに足りる相当な理由があると認めるときは、勾留の理由があり、かつ、控訴審における適正、迅速な審理のためにも勾留の必要性があると認める限り、その審理の段階を問わず、被告人を勾留することができ」るとし、その場合、「新たな証拠の取調べを待たなければならないものではない」としています[8]。

　しかし、無罪判決があった場合には、無条件に勾留の効力は失われ、被告人は釈放されるべきだとするのが、刑訴法345条の趣旨であると解し得るところからしても[9]、この判例には疑問があります。とりわけ、記録等の調査だけで控訴審における再度の勾留を認めたことは問題でしょう。

　なお、その後、最高裁は、上記判例の基本的立場を維持するものの、第1審で被告人が無罪判決を受けた場合の控訴審での勾留について、刑訴法60条1項にいう「『被告人が罪を犯したことを疑うに足りる相当な理由』の有無の判断は、無罪判決の存在を十分に踏まえて慎重になされなければならず、嫌疑の程度としては、第1審段階におけるものよりも強いものが要求されると解するのが相当である」と判示しました[10]。

　そして、さらに最高裁は、平成23・10・5刑集65巻7号977頁で、勾留

7　なお、無罪の裁判以外に、免訴、刑の免除、刑の執行猶予、公訴棄却（法338条4号による場合を除く）、罰金または科料の裁判の告知があったときも同様に扱われます。
8　最決平成12・6・27刑集54巻5号461頁〔東電OL殺人事件〕。
9　なお、法345条の制度趣旨から、再度の勾留に対する法的制約を導く議論を立てるには無理があるとするものとして、酒巻匡「無罪判決後の勾留」百選〔第8版〕203頁参照。
10　最決平成19・12・13刑集61巻9号843頁（百選〔第9版〕99事件）。

の理由と必要性の審査方法にも言及して、より慎重な検討・判断の必要性を示しましたが、結論については、これまでの判断と変わるものではありませんでした。

④ 裁判の成立

　裁判の成立については、一般に、裁判の内部的成立と外部的成立とに分けて論じられます。

1　裁判の内部的成立

　裁判の内部的成立とは、裁判の意思表示内容が、裁判機関の内部で決定されることを言います。ここにいう裁判機関とは、当然のことながら、当該事件の審理に関与した裁判所・裁判官（裁判員の参加する裁判では、以下、条文に反しない範囲で裁判員を含みます）を意味します。内部的成立という概念を立てることの意味は、内部的成立があったときは、それ以後、裁判官が交替しても公判手続の更新をする必要がないというところにあります（法315条但書）。

（1）　内部的成立の時期をいつとするかについては、単独制裁判所の場合と合議制裁判所の場合とでは、制度上、自ずとその時期が異なってくると言われます。しかし、これを統一的に捉えることも検討されてよいでしょう。

（a）　単独制裁判所における内部的成立は、裁判書（判決書等）作成のときであるとするのが通説です。

　これに対しては、必ずしも裁判書である必要はなく、決定された裁判内容を客観的に認めることができれば、裁判官の草稿等の作成によっても内部的成立を認めてよいとの説もありました（高田292頁など）。しかし、草稿というものは、抽象的には、常に修正の可能性があるのですから、草稿段階で内部的成立を認めるのは、手続の明確性の要求からみて妥当ではありません。画一的に、裁判書の作成（成立）時とする通説の見解が妥当と考えます[11]。

（b）　次に、合議制裁判所の場合の内部的成立はいつでしょうか。合議制裁判所の場合は、評議が終了したときに内部的に成立するとするのが多数説で

---

[11]　なお、「判決書作成過程は、事実認定の結果の文章化という一方通行的な過程ではなく、事実認定へのフィードバック過程を兼ねているのであって、事実認定の1過程をなしていると考えるのが相当である」との見解（50選・上24頁〔植村立郎〕）が参考になります。

す（池田＝前田497頁、総研473頁、田宮419頁、福井410頁など）。これに対し、合議制の場合も、裁判書が作成される場合は、裁判書成立の時点をもって内部的成立があったとし、裁判書が作成されない場合は、評決の成立時とせざるをえないとの説（白取429頁）もあります。

　思うに、裁判書が作成される場合は、単独制の場合と統一的に考え、裁判書成立時をもって内部的成立があったとし、裁判書が作成されない場合は、評議を経て評決が成立した時をもって内部的成立があったとする後説の考え方が妥当でしょう。

　(2)　評議をし、評決した結果の過半数の意見が、裁判の意思表示内容となるのですが（ただし、裁判員の参加する裁判の場合については、過半数意見の中に、裁判官および裁判員の各々1名以上の賛成意見が含まれていなければならないことについて、第7章4 2(8)参照→165頁）、例外があります（例外について、裁判所法77条1項、憲82条2項参照）。

　それでは、過半数の意見によって裁判をする場合において、意見が3説以上に分かれ、そのいずれもが、過半数に達しない場合にはどのようにするか。この場合は、過半数になるまで被告人に最も不利な意見の数を順次利益な意見の数に加え、その中で最も利益な意見をもって裁判の内容とすることになっています（裁判所法77条2項2号、なお、裁判員の参加する裁判における量刑について、裁判員法67条2項）。

　(3)　ところで、意見の評決は、その結論について行う（結論説）のか、それとも理由について行う（理由説）のかが問題とされます。

　この点については、結論説が通説と言えますが、近時は、「裁判には理由を附しなければならない」（法44条1項）ことを重視して、理由説も有力になっています。

　しかし、結論説をもって妥当とすべきです。というのも、例えば、A裁判官は責任阻却事由該当により無罪の、B裁判官は違法性阻却事由該当により無罪の、C裁判官は有罪の意見であった場合、結論説にしたがえば無罪意見が過半数となり被告人は無罪となるところ、理由説に立つと、A、Bの各裁判官の意見は少数意見のため、いずれも排斥されてしまいますので、無罪心証の裁判官が多数なのに、有罪が可能になるといった不合理な結果も起り得るからです。なお、このような場合は、有罪とするには、未だ合理的疑い

が残っているとも言い得るのであり、結論説に立って無罪とするのが「疑わしきは被告人の利益に」の原則ないし無罪推定の原則に適うものと考えます。

2 裁判の外部的成立

裁判の外部的成立とは、内部的に成立した内容が対外的に認識可能な状態におかれることを言います。外部的成立という概念を立てることの意味は、後述の裁判の羈束力や、裁判の有すべき一定の効力（いわゆる裁判の付随的効果。法343～346条参照）の発生時期を定めるところにあると言えます。

(1) 裁判は、告知によって外部的に成立します。裁判の告知は、公判廷においては、宣告によって行い、その他の場合には、裁判書の謄本を送達して行わなければなりません（規34条）。なお、判決の告知は、「公判廷において、宣告により」行われます（法342条）。そして、裁判の宣告は裁判長が行います（規35条1項）。判決の宣告をするには、主文および理由を朗読しまたは主文の朗読と同時に理由の要旨を告げなければなりません（同条2項）。

(2) 裁判が外部的に成立した後は、確定前であっても、裁判機関はこれに拘束され、もはや変更・撤回することはできません。これを裁判の羈束力と言います。なお、これは、あくまで、未だ当該審級内部での不可変更力にとどまっており、裁判の本来的効力ではありません。

5 裁判の確定と効力

1 裁判の確定と確定力

裁判の本来的効力は、確定によって生ずるのが原則です。裁判の確定とは、裁判が通常の不服申立方法によっては争うことができなくなったことを言います。

裁判確定の時期については、不服申立の許されない裁判については、告知と同時に確定するのが原則です。不服申立の許される裁判については、上訴提起期間の徒過、上訴の放棄・取下げ、上訴を棄却する裁判の確定等、によって確定します。

そして、このような確定によって生ずる裁判の本来的効力のことを、一般に、確定力と言います。

ところで、裁判が確定しますと、①裁判の意思表示的内容の確定、②執行

力、③裁判の判断内容の後訴に対する拘束力、④同一事件についての再訴禁止の効力（有罪・無罪の実体裁判および免訴判決についての一事不再理効）など、様々な効力が発生します。

なお、上記の各効力は、裁判の確定ということから導かれる個別的な効力ですが、これらの効力を体系的にどのように位置付けるか（確定力の中に含めるか否か等）については、確定力論として論争があります。

2 形式的確定力と内容的確定力

(1) 従前の通説は、裁判の確定を形式的確定と内容的確定とに分けて論じました。つまり、裁判が通常の上訴によって争うことができなくなった状態を形式的確定といい、その効力を形式的確定力とし、それに伴って内容的確定力が生じるとしました（確定力を形式的確定力と内容的確定力とに分けること自体は、現在の通説においても維持されていると言ってよいのですが、ただ、その効力の捉え方や具体的内容を異にするのです）。

すなわち、次のように論じていました。

(a) 形式的確定力は、手続面における効力であって、上訴を許す裁判のすべてについて考えられ、終局裁判であると終局前の裁判であるとを問わず、また実体裁判であると形式裁判であるとを問わず発生するとします。なお、終局裁判について形式的確定力が発生すると、当該訴訟手続は確定的に終結し、訴訟係属が消滅することになるのです（なお、形式的確定力の捉え方は、現在の通説でも同様です）。

(b) そして、これに伴って、裁判の意思表示的内容（判断内容）も確定するとし（もはやそれを動かすことはできなくなるとし）、これを内容的確定力と呼びました。

内容的確定力は、実体裁判についてはむろんのこと、形式裁判についても発生するとします。内容的確定力は、形式裁判では、先の判断と矛盾する判断をしてはならない、つまり、後に事情の変更のない限り、同一の事項について異なった判断をすることは許さないという意味での拘束力となって現れます。なお、実体裁判における内容的確定力のことを、特に、実体的確定力と呼びました。そして、この立場は、実体的確定力の本質は具体的規範であるとする（つまり、確定判決には、ア・プリオリに（先天的に）規範性があるとの考え方）具体的規範説に立っており、確定判決によって、当該事件についての具

体的法（具体的規範）が形成されるのだから、執行力がその内容に含まれるとしました。

　(c)　このように、従前の通説は、裁判の確定力を、先ず、形式的確定力と内容的確定力とに二分し、さらに、実体裁判の内容的確定力（つまり実体的確定力）の、いわば内部的効力（対内的に当該事件との関係で考える）として発現したものが執行力であり、外部的効力（対外的に同一事件の別訴との関係で考える）として現れたものが一事不再理効だとしました。

　なお、この立場では、一事不再理効のことを既判力と呼ぶのが一般でした。また、形式裁判についての内容的確定力は、拘束力として発現することになるとしています（団藤310頁以下参照）。

　(2)　ところで、従前の通説は、このように、実体的確定力（実体裁判の内容的確定力）の外部的効力（対外的効力）をもって一事不再理効であるとしたのですが、この点については、次のような批判が起こりました。

　すなわち、現行法上、裁判所の判断内容の効果は、訴因に対してしか及び得ない（審判の対象は訴因）ものである以上、実体的確定力は、判断された訴因についてのみ生じる効力ということになります。そうであれば、実体的確定力の一効力とされる一事不再理効が、当該訴因を超えて、公訴事実の同一性の範囲まで広く認められる（本章6 3(1)参照→303頁）のは理論的に不合理である、との批判が起こったのです。

3　形式的確定力と実質的確定力（拘束力＝既判力）

　上記の従前の通説に対し、近時は、確定力を形式的確定力と内容的確定力とには分けますが、前述した具体的規範説を批判して、確定力の中には執行力は含まれないものとし、内容的確定力を純粋に訴訟法的な効力ないし手続的効力として捉え、内容的確定力は、実質的確定力、すなわち、拘束力（＝既判力）[12]が中心となるとの立場が有力になっています。そして、この立場は、執行力については、これを確定裁判の一効力（確認効ないし判断効と言われます）ではあるものの、前述したように、確定力としては捉えないのです。

　なお、前述したように、形式的確定力の捉え方は、従前の通説のところで述べたのと基本的に変わりません。

12　なお、基本的にこの立場に立ったうえで、既判力という言葉を一事不再理効の意味で（も）使っている見解もありますので、この点、注意を要します。

この立場は各説によってヴァリエイションがありますが、確定力を手続的効力としての拘束力を中心に捉えること自体は現在の通説的理解と言えるでしょう。

　なお、一事不再理効については、拘束力（＝既判力）とは別に、二重の危険禁止の原則から根拠付けることになります（本章⑥1参照→301頁）。

4　実体裁判の拘束力と形式裁判の拘束力

　拘束力（実質的確定力＝既判力）は、一般に、判断がなされた事項について発生します。公判の裁判について言えば、基本的に、訴因について発生するのですが、それは、裁判の理由中に示された判断事項であって、主文と直接関係するか、主文に必要な理由部分ということになります。なお、主文を導くための理由のどの部分にまで拘束力が及ぶかについては争いがありますが、判例は、形式裁判の拘束力についてのものですが、主文を導くための直接の理由となる判断に限定すると判示しました[13]。

(1)　実体裁判の拘束力

　実体裁判の内容的確定力たる拘束力（実質的確定力＝既判力）は訴因について生じます。ところで、実体裁判の拘束力については、一般的に、理論上の意味しかなく、ほとんどこれを論ずる実益はないとされます。というのも、実体裁判については、当該訴因だけでなく、公訴事実の同一性の範囲で一事不再理効（二重の危険の原則による効力）が発生しますので（一事不再理効については、本章⑥参照→301頁）、同一事件に関する後訴ははじめから遮断されており、個別に拘束力を論ずる余地はないからです。

　そこで、問題とされるのが、同一被告人の「別事件」に対して実体裁判の拘束力を認めるべきか否かということです。つまり、同一被告人の別事件において、確定判決の判断内容と矛盾する主張や判断が許されるのかということです。

　通説は別事件に対する拘束力を認めていません。その理由とするところは、前の裁判が誤判であった場合に思いを致し、もし誤判であったなら、その効果を別事件にまで及ぼすべきではないとの発想、すなわち、別事件における真実主義は尊重されなければならないとの考えによるのです。

13　最決昭和56・7・14刑集35巻5号497頁。なお、この判例には、伊藤裁判官の反対意見が付いています。

これに対しては、有罪無罪を問わず、一般的に拘束力を肯定する見解（平野284頁）や、被告人の法的安定性を重視する立場から、被告人に利益な場合に限って拘束力を認めていこうとする見解（田口444～445頁・447頁）が唱えられています（なお、この問題の検討について、渡辺543頁以下参照）。

(2) 形式裁判の拘束力

　形式裁判に内容的確定力たる拘束力（実質的確定力＝既判力）を認めるのが通説です。形式裁判には一事不再理効が発生しませんので、形式裁判においてこそ、拘束力を論じる実益があることになります。

　形式裁判は、基本的に、特定の訴訟条件が欠けているため、公訴そのものが不適法であるとの判断を示すものです。そして、形式裁判の拘束力は、そのような判断がなされた場合、これに反する判断は許されないということを意味します。

　したがって、事情の変更（判断の基礎となる事実の変更）がある場合には、拘束力が及ばず、再度の起訴も適法となります。しかし、一旦判断がなされた後に新たな証拠が提出されても、それだけでは依然として拘束力が維持され、前の判断の拘束力により、それに反する判断は許されません[14]。

　例えば、親告罪の事件について、告訴がない、あるいは、告訴が無効であるとして、公訴棄却の確定判決（法338条4号）があった場合、後になって、実は告訴はあったのだとか、その告訴は有効であったとして、再度の起訴をし、公判で有効な告訴があったことを裏付ける証拠を提出したとしても、そのような再起訴は認められません。しかし、新たに有効な告訴がなされれば、事情の変更（判断の基礎となる事実の変更）があったことになりますので、再起訴は適法とされます。

　なお、形式裁判の拘束力に反してなされた起訴に対して、どのような判断がなされるべきかについては、同一判断の繰り返しではなく、再訴そのものが遮断されると解すべきことになります。つまり、形式裁判の拘束力に反してなされた起訴は手続違反であるとして、刑訴法338条4号により公訴棄却の判決がなされるのです[15]。

14　なお、このような確定力理論とは違った立場（なお、田宮443頁は、「確定力論の原則にさからったもの」としています）から、再起訴を認めた裁判例として、大阪地判昭和49・5・2刑月6巻5号583頁、判時745号40頁（百選〔第9版〕101事件）参照。

⑥ 一事不再理効と二重の危険（一事不再理効の根拠）

1 一事不再理の原則の意義

(1) 実体裁判が形式的に確定すると、一事不再理効が発生します。

一事不再理 (ne bis in idem) の原則とは、実体裁判（有罪・無罪の判決）および免訴の判決（免訴判決の本質については、本章①2(3)(c)(→288頁)で述べた通り、多くの学説がありますが、免訴判決にも一事不再理効を認めるのが通説です）が確定したときは、2度と同一の事件を訴訟上問題にしないとの原則を言い、その効力を一事不再理効と言います。そして、一事不再理効に反する起訴がなされたときは、免訴の判決が言い渡されます（法337条1号）。

憲法39条は、「何人も、……既に無罪とされた行為については、刑事上の責任を問はれない。又、同一の犯罪について、重ねて刑事上の責任を問はれない」として、一事不再理の原則を定めています。これは、アメリカ法に由来する二重の危険 (double jeopardy) 禁止の原則（単に「二重の危険の原則」とも言います。以下「二重の危険の原則」と表示します）を定めたものであると解するのが通説です。

(2) このように、一事不再理効を二重の危険の原則から根拠付ける立場を二重の危険説と呼んでいます。二重の危険説は、被告人が1度有罪の危険（有罪とされる危険）とそれについての応訴の負担を受けたので、再度の危険と負担を負わせることはできないとする立場と言えます。そして、この考え方は、一事不再理効を手続それ自体の効力と捉えているところから、一般に、手続的効力説（手続説）とも言われます。これに対して、裁判の判断内容に基礎を置いて一事不再理効を考える立場（従前の通説）を、一般に、内容的効力説（内容説、確定力説）と呼んでいます。

(3) 思うに、そもそも、憲法39条は、一事不再理効を被告人の基本的人権保障規定の一つとして（それも自由権の一つとして）、二重の危険の原則から基礎付けたと解されること、および、前述の通り、内容的効力説では、一事

---

15 これに対し、従前の通説では、前の裁判と同一の判断が繰り返されることになります。例えば、裁判所が管轄違いの判決をして、それが確定した場合に、同じ事情のもとで同一事件を同一裁判所に再度起訴すれば、前の判断と同一の管轄違いの判決がなされることになります。

不再理効が公訴事実の同一性の範囲内にまで及ぶことを、審判対象論との関係で整合的に説明し得ないこと（前記⑤2(2)参照→298頁）などからして、一事不再理効は、二重の危険説から基礎付けるのが最も適切です。

このような二重の危険説は、憲法39条の定める二重の危険の原則を自由権たる基本的人権（いわば再訴による苦痛からの自由）として捉えているところに、特徴があると言えます。そして、現在の通説によれば、一事不再理効は、前記⑤3（→298頁）で述べた、いわゆる実質的確定力（拘束力＝既判力）とは別個のものであるとされるのです。したがって、実質的確定力（拘束力＝既判力）も、一事不再理効も、ともに裁判の形式的確定によって発生するものではありますが、両者はその内容・機能を異にするのです。

なお、判例も、一事不再理効が憲法39条の二重の危険の原則によるものであることを認めています。すなわち、「元来一事不再理の原則は、何人も同じ犯行について、2度以上罪の有無に関する裁判を受ける危険に曝さるべきものではないという、根本思想に基くことは言うをまたぬ。……従って同じ事件においては、いかなる段階においても唯一の危険があるのみであって、そこには二重危険（ダブル、ジエバーデイ）ないし二度危険（トワイス・ジエバーデイ）というものは存在しない」と判示しています[16]。

2　一事不再理効の発生

それでは、一事不再理効はどのような裁判について発生するのでしょうか。

実体裁判（有罪・無罪の裁判）について一事不再理効が発生することについては異論がありません。というのは、実体裁判がなされ実体的法律関係が確定した以上、それの変動を許すべきではないからです。また、二重の危険において言うところの危険とは、要するに、有罪の危険であり、それは、とりもなおさず、実体裁判の危険だからです。

形式裁判については、一事不再理効は発生しないとするのが通説です。その理由は、形式裁判においては、そもそも、実体的法律関係についての判断がなされていないからであり、また、有罪の危険にもさらされていないと言えるからです。

16　最大判昭和25・9・27刑集4巻9号1805頁。

なお、免訴判決については、本章①2(3)(c)(→288頁)で述べたように、その本質について争いがありますが、前記の純形式裁判説を除いて、いずれの立場からも一事不再理効が発生するとされています。この点については、前記の形式的本案裁判説ないし形式的実体裁判説からすれば、免訴判決は、犯罪の存否についての判断はしていないけれども（この点では形式裁判の性質を有する）、あくまでも、事件について国家刑罰権の存在しないことを最終的に確認している（その点では無罪判決と機能的に類似する）のでありますから（本章①2(3)(c)参照→288頁）、そこにおいて、刑事訴訟の最終目的は達せられていると考えるべきだということになります。そうであれば、免訴判決によって、刑罰権の存在しないことが確認され、「事件」そのものが解決したことになるのですから、実体裁判の場合と同様に、一事不再理効が認められて然るべきだと考えます。

3　一事不再理効の範囲
(1)　事物的（客観的）範囲
(a)　当該訴因についての公訴事実の同一性の範囲内に及ぶとするのが通説です。

したがって、公訴事実の同一性の範囲内においては、別の訴因を構成して再度起訴することはできません。なぜならば、先ず、公訴事実の同一性の範囲内においては、訴因変更が可能だったのであり、被告人は、公訴事実の同一性の全部（公訴事実を同一にする変更可能なすべての訴因事実）の範囲内において、有罪の危険にさらされており、手続上の負担を負っていたからです。そしてさらに、二重の危険の原則をつきつめていけば、公訴事実の同一性の範囲内では、1個の刑罰権だけが認められるべきだと考えられるからです。

すなわち、公訴事実の同一性の範囲内では、訴因変更の抽象的可能性ということを契機として（いわば、媒介として）、抽象的・間接的には有罪の危険と負担が存在していますから、その範囲内においては1個の刑罰権だけが認められるべきだということになります。そして、そうであるならば、公訴事実の同一性の認められる事件は、1回の手続で解決されなければならないということになります。

したがって、公訴事実の同一性の認められる範囲内では、何らかの理由で、たとえ同時訴追または訴因変更が法的ないし事実的に不可能だった場合

でも、一旦、ある訴因について判決が下されれば、その訴因と公訴事実を同一にする範囲内では、一事不再理効により再訴が遮断されるのです。

　例えば、科刑上一罪（これは、一罪として扱われ、公訴事実の単一性も同一性もあります）の一部が親告罪であって、それについて告訴がない場合、検察官としては親告罪の部分については起訴することが法的に不可能ですが、通説によれば、その部分についても一事不再理効が及ぶことになります。

　そうであれば、傷害罪の有罪判決確定後に被害者が死亡したといった場合、つまり、前の罪（傷害罪）についての起訴・公判時には傷害致死への犯罪事実の変化が判明していなかったような場合、その判明していなかった致死の部分についても一事不再理効は及ぶということになります（平野283頁参照。なお、田宮454頁参照）。

　ところで、最判平成15・10・7刑集57巻9号1002頁（百選〔第9版〕100事件）は、前訴および後訴の各訴因が共に単純窃盗である場合について、公訴事実の単一性を否定し、実体的には一つの常習窃盗を構成するとみられる窃盗行為にかかる場合であっても前訴の確定判決による一事不再理効は後訴には及ばない旨の判示をしました（この点の詳細は、渡辺559頁以下参照）。

　(b)　以上のように、一事不再理効は当該訴因についての公訴事実の同一性の範囲内に及ぶのですが、それでは、公訴事実の同一性の範囲から外れた部分に対しては、いかなる場合においてもその効力が及ばないのでしょうか。

　具体的には、併合罪関係となる数罪のうちの一部だけ（例えば、2罪あるうちの1罪だけ）が起訴され実体判決が確定した場合に、起訴されなかった部分（残りの1罪）についても一事不再理効の発生する場合があるのではないか、ということが問題とされます。

　すなわち、社会的に1個の事象と認められ、同時捜査・同時立証が可能な場合については、一事不再理効を及ばせる必要があるのではないか、という問題です。

　例えば、酒酔い運転をして交通事故を起し人を死に至らしめた場合には、自動車運転過失致死罪（2007年（平成19年）の刑法の一部改正前は業務上過失致死罪）と道路交通法（道交法）違反の罪（酒酔い運転の罪）が成立し、両者は併合罪の関係に立ちますが[17]、前者についてのみ起訴がなされ判決が確定した場合、後者の罪について一事不再理効が及ぶのか否かということです。つま

り、自動車運転過失致死罪（上記改正前は、業務上過失致死罪）についての判決確定後に、新たに酒酔い運転の罪について起訴することができるか否かという問題です。

　上記二つの罪は、併合罪関係に立つ数罪ですから、両罪は、公訴事実の同一性が認められる関係にはありません（単一性がありません）。したがって、一事不再理効は公訴事実の同一性の範囲内でしか認められないとすれば、基本的には（原則的には）、併合罪関係となる数罪間では一事不再理効は認められないということになるでしょう。

　しかし、近時では、併合罪関係に立つ数罪間でも、上記のような相互に密接し社会的に一つの事象と認められるような場合には、一事不再理効が及ぶとする見解が有力になっています（田宮455頁、田口454頁、渥美512頁～513頁）。

　この点については、そもそも、一事不再理効を根拠付けている二重の危険の原則における危険そのものが、抽象的概念であり、かなり緩（ゆる）やかに捉えられているということに思いを致すべきです。そして、一事不再理効の及ぶ客観的範囲としての公訴事実の同一性の範囲というものは、一事不再理効が及ぶ最小限の範囲あるいは原則的範囲として捉えていけばよいと考えます。

　したがって、二重の危険の原則における危険は、公訴事実の同一性がある場合は、当然、無条件にその範囲内に及び（ただし、これの例外として、後述の時間的範囲が論じられます）、公訴事実の同一性の範囲外である併合罪関係に立つ数罪間の場合であっても、同時捜査や同時立証が可能な場合であるならば（上記ケースのような場合）、本来、併合訴追が求められるべきであったとして、併合罪関係に立つ数罪間にも一事不再理効を及ばせる必要が生じてくるとすべきでしょう（田口454頁、渥美512頁～513頁参照）。

(2)　**時間的範囲**

　時間的範囲というのは、例えば、常習犯とか継続犯あるいは包括一罪といった犯罪が確定判決の前後にわたって行われた場合に、どの範囲まで一事不再理効が及ぶのかという問題です。

　すなわち、いかにこれらの犯罪が1罪であり単一性があるからといって、

17　最大判昭和49・5・29刑集28巻4号114頁は、酒酔い運転の罪と業務上過失致死罪とは併合罪の関係になるとしています。

判決後の犯行についてまで一事不再理効を及ぼすのは不合理であるとし、前述した事物的範囲とは別に、時間的範囲ということが論じられます（総研480頁参照）。犯罪の前後関係が問題となるところから時間的と言われるのですが、要は、これも有罪の危険がどの範囲まで及ぶかの問題ですので、その点では、事物的範囲の問題と基本的な考え方に変りはないと言えます。

というのも、例えば、常習賭博罪での有罪判決確定後に、確定の前後にわたって、何件もの賭博行為を行っていたことが判明した場合に、これらの余罪については、どこまで一事不再理効が及ぶのかといった問題も、基本的には、当該被告人にとって有罪の危険がどこまで及んでいたのかという問題に集約できるからです。

そうだとすれば、時間的範囲という問題は、当該被告人がどの時点での余罪についてまで有罪の危険と負担を負っていたかによって決まることになり、基本的に訴因変更の可能性を媒介とするなどして、同一の訴訟として処理し得た時点までは一事不再理効が及ぶことになると思われます。そして、一般には、原則的に、1審判決の言渡し時までは一事不再理効が及ぶとされています[18]。

(3) 人的（主観的）範囲

一事不再理効は、当該確定判決を受けた被告人についてのみ認められるのであって、共犯者には及ばないとされています。

7 裁判の執行

1 裁判の執行とは

裁判の執行とは、国家による、裁判の意思表示的内容の強制的実現のことを言います。裁判の執行には、刑の執行と、それ以外の、刑の付随処分（訴訟費用等）の執行、刑以外の制裁処分（過料等）の執行、強制処分（勾引、勾留、捜索、押収等）の執行などがありますが、最も重要なのが刑の執行であることは言うまでもありません。

---

[18] 継続犯について、大阪高判昭和27・9・16高刑集5巻10号1695頁など。なお、控訴がされた場合に、控訴審において破棄自判するときは、例外的に、控訴審の審理中の行為にも及ぶことになるとの説も有力です（田宮457頁、白取453頁の注20）。

(1) 執行の時期

裁判は、原則として、確定後に執行します（法471条）。例外的に、決定・命令は、即時抗告またはそれに代わる異議の申立が許される場合を除いて、告知によって直ちに執行できます（法424条1項、428条3項、432条）。また、罰金・科料・追徴の仮納付の裁判も確定を待たずに執行できます（法348条3項）。なお、訴訟費用の裁判（法483条）、保釈許可決定（法94条1項）、労役場留置（刑18条5項）、死刑（法475条）などは、執行するために一定の条件ないし期間があり、確定しても直ちには執行できません。

(2) 執行の指揮

(a) 裁判の執行は、原則として、その裁判をした裁判所に対応する検察庁の検察官が指揮します（法472条1項本文）。例外として、刑訴法70条1項但書や108条1項但書の場合などがあります（法472条1項但書）。

上訴の裁判（上訴棄却の裁判がなされたとき）、または上訴の取下げにより、原判決が確定し、下級の裁判所の裁判を執行する場合には、訴訟記録が上訴裁判所にあるのが通常ですので、上級裁判所に対応する検察庁の検察官が指揮するのが原則となっています（法472条2項本文。なお、例外について、同条同項但書参照）。

(b) 裁判の執行の指揮は、書面（執行指揮書）によって行い、これに裁判書または裁判を記載した調書の謄本または抄本を添付しなければなりません（法473条本文）。ただし、刑の執行を指揮する場合を除いては、より簡略な方法で執行できます（法473条但書）。

(3) 公務所等への照会

検察官または裁判所もしくは裁判官は、裁判の執行に関して必要があると認めるときは、公務所または公私の団体に照会して必要な事項の報告を求めることができます（法507条）。

2 刑の執行

(1) 執行の順序

二つ以上の主刑の執行は、同時に併科することの可能な罰金および科料を除いて、その重いものを先に執行します（法474条本文）。これを重刑先執行の原則と言います。なお、この原則は、死刑および無期刑については、あてはまりません（刑51条1項但書）。ただし、検察官は、重い刑の執行を停止し

て、他の刑の執行をさせることができます(法474条但書)。
(2) 死刑の執行
　死刑の執行は、法務大臣の命令によります(法475条1項)。この命令は、判決確定の日から6箇月以内にしなければなりません。ただし、上訴権回復もしくは再審の請求、非常上告または恩赦の出願もしくは申出がされその手続が終了するまでの期間および共同被告人であった者に対する判決が確定するまでの期間は、これをその期間に算入しません(法475条2項)。法務大臣が死刑の執行を命じたときは、5日以内にその執行をしなければなりません(法476条)。死刑は、刑事施設内において、絞首して執行します(刑11条)。
　なお、死刑の言渡しを受けた者が、①心神喪失の状態にあるとき、②懐胎しているときは、法務大臣の命令によって、執行を停止します(法479条1項、同条2項)。
(3) 自由刑の執行
　自由刑の執行[19]は、検察官の指揮により執行します(法472条)。懲役は刑事施設に拘置して所定の作業(刑務作業)を行わせます(刑12条2項)。禁錮、拘留は、刑事施設に拘置します(刑13条2項、16条)。なお、禁錮受刑者には請願作業が許されます(刑事収容93条)。
　懲役、禁錮、拘留の言渡しを受けた者が心神喪失の状態にあるときは、検察官の指揮によって、その状態が回復するまで執行を停止します(法480条)。また、上記の者が、刑の執行によって、著しく健康を害するとき、または生命を保つことのできない虞があるとき、その他一定の重大な事由があるときは、検察官の指揮によって、執行を停止することができます(法482条)。
(4) 罰金刑等の執行
　罰金、科料、没収、追徴、過料、没取、訴訟費用、費用賠償、または仮納付の裁判は、検察官の命令により執行します。この命令は執行力のある債務名義と同一の効力を有します(法490条1項)。そこで、これらの裁判の執行

---

[19] 自由刑の執行については、刑事政策上、検討すべき多くの問題があります。なお、受刑者を教化・改善し社会復帰させるための処遇という視点から、自由刑の執行を「行刑」という行政的観念を用いて表現することがありますが、忘れてならないことは、その根底に、刑の執行という司法的観念があるということです。実際の執行にあたっては、受刑者の教化・改善という視点と受刑の観念を感銘的に体得させるという視点との調和が重要になってきます。

は、民事執行法その他強制執行の手続に関する法令の規定にしたがって行われます。ただし、執行前に裁判の送達をする必要はありません（法490条2項）。

3　裁判の執行に対する救済の申立て

裁判の執行に対する救済申立てについては、①訴訟費用の負担を命じられた者が、貧困のためこれを完納することができないときについての訴訟費用執行免除の申立て（法500条）、②裁判の解釈について疑いがあるときについての裁判の解釈の申立て（法501条）、そして、③執行に関し検察官のした処分を不当とするときについての執行に関する異議申立て（法502条）の制度が定められています。なお、これらの申立てについての決定に対しては即時抗告ができます（法504条）。

第15章　上訴と非常救済手続

　最終章たる本章においては、裁判確定前における不服申立である上訴と確定後における非常救済手続である再審および非常上告について論じます。上訴については、先ず上訴一般に共通する問題を説明したうえで、控訴、上告、抗告などの手続構造を明らかにします。非常救済手続については、はじめに再審の意義等の説明と再審理由の検討をしたうえで、再審請求手続と再審公判手続等を説明し、最後に非常上告の手続を概観します。

1　上訴一般

1　上訴の意義

　上訴とは、未確定の裁判に対して、上級裁判所の審判による救済を求める不服申立てです（なお、その制度をも意味します）。終局判決に対する控訴（法372条）と上告（法405条）、および決定や命令に対する抗告（法419条、433条）があります（なお、本章7 3（→332頁）で述べる準抗告は、形式的には上訴と区別されています）。

2　上訴権

(1)　上訴権者

　検察官と被告人は裁判を受けた者であり、当然に上訴権者となります（法351条1項）。被告人の法定代理人または保佐人（法353条）、原審における代理人または弁護人（法355条）は、いずれも、被告人のために、独立して上訴をすることができます。他に刑訴法352条、354条、356条参照。

(2)　上訴の利益

　上訴の利益とは、上訴によって救済を求め得る自らの利益のことです。これは客観的なものでなければなりません。上訴の利益については、明文の規定はありませんが、上訴の利益があることが上訴申立の要件であるとされています（通説・判例）。

検察官は、公益の代表者ですので、被告人の利益のためにも上訴できるとされています（通説・判例）。被告人については、有罪判決に対し上訴できることは言うまでもありません。無罪判決は、被告人にとって最も有利な判決ですので、被告人は、これに対しては上訴の利益がないとするのが通説・判例です[1]。また、免訴、公訴棄却、管轄違いの裁判についても、無罪を主張して上訴することができないとするのが通説・判例です[2]。

（3）上訴権の発生・消滅・回復

（a）上訴提起期間は、裁判が告知された日から進行すると規定されています（法358条）。したがって、上訴権は裁判の告知によって発生すると解されます。そして、上訴権は、上訴提起期間の徒過、上訴の放棄・取下げによって消滅します。

　上訴提起期間は、上訴の種類によって違いがあります。控訴・上告については14日であり（法373条、414条）、即時抗告は3日（法422条）、特別抗告は5日（法433条2項）です。通常抗告については、期間の定めはなく、いつでもすることができますが、「但し、原決定を取り消しても実益がないようになったときは、この限りでない」と定められています（法421条）。

（b）上訴は放棄または取下げをすることができます。上訴の放棄とは、具体的に発生した上訴権を行使しないとの意思表示であり、上訴の取下げとは、上訴の申立をした後で、その申立を撤回すること（上訴の意思表示を撤回すること）です（鈴木251頁、田宮466頁参照）。

　なお、死刑または無期の懲役もしくは禁錮に処する判決に対する上訴については、これを放棄することができません（法360条の2）。他に刑訴法360条の3、361条参照。

（c）上訴権者は、自己または代人の責に帰することができない事由によって上訴の提起期間内に上訴をすることができなかったときは、原裁判所に上訴権回復の請求をすることができます（法362条）。ここに「代人」とは、法的な代理人よりも幅広い概念で、「本人の上訴申立てに必要な諸般の事実行

1　最決昭和37・9・18裁判集刑事144号651頁。
2　免訴について最大判昭和23・5・26刑集2巻6号529頁〔プラカード事件〕、公訴棄却について最決昭和53・10・31刑集32巻7号1793頁、管轄違いの判決について大判明治37・6・27刑録10輯1416頁など参照。

為を代行する者を含む」（新コメ945頁〔緑大輔〕）と解されます。上訴権回復の請求は、上記の事由が止んだ日から上訴提起期間に相当する期間内に、上訴の申立と併せて行わなければなりません（法363条）。

3　上訴の申立てと効果
(1)　上訴申立ての手続
上訴の申立ては、一定の上訴提起期間内に、申立書を原裁判所に提出して行います（法374条、414条、423条、434条）。

(2)　一部上訴の可否
刑訴法357条は、「上訴は、裁判の一部に対してこれをすることができる」と定めていますが、一般に、裁判の一部に対する上訴は、裁判の内容が可分である場合のみ認められるのであって、不可分の場合には認められないものと解されています。

(3)　上訴申立ての効果
適法な上訴があれば、その訴訟は上級裁判所に移審・係属し（移審の効力）、裁判の確定および執行が停止します（停止の効力）。ただし、抗告については、即時抗告を除いて、原裁判所または抗告裁判所が執行の停止をしない限り、執行停止の効力は生じません（法424条、434条）。

なお、上記移審の効力は、上訴申立てと同時に発生するのではなく、上訴申立書および訴訟記録が上訴裁判所に到達したときに生じます。

4　不利益変更の禁止
不利益変更の禁止（不利益変更禁止の原則）とは、被告人が上訴をし、または被告人のために上訴をした事件については、原判決の刑より重い刑を言渡すことができないことを言います（法402条、414条）。つまり、ここに、不利益変更が禁止されるのは、原判決より重い刑を言い渡すことです。

したがって、原判決よりも刑が重くならなければ、原判決よりも被告人に不利益な事実を認定することもできるとするのが通説・判例[3]です。どのような場合が、「原判決の刑より重い刑」にあたるかについて、判例は、いわゆる具体的総合説の立場に立ち、「第1審、控訴審において言い渡された主文の刑を、刑名等の形式のみによらず、具体的に全体として総合的に観察

3　最判昭和23・11・18刑集2巻12号1626頁。

し、控訴審の判決の刑が第 1 審の判決よりも実質上被告人に不利益であるか否かによって判断すべきである」としています[4]。

5 破棄判決の拘束力

(1) 破棄判決の拘束力とは、上級審が原判決を破棄して下級審に差し戻しまたは移送した場合に、上級審の判断が、その事件について、下級審を拘束すること（裁 4 条）を言います。

破棄判決の拘束力は、差し戻しまたは移送を受けた下級審を拘束するだけでなく、当該破棄判決をした上級審（最高裁も含まれます）自体をも拘束します（通説・判例）[5]。

(2) 破棄判決の拘束力は、法律上の判断についても事実上の判断についても生じますが、破棄判決の後に、法令が変更して法律上の判断の前提となる法律状態が変化したとき、あるいは新しい証拠が取り調べられて事実上の判断の前提となる証拠状態が変化したときには、その効力を失います（鈴木 258 頁、光藤・下 12 頁。なお、福井 445 頁、田宮 471〜472 頁参照）。

2 控訴の意義と控訴審の構造

1 控訴の意義

控訴とは、地方裁判所または簡易裁判所がした第 1 審判決に対する高等裁判所への上訴です（法 372 条）。なお、高等裁判所のした第 1 審判決（例えば内乱罪の場合など。裁 16 条 4 号参照）に対する上訴は、本章 5 1（→ 324 頁）で述べるように、上告になるのであって、控訴ではありません。

2 控訴審の構造

(1) 上訴審は事後審とされ、控訴審の構造についても、通説的見解は、これを、原則として事後審であるとしています。ただし、原判決を破棄して自判する場合には続審になるとされています[6]。

---

4 最決昭和 39・5・7 刑集 18 巻 4 号 136 頁。
5 最決昭和 39・11・24 刑集 18 巻 9 号 639 頁。
6 事後審とは、事件そのものではなく、原判決の当否について、事後的に審査する方式を言い、続審とは、前審の審理手続・内容を引き継いで、さらに新たな証拠資料を加えて、事件につき審判する方式を言い、覆審とは、前審の審判にこだわることなく、事件について全く新たに審判をやり直す方式を言います（鈴木 246 頁〜247 頁、光藤・下 17 頁、田宮 484 頁参照）。

そして、法律審としての法令解釈の統一（法377条～380条、383条2号参照）と事実審としての具体的事件の救済（法381、382条、383条1号参照）との双方の機能を有しています。

(2) 控訴審を、原則として、事後審とするこれまでの通説的理解については、現実の控訴理由のほとんどが、具体的事件の救済（とりわけ、被告人の救済の視点が重要）のために定められているとされる量刑不当と事実誤認とによって占められているという点などからすると、現実の控訴審を事後審としてのみ捉えるのでよいのだろうかとの疑問が生じます。

(a) とりわけ、事実誤認（本章③4参照→318頁）についての審理（後記(b)参照）を考えますと、控訴審をもって事後審としてのみ捉えるのは妥当でないように思われます。

この点に関して、事実誤認については、事後審ではなく、率直に審理のやり直しであるということを認めるべきであるとの有力な見解が主張されています。この見解は、先ず、事実誤認の意味をどのように解したらよいのかとの問題意識から、控訴審裁判官が自ら事実認定すなわち心証形成をしないで原判決の事実認定の当否を審査するなどということが可能だろうか、といった旨の疑問を呈しています（後藤昭『刑事控訴立法史の研究』(1987年、成文堂) 307頁）。

この見解によれば、控訴審の審理をもって、事後審として捉えるだけでなく、覆審ないし続審としての性格をも併有しているものとして捉えていくことになると思われます（なお、田宮488頁参照）。

(b) たしかに、第1審の判断における心証形成過程というものが第1審判決書にすべて記載されているわけではないとの点や、証拠については証拠の標目を示すだけでよいとされている点などから事実誤認の問題を考えますと、控訴審の裁判官が、あらためて、自ら事実認定をして心証形成をしないことには、第1審の判断に事実誤認があるか否かを判断することは現実的に困難でありましょう（光藤・下20頁参照）[7]。したがって、前記見解の視点は、

---

[7] なお、殊に、事実誤認というものは、判決の理由不備（本章③1(1)(g)参照→316頁）とは違って、原審で適法に取り調べられた証拠（判決書に挙示されていない証拠を含みます）および控訴審で適法に取り調べられた場合の新証拠に照らして認定すべきである事実と、現に原裁判所が認定した事実とのくい違いをいうのである以上、控訴審の裁判官が、あらためて、事実認定をし心証形成をすることが必要になってくるでしょう。

基本的に、賛成できます。

（c）ただ、このような視点に立った場合でも、判断基準時については、基本的に、第1審判決時を基準としなければならないのであって、新証拠についても、「原判決以前に存在する事実に関するものに限られる」(光藤・下20頁)ことになると思われます。

というのは、例えば、第1審判決時に被害者が死亡しておらず第1審判決後に死亡した場合について、死亡していないとの認定を事実誤認とすべきではないし、また、これを事実誤認としたのでは、刑訴法382条の2が事実誤認を主張するにあたって援用できる事実を第1審判決前の事実に限定していることと、同393条2項が量刑に限って第1審判決後の事情について考慮に入れることができるとしていることにも反することになるからです。

以上のところを勘案しますと、現行控訴審は、事後審を基本としながらも、一部に続審的ないし覆審的な性格をも併せ持った、いわば複合的構造のものであると捉えるのが、現実に適合しているように思われます。

③ 控訴理由

控訴の申立ては、刑訴法377条ないし382条および383条に規定する事由（法定の控訴理由）があることを理由とするときに限りすることができます（法384条）。これを控訴理由法定主義（控訴理由制限主義）と言います。

以下、控訴理由について検討していきます。

1 訴訟手続の法令違反

(1) 絶対的控訴理由

絶対的控訴理由とは、判決への影響の有無を問わず、その事由の存在が認められれば、当然に原判決破棄の理由となるものを言います。

(a) **法律にしたがって判決裁判所を構成しなかったこと**（法377条1号）

例えば、合議体に2人以上の判事補が加わった場合などです（通説）。

(b) **法令により判決に関与することができない裁判官が判決に関与したこと**（法377条2号）

ここに、「判決に関与した」というのは、判決の内部的成立に関与することを言います。

（c）**審判の公開に関する規定に違反したこと**（法377条3号）

憲法37条1項、82条、裁判所法70条等に違反し、公開すべき審判を公開しなかった場合です。

（d）**不法に管轄または管轄違いを認めたこと**（法378条1号）

「不法に管轄……を認めた」とは、管轄違いの言渡し（法329条本文）をしなければならないのに実体裁判をした場合のことです。「不法に……管轄違を認めた」とは、管轄があるのに、あるいは管轄違いの言渡をすることができないのに（法329条但書、331条）、管轄違いの判決をした場合のことです（鈴木265頁、高田515頁、光藤・下22頁）。

（e）**不法に、公訴を受理し、またはこれを棄却したこと**（法378条2号）

「不法に、公訴を受理し」たとは、刑訴法338条、339条によって公訴を棄却すべきなのに実体裁判をした場合のことです。「不法に、公訴を……棄却した」とは、同法338条各号の事由がないのに、これありとして、公訴棄却の判決をした場合のことです。

（f）**審判の請求を受けた事件について判決をせず、または審判の請求を受けない事件について判決をしたこと**（法378条3号）

前段は、裁判拒否の禁止を宣言するもので、審判対象たる訴因によって特定された公訴犯罪事実について判決しなかった場合のことです。一般に判断遺脱と言われます。例えば、併合罪の一部についての判断がなされなかったような場合です。後段は、不告不理の原則違反を表したもので、いわゆる訴因逸脱認定の場合です（鈴木265頁～266頁。なお、光藤・下23頁参照）。

（g）**判決に理由を附せず、または、理由にくいちがいがあること**（法378条4号）

刑訴法44条1項は「裁判には、理由を附しなければならない」と定めています。そして、同法335条1項では、「有罪の言渡をするには、罪となるべき事実、証拠の標目及び法令の適用を示さなければならない」と定め、示すべき有罪判決の理由を挙げています。

つまり、判決には必ず理由が示されていなければなりませんが、本号は、判決の理由が全く示されていないか重要な部分が欠けている場合、あるいは、主文と理由の間や理由相互間にくい違いがある場合のことです（光藤・下23頁、鈴木266頁～267頁、小林充『刑事控訴審の手続及び判決書の実際』（2000年、

法曹会）12頁）。

本号の前段は理由不備、後段は理由齟齬と言われますが、理由齟齬も理由不備の一種と言うことができ（平野309頁）、あえて両者を区別するまでもないとするのが一般的理解です。

(2) 相対的控訴理由

上記(1)に記載した事由以外の訴訟手続の法令違反は、それが、「判決に影響を及ぼすことが明らかである」場合に限り控訴理由となります（法379条）。なお、判決に影響を及ぼすことが明らかである場合に限って原判決破棄の理由となるものを相対的控訴理由と言います。

訴訟手続の法令違反とは、公訴提起から判決手続に至るまでの原裁判所の一切の手続に関する訴訟法違反のことです（通説）。そして、ここでの訴訟法には憲法、刑事訴訟法、刑事訴訟規則、その他刑事手続を定めた法規のすべてが含まれるとされます（小林前掲書12頁、新版注釈第6巻136頁〔小林充〕参照）。

ここに、「判決に影響を及ぼす」とは、一般的には、判決の主文と理由とをともに考慮して、犯罪事実の構成要件的評価や刑の種類・量に影響を及ぼす場合のことと解されます。そして、判例によれば、「その法令違反がなかったならば、現になされている判決とは異なる判決がなされたであろうという蓋然性がある」こととされています[8]。

なお、刑訴法335条2項の主張に対する判断が示されなかった場合については、ここでの刑訴法379条の相対的控訴理由たる訴訟手続の法令違反にあたるとするのが通説・判例[9]です。

2 法令適用の誤り（法380条）

認定された事実に対する刑法その他の実体法の適用の誤りがあって、その誤りが判決に影響を及ぼすことが明らかである場合を言います。これは相対的控訴理由に分類されます。

ここにいう「法令」とは、実体法たる刑罰法規のすべてを指し、法律、命令、条例、規則等の一切を含みます（新版注釈第6巻172頁〔小林充〕）。「適用

---

[8] 最大判昭和30・6・22刑集9巻8号1189頁。なお、最決平成19・6・19刑集61巻4号369頁参照。

[9] 最判昭和28・5・12刑集7巻5号1011頁。

の誤り」というのは、例えば、無効な法令が適用されている場合や法令そのものの解釈を誤って適用すべき法令を適用しなかった場合、適用すべきでない法令を適用してしまった場合、などのことです（鈴木269頁参照）。

3　量刑不当（法381条）

量刑不当とは、法定刑または処断刑の範囲内での裁判所の裁量権の行使にかかる刑の量定（量刑）が不相当な結果、原判決で宣告された刑が、当該事件の諸情状に照らして、重すぎる、または軽すぎる場合のことです（高田519頁、光藤・下29頁参照）。

この理由については、「判決に影響を及ぼすことが明らかである」場合という文言が入っていないにもかかわらず、量刑不当ということが、法定刑または処断刑の範囲内での裁量違反を意味することから、相対的控訴理由に分類するのが一般と言えます（なお、絶対的控訴理由に分類する説もあります）。

4　事実誤認（法382条）

事実誤認があって、その誤認が判決に影響を及ぼすことが明らかである場合を言います。これは相対的控訴理由に分類されます。

(1)　ここにいう「事実」とは、厳格な証明を要する実体法的事実であるとされます。一般には、構成要件該当事実、違法性阻却事由・責任阻却事由などの犯罪阻却事由となる事実、刑罰阻却事由たる事実、処罰条件たる事実、法律上刑の加重・減免の理由となる事実などが挙げられます。

(2)　「事実誤認」とは、客観的事実（いわば実体的真実）と認定事実とのくい違いではなく、一般に、原審で適法に取り調べられた証拠（原判決が挙示した証拠だけでなく、原審で取り調べたその他の証拠も含みます）および控訴審で適法に取調べがなされた場合の新証拠（申立て段階では、取り調べられるべき新証拠）に照らして認定すべきである事実と、現に原裁判所が認定した事実とのくい違いのことです（鈴木270頁、光藤・下27頁など）[10]。

これに対して、原判決に挙示された証拠から原判決の判示事実が認定できない場合は、前述の理由不備ないし理由齟齬であって（本章③1(1)(g)参照→305頁）、事実誤認ではありません。

つまり、理由不備（理由齟齬を含む）と事実誤認とを比べると、理由不備

10　因みに、即決裁判手続においてされた判決に対しては、事実誤認があることを理由としては、控訴申立てをすることができないことなどについて、法403条の2参照。

(この場合は、いわゆる証拠理由の不備です。この点についての詳細は渡辺599頁参照）は、原判決挙示の証拠からは原判決の判示事実が認定できない場合をいうのに比し、事実誤認は、原判決挙示の証拠からすれば原判決の判示事実が認定できるものの、それ以外の証拠、すなわち原審で取調べはしたが事実認定の資料として採用しなかった証拠および控訴審で取り調べられた場合の新証拠、をも総合して判断すると原判決の判示事実を認定できない場合をいうことになります。

5　判決後の事情の変更（法383条）

これについては、条文上からしても、絶対的控訴理由として捉えるのが妥当と考えますが（高田510頁、小林前掲書10頁は絶対的控訴理由に分類しています）、相対的控訴理由の中に分類している立場もあります（池田＝前田522頁など）。

(1) 再審を請求することができる場合にあたる事由があること（法383条1号）

これは、再審の場合と同様に（本章⑧1参照→334頁）、被告人に利益な場合に限って適用すべきと考えます（鈴木271頁、高田521頁、光藤・下30頁参照）。

(2) 判決後に刑の廃止もしくは変更または大赦があったこと（法382条2号）

「刑の廃止」または「大赦」の控訴理由が認められるときは、原判決を破棄して、免訴の判決をすべきことになります（法337条2号、同条3号）。

④ 控訴審の手続と裁判

1　控訴申立手続

(1) 控訴をするには、申立書（控訴申立書）を第1審裁判所に差し出さなければなりません（法374条）。なお、申立書の宛先は管轄控訴裁判所です。つまり、管轄控訴裁判所宛の控訴申立書を作成して[11]、それを第1審裁判所に提出するのです。なお、控訴の提起期間は14日です（法373条）。申立書には、控訴する旨および控訴申立の対象とする判決を記載しなければなりませんが、控訴理由は記載する必要がありません。控訴理由は、別途、控訴趣意

11　宛先を「○○高等裁判所御中」と記載します。

書に記載するのです。

控訴の申立てが明らかに控訴権の消滅後にされたものであるときは、第1審裁判所は決定でこれを棄却しなければなりません（法375条）[12]。

(2) 控訴申立人は、裁判所の規則で定める期間内に、控訴趣意書を控訴裁判所に差し出さなければなりません（法376条1項）。

控訴裁判所は、訴訟記録の送付を受けたときは、速やかに控訴趣意書を差し出すべき最終日を指定して、控訴申立人およびその弁護人に通知しなければなりません（規236条1項）。そして、この通知は、通知書を送達してしなければなりません（同条2項）。控訴趣意書差出期間の最終日は、控訴申立人に対する上記通知書の送達があった日の翌日から起算して21日目以後の日でなければなりません（同条3項）。

控訴趣意書には、控訴の理由を簡潔に明示しなければなりません（規240条）。なお、控訴理由の種別によって、必要な疎明資料または検察官もしくは弁護人の保証書の添付が要求されます（法376条2項）。

2　控訴審の手続

(1) 控訴審の手続には、原則として、第1審の公判に関する規定が準用されます（法404条、規250条）。

控訴審では、弁護士以外の者を弁護人に選任することはできません（法387条）。また、被告人のためにする弁論は、弁護人でなければすることができません（法388条）。

公判期日には、検察官および弁護人は、控訴趣意書に基づいて弁論をしなければなりません（法389条）。

控訴審においては、被告人は、原則として、公判期日に出頭することを要しません（法390条本文。なお、例外について、同条但書参照）。なお、被告人は、公判期日に出頭する権利は有しています（法404条、273条2項参照）。

(2) 控訴裁判所は、控訴趣意書に包含されている事項は、これを調査しな

---

[12] 控訴権消滅後の控訴申立については、後述の通り、法385条（控訴裁判所の決定による控訴棄却）、395条（控訴裁判所の判決による控訴棄却）でも定められています。そこで、この法375条にあたる場合というのは、控訴権消滅後であることが記録上一見して疑う余地がないほど明白で、かつ当事者の責めに帰することができない事由で期間が徒過してしまったとの主張や控訴の取下げが無効であるといった主張などがなされていないような場合に限定されるでしょう（なお、新版注釈第6巻283頁〔香城敏麿〕参照）。

ければなりません（法392条1項）。控訴裁判所は、控訴趣意書に包含されていない事項であっても、法定の控訴理由として規定されている事由については、職権で調査することができます（同条2項）。

なお、この上訴審における職権調査の限界を画する考え方がいわゆる攻防対象論であり、それは、上訴審での職権調査の限界を画する判例理論（最大決昭和46・3・24刑集25巻2号293頁〔新島ミサイル事件〕（これは控訴審における上記限界を論じたものです）参照）を言います。すなわち、上記最大決昭和46・3・24は、科刑上一罪や包括一罪について、一部有罪、一部無罪との判断がなされ、被告人のみが有罪部分について控訴した場合、控訴のない無罪部分を含めた全体の事実が控訴審に移審係属しますが、検察官から控訴のなかった無罪部分については、攻防の対象からはずされ、職権調査を加えることができなくなるとの考え方を示しました（上告審についてのものとして、最判昭和47・3・9刑集26巻2号102頁〔大信実業事件〕参照）。また、最決平成25・3・5裁時1575号2頁は、本位の訴因たる共同正犯を否定し、予備的訴因たる幇助犯を認定した第1審判決に対して検察官が控訴の申立てをしなかった場合について、本位的訴因たる共同正犯の訴因は攻防の対象から外されたとして、攻防対象論を適用する判断をしました[13]。

上記のような、上訴審での職権調査の限界を画する理論が攻防対象論と呼ばれる考え方です（攻防対象論の根拠論については論争があり、学説も錯綜しているところがあります。それらの詳細については渡辺582頁以下参照）。

なお、攻防対象論の適用範囲についても、学説は区々に分かれておりますが、判例・裁判例の集積をも参照しながら、要は、当事者主義に基づいた検察官の処罰意思の問題を中心に考えていくことになると思われます。

(3) 控訴裁判所は、上記の刑訴法392条の調査をするにあたり必要がある

---

[13] なお、交通事故に係る過失の態様についての本位的訴因を否定し予備的訴因を認定した第1審判決に対し、検察官が控訴の申立てをしなかった場合について、攻防対象論の適用を否定する判断をしたものとして、最決平成元・5・1刑集43巻5号323頁〔船橋交差点事件〕参照。ところで、この最決平成元・5・1と上記最決平成25・3・5が、共に本位的訴因と予備的訴因に係るものでありながら、その結論を異にした重要な要因の一つは、事案の違い（最決平成元・5・1の方は、本位的訴因と予備的訴因とが証拠上相容れない関係に立つ場合であり、最決平成25・3・5の方は、いわば本位的訴因と予備的訴因とが大小関係（包摂関係）ないしそれに準じる関係にあったと評することができましょう）と共に、検察官の処罰意思の放棄の有無（についての評価）の違いであったように思われます。

ときは、検察官、被告人もしくは弁護人の請求により、または職権で、事実の取調べをすることができます（法393条1項本文）。ただし、刑訴法382条の2の疎明[14]があったものについては、量刑不当ないし判決に影響を及ぼすべき事実誤認を証明するために欠くことのできない場合に限り、取調べをしなければなりません（法393条1項但書）。

　取り調べられる事実の範囲は、原則として、原判決以前の事実に限定されますが、控訴裁判所は、必要があるときは、職権で、第1審判決後の事実であっても、刑の量定に影響を及ぼすべき情状については、これを取り調べることができます（同条2項）。他に、第1審判決後の事実についても取調べが認められるものとしては、刑訴法383条2号の刑の廃止もしくは変更、または大赦があります。

　なお、第1審において証拠とすることができた証拠は、控訴審においても証拠とすることができます（法394条）。

3　控訴審の裁判

　控訴審の裁判には、控訴棄却の決定、控訴棄却の判決、原判決破棄の判決、そして、公訴棄却の決定があります。

(1)　控訴棄却の決定

　(a)　控訴の申立てが、法令上の方式に違反し、または控訴権の消滅後にされたものであることが明らかなときは、決定で控訴を棄却しなければなりません（法385条1項）[15]。

　(b)　次の場合には、いずれも、決定で控訴を棄却しなければなりません（法386条1項）。すなわち、①控訴趣意書がその差出期間内に差し出されなかったとき（同条同項1号）、②控訴趣意書が法令で定める方式に違反しているとき、または控訴趣意書に必要な疎明資料もしくは保証書が添付されていないとき（同条同項2号）、③控訴趣意書に記載された控訴申立ての理由が、明らかに法定の控訴理由として規定されている事由に該当しないとき（同条同

14　量刑不当または事実誤認の理由があることを信ずるに足りるものであって、やむを得ない事由によって第1審の弁論終結前に取調べを請求することができなかった証拠によって証明することができる事実および第1審の弁論終結後判決前に生じた事実の援用に関する疎明のことです。

15　この規定は、後述の刑訴法395条の場合（控訴棄却の判決）とは違い、決定でなされるのであり、法令上の方式違反ないし控訴権消滅後という棄却事由が、口頭弁論を開くまでもなく明白である場合に適用されると解されます。

項3号）です。

(2) **控訴棄却の判決**
(a) 控訴の申立てが、法令上の方式に違反し、または控訴権の消滅後にされたものであるときは、判決で控訴を棄却しなければなりません（法395条）。この場合は、判決によるものであり、口頭弁論を経て言い渡されます。
(b) 法定の控訴理由として規定されている事由がないときは、判決で控訴を棄却しなければなりません（法396条）。

(3) **原判決破棄の判決**
(a) 法定の控訴理由として規定されている事由に該当するときは、判決で原判決を破棄しなければなりません（法397条1項）。
　刑訴法393条2項の規定による取調べ（1審判決後の、量刑に影響を及ぼすべき情状についての職権取調べ）の結果、原判決を破棄しなければ明らかに正義に反すると認めるときは判決で原判決を破棄することができます（法397条2項）。
(b) 被告人の利益のため原判決を破棄する場合において、破棄の理由が控訴をした共同被告人に共通であるときは、その共同被告人のためにも原判決を破棄しなければなりません（法401条）。

(4) **原判決破棄後の措置**
(a) 不法に、管轄違いを言い渡し、または公訴を棄却したことを理由として原判決を破棄するときは、判決で事件を原裁判所に差し戻さなければなりません（法398条）。これは、破棄と同時に言い渡されるので、破棄と併せて破棄差戻しと呼称されます。
(b) 不法に管轄を認めたことを理由として原判決を破棄するときは、判決で事件を管轄第1審裁判所に移送しなければなりません。これも、破棄と同時に言い渡されるので、破棄と併せて破棄移送と呼称されます。ただし、控訴裁判所は、その事件について第1審の管轄権を有するときは、第1審として審判しなければなりません（法399条）。
(c) 上記(a)、(b)記載の理由以外の理由によって原判決を破棄するときは、判決で、事件を原裁判所に差し戻し（破棄差戻し）、または原裁判所と同等の他の裁判所に移送（破棄移送）しなければなりません（法400条本文）。
　ただし、控訴裁判所は、訴訟記録ならびに原裁判所および控訴裁判所において取り調べた証拠によって、直ちに判決をすることができるものと認める

ときは、被告事件についてさらに判決をすることができます（同条但書）。これも、破棄と同時に言い渡されるので、破棄と併せて破棄自判と呼称されます。

(5) 公訴棄却の決定

原裁判所が不法に公訴棄却の決定をしなかったときは、決定で公訴を棄却しなければなりません（法403条1項）。

5 上告の意義と上告理由

1 上告の意義と上告審の構造

上告とは、高等裁判所がした第1審判決または第2審判決に対する最高裁判所への上訴です（法405条）。

なお、一定の場合には、地方裁判所等がした第1審判決に対して跳躍上告（飛躍上告）が認められることもあります（法406条、規254条）。

上告審は、事後審です。また、上告理由が憲法違反（憲法の違反または憲法解釈の誤り）と判例違反のみに制限されており（法405条）、事実問題が上告理由とされていない点からすれば、基本的に（建前としては）法律審ということになります。しかし、上告審においても、職権により事実問題を審理することができるので（法411条2号～4号参照）、その点では、事実審としての機能も備えていることになります。

なお、上告審の審判には、原則として、控訴審の規定が準用されます（法414条、規266条）。

2 上告理由

法定の上告理由として規定されている事由は、憲法違反（憲法の違反または憲法解釈の誤り）と判例違反です（法405条）。

なお、上告理由としては判決に対する影響の有無を問いませんが、判決に影響を及ぼさないことが明らかであれば判決は破棄されません（法410条1項但書）。

(1) 憲法違反（法405条1号）

「憲法の違反があること」と「憲法解釈に誤りがあること」です。

(a) 憲法の違反（法405条1号前段）

①訴訟手続の憲法違反

　控訴審の訴訟手続に憲法違反がある場合です。例えば、公開原則（憲37条1項、82条）に違反した場合などが挙げられます（高田558頁、鈴木292頁）。

②判決の仕方の憲法違反

　例えば、控訴審が破棄自判する場合に、自白の補強法則（憲38条3項）に違反したり、一事不再理の原則（憲39条）に違反した場合などです（高田508頁、鈴木292頁、光藤・下65頁参照）。

③その他、違憲法令を適用した場合が挙げられます（鈴木292頁など）。

(b) **憲法解釈の誤り**（法405条1号後段）

　例えば、控訴審判決の判断の中に憲法解釈が示されており、その判断が誤っている場合です。

(2) **判例違反**（法405条2号、同条3号）

　最高裁判所の判例と相反する判断をしたこと（同条2号）と、最高裁判所の判例がない場合に、大審院もしくは上告裁判所たる高等裁判所の判例またはこの法律施行後の控訴裁判所たる高等裁判所の判例と相反する判断をしたこと（同条3号）です。判例違反が上告理由とされたのは、間接的に法令解釈の統一を図り、公平性を維持するためであると言われています（田宮492頁、鈴木393頁、光藤・下69頁参照）。

6　上告審の手続と裁判

1　上告申立手続

　上告手続については、控訴手続が、原則として、準用されますので（法414条、規266条）、上告申立書の提出（法414条、374条）、上告の申立が明らかに上告権消滅後にされたものであるときの原裁判所による棄却決定（法414条、375条）など、いずれもが控訴審の場合に準ずることになります。なお、上告の提起期間も、控訴の場合と同様、14日です（法414条、373条）。

　上告趣意書の差出しについても、基本的に控訴の場合に準じますが（法414条、376条）、上告趣意書差出期間の最終日は、控訴の場合と異なり、指定通知書送達の翌日から起算して28日目以後の日でなければなりません（規252条）。

2　上告審の手続

　上告裁判所は、上告趣意書に包含されている事項は、これを調査しなければなりません（法414条、392条1項）。上告裁判所は、上告趣意書に包含されていない事項であっても、法定の上告理由として規定されている事由については、職権で調査することができます（法414条、392条2項）。なお、上訴審における職権調査の限界を画する攻防対象論（4 2(2)参照→320頁）は、上告審にもあてはまります。

　さらに、後述の通り、刑訴法411条各号で定める事由についても職権で調査できます。

　なお、上告審では、公判期日への被告人の召喚は要しません（法409条）。この点は、出頭の権利も認めない趣旨と解されています。

3　上告審の裁判

(1)　上告棄却の決定

　(a)　上告の申立てが、法令上の方式に違反し、または上告権の消滅後にされたものであることが明らかなときは、決定で上告を棄却しなければなりません（法414条、385条1項）。

　(b)　次の場合には、いずれも、決定で上告を棄却しなければなりません（法414条、386条1項）。すなわち、①上告趣意書がその差出期間内に差し出されなかったとき（法414条、386条1項1号）、②上告趣意書が法令で定める方式に違反しているとき、または上告趣意書に必要な疎明資料もしくは保証書が添付されていないとき（法414条、386条1項2号）、③上告趣意書に記載された上告申立ての理由が、明らかに法定の上告理由として規定されている事由に該当しないとき（法414条、386条1項3号）です。

(2)　上告棄却の判決

　(a)　上告裁判所は、上告趣意書その他の書類によって、上告申立の理由がないことが明らかであると認めるときは、弁論を経ないで、判決で上告を棄却することができます（法408条）。

　判決は、刑訴法に「特別の定のある場合を除いては」、口頭弁論に基づいてしなければならないのですから（法43条）、弁論を経ないでする上告棄却の判決は、刑訴法43条にいう「この法律に特別の定めのある場合」にあたることになります。そして、これは、最高裁の負担軽減のための規定である

とされています（新注釈第6巻440頁〔香城〕、光藤・下77頁）。

(b) 上告の申立てが、法令上の方式に違反し、または上告権の消滅後にされたものであるときは、判決で上告を棄却しなければなりません（法414条、395条）。

(c) 法定の上告理由として規定されている事由がないときは、判決で上告を棄却しなければなりません（法414条、396条）。

(3) 原判決破棄の判決

(a) 上告裁判所は法定の上告理由として規定されている事由があるときは、判決で原判決を破棄しなければなりません（法410条本文）。ただし、判決に影響を及ぼさないことが明らかな場合は、この限りではありません（同条但書）。なお、原判決に判例違反の事由のみがある場合において、上告裁判所がその判例を変更して原判決を維持するのを相当とするときは、原判決は破棄を免れます（同条2項）。

(b) 刑訴法405条各号に規定する事由（上告理由）がない場合であっても、次の事由があって、原判決を破棄しなければ著しく正義に反すると認めるときは、上告裁判所は、職権により、判決で原判決を破棄すること（職権破棄）ができます（法411条）。

①判決に影響を及ぼすべき法令の違反があること（法411条1号）

これについては、一般に、訴訟手続の法令違反たると法令適用の誤りたるとを問わないと解されています（新版注釈第6巻452頁〔柴田孝夫〕など）。

②刑の量定が甚しく不当であること（法411条2号）

ここでは、控訴理由としての量刑不当の場合よりも制限が加えられ、刑の量定が「甚しく」不当であることが必要です。

③判決に影響を及ぼすべき重大な事実の誤認があること（法411条3号）

これも条文上は控訴理由の場合よりも制限が加えられ、「重大な」事実の誤認とされています[16]。

ところで、最高裁は、ここにいう「重大な事実の誤認」について、それが、重大な事実誤認の「疑」の意味を含むものであるとしています。そし

---

16 因みに、第1審裁判所が即決裁判手続によって判決をした事件については、重大な事実誤認があることを理由としては、原判決を破棄することができないことについて、法413条の2参照。

て、このような考え方にしたがって多くの死刑を含む重大事件が、最高裁で破棄され[17]、それらが、後に無罪となっていることは注目すべきことです。

④**再審の請求をすることができる場合にあたる事由があること**（法411条4号）

この理由は、控訴理由の場合と同様、被告人に利益な場合に限って適用すべきだと考えます（高田565頁、鈴木298頁、光藤・下79頁参照）。

⑤**判決があった後に刑の廃止もしくは変更または大赦があったこと**（法411条5号）

(4) 原判決破棄後の措置

(a) 不法に管轄を認めたことを理由として原判決を破棄するときは、判決で事件を管轄控訴裁判所または管轄第1審裁判所に 移送（破棄移送）しなければなりません（法412条）。

(b) 上記 (a) 記載の理由以外の理由によって原判決を破棄するときは、判決で、事件を原裁判所もしくは第1審裁判所に 差し戻し（破棄差戻し）、またはこれらと同等の他の裁判所に 移送（破棄移送）しなければなりません（法413条本文）。ただし、上告裁判所は、訴訟記録ならびに原裁判所および第1審裁判所において取り調べた証拠によって、直ちに判決をすることができるものと認めるときは、被告事件についてさらに判決をすることができます（同条但書）。つまり、 自判（破棄自判）です。この規定は、控訴審における400条と同趣旨ですが、自判をするための資料として、「上告裁判所において取り調べた証拠」という文言がありません。しかし、それは、上告審において新たに証拠調べをすることが通常予想されないからであり、必ずしも上告審における証拠調べを一切否定しているわけではないと解されています（鈴木298頁、光藤・下79頁〜80頁、ポケット・下1133頁〔栗本一夫〕参照）。ただ、最高裁では、事実上、事実審におけるような証拠調べ方式はとられず、証拠の「公判廷への顕出」という方式（厳格な証明ではなく、原判決の当否を判断するに止まります（光藤・下76頁参照））がとられています。

17　最判昭和28・11・27刑集7巻11号2303頁〔二俣事件〕、最判昭和32・2・14刑集11巻2号554頁〔幸浦事件〕、最判昭和32・10・15刑集11巻11号2731頁〔八海事件〕、最大判昭和34・8・10刑集13巻9号1419頁〔松川事件〕、最判昭和45・7・31刑集24巻8号597頁〔仁保事件〕、最判昭和57・1・28刑集36巻1号67頁〔鹿児島夫婦殺人事件〕、最判平成元・6・22刑集43巻6号427頁〔山中事件〕など参照。

なお、上記の移送、差戻し、自判も、破棄と同時に言い渡されますので、控訴審の場合と同様、破棄移送、破棄差戻し、破棄自判と呼称されます。

(5) 公訴棄却の決定

第1審裁判所または原裁判所が不法に公訴棄却の決定をしなかったときは、決定で公訴を棄却しなければなりません（法414条、403条1項）。

(6) 訂正の判決

上告裁判所は最終審の裁判所ですから、上告裁判所の裁判に対する上訴は存在しませんが、万一の誤りの可能性もあるところから、上告裁判所たる最高裁判所が自ら判決を訂正する制度が設けられています。これについて、刑訴法415条〜417条参照。

(7) 上告審判決の確定

上告裁判所の判決は、宣告があった日から上記訂正判決の申立ての期間（10日間です。法415条2項）を経過したとき、またはその期間内に訂正の申立てがあった場合には訂正の判決もしくは申立てを棄却する決定があったときに、確定します（法418条）。

7 抗　告

決定や命令に対する上訴が、抗告です。

抗告は一般抗告と特別抗告に分けられ、一般抗告は決定に対して、特別抗告は決定と命令に対して認められています。そして、一般抗告には通常抗告と即時抗告とがあります。

なお、抗告は、即時抗告を除いて、裁判の執行を停止する効力を有しません。ただし、原裁判所は、決定で、抗告の裁判があるまで執行を停止することができますし、抗告裁判所は、決定で裁判の執行を停止することができます（法424条）。

1　一般抗告

(1)　通常抗告

(a)　通常抗告については、「特に即時抗告をすることができる旨の規定がある場合の外、裁判所のした決定に対してこれをすることができる。但し、この法律に特別の定のある場合は、この限りでない」と規定し（法419条）、

裁判所のした決定に対しては、原則的に通常抗告ができるのであり、例外的な場合に禁じられるとの定め方をしています。しかし、その例外はかなり幅広いものとなっています。

例外は、次の通りです。

①裁判所の管轄または訴訟手続に関し判決前にした決定に対しては、特に即時抗告をすることができる旨の規定がある場合を除いて、抗告することはできません（法420条1項）。このように定められたのは、これらの判決前の決定に不服があっても、それは、終局判決に対する上訴によって救済可能ですし、また、独立した不服申立てが必要であるものについては即時抗告ができることになっていますので、訴訟の遅延を防止するという観点からして、独立に上訴を許すのは適当でないからである、と一般に解されています。

しかし、一定の強制処分については、判決まで待っていたのでは実際上の救済になりませんし、提起期間が短期に制限されている即時抗告の対象とするのも適当でないので、通常抗告が認められています。すなわち、勾留、保釈、押収または押収物の還付に関する決定および鑑定留置に関する決定については、通常抗告が許されます（同条2項）。ただし、勾留に対しては、犯罪の嫌疑がないことを理由として抗告することはできません（同条3項）。

②抗告裁判所の決定に対しては、抗告することはできません（法427条）。つまり、いわゆる再抗告は許されないのです。

③高等裁判所の決定に対しては、抗告をすることはできません（法428条1項）。これは最高裁判所の負担軽減のためとされています。そこで、抗告に代えて高等裁判所への異議の申立てが認められています。すなわち、「即時抗告をすることができる旨の規定がある決定並びに第419条及び第420条の規定により抗告をすることができる決定で高等裁判所がしたものに対しては、その高等裁判所に異議の申立をすることができる」のです（法428条2項）。

④法律に特に定めるものではありませんが、最高裁判所は終審裁判所ですので、最高裁判所の決定に対しては、当然に、抗告することはできないと解されています（高田576頁、鈴木305頁、光藤・下85頁参照）。

なお、上告棄却の決定については異議の申立てを認めるのが判例です[18]。

(b) 通常抗告の申立は、いつでもすることができますが、「但し、原決定を取り消しても実益がないようになったときは、この限りでない」と定めら

れています（法421条）。

（2）即時抗告

（a）即時抗告は、特にこれを認める旨の規定がある場合のみ許されます（法419条参照）。

（b）即時抗告の提起期間は3日です（法422条）。

（c）即時抗告の提起期間内およびその申立てがあったときは、裁判の執行は停止されます（法425条）。

（3）抗告の申立手続と審判手続

（a）抗告をするには、申立書を原裁判所に差し出さなければなりません（法423条1項）。

（b）原裁判所は、抗告を理由があるものと認めるときは、決定を更正しなければならず（これを「再度の考案」と言います）、抗告の全部または一部を理由がないと認めるときは、申立書を受け取った日から3日以内に意見書を添えて、これを抗告裁判所に送付しなければなりません（同条2項）。

（c）抗告裁判所は、抗告の手続がその規定に違反したとき、または抗告が理由のないときは、決定で抗告を棄却しなければなりません（法426条1項）。

（d）抗告裁判所は、抗告が理由のあるときは、決定で原決定を取り消し、必要がある場合には、さらに裁判をしなければなりません（同条2項）。この裁判は自判のみならず、差戻し・移送の裁判も含むものと解されています（高田578頁、鈴木306頁など）。

2　特別抗告

（1）特別抗告の意義等

　刑事訴訟法により不服を申し立てることができない決定または命令に対しては、上告理由として規定されている事由、すなわち憲法違反、判例違反があることを理由とする場合に限り、最高裁判所に特に抗告することができます（法433条1項）。これが特別抗告です。特別抗告の対象は、刑訴法により不服申立てのできない決定・命令です。抗告または抗告に代わる異議の申立ての対象とならない決定・命令（但し、これについては、訴訟手続に関し判決前にしたもので、終局裁判に対する上訴で救済し得るものについて争いがあります）、準抗

18　最大判昭和30・2・23刑集9巻2号372頁、最決昭和50・7・10判時748号117頁は、いずれも、法414条、386条2項により異議申立てができるとしています。

告の対象とならない裁判官の命令、抗告裁判所の決定、抗告に代わる異議の申立てについての決定、準抗告裁判所の決定などが挙げられます。

(2) 特別抗告の手続

(a) 特別抗告の手続については、原則として、一般抗告の手続が準用されます（法434条、423条、424条、426条）。

なお、刑訴法411条の職権破棄の規定は、特別抗告に準用されるとするのが通説・判例です[19]。

(b) 特別抗告の提起期間は5日です（法433条2項）。

3 準抗告

準抗告は、厳密には上級裁判所に対する不服申立てではありませんので、形式的には上訴と区別され、上訴に類似した不服申立て（およびその制度）とされています（田宮460頁、光藤・下3頁、鈴木246頁参照）。

準抗告には、裁判官のした一定の命令に対する不服申立て（法429条）と捜査機関のした一定の処分に対する不服申立て（法430条）とがあります。

準抗告の提起期間については、刑訴法429条4項の場合（後記(1)の(d)参照）を除いて、定めがありませんが、取消しまたは変更をする実益がなくなったときは請求できなくなると解されています（上口585頁。なお、鈴木309頁、光藤・下89頁参照）。

(1) 裁判官の裁判（命令）に対する準抗告

(a) 裁判官が、次の裁判（命令）をした場合において、不服がある者は、その裁判の取消しまたは変更を求めて準抗告ができます（法429条1項）。

すなわち、①忌避の申立てを却下する裁判（同条同項1号）、②勾留、保釈、押収または押収物の還付に関する裁判（同条同項2号）、③鑑定のため留置を命ずる裁判（同条同項3号）[20]、④証人、鑑定人、通訳人または翻訳人に対して過料または費用の賠償を命ずる裁判、（同条同項4号）⑤身体の検査を受け

---

19 最決昭和26・4・13刑集5巻5号902頁、最大決昭和37・2・14刑集16巻2号85頁。
20 なお、これについては、条文上は「鑑定のため留置を命ずる裁判」とされていますが、それだけでなく、「鑑定留置請求を却下する裁判、鑑定留置の取り消しの裁判、留置期間の短縮、延長の裁判」なども含まれるとの見解が示されており（大コメ第6巻697頁〔古田佑紀〕）、多くの概説書も、「鑑定留置を命ずる裁判」に限定せず、「鑑定留置の裁判」ないし「鑑定留置に関する裁判」などと表現していますが（平野337頁、田宮499頁、鈴木308頁、光藤・下88頁、池田＝前田488頁など）、同趣旨でしょう。

る者に対して過料または費用の賠償を命ずる裁判（同条同項5号）、に対して準抗告ができます（なお、同条2項参照）。

(b)　この準抗告の申立ては、簡易裁判所の裁判官がした裁判に対しては管轄地方裁判所に、その他の裁判官がした裁判に対してはその裁判官所属の裁判所に、請求書を差し出して行います（同条同項柱書、431条）。

(c)　この準抗告の申立てを受けた裁判所は、合議体で決定をしなければなりません（法429条3項）。つまり、合議体で審判するのです。

(d)　なお、上記(a)の④⑤記載の裁判に対するものである場合は、その裁判のあった日から3日以内に請求しなければならないのであり（法429条4項）、その請求期間内およびその請求があったときは、裁判の執行は停止されます（同条5項）。

(2)　**捜査機関のした処分に対する準抗告**

(a)　検察官または検察事務官のした処分のうち刑訴法39条3項の処分または押収もしくは押収物の還付に関する処分に不服がある者は、その処分の取消しまたは変更を求めて準抗告ができます（法430条1項）。

司法警察職員のした上記の処分に不服がある者は、その処分の取消しまたは変更を求めて準抗告ができます（同条2項）。

(b)　検察官または検察事務官がした上記処分に対する場合は、その検察官または検察事務官が所属する検察庁の対応する裁判所に、司法警察職員がした上記処分の場合は、司法警察職員の職務執行地を管轄する地方裁判所または簡易裁判所に、請求書を差し出して行います（同条1項、同条2項、431条）。

(c)　上記処分は、いずれも実質的には行政庁の処分ですが、その性質上からして、司法手続の中で解決するのが適当ですので、この準抗告の請求については行政事件訴訟に関する法令の規定は適用しません（430条3項）。

(d)　なお、この場合は、上記(1)の場合と異なり、合議体で審判する必要はありません。

8 再審（非常救済手続 —その1—）

1 再審の意義と再審請求の対象

再審は、確定判決に対して、主として事実誤認の不当を理由として、被告人の利益のためになす非常救済手続です。再審は、確定判決に対する救済手続である点で、未確定の裁判に対する救済制度である上訴とは異なります。

なお、憲法39条が、二重の危険禁止の原則に基づき、一事不再理効を定めていますので、被告人にとって不利益な再審は認められず、利益な再審だけが認められるのです。

2 再審理由

後述の通り、我が刑訴法の再審手続は、再審請求審理手続と再審公判手続との2段階構造をとっていますが、再審理由は、第1段階の再審請求審理手続において必要とされます。

再審理由が認められない以上は再審の門は開かないのであり、再審理由の存在は再審の門を開かせるための最も重要な要件です。

(1) 有罪の確定判決に対する再審理由は、刑訴法435条各号の定めるところです。

そして、同条6号以外の再審理由は、確定判決の証拠が偽りであった場合（同条1号～5号）や関与裁判官等が職務犯罪を犯したような場合（同条7号）であり、ファルサ（falsa）型（偽証拠型）の再審理由と言われ、同条6号は、無罪等を言い渡すべきなどの「明らかな証拠をあらたに発見したとき」を要件としており、ノヴァ（nova）型（新証拠型）の再審理由と言われています[21]。

(2) 再審理由で最も重要なのは、有罪の確定判決を対象とする場合の刑訴法435条6号の再審理由です。そして、同条同号の、「明らかな」証拠については証拠の明白性の問題、「あらたに発見した」については証拠の新規性の問題として論じられています。

(a) 証拠の新規性については、それが誰に対する関係で要求されるのか、すなわち、裁判所にとって（対して）新規であれば足りるのか、それとも、

21　なお、再審請求は、控訴または上告を棄却した確定判決に対してもすることができます。その場合の再審理由について、法436条1項参照。

請求人にとっても新規であることが必要なのかということが問題とされます。具体的には、いわゆる身代わり犯人についても再審請求権を認めるべきか否か、という形で問題提起されてきました。

　最高裁は、身代わり犯人からの再審請求は認めるべきではないとの立場に立っていると解されますが[22]、反対説も有力です。

　(b)　証拠の明白性については、明白性の程度が問題とされます（他に、明白性の判断基準（判断方法）も問題となります。この点については、渡辺633頁以下参照）。

　従前の実務では、有罪認定を覆すに足りる「高度の蓋然性」が求められていたと言えます。すなわち、再審請求人は、無罪の推定される被告人とは違って、確定判決によって有罪であると確定された者なのだから、明白性については、無罪の認定をなすべき理由が明白であることを意味するのであって、その点が不明の場合には、いわば疑わしきは確定力の利益に、という基準に立って判断しなければならないとされていました。つまり、再審理由については、「疑わしきは被告人の利益に」の原則の適用はないとされてきたのです。そしてそれは、再審の門はいわゆる「開かずの門」という結果を生じさせる主要な原因になっていました。

　ところが、最高裁は、いわゆる白鳥事件の再審請求棄却決定に対する異議申立棄却決定に対する特別抗告事件において、次のような判断をしました（白鳥決定）。

　すなわち、「『無罪を言い渡すべき明らかな証拠』とは、確定判決における事実認定につき合理的な疑いをいだかせ、その認定を覆すに足りる蓋然性のある証拠をいうものと解すべきである」、「この判断に際しても、再審開始のためには確定判決における事実認定につき合理的な疑いを生ぜしめれば足りるという意味において、『疑わしいときは被告人の利益に』という刑事裁判における鉄則が適用される」[23]と判示したのです。

　そして、ここでは、明白性の程度について、かつての多くの下級審裁判

---

[22]　最決昭和29・10・19刑集8巻10号1610頁。なお、確定前の上告審段階のものではありますが、最判昭和45・6・19刑集24巻6号299頁は、身代わり犯人について、再審請求をすることができる場合にあたる事由があることを認めて原判決を破棄したものがあります。

[23]　最決昭和50・5・20刑集29巻5号177頁。

例[24]が採用していた「高度の蓋然性」が要求されず、単なる「蓋然性」で足りるとされたことから、この白鳥決定は、原認定に合理的な疑いを生ぜしめれば足りることを判示したものと解されることになりました。

さらに、いわゆる財田川決定においては、上記白鳥決定の判旨を引用したうえで、「この原則を具体的に適用するにあたっては、確定判決が認定した犯罪事実の不存在が確実であるとの心証を得ることを必要とするものではなく、確定判決における事実認定の正当性についての疑いが合理的な理由に基づくものであることを必要とし、かつ、これをもって足りると解すべきであるから、犯罪の証明が十分でないことが明らかになった場合にも右の原則があてはまる」とされました[25]。

3　再審請求手続

我が刑訴法における再審手続は2段階の手続構造をとっており、はじめに再審請求審理手続を置き、次に再審公判手続を置いています。

すなわち、先ず、再審請求審理手続において、再審請求理由があるか否かが判断され、再審理由ありとされますと再審開始決定がなされます。

(1)　再審請求の管轄裁判所は原判決をした裁判所です（法438条）。

(2)　再審請求権者は、①検察官、②有罪の言渡しを受けた者、③有罪の言渡しを受けた者の法定代理人および保佐人、④有罪の言渡しを受けた者が死亡し、または心神喪失の状態にある場合には、その配偶者、直系の親族および兄弟姉妹です（法439条1項）。検察官以外の者は、再審の請求をする場合には、弁護人を選任することができます（法440条1項）。

(3)　再審の請求をするには、再審請求の趣意書[26]に原判決の謄本、証拠書類および証拠物を添えて、これを管轄裁判所に差し出さなければなりません（規283条）。

(4)　再審請求には、時期の制限はありません。再審には名誉回復および刑事補償等の効果もあるので、再審請求は、刑の執行が終わり、またはその執行を受けることがないようになったときでも、これをすることができます

24　例えば、名古屋高決昭和34・7・15下刑集1巻7号1550頁など。
25　最決昭和51・10・12刑集30巻9号1673頁。
26　再審請求の趣意書は、一般には、「再審請求書」の表題のもとに請求の趣旨と請求の理由を記載して提出されます。

（法441条）。

（5） 再審の請求は、刑の執行を停止する効力を有していません。ただし、管轄裁判所に対応する検察庁の検察官は、再審の請求についての裁判があるまで刑の執行を停止することができます（法442条）。

4　再審請求審の審判

（1） 再審請求審理手続は公開を要しないとするのが通説・判例[27]です。

（2） 再審請求を受けた裁判所は、必要があるときは事実の取調べをすることができます（法445条）。

（3） 再審請求が法令上の方式に違反し、または請求権の消滅後にされたものであるときは、決定でこれを棄却しなければなりません（法446条）。

（4） 再審の請求が理由のないときは、決定でこれを棄却しなければなりません（法447条1項）。この場合には、何人も、同一の理由によっては、さらに再審の請求をすることはできません（同条2項）。

（5） 再審の請求が理由のあるときは、再審開始の決定をしなければなりません（法448条1項）。再審開始の決定をしたときは、決定で刑の執行を停止することができます（同条2項）。

5　再審公判手続

（1） 裁判所は再審開始決定が確定した事件については、その審級にしたがい、さらに審判をしなければなりません（法451条1項）。

（2） 再審においては、原判決の刑より重い刑を言い渡すことはできません（法452条）。

（3） 再審において無罪判決が確定したときは、官報および新聞紙に掲載して、その判決を公示しなければなりません（法453条）。

9　非常上告（非常救済手続 ―その2―）

1　意　義

非常上告は、判決が確定した後、その審判に法令違反があった場合、そのこと自体を理由として、法令の解釈・適用を統一し、法令違反を是正するこ

27　最大決昭和42・7・5刑集21巻6号764頁。

とを目的とする非常救済手続です。なお、その誤りが被告人にとって不利益な場合には、正しい法令の解釈・適用を示すことによって、被告人の救済を図るという機能をも併有しています[28]

2 非常上告理由と申立手続

刑訴法454条は、「検事総長は、判決が確定した後その事件の審判が法令に違反したことを発見したときは、最高裁判所に非常上告をすることができる」と定めています。これから分かるように、非常上告理由は、「その事件の審判が法令に違反したこと」です。

ここにいう「審判」とは、事件の審理と裁判の意味であり、判決までの訴訟手続を含むことはもちろんです。したがって、判決前の訴訟手続の法令違反も非常上告の理由になります（高田612頁、光藤・下116頁参照）。

申立権者は検事総長のみであり、管轄裁判所は最高裁判所です。

非常上告をするには、その理由を記載した申立書を最高裁判所に差し出さなければなりません（法455条）。

3 非常上告の審理手続

(1) 非常上告の申立てがあったときは、必ず、公判期日を開く必要があります。公判期日には、検察官が出席し、申立書に基づいて陳述しなければなりません（法456条）。

(2) 裁判所は、申立書に包含された事項に限って調査する権限と義務があります（法460条1項）。

(3) 裁判所は、裁判所の管轄、公訴の受理および訴訟手続に関しては、事実の取調べをすることができます。そして、裁判所は、この取調べを受命裁判官・受託裁判官にさせることができます（同条2項）。

4 非常上告の裁判

(1) 非常上告が理由のないときは、判決でこれを棄却しなければなりません（法457条）。

(2) 非常上告が理由のあるときは、次の区別に従い、判決をしなければなりません（法458条）。

---

28 なお、非常上告制度の目的等に照らして、非常上告の可否について積極に判断したものとして、最判平成22・7・22刑集64巻5号819頁および最判平成22・7・22刑集64巻5号824頁参照。

(a) 原判決が法令に違反したときは、その違反した部分を破棄します（同条1号本文）。ただし、原判決が被告人のため不利益であるときは、これを破棄して、被告事件についてさらに判決をします（同条1号但書）。

(b) 訴訟手続が法令に違反したときは、その違反した手続を破棄します（同条2号）。

(3) 非常上告の判決は、原判決が被告人のため不利益であるときに被告事件についてさらに判決がなされた場合を除いては、その効力を被告人に及ぼしません（法459条）。

つまり、原判決の違法部分が破棄されただけで自判がなされなかった場合（法458条1号本文）には、原判決の主文はそのまま存続し、その効力には何らの影響も及ぼさないし、訴訟手続が破棄された場合（同条2号）には、原判決の主文に影響を及ぼさないだけでなく、その事件の訴訟手続が復活して訴訟係属の状態に戻るわけでもないのです（新版注釈第7巻233頁〜234頁〔臼井滋夫＝河村博補正〕）。

なお、原判決が、被告人に不利益であるところから破棄自判の判決がなされ、それが確定したときは（上記の法458条1号但書による破棄自判の判決が確定したときは）、原判決は当然に効力を失います。

事項索引

あ

IC レコーダー ················ 261
悪経歴 ·························· 126
悪性格 ············ 126, 196, 197
悪性行 ·························· 126
アレインメント ················ 13

い

異議 ····························· 155
　——の対象 ················ 155
異議申立て ···················· 155
移審の効力 ···················· 312
一罪一逮捕・一勾留の原則
································· 112
一罪の一部起訴 ·············· 127
一事不再理効
······· 180, 287, 298, **301**, 303,
304, 305
　——の根拠 ················ 301
　——の時間的範囲 ······· 305
　——の事物的(客観的)範
　囲 ···························· 303
　——の人的(主観的)範囲
································· 306
　——の発生 ················ 302
　——の範囲 ················ 303
一事不再理の原則
····················· 11, **301**, 302
一部上訴の可否 ·············· 312
一般(的)公開主義 ········· 140
一般抗告 ······················· 329
一般司法警察職員 ············ 27
一般的訴訟条件 ·············· 132
一般令状 ························ 53
　——の禁止 ·················· 53
移転による管轄 ················ 20
犬の臭気選別検査 ·········· 196
違法収集証拠の排除基準
································· 217
違法収集証拠排除法則
······················· 198, **212**
　——の実質的根拠 ······· 215
　——の例外 ················ 226
違法収集証拠への同意 ···· 223
違法性阻却事由 ·············· 209
違法捜査の抑止
······················ 222, 225, 226
違法な接見制限中の自白
································· 234
違法の重大性
················ 219, **220**, 222, 232
違法排除説 ······ **231**, 232, 234
引致 ················· **97**, 98, 149
員面調書 ······················· 271

う

「疑わしきは被告人の利益に」
の原則
······· 2, 11, 12, **207**, 208, 209,
210, **290**, 292, 293, 296, 335

え

疫学的証明 ···················· 204
冤罪 ··· 234, 236, 238, 240, 247
冤罪事件 ······················· 241
冤罪(の)防止 ············ 6, 247
援助者 ···························· 31
援助的機能 ······················ 31

お

押印 ····················· 266, 276
押収 ······· **72**, 81, 191, 332, 333
押収物の還付 ········· 332, 333
おとり捜査 ······················ 55

か

概括的認定 ············ **290**, 291
開示方法等の指定 ·········· 148
開示命令 ······················· 148
解釈の申立についての決定
································· 287
回避 ······························· 22
回復証拠 ······················· 194
科学的鑑定 ···················· 196
科学的採証方法による証拠
································· 196
科学的心証主義 ·············· 204
下級裁判所 ······················ 17
確定力 ·························· 296
確認効 ·························· 298
科刑上一罪 ············ 183, 304
家庭裁判所 ······················ 18
仮納付 ·························· 308
科料 ····························· 308
過料 ····························· 308
簡易公判手続 ········· **158**, 248
簡易裁判所 ······················ 18
　——判事 ···················· 22
管轄 ····························· 18
　——の移転 ················· 20
　——の指定 ················· 20
管轄違(い)の判決
······················ 287, 288, 316
監視つき移転 ·················· 61
間接強制 ················· 82, 83
間接事実 ········· **192**, 194, 254
間接証拠 ················ **192**, 194
鑑定 ···················· 81, **82**, 274
　——の嘱託 ············ 81, 82
鑑定受託者 ············· **82**, 274
鑑定書 ··························· 83
鑑定処分 ··················· 83, 84
　——としての身体検査
································· 83
鑑定処分許可状 ················ 84
鑑定人 ···················· **82**, 274

事項索引　341

鑑定人尋問 …………… 154
鑑定人等の尋問 ………… 154
鑑定留置 ………… **83**, 330, 332
観念の競合 …………… 183
関連事件 ………………… 20
　――の管轄 …………… 20
関連性
　……… 78, 197, 221, 227,
　254, 255, 257, 258, 262, 263
関連性立証 ………… 259, 260

き

機会提供型 ………… 57, **58**
偽計による自白 …… 232, 233
期日間整理手続 … 16, 37, 145
希釈法理 …………… 226, 227
擬制同意 ……………… 278
起訴 …………………… 122
起訴議決 ……………… 130
　――に基づく公訴提起の
　制度 ………………… 129
覊束力 ………………… 296
起訴後勾留 …………… 107
　――の期間 ………… 107
起訴裁量主義 ………… 121
起訴状 …………… 28, 122
　――の提出 ………… 122
　――の朗読 ………… 152
起訴状一本主義 …… 14, **124**
起訴状記載事項 ……… 122
起訴状謄本の送達 … 137, **141**
起訴独占主義 ………… 120
起訴・不起訴の通知 … 131
起訴便宜(裁量)主義
　………………… 14, **121**
起訴便宜主義の根拠 … 121
起訴変更主義 ………… 122
起訴法定主義 ………… 121
起訴前勾留 …………… 107
　――の期間 ………… 107
起訴猶予 ………… 9, **121**, 129
　――の要件 …… **121**, 122
規範説(憲法保障説) …… 216
規範的共通性 ………… 181
既判力 ……… **298**, 299, 300

忌避 …………………… 21
基本的事実同一説 …… 182
基本的人権 ……………… 8
義務的保釈 …………… 151
客観的心証主義 ……… 204
求刑 …………………… 155
求釈明 ………………… 152
糺問 …………………… 10
糺問主義 ………… **10**, 199
　――の刑事手続 ……… 10
糺問的捜査観 ………… 43
狭義での刑事訴訟法 …… 2
狭義での罪体説 ……… 238
狭義での択一的認定
　………………… 290, 291
狭義の裁判 …………… 285
狭義の自白法則 …… 229, 230
狭義の証明力 ………… 204
狭義の弁論 …………… 155
供述写真 ………… 257, **260**
供述書
　………… **249**, 266, 271, 275
供述証拠 ……… **192**, 249, 251
　――特有の危険性
　………………… **193**, 251, 255
供述代用書面 ………… 282
供述ビデオ …………… 263
供述不能 …… 266, 267, 271, 277
供述録音テープ ……… 262
供述録取書
　………………… **249**, 266, 275
行政警察活動 ……… **63**, 68
強制採尿 ………………… 87
　――令状 ……………… 88
強制自白 ……………… 230
強制処分 …… **45**, 47, 81, 88, 272
　――と任意処分との区別
　………………………… 45
強制処分法定主義 …… 45
強制捜査と任意捜査との区
　別 …………………… 45
強制的弁護 …………… 34
強制連行 ……………… 88
共通性基準 ……… 182, 183
共同被告人

…………… 29, **156**, 236, 266
共犯者 ………………… 266
共犯者の自白
　………… **236**, 240, **244**
　――の危険性 ……… 246
　――の証明力 ……… 244
共謀共同正犯 ………… 124
業務文書 ……………… 276
協力の要請 …………… 80
虚偽排除説 …… **230**, 232, 233
挙証責任 ……………… 208
　――の転換 ………… 209
切り違え尋問 ………… 233
記録媒体 …… 79, 165, 274, 275
記録命令付差押え …… 80
記録命令付差押許可状 … 80
緊急処分説 ……… **84**, 85, 86
緊急逮捕 ……………… 101
　――の要件 ………… 102
緊急配備検問 ………… 67
禁錮 …………………… 308
近代合理主義 …… 203, 205

く

具体的規範 …………… 297
具体的規範説 ………… 297
具体的事件の救済 …… 314
具体的防御説 …… **174**, 176
区分事件 ……………… 166
区分審理決定 ………… 166
クリーン・コントロールド・
　デリバリー …………… 62

け

警戒検問 ……………… 67
経験則 ………… 204, 205, 211
警察官 ………………… 26
警察比例の原則 …… **27**, 66
形式裁判 …………… **287**, 302
　――の拘束力 ……… 300
形式裁判説 …………… 288
形式的意義の刑事訴訟法 … 3
形式的確定 …………… 297
形式的確定力 …… **297**, 298
形式的挙証責任(主観的挙証

責任）·················· 209
形式的実体裁判説 ········ 288
形式的訴訟条件 ········ 132
形式的直接主義（主観的直接
　主義）················· 140
形式的本案裁判説 ········ 288
刑事施設 ········· **109**, 308
刑事政策 … 121, 122, 128, 161
刑事訴訟 ·················· 2
刑事訴訟法 ················ 1
　——の最終の目的 ········ 8
　——の法源 ············· 3
　——の目的 ············· 8
刑事訴訟法典 ·········· 2, 3
刑事手続 ·················· 1
形成力 ··················· 188
継続審理主義 ············ 141
継続犯 ··················· 305
刑の加重理由となる事実
　··························· 208
刑の執行 ················· 307
刑の廃止もしくは変更
　···················· 319, 328
刑の免除 ········· 289, 293
刑の量定 ················· 318
　——が甚だしく不当 … 327
刑罰関心同一説 ·········· 181
刑罰権
　······· 115, 122, 136, 200, 201,
　214, 288,
刑罰阻却事由たる事実 … 318
刑法実現説 ················ 8
刑務作業 ················· 308
啓蒙思想 ·················· 11
血液の採取 ··············· 84
結果的加重犯 ············ 201
決定 ······················ 286
厳格な証明 ········ 195, 199
嫌疑刑 ··················· 292
嫌疑なき起訴 ············ 128
嫌疑の十分性 ············ 102
嫌疑の相当性 ······ **96**, 102
嫌疑不十分 ··············· 129
　——な起訴 ············ 128
現行犯 ············· 49, **99**

現行犯逮捕 ··············· 99
　——の要件 ······ 99, 100
現行犯人 ············ 99, 100
検察官 ········· **23**, 307, 310
　——の客観義務 ········ 25
　——の捜査 ············ 24
　——の訴訟法上の地位
　·························· 24
　——の地位 ············ 23
　——の冒頭陳述 ········ 153
　——の面前における供述
　録取書 ················· 267
検察官一体の原則 ········ 23
検察官請求証拠 ·········· 146
　——の開示 ············ 145
検察官制度 ··············· 23
検察官訴追主義 ·········· 120
検察官面前調書 ·········· 267
検察審査員 ··············· 129
検察審査会 ··············· 129
検視 ······················· 71
検事 ······················· 23
検事総長 ··········· 23, 338
検事長 ····················· 23
検証 ··············· **81**, 272
　——の動機や手段 ····· 273
検証許可状 ···· **81**, 84, 88
検証調書 ·········· 81, 272
検証令状 ·················· 81
限定説 ··················· 116
現場供述 ·········· 257, **273**
現場指示 ·········· 260, **273**
現場写真 ················· 257
現場ビデオ ··············· 263
現場録音テープ ·········· 261
原判決破棄後の措置
　···················· 323, 328
原判決破棄の判決
　·············· 322, 323, 327
憲法違反 ········· 324, 331
憲法解釈の誤り ·········· 325
憲法の刑事訴訟法 ········ 3
憲法の違反 ··············· 324
検面調書 ················· 267
権利保釈 ················· 150

　——の除外事由 ········ 150
牽連犯 ··················· 183

こ

合意書面 ················· 281
勾引 ················ **149**, 191
公益の代表者 ······ 24, 311
公開裁判 ··········· 13, 140
公開主義 ················· 139
合議制 ···················· 18
合議体 ··················· 333
広義での刑事訴訟法 ······ 2
広義での択一的認定 ····· 290
広義の裁判 ··············· 285
広義の自白 ··············· 245
広義の自白法則 ·········· 229
広義の弁論 ··············· 156
公共の福祉 ················ 8
抗告 ······················ 329
　——の申立手続と審判手続
　·························· 331
交互尋問 ··········· 14, **154**
構成要件該当事実 ······· 318
公訴 ······················ 120
　——の提起 ············ 122
控訴 ······················ 313
　——の意義 ············ 313
　——の提起期間 ········ 319
公訴官 ····················· 24
公訴棄却の決定
　·············· 287, 288, 324, 329
控訴棄却の決定
　···················· 287, 322
公訴棄却の判決
　·········· 127, 287, 288, 300
控訴棄却の判決
　·············· 287, 322, 323
拘束力 ········ **298**, 299, 300
公訴権 ··················· 135
公訴権濫用 ··············· 133
　——論 ·········· **127**, 133
公訴時効 ················· 133
　——の起算点 ·········· 136
　——の制度 ············ 133
　——の停止制度 ········ 137

公訴時効期間 ………………… 133
　——を定める刑 …………… 133
公訴時効制度 ………………… 133
　——の意義 ………………… 133
　——の根拠 …………… 134, 135
公訴時効停止効 ……………… 180
公訴時効停止事由 …………… 137
公訴事実 ………… **122**, 167, **168**
公訴事実の単一性
　………………… **179**, 185, 304
公訴事実の同一性 … 138, 167,
　169, **179**, 298, 299, 302, 305
　——の機能 ………………… 180
　——の判断基準 …………… 181
公訴事実対象説
　…………………… **168**, 170, 187
控訴趣意書 …………………… 320
控訴審 ………………………… 313
　——の構造 ………………… 313
　——の裁判 ………………… 322
　——の手続 ………………… 320
公訴制度 ……………………… 122
公訴犯罪事実 ………… 201, 208
控訴申立書 …………………… 319
控訴申立手続 ………………… 319
控訴理由 ……………………… 315
　——法定主義(控訴理由制
　限主義) …………………… 315
交通検問 ……………………… 66
交通反則通告手続 …………… 178
高等裁判所 …………………… 18
　——への異議の申立て
　…………………………… 330
高等裁判所長官 ……………… 22
口頭主義 ……………………… 140
口頭証拠 ……………………… 191
口頭弁論 ……………………… 286
　——主義 …………………… 141
「高度の蓋然性」の証明基準
　……………………… **206**, 207
公判 …………………………… 139
公判期日 ………………… 142, 151
　——の指定 ………………… 141
　——の手続 ………………… 152
公判準備 ……………………… 141

——における証人尋問調
　書 ………………………… 272
公判請求手続 ………………… 124
公判前整理手続
　………… 16, 37, **144**, 163, 244
　——での証拠開示 ……… 145
　——の概要 ………………… 144
　——の主宰者 ……………… 144
公判前整理手続後の訴因変
　更 ………………………… 185
公判前整理手続調書 ……… 145
公判中心主義 ………… 125, 139
公判調書 ……………… 206, 272
公判廷 …………………… 151, 155
　——での共犯者の自白
　…………………………… 247
　——における自白(公判
　廷の自白) ………… 235, 236
　——における用語 ……… 151
　——への顕出 …………… 328
公判廷外の共犯者の自白
　…………………………… 247
公判廷外の自白 …………… 235
公判手続 ……………… 139, 151
　——の原則 ………………… 139
　——の更新 … 126, **157**, 294
　——の停止 ………………… 157
公平な裁判所 … 6, 13, **21**, 125
攻防対象論 ………… **321**, 326
　——の適用範囲 ………… 321
公務所等への照会 ……… 307
公務文書 …………………… 276
拷問 …………………………… 10
合理的心証主義 …………… 204
合理的な疑いを超える証明
　…………………………… 290
「合理的な疑いを超える」証
　明基準 ……… **206**, 207, 208
勾留 ……………… **107**, **149**, 332
　——の競合 ……………… 111
　——の効力範囲 ………… 110
　——の執行停止 … 107, **112**
　——の実体的要件 ……… 107
　——の主体 ……………… 107
　——の手続 ……………… 109

——の手続的要件 ……… 109
　——の取消(し) … 107, 111
　——の必要性 …………… 108
　——の目的 ……………… 109
　——の理由 ………… **107**, 110
拘留 …………………………… 308
勾留期間 …………………… 107
勾留質問 ………… 107, **109**, 149
勾留状 ……… 38, **109**, 110, 293
　——の執行 ……………… 109
勾留理由開示 ……………… 110
　——の手続 ……………… 107
国選による被害者参加弁護
　士制度 …………………… 41
国選弁護人制度 ………… 31, **35**
国選弁護人の解任 ………… 39
告訴 …………………… **71**, 304
　——の追完 ……………… 179
告訴権者 ……………………… 71
告訴状 …………………… 271
告知 …………………………… 296
告発 …………………………… 71
国法上の意義における裁判
　所 ………………………… 17
国民国家 …………………… 10
国家刑罰権 …………… 61, 303
国家訴追主義 ………… 12, **120**
個と全との調和 …………… 9
異なった供述 ……………… 267
言葉の非供述証拠の用法
　…………………… **251**, 252
言葉の用法 ………… 193, **250**
個別的証拠開示命令 ……… 143
固有権 …………………… 114
根拠規範 …………………… 68
コントロールド・デリバリー
　…………………………… 61
コンピューター …………… 77

さ

再起訴 ……………………… 300
罪刑法定主義 ……………… 292
最広義での刑事訴訟法 …… 1
再抗告 ……………………… 330
最高裁判所 ………… 17, **18**, 338

344　事項索引

最高裁判所長官 ……………… 22
最高裁判所判事 ……………… 22
再勾留 ………………… **112**, 113
最終陳述 …………………… 155
最終弁論 …………………… 155
再審理由 …………………… 334
再審 …………… 319, 328, **334**
　　──の意義 …………… 334
　　──の請求 …………… 286
再審開始の決定 …………… 337
再審公判手続 ……………… 337
再審請求権者 ……………… 336
再審請求書 ………………… 336
再審請求審の審判 ………… 337
再審請求手続 ……………… 336
再審請求の管轄裁判所 …… 336
再審請求の趣意書 ………… 336
再審請求の対象 …………… 334
再生 ………………………… 275
罪体説（形式説）…………… 237
罪体の概念 ………………… 238
再逮捕 ……………… 97, **112**
再逮捕・再勾留禁止の原則
　……………………………… 112
財田川決定 ………………… 336
在宅被疑者の取調べ ……… 89
裁定管轄 …………………… 20
裁定合議事件 ……………… 18
再伝聞 ……………… 266, **282**
再伝聞証拠 ………………… 282
再度の起訴 ………………… 300
再度の考案 ………………… 331
裁判 ………………………… 285
　　──の意義 …………… 285
　　──の解釈の申立て … 309
　　──の外部的成立 …… 296
　　──の確定 …………… 296
　　──の覊束力 ………… 296
　　──の公開 ……… 22, **139**
　　──の告知 ……… **296**, 311
　　──の執行 …………… 306
　　──の執行機関 ……… 26
　　──の執行に対する救済
　　　の申立て ………… 309
　　──の種類 …………… 285

──の成立 ………………… 294
──の宣告 ………………… 296
──の内部的成立 ……… 294
──の付随的効果 ……… 296
裁判員 ……………… 162, 164
　　──の義務 …………… 164
　　──の権限 …………… 163
　　──の資格 …………… 164
　　──の選任手続 ……… 164
裁判員候補者 ……………… 164
裁判員候補者名簿 ………… 164
裁判員候補者予定者名簿
　……………………………… 164
裁判員制度 …… 144, **162**, 166
　　──の概要 …………… 163
　　──の趣旨 …………… 162
裁判書 ……………… 294, 295
裁判確定の時期 …………… 296
裁判官 ……………………… 17
　　──の裁判（命令）に対す
　　　る準抗告 …………… 332
　　──の種類 …………… 22
　　──の職権の独立 …… 22
　　──の身分保障 ……… 22
　　──の面前における供述
録取書 ……………………… 266
　　──の理性 ……… 11, 203
裁判官面前調書 …………… 266
裁判機関としての裁判所 … 17
裁判拒否の禁止 …………… 316
裁判権 ……………………… 18
裁判所 ……………………… 17
　　──の意義 …………… 17
　　──の管轄 …………… 18
罪名 ………………………… 55
裁面調書 …………………… 266
裁量保釈（任意的保釈）…… 150
差押え ……………… **72**, 191
　　──の対象 …………… 72
差押対象物以外の物の写真
　撮影 ………………………… 81
差押令状 …………………… 73
作用規範 …………………… 68
参考人の取調べ …………… 94
三面的訴訟構造 …………… 12

し

識別説 ……………… **123**, 176
死刑 ………………………… 307
　　──の執行 …………… 308
事件解決説 ………………… 8
事件単位説 ………………… 110
事件単位の原則 …… 105, **110**
事件の移送 ………………… 20
事後審 ……………… **313**, 324
自己負罪拒否特権 …… **28**, 89
自己矛盾（の）供述
　………………… 269, 270, 282
事実記載説 ………… 169, 171
事実誤認 …… 161, 314, **318**
事実上の推定 ……………… 211
事実審 ……………… 314, 324
事実的共通性 ……………… 181
事実認定 …………………… 289
事実の取調べ ……………… 286
自首 ………………………… 72
事情の変更 ………………… 300
私人による違法収集証拠
　……………………………… 223
事前準備 …………………… 142
自然的関連性 ……… **195**, 212
私選弁護人選任申出前置
　………………………………… 36
次長検事 …………………… 23
実況見分 …………………… 273
　　──調書 …… 257, 260, **272**
執行異議の申立についての
　決定 ……………………… 287
執行に関する異議申立て
　……………………………… 309
執行の時期 ………………… 307
執行の指揮 ………………… 307
執行の順序 ………………… 307
執行猶予 …………………… 161
執行力 ……………… 296, 298
　　──のある債務名義 … 308
実質証拠 …………………… 194
実質説 ……………………… 237
実質的意義の刑事訴訟法 … 3
実質的確定力 … **298**, 299, 300

事項索引 345

実質的挙証責任(客観的挙証
　責任) ················· 208
実質的直接主義(客観的直接
　主義) ············ **140**, 250
実体関係的形式裁判説 ··· 288
実体裁判 ·········· **287**, 302
　──の危険 ············ 302
　──の拘束力 ·········· 299
実体裁判説 ················ 288
実体喪失説 ················ 105
実体的確定力 ············ 297
実体的真実 ················ 5
　──の発見 ············ 4
実体的真実主義 ···· **4**, 6, 212
実体的訴訟条件 ········ 132
実体法重視思想 ········ 213
CD ·················· 257, **261**
指定司法警察員 ······ 26, 97
指定による管轄 ········ 20
指定弁護士 ········ 130, 131
自動車検問 ················ 66
自白 ·················· 205, **229**
　──の証拠能力 ········ 230
　──の証拠能力が制限さ
　　れる根拠 ············ 230
　──の証拠能力の制限
　　 ·················· 229, 230
　──の証明力 ············ 234
　──の証明力の制限 ··· 234
　──的証明力評価(判断)
　　の基準 ················ 241
　──の信用性 ···· 242, 243
　──の任意性 ············ 231
　──の任意性に関する事
　　実 ·················· 202
　──の補強法則 ··· 229, **234**
自白採取手続 ············ 231
自白事件 ················ 239
自白調書 ············ 242, 244
自白法則 ·········· 7, **229**, 231
事物管轄 ················ 19
司法官憲 ············ **51**, 96
司法行政上の裁判所 ····· 17
司法警察員 ················ 26
　──の面前調書 ········ 271

司法警察活動 ············ 63
司法警察職員 ············ 26
司法権の独立 ············ 22
司法巡査 ················ 26
　──の面前調書 ········ 271
司法的審査 ········ 75, 76
司法的抑制
　 ········· 14, **51**, 53, 73, 111, 273
司法の廉潔性
　 ············ 214, **216**, 218, 225
　──説(司法の無瑕性説)
　　 ·················· 216
氏名の黙秘権 ············ 90
釈明 ·················· 152
写真 ·················· 257
写真撮影 ················ 46
　──の許容性 ······ 47, 48
終局後の裁判 ············ 287
終局裁判 ················ 286
終局前の裁判 ············ 287
重刑先執行の原則 ········ 307
自由刑の執行 ············ 308
自由交通権 ············ 114
自由心証主義
　 ·············· 11, **203**, 211, 241
　──の例外 ············ 205
重大な違法
　 ·············· 215, 219, **220**
重大な事実の誤認 ········ 327
集中審理主義 ············ 141
自由な証明 ············ 200
重要利益侵害説 ······ **46**, 47
縮小認定 ············ 172, 178
宿泊を伴う取調べ ········ 90
受訴裁判所 ······ 15, **17**, 144
受託鑑定 ················ 82
受託裁判官 ············ 23
主張関連証拠 ······ **146**, 148
　──の開示 ············ 146
出頭義務 ················ 154
出頭・滞留義務 ········ 92
受任裁判官 ············ 23
主文 ········ **155**, **289**, 296, 299
受命裁判官 ············ 23
主要事実 ············ **192**, 254

準起訴手続(付審判請求手続)
　 ·················· 130
純形式裁判説 ············ 288
準現行犯 ················ 49
　──逮捕 ·········· 99, 101
準現行犯人 ············ 101
準限定説 ················ 116
準抗告
　 ········· 81, 115, 119, 310, **332**
巡面調書 ················ 271
召喚 ·········· 142, **149**, 154, 191
情況証拠 ··· **194**, 208, 239, 240
消極的実体真実主義
　 ·············· **6**, 199, 200, 213
消極的訴訟条件 ···· 132, 134
消極的法定証拠主義 ········ 203
証言 ·················· 154
証言義務 ················ 154
証言拒絶(否)権 ········ 154
証言拒否 ············ 268, 269
証拠 ·················· 191
　──および証拠の標目の
　　提示命令 ············ 149
　──の関連性 ············ 195
　──の許容性 ············ 194
　──の新規性 ············ 334
　──の標目 ············ 289
　──の明白性 ············ 335
証拠意見 ················ 153
証拠開示 ············ 142, 145
　──に関する裁判所によ
　　る裁定の制度 ········ 148
証拠禁止 ············ **198**, 213
上告 ·················· 324
　──の意義 ············ 324
　──の提起期間 ········ 325
上告棄却の決定 ···· 287, **326**
上告棄却の判決 ···· 287, **326**
上告裁判所の訂正判決 ··· 287
上告趣意書 ············ 325
上告審 ················ 325
　──の構造 ············ 324
　──の裁判 ············ 326
　──の手続 ············ 326
上告審判決の確定 ········ 329

上告手続 ………………… 325
上告申立手続 …………… 325
上告理由 ………………… 324
証拠決定 ………………… 153
証拠裁判主義 …………… 199
証拠書類 ………………… 191
　——の取調べ ………… 154
証拠調べ ………………… 154
　——請求 ……………… 153
　——手続 ……………… 153
　——に関する決定 …… 155
　——の順序 …………… 243
　——の範囲、順序、方法
　……………………………… 153
証拠資料 ………………… 192
証拠提出の責任 ……**209**, 211
証拠等関係カード ……… 153
証拠能力
　……**194**, 199, 212, 235, 248
証拠能力付与行為説
　………………… 278, 279, 280
証拠物 …………………… 191
　——の取調べ ………… 154
証拠物たる書面 ………… 154
　——の取調べ ………… 154
証拠方法 ………………… 191
証拠保全請求権 ………… 119
証拠保全の制度 ………… 119
常習性 …………………… 197
常習犯 ……………… 197, 305
常習累犯窃盗 …………… 201
情状に関する事実 ……… 202
上訴 ……………………… 310
　——の意義 …………… 310
　——の取下げ ………… 311
　——の放棄 …………… 311
　——の利益 …………… 310
肖像権 ………………… 46, 49
上訴権 …………………… 310
　——の発生・消滅・回復
　……………………………… 311
上訴権回復 ……………… 311
上訴権者 ………………… 310
上訴提起期間 …………… 311
　——の徒過 …………… 311

上訴申立ての効果 ……… 312
上訴申立ての手続 ……… 312
証人 ………………… **154**, **250**, 274
証人尋問（第1回公判期日
　前の） ………………… 94
証人尋問 ………………… 154
　——の手続 …………… 154
証人審問権 ………… 6, 249
証人適格 ………………… 29
小法廷 …………………… 18
証明（心証）の程度 …… 206
証明の優越 ……………… 210
証明予定事実 ……… 146, 147
　——記載書 …………… 146
証明力
　…… 195, **203**, 204, 230, 234
　——を争うための証拠
　……………………………… 281
初回接見 ………………… 117
嘱託鑑定 ………………… 82
職務質問 ………………… 63
所持品検査 ………… **65**, 214
書証 ……………………… 191
除斥 ……………………… 21
職権主義 ……………… 7, 12
職権主義的訴訟条件論（観）
　……………………………… 131
職権証拠調べ …………… 16
職権破棄 …………… **327**, 332
処罰条件たる事実
　………………… 201, 208, 318
処罰阻却事由 …………… 209
処罰非両立説 …………… 181
署名 ……………… 266, 276
署名・押印
　…… 90, 261, 262, **266**, 276
白鳥決定 ………………… 335
白鳥事件 ………………… 253
資力申告書 …………… 36, 38
審級管轄 ………………… 19
人権擁護説 …… **230**, 232, 233
親告罪 …………………… 304
人証 ……………………… 191
心証基準説 ……………… 177
心証形成 ………………… 195

心証の程度 ……………… 206
迅速な裁判 …………… 9, **161**
迅速な裁判違反 ………… 133
身体検査 ………………… 82
　——令状 ……………… 82
人定質問 ………………… 152
人定尋問 ………………… 154
人的証拠 ………………… 191
神判 ……………………… 10
「審判対象の画定」機能
　………………… 123, 175
審判対象論 ……………… 138
真犯人 …………………… 243
審判の公開 ……………… 316
審判の対象 ……………… 167
信用性 …………………… 204
信用性の情況的保障 …… 270
　——の基準 …………… 265

す

推定 ………………… 208, **211**

せ

請願作業 ………………… 308
請求 ……………………… 71
請求を受けた裁判官 …… 23
精神的状態に関する供述
　……………………………… 254
声紋鑑定 ………………… 196
責任阻却事由 …………… 209
責問権（の）放棄 …… 279, 281
積極的実体的真実主義
　…………………………… **6**, 212
積極的訴訟条件 ………… 132
積極的法定証拠主義 …… 203
接見交通権 ……………… 113
　——の根拠 …………… 113
　——の内容 …………… 114
　——の保障 …………… 114
接見指定 ………………… 113
　——の方式 …………… 118
　——の要件 …………… 115
　——制 ………………… 114
絶対的控訴理由 …… 315, 319
絶対的訴訟条件 ………… 132

事項索引　347

絶対的特信情況
　　………… 268, **271**, 277
絶対的排除説 ………… 217
説明写真 ………… 257, 260
善意の例外 ……………… 226
前科 ………………… 126, 196
前科証拠 ………………… 197
全件送致主義 …………… 120
宣告 ………………… 155, **296**
宣誓 ………………… 83, 154
　──義務 ……………… 154
専断的忌避の制度 ……… 164

そ

訴因 ……………………… **123**,
　138, 167, **168**, 298, 299
　──と訴訟条件 ……… 176
　──の区別機能 ……… 123
　──の拘束力 ………… 176
　──の順次的変更 …… 185
　──の審判対象画定(限
　定)機能 ……………… 123
　──の特定 …………… 123
　──の防御機能 ……… 123
　──の本質 …………… 169
　──の明示・特定
　………………… **123**, 125
訴因逸脱認定 …………… 316
訴因基準説 ……………… 177
訴因事実 … **170**, 172, 179, 181
訴因制度 ……………… 7, **123**
訴因対象説 ……… **168**, 170, 187
訴因変更 …………… **170**, 303
　──の可否 …………… 179
　──の許否 …………… 184
　──の根拠 …………… 170
　──の時期(機)的限界
　………………………… 184
　──の要否 …………… 170
訴因変更命令 ……… 16, **186**
　──の根拠 …………… 186
　──の性質 …………… 187
　──の要件 …………… 187
　──を発する義務 …… 189
訴因変更要否の基準 …… 172

増強証拠 ………………… 194
捜査 ……………………… 42
　──の意義 …………… 42
　──の原則 …………… 45
　──の構造 …………… 42
　──の端緒 …………… 63
　──の目的 …………… 42
捜査機関のした処分に対す
　る準抗告 ……………… 333
捜索 ……………………… 72
　──できる物 ………… 74
　──の対象 ………… **72**, 74
　──の場所 …………… 74
　──の範囲 …………… 74
捜索差押許可状 …… **72**, 78
捜索差押令状 …………… 88
　──の性質 …………… 52
捜索令状 ………………… 72
捜査権 …………………… 115
捜査全般説 ……………… 116
相対的控訴理由
　…………… 317, 318, 319
相対的訴訟条件 ………… 132
相対的特信情況 …… 269, 270
相対的排除説 … 216, 217, **218**
送致 ……………… **98**, 120
争点形成責任 …………… 209
「争点の明確化」機能
　………………… 123, 175
相当説 ……………… 85, 86
即時抗告 …………… 148, **331**
続審 ………………… 313, 314
組織規範 ………………… 68
訴訟課題同一説 ………… 181
訴訟関係人
　…… 141, 142, 151, 154, 271,
　274, 275, 286
訴訟行為 ………………… 285
　──(の)一回性の原則
　………………… 33, 110
訴訟指揮権
　………… 14, **15**, 143, 188, 189
訴訟主題同一説 ………… 181
訴訟障害 ………………… 132
　──事由 ………… 133, 134

訴訟条件
　… 129, **131**, 134, 138, 176, 300
　──の意義 …………… 131
　──の存否の判断 …… 133
訴訟上の証明 …………… 204
訴訟追行条件 …………… 132
訴訟的真実 ……………… 4
訴訟的正義 ……………… 186
訴訟手続の法令違反
　………………… 315, 317
訴訟能力 ………………… 158
訴訟費用 ………………… 308
　──の裁判 …………… 307
訴訟費用執行免除の申立て
　………………………… 309
訴訟費用執行免除の申立に
　ついての決定 ………… 287
訴訟法違反 ……………… 317
訴訟法上の意義における裁
　判所 …………………… 17
訴訟法的事実 ……… 200, 202
訴訟法的な効力 ………… 298
訴追権 ……………… 135, 136
訴追裁量権 ………… 127, 128
即決裁判手続
　……………… 39, **159**, 248, 327

た

第1次的証拠 …………… 224
退去強制 ………………… 269
大赦 ………………… 319, 328
第2次的証拠 …………… 224
代人 ……………………… 311
大法廷 …………………… 18
逮捕 ……………………… 96
　──する場合において
　………………………… 86
　──に伴う捜索・差押え
　………………………… 84
　──の権限を有する者
　………………………… 97
　──の現場 ………… 85, 86
　──の必要性 …… 96, 100
　──の理由 …………… 96
逮捕権の濫用 …………… 106

348　事項索引

逮捕・勾留一回性の原則
　………………………… 112
逮捕・勾留中の被疑者の
　取調べ ………………… 92
逮捕・勾留の目的 … 93, 94
逮捕後の手続 ……… 98, 101
逮捕状 …………………… 96
　――の緊急執行 … **98**, 222
　――の執行 …………… 97
　――の請求 …………… 97
　――の請求権者 ……… 97
　――の性質 …………… 52
逮捕前置主義 ………… 108
代用刑事施設 ………… 110
択一的認定 …………… 290
多重伝聞 ……………… 283
立会人の指示・説明 … 273
弾劾 ……………………… 11
弾劾主義 ………… **10**, 122
　――の刑事手続 ……… 11
弾劾主義訴訟構造 …… 199
弾劾証拠 ………… **194**, 281
弾劾的捜査観
　………… 36, **42**, **43**, 52, 54, 114
単独制 …………………… 18
単なる余事記載 ……… 126

ち

地方裁判所 ……………… 18
抽象的防御説 …… **174**, 176
懲役 …………………… 308
長期拘束自白 ………… 230
調書裁判 ………… 205, 250
重複逮捕・重複勾留禁止の
　原則 ………………… 112
超法規的免訴事由
　……………… 61, **162**, 288
跳躍上告（飛躍上告）… 324
直接強制 ……………82, 83
直接主義 ………… 140, 250
直接証拠 ……………… 192

つ

追起訴 ………………… 166
追徴 …………………… 308

通常抗告 ……………… 329
通常逮捕 ……………… 96
　――の要件 …………… 96
通信傍受 ……………… 88
　――法 ………………… 88
通信履歴の保全要請 … 80
通知事件方式 ………… 118
通知書方式 …………… 118
通訳 ……………………… 98
通訳人・翻訳人の尋問 … 154
罪となるべき事実
　………… **122**, 124, **289**, 290

て

DNA型（の）鑑定 …… 84, 196
停止の効力 …………… 312
提出命令 ………… 73, 191
訂正の判決 …………… 329
DVD …………… 257, **263**
適正な証拠 …………… 214
適正な証明 …………… 200
手続条件 ……………… 132
手続的効力 …………… 298
手続的効力説（手続説）… 301
手続的正義 …………… 269
手法重視思想 ………… 213
徹夜にわたる取調べ …… 91
デュープロセス … **3**, **4**, **6**, 45,
　200, 210, 212, 214, 216
展示 …………………… 154
電子計算機 ………… 77, 79
電磁的記録媒体 ……… 77
　――の捜索・差押え
　………………………… 77, 79
伝聞 …………………… 250
伝聞証言 ……… 249, 277, 282
伝聞証拠 ……… 193, **248**, **249**
　――の意義 ………… 248
伝聞不適用 …………… 265
伝聞法則 ………… 193, **248**
　――の根拠 ………… 248
　――の例外 ………… 265
伝聞例外 ……………… 265
　――規定 …………… 284
　――要件 …………… 256

と

同意 ……………… 153, **278**
動機 …………………… 126
当事者主義 …… 7, **12**, 139, 188,
　200
当事者主義的訴訟条件論
　（観） ………………… 131
当事者処分権主義 ……… 13
当事者対等主義
　………………… 8, **13**, 30, 119
当事者対等の原則
　………………… 8, **13**, 30, 44
当事者追行主義 …… **13**, 139
当事者の立会権 ……… 272
同時捜査 ………… 304, 305
同種前科 ……………… 196
同時立証 ………… 304, 305
特殊的訴訟条件 ……… 132
毒樹の果実の理論 …… 224
　――の例外 ………… 226
特信情況
　……… 257, 269, 270, 271, 276,
　277, 278
特信文書 ……………… 276
独任制官庁 …………… 23
特別抗告 ……………… 331
　――の意義 ………… 331
　――の対象 ………… 331
　――の手続 ………… 332
特別司法警察職員 …… 27
独立代理権 …………… 33
独立入手源の法理 … 226, 228
土地管轄 ……… **19**, 133, 152
取調受忍義務 ……… 44, **92**
　――肯定説 ………… 93
　――否定説 ………… 93

な

内在的制約説 …………… 34
内部的成立の時期 …… 294
内容的確定力
　…………… **297**, 298, 299, 300
内容的効力説（内容説、確定
　力説） ………………… 301

事項索引　349

に

二重起訴 …………………… 180
二重勾留 …………………… 111
二重の危険 …………… 301, 302
二重の危険(禁止)の原則
　………………………… 299, 301
二重の危険説 ……………… 301
任意出頭 …………………… 89
任意処分 ……… **45**, 47, 49, 272
任意性
　… 195, 231, 233, 234, 276, 277
　──の調査 ……………… 277
任意性説 …………………… 231
任意捜査 ……………… 56, 57
　──の原則 ……………… 45
任意同行 …………………… 89
任意取調べの限界 ………… 90
人間主義 …………………… 203
人間の理性 ……… 11, 199, 204
人単位説 …………………… 110

の

ノヴァ(nova)型(新証拠型)
　…………………………… 334

は

排除の相当性
　………………… 219, 220, **222**, 232
排除の申立て適格 ………… 223
排除の要件(具体的基準)
　…………………………… 219
排除法則(違法収集証拠排除
　法則) ……………………… 212
　──の例外 ……………… 226
破棄移送 ……………… 323, 328
破棄差戻し ……… 323, 328, 329
破棄差戻し・移送の判決
　…………………………… 287
破棄自判 ………… 324, 328, 329
破棄判決の拘束力 ………… 313
場所の概念 ………………… 74
派生的証拠 ………………… 224
罰金 ………………………… 308
罰金刑等の執行 …………… 308
罰条 ………………………… 55
犯意誘発型 …………… 57, **58**
判決 …………………… 155, 286
　──の告知 ……………… 296
　──の宣告 ……………… 155, 296
判決後の事情の変更 ……… 319
犯行再現写真 ……………… 260
犯行再現ビデオ …………… 264
犯罪事実 ……………… 199, 200
犯罪阻却事由となる事実
　…………………………… 318
犯罪の嫌疑 ………………… 127
犯罪の現認 ………………… 72
犯罪の証明 …………… 289, 290
判事 ………………………… 22
判事補 ………………… 22, 286
反証 ……………… 197, 205, 211
反対尋問
　……… 193, 195, 248, 249, 253,
　256, 279
反対尋問権 ………… 6, 249, 275
　──の保障 … **249**, 268, 275
反対尋問権放棄説 … 278, 279
判断遺脱 …………………… 316
判断効 ……………………… 298
犯人と被告人との同一性
　……… 196, **238**, 239, 240, 247
反復自白 …………………… 225
判例違反 ……………… **325**, 331

ひ

被害再現写真 ……………… 260
被害者 ……………………… 39
　──の刑事手続への参加
　…………………………… 39
被害者参加人 ……………… 40
被害者等通知制度 ………… 131
被害者特定事項 …………… 152
被害届 ……………………… 271
被害に関する心情その他の
　被告事件に関する意見の
　陳述 ……………………… 155
被疑者 ……………………… 27
　──の国選弁護人制度
　…………………………… 37
　──の地位 ……………… 94
　──の取調べ … 44, **89**, 241
被疑者勾留 ………………… 107
被疑者国選弁護の対象事件
　…………………………… 37
非供述証拠 …… **192**, 251, 258
被告人 ……………………… 27
　──が作成した供述書
　…………………………… 275
　──の供述代用書面 … 275
　──の供述を録取した書
　面(供述録取書) ……… 275
　──の勾留 ……………… 149
　──の国選弁護人制度
　…………………………… 36
　──の証人適格 ………… 29
　──の特定 ……………… 28
　──の判定 ……………… 28
　──の防御の利益の判断
　基準 ……………………… 174
被告人以外の者が作成した供
　述書 ……………………… 266
被告人以外の者の供述代用書
　面 ………………………… 266
被告人以外の者の供述録取書
　…………………………… 266
被告人側の証拠開示 ……… 147
被告人勾留 ………………… 107
被告人質問 …………… 29, **154**
被告人・弁護人の陳述 … 152
被告人・弁護人の冒頭陳述
　…………………………… 153
微罪処分 …………………… 120
非終局裁判 ………………… 286
非常救済手続 ………… 334, 337
非常上告 ………… 25, 286, **337**
　──の裁判 ……………… 338
　──の審判手続 ………… 338
非常上告理由と申立手続
　…………………………… 338
筆跡鑑定 …………………… 196
必要性の基準 ……………… 265
必要的弁護 ………………… 145
　──事件 ……… **34**, 37, 160
　──制度 ………………… 34

350　事項索引

必要的保釈 …………… 150
必要な処分 …………… 73, 82
ビデオ撮影 …………… 46
ビデオテープ ……… 257, **263**
ビデオリンク方式 ……… 274
　──による証人尋問 … 274
　──による証人尋問調書
　　……………………… 275
非伝聞 ……………… **250**, 252
否認事件 ……………… 239
秘密交通権 …………… 114
秘密の暴露 …………… 243
秘密録音 ……………… 89
評議 ………… 165, 294, 295
評決 ……………… 165, 295
費用賠償 ……………… 308
非両立性基準 ……… **182**, 183
非類型的(非典型的)訴訟条
　件 ………………… 132, **133**

ふ

ファルサ(falsa)型(偽証拠
　型) ………………… 334
不可欠性 …………… 271, 277
不可避的発見の法理 …… 226
不起訴裁定書 ………… 129
不起訴処分 …………… 129
　──の理由 ………… 131
武器対等の原則 ……… 13, 30
武器の平等 …………… 8
副検事 ………………… 23
覆審 ……………… 313, 314
不告不理の原則
　………… 11, 12, 122, 316
付審判請求手続 ……… 130
物証 …………………… 191
物的証拠 ……………… 191
不当起訴 ……………… 127
不任意自白 …………… 231
部分判決 ……………… 166
　──制度 …………… 166
　──手続 …………… 165
プライヴァシー
　………… 46, 49, 74, 75, 78
不利益な事実の承認 …… 276,
　　277
不利益変更禁止の原則 … 312
不利益変更の禁止 …… 312
分割禁止の原則 ……… 112

へ

併合罪関係 ……… 304, 305
別件基準説 …………… 104
別件起訴・勾留 ……… 106
別件勾留 ……………… 104
別件逮捕 ……………… 103
　──の意義 ………… 103
弁解録取書 …………… 99
弁護 …………………… 30
弁護権 ………………… 30
弁護権論 ……………… 30
弁護人 ………………… 30
　──の権限 ………… 32
　──の固有権 ……… 33
　──の真実義務 …… 32
　──の誠実義務 …… 31
　──の選任 ………… 141
　──の代理権 ……… 32
　──の地位 ……… 30, 31
弁護人依頼権 … 6, 14, **31**, 114
弁護人制度 ………… 14, **30**
弁護人選任権 ……… 14, **31**
弁論 …………………… 155
　──の再開 ………… 156
　──の必要的分離 … 156
　──の分離 …… 29, **156**
　──の併合 ………… 156
弁論主義 ……………… 141

ほ

包括一罪 ……………… 305
包括的代理権 ………… 32
包括的代理人 ………… 31
包括的黙秘権
　…………… **28**, 29, 90, 152
防御権説 ………… **124**, 176
防御同一説 …………… 181
法禁物 ………………… 56
法定管轄 ……………… 19
法定合議事件 ……… **18**, 163

法定証拠主義 ……… 11, **203**
法廷におけるメモの採取
　……………………… 140
冒頭手続 ……………… 152
法の正当な適用の請求者
　……………………… 25
法務大臣 ………… 23, 308
法律構成説 ……… **169**, 171
法律上刑の加重・減免の理
　由となる事実 … 201, 318
法律上刑の減免理由 …… 209
法律上の推定 ………… 211
法律上犯罪の成立を妨げる
　理由となる事実 …… 201
法律審 …………… 314, 324
法律的関連性 ………… 195
法令違反 ……………… 337
法令解釈の統一 ……… 314
法令適用の誤り ……… 317
法令の適用 …………… 289
補強証拠 …… 205, **229**, **234**,
　235, 236, 244
　──適格 …………… 235
補強の程度 …………… 240
補強の範囲 …………… 237
補強法則 ……………… 235
保護者 ………………… 31
保護的機能 …………… 31
保釈 ………………… **149**, 332
　──の手続 ………… 151
保釈許可決定 ………… 307
保釈保証金 …………… 149
補充裁判員 …………… 164
補充尋問 ……………… 154
補助事実 ……………… 194
補助証拠 ……………… 194
没取 …………………… 308
没収 …………………… 308
ポリグラフ検査 ……… 196
本件基準説 …………… 104
翻訳 …………………… 98

ま

前の供述 …………… 267, 270
巻き込みの危険 ……… 236

み

身代わり犯人 ……… 183, 335
未決勾留日数の本刑への算
　入 ………………………… 289
密接な関連性 ……………… 221
民事訴訟における自白 ……… 5
民事訴訟における認諾 ……… 5

む

無罪推定の原則
　…… 2, **207**, 208, 210, 290, 296
無罪判決 ……… 287, **292**, 311
　——の内容 ……………… 292

め

命令 ………………………… 286
命令効 ……………………… 188
メモ ………………………… 276
　——の理論 ……………… 276
面会接見 …………………… 114
免訴 …………………… 162, 293
　——（の）判決
　… 61, 134, 287, **288**, 303, 319
免訴判決の本質 …………… 288

も

黙秘権 … 7, **28**, **89**, 94, 99, 230
　——（供述拒否権）の告知
　義務 …………………… 28, **90**
　——の範囲 ……………… 90
　——の本質 ……………… 94
黙秘権等の告知 …………… 152

や

約束による自白 …………… 232

ゆ

有形力の行使 ……… 45, 46, 65
有罪心証の場合の訴因変更
　…………………………… 185
有罪である旨の陳述 ……… 158,
　160, 161
有罪答弁制度 ……………… 13
有罪認定
　……… 206, 207, 235, 287, 289
有罪判決 …………………… 289
　——の内容 ……………… 289
　——の理由 ……………… 289

よ

要旨の告知 ………………… 154
要証事実
　……… 193, **249**, 251, **252**, 253,
　254, 255, 262
抑止効 ………………… 214, 217
抑止効説 …………………… 217
余罪 ……… 105, 111, 196, 198
　——の取調べ …………… 93
余事記載 …………………… 126
予断排除の原則 ……… 22, **125**
予備的認定 ………………… 291

ら

ライブ・コントロールド・デ
　リバリー ………………… 62

り

利益侵害説 ………………… 46
理性 ………………………… 10
理性信仰 …………………… 204
立証趣旨 …………………… 153
立証制度 …………………… 16
立証の負担 ………………… 209
略式手続 …………… 126, **128**
略式命令 …………… 128, 286
理由 ……… **155**, 286, 296, 299
理由齟齬 …………………… 317
留置施設 …………………… 109
理由不備 …………… 317, 318
量刑（の）事情 … 198, 200, 202
量刑の理由 ………………… 289
量刑不当 …………………… 318
領置 ………………… 72, 73, 191

る

類型証拠 …………………… 146
　——の開示 ……………… 146
類型的（典型的）訴訟条件
　…………………… 132, **133**
類似事実証拠禁止の原則
　…………………………… 197

れ

令状 ………………………… 50
　——の性質 ……………… 51
　——の呈示 ……………… 51
令状主義 …… 7, 14, **50**, 74, 105,
　111, 214, 215, 220
歴史的証明 ………………… 205

ろ

労役場留置 ………………… 307
朗読 ………………………… 154
録音テープ ………… 257, **261**
論告 ………………………… 155
論理則 ………… 204, 205, 211

判例索引

大判明治 37・6・27 刑録 10 輯 1416 頁 ……… 311
大判昭和 5・7・1 刑録 22 巻 1191 頁 ……… 179
最大判昭和 23・5・5 刑集 2 巻 5 号 447 頁 …… 21
最大判昭和 23・5・26 刑集 2 巻 6 号 529 頁
　〔プラカード事件〕 ……………… 288, 311
最大判昭和 23・6・23 刑集 2 巻 7 号 734 頁 … 15
最大判昭和 23・7・29 刑集 2 巻 9 号 1012 頁 … 236
最大判昭和 23・7・29 刑集 2 巻 9 号 1045 頁 … 15
最判昭和 23・8・5 刑集 2 巻 9 号 1123 頁 …… 205
最判昭和 23・10・30 刑集 2 巻 11 号 1427 頁 … 237
最判昭和 23・11・18 刑集 2 巻 12 号 1626 頁 … 312
最判昭和 24・2・22 刑集 3 巻 2 号 221 頁 …… 202
最大判昭和 24・4・6 刑集 3 巻 4 号 445 頁 … 236
最大判昭和 24・4・7 刑集 3 巻 4 号 489 頁 ……… 240
最大判昭和 24・7・13 刑集 3 巻 8 号 1290 頁 … 129
最決昭和 25・6・8 刑集 4 巻 6 号 972 頁 ……… 169
最大判昭和 25・7・12 刑集 4 巻 7 号 1298 頁 … 235
最大判昭和 25・9・21 刑集 4 巻 9 号 1728 頁 … 182
最判昭和 25・9・27 刑集 4 巻 9 号 1805 頁
　………………………………………………… 302
最大判昭和 25・10・11 刑集 4 巻 10 号 2000 頁
　………………………………………………… 236
名古屋高判昭和 25・12・25 判特 14 号 115 頁
　………………………………………………… 179
最決昭和 26・4・13 刑集 5 巻 5 号 902 頁 …… 332
最判昭和 26・6・15 刑集 5 巻 7 号 1277 頁 …… 172
横浜地判昭和 26・6・19 裁時 87 号 3 頁 …… 59
最判昭和 27・4・9 刑集 6 巻 4 号 584 頁 …… 268
大阪高判昭和 27・9・16 高刑集 5 巻 10 号 1695
　頁 ……………………………………………… 306
最決昭和 27・10・30 刑集 6 巻 9 号 1122 頁 … 183
最判昭和 28・2・19 刑集 7 巻 2 号 305 頁 …… 82
最判昭和 28・3・5 刑集 7 巻 3 号 482 頁 … 56, 57
最判昭和 28・5・12 刑集 7 巻 5 号 1011 頁 …… 317
最判昭和 28・5・29 刑集 7 巻 5 号 1158 頁 …… 183
最判昭和 28・9・30 刑集 7 巻 9 号 1868 頁 …… 172
最判昭和 28・10・9 刑集 7 巻 10 号 1904 頁 … 202
最判昭和 28・10・15 刑集 7 巻 10 号 1934 頁 … 274
最決昭和 28・11・20 刑集 7 巻 11 号 2275 頁 … 172

最判昭和 28・11・27 刑集 7 巻 11 号 2303 頁
　〔二俣事件〕 ………………………………… 328
最決昭和 29・7・15 刑集 8 巻 7 号 1137 頁 …… 64
最判昭和 29・8・24 刑集 8 巻 8 号 1426 頁 …… 183
最決昭和 29・9・8 刑集 8 巻 9 号 1471 頁 …… 179
最決昭和 29・10・19 刑集 8 巻 10 号 1610 頁 … 335
最決昭和 29・12・17 刑集 8 巻 13 号 2147 頁 … 173
最判昭和 30・1・11 刑集 9 巻 1 号 14 頁 …… 270
最大判昭和 30・2・23 刑集 9 巻 2 号 372 頁 … 331
最判昭和 30・4・6 刑集 9 巻 4 号 663 頁
　〔帝銀事件〕 ………………………………… 106
最判昭和 30・6・22 刑集 9 巻 8 号 1189 頁 … 317
最判昭和 30・11・29 刑集 9 巻 12 号 2524 頁 … 250
最大判昭和 30・12・14 刑集 9 巻 13 号 2760 頁
　……………………………………………… 102, **103**
最判昭和 30・12・26 刑集 9 巻 14 号 2996 頁 … 111
最判昭和 31・3・13 刑集 10 巻 3 号 345 頁 … 126
最決昭和 31・12・13 刑集 10 巻 12 号 1629 頁 … 29
最判昭和 32・1・22 刑集 11 巻 1 号 103 頁 …… 283
最判昭和 32・2・14 刑集 11 巻 2 号 554 頁
　〔幸浦事件〕 ………………………………… 328
最大判昭和 32・2・20 刑集 11 巻 2 号 802 頁 … 90
最判昭和 32・10・15 刑集 11 巻 11 号 2731 頁
　〔八海事件〕 ………………………………… 328
最判昭和 33・2・13 刑集 12 巻 2 号 218 頁 …… 15
最大決昭和 33・2・26 刑集 12 巻 2 号 316 頁
　………………………………………………… 201
最判昭和 33・5・20 刑集 12 巻 7 号 1398 頁 … 125
最大判昭和 33・5・20 刑集 12 巻 7 号 1416 頁 … 189
最大判昭和 33・5・28 刑集 12 巻 8 号 1718 頁
　〔練馬事件〕 ……………… 124, **201**, **206**, **245**
最大決昭和 33・7・29 刑集 12 巻 12 号 2776 頁
　……………………………………………… 54, 55
名古屋高決昭和 34・7・15 下刑集 1 巻 7 号
　1550 頁 ……………………………………… 336
最大判昭和 34・8・10 刑集 13 巻 9 号 1419 頁
　〔松川事件〕 ……………………………… 199, 328
最決昭和 34・12・26 刑集 13 巻 13 号 3372 頁
　……………………………………………… 25, 143

最決昭和35・2・9 判時219号34頁 ············ 143
最判昭和35・9・8 刑集14巻11号1437頁 ··· 272
最判昭和35・9・9 刑集14巻11号1477頁 ···· 29
最判昭和36・5・26 刑集15巻5号893頁 ···· 273
最大判昭和36・6・7 刑集15巻6号915頁
　　··· 87, 280
最判昭和36・6・13 刑集15巻6号961頁 ···· 174
最大決昭和37・2・14 刑集16巻2号85頁 ··· 332
最判昭和37・9・18 刑集16巻9号1386頁 ··· 137
最決昭和37・9・18 裁判集刑事144号651頁
　　·· 311
最大判昭和37・11・28 刑集16巻11号1633頁
　　〔白山丸事件〕······································ 124
最判昭和38・10・17 刑集17巻10号1795頁
　　··· 199, **253**
東京地判昭和38・12・21 下刑集5巻11＝12
　　号1184頁··· 127
最決昭和39・5・7 刑集18巻4号136頁 ······ 313
最決昭和39・11・24 刑集18巻9号639頁 ···· 313
最決昭和40・12・24 刑集19巻9号827頁
　　································· **172**, 173, 174
最決昭和41・2・21 判時450号60頁 ········· 196
最判昭和41・7・1 刑集20巻6号537頁 ····· 232
最判昭和41・7・13 刑集20巻6号609頁 ···· 198
最決昭和41・11・22 刑集20巻9号1035頁 ··· 197
鳥取地決昭和42・3・7 下刑集9巻3号375頁
　　·· 118
最大決昭和42・7・5 刑集21巻6号764頁 ··· 337
最判昭和42・8・31 刑集21巻7号879頁 ···· 185
最判昭和42・12・21 刑集21巻10号1476頁
　　··· 236, 237
最決昭和43・2・8 刑集22巻2号55頁 ······· 196
最決昭和43・11・26 刑集22巻12号1352頁 ··· 15, 189
最決昭和44・3・18 刑集23巻3号153頁
　　〔国学院大学映研フィルム事件〕 ············· 74
最判昭和44・4・25 刑集23巻4号248頁
　　··· 15, 143
金沢地七尾支判昭和44・6・3 刑月1巻6号
　　657頁〔蛸島事件〕······························· 107
最決昭和44・10・2 刑集23巻10号1199頁 ··· 125
最決昭和44・12・4 刑集23巻12号1546頁 ··· 268
最大判昭和44・12・24 刑集23巻12号1625頁
　　〔京都府学連デモ事件〕 ···················· 48, 50
最判昭和45・6・19 刑集24巻6号299頁 ···· 335

最判昭和45・7・31 刑集24巻8号597頁
　　〔仁保事件〕······································ 328
最大判昭和45・11・25 刑集24巻12号1670頁
　　·· 233
最大決昭和46・3・24 刑集25巻2号293頁
　　〔新島ミサイル事件〕 ·························· 321
最判昭和46・6・22 刑集25巻4号588頁 ···· 173
大阪地判昭和46・9・9 判時662号101頁 ··· 292
最判昭和47・3・9 刑集26巻2号102頁
　　〔大信実業事件〕································· 321
東京地決昭和47・4・4 刑月4巻4号891頁、
　　判時665号103頁································ 113
最判昭和47・7・25 刑集26巻6号366頁 ···· 184
最大判昭和47・12・20 刑集26巻10号631頁
　　〔高田事件〕······················· 61, **162**, 288
最判昭和48・3・15 刑集27巻2号128頁 ···· 178
大阪地判昭和49・5・2 刑月6巻5号583頁、
　　判時745号40頁································ 300
最大判昭和49・5・29 刑集28巻4号114頁 ··· 305
東京地決昭和49・12・9 刑月6巻12号1270頁、
　　判時763号16頁〔富士高校放火事件証拠決
　　定〕·· 93
最判昭和50・4・3 刑集29巻4号132頁 ····· 100
最決昭和50・5・20 刑集29巻5号177頁 ···· 335
最決昭和50・7・10 判時748号117頁 ······· 331
最決昭和51・3・16 刑集30巻2号187頁
　　〔岐阜呼気検査事件〕················ **46**, 64, 65
福岡高那覇支判昭和51・4・5 判タ345号321
　　頁··· 184
最決昭和51・10・12 刑集30巻9号1673頁 ··· 336
最決昭和51・10・28 刑集30巻9号1859頁 ··· 245
最判昭和51・11・18 裁判集刑202号379頁、
　　判時837号104頁································· 73
東京高判昭和52・6・14 高刑集30巻3号341
　　頁、判時853号3頁····························· 128
最決昭和52・8・9 刑集31巻5号821頁
　　〔狭山事件〕······································ 106
最決昭和53・3・6 刑集32巻2号218頁 ····· 182
東京高判昭和53・3・29 刑月10巻3号233頁、
　　判時892号29頁〔富士高校放火事件控訴審
　　判決〕··· 93
最判昭和53・6・20 刑集32巻4号670
　　〔米子銀行強盗事件〕 ············· **65**, 66, 68
最判昭和53・7・10 民集32巻5号820頁
　　〔杉山事件〕·························· **114**, 116, 117

最判昭和53・9・7刑集32巻6号1672頁
〔大阪覚せい剤事件〕
.... 57, **66**, 214, **215**, 219, 220, 222, 228
最決昭和53・9・22刑集32巻6号1774頁 64
最判昭和53・10・20民集32巻7号1367頁
〔国家賠償事件〕 127
最判昭和53・10・31刑集32巻7号1793頁 ... 311
最判昭和54・7・24刑集33巻5号416頁 39
最決昭和54・10・16刑集33巻6号633頁
.... 202, 278
東京高判昭和55・2・1東高刑時報31巻2号5
頁 196
最決昭和55・4・28刑集34巻3号178頁 115
最決昭和55・9・22刑集34巻5号272頁 67
最決昭和55・10・23刑集34巻5号300頁 87
最決昭和55・11・18刑集34巻6号421頁 ... 119
最決昭和55・12・17刑集34巻7号672頁
〔チッソ川本事件〕 128
最決昭和56・4・25刑集35巻3号116頁
〔吉田町覚せい剤事件〕 124
最決昭和56・7・14刑集35巻5号497頁
.... 138, 299
最判昭和57・1・28刑集36巻1号67頁
〔鹿児島夫婦殺人事件〕 243, 328
最判昭和57・5・25刑時1046号15頁 204
東京高判昭和57・10・15刑時1095号155頁 ... 57
最判昭和58・7・12刑集37巻6号791頁 224
最判昭和58・9・6刑集37巻7号930頁 190
最判昭和59・1・27刑集38巻1号136頁 ... 127
最決昭和59・2・29刑集38巻3号479頁
〔高輪グリーンマンション殺人事件〕 **90**, 92
東京高判昭和59・7・18高刑集37巻2号360
頁〔「月刊ペン」事件差戻後控訴審判決〕... 210
最決昭和59・12・21刑集78巻12号3071頁
〔新宿騒擾(乱)事件〕 258
最決昭和60・11・29刑集39巻7号532頁 ... 29
大阪高判昭和60・12・18判時1201号93頁 ... 100
最判昭和61・2・14刑集40巻1号48頁 95
札幌高判昭和61・3・24高刑集39巻1号8頁
.... 292
最判昭和61・4・25刑集40巻3号215頁 ... 221
福岡高判昭和61・4・28刑月18巻4号294頁
〔鹿児島夫婦殺人事件差戻審判決〕 234
最決昭和62・3・3刑集41巻2号60頁 196
東京地判昭和62・12・16判時1275号35頁 ... 234

最決昭和63・2・29刑集42巻2号314頁
〔チッソ水俣病刑事事件〕 136, 137
東京高判昭和63・4・1判時1278号152頁
〔山谷テレビカメラ事件〕 50
最決昭和63・10・25刑集42巻8号1100頁 ... 182
最判平成元・1・23判時1301号155頁 234
最大判平成元・3・8民集43巻2号89頁
〔レペタ訴訟〕 140
最判平成元・5・1刑集43巻5号323頁
〔船橋交差点事件〕 321
最判平成元・6・22刑集43巻6号427頁
〔山中事件〕 328
最決平成元・7・4刑集43巻7号581頁
〔平塚事件〕 91
最決平成2・6・27刑集44巻4号385頁 81
最決平成2・7・9刑集44巻55号421頁
〔TBS事件〕 74
浦和地判平成2・10・12判時1376号24頁
.... 93, 105
最判平成2・12・7判時1373号143頁 178
浦和地判平成3・3・25判タ760号261頁 90
最判平成3・5・10民集45巻5号919頁
〔浅井事件〕 **116**, 117
最決平成6・9・8刑集48巻6号263頁 76
最決平成6・9・16刑集48巻420頁 64, 88
最判平成7・2・22刑集49巻2号1頁 154
最決平成7・2・28刑集49巻2号481頁 ... 158
最決平成7・3・27刑集49巻3号525頁 35
最決平成7・6・20刑集49巻6号741頁 ... 269
最決平成8・1・29刑集50巻1号1頁
〔和光大内ゲバ事件〕 85, 101
最決平成10・5・1刑集52巻4号275頁 79
最大判平成11・3・24民集53巻3号514頁
〔安藤・斎藤事件〕 114, **115**, 116, 117
最決平成11・12・16刑集53巻9号1327頁 ... 88
最判平成12・2・7民集54巻2号255頁
〔草加事件民事上告審判決〕 243
最決平成12・6・13民集54巻5号1635頁
〔第2次内田事件〕 118
最決平成12・6・27刑集54巻5号461頁
〔東電OL殺人事件〕 293
最決平成12・7・17刑集54巻6号550頁 ... 196
最決平成13・4・11刑集55巻3号127頁
.... 123, **175**, **291**
最決平成14・7・18刑集56巻6号307頁

〔前原遺体白骨化事件〕 ················· 124
東京高判平成 14・9・4 東高時報 53 巻 1～12 号
　83 頁、判時 1808 号 144 頁〔ロザール事件〕
　··· 91, 234
最決平成 14・10・4 刑集 56 巻 8 号 507 頁 ······ 51
最判平成 15・2・14 刑集 57 巻 2 号 121 頁
　〔大津覚せい剤事件〕 ············ **220**, **222**, 224, 225
最大判平成 15・4・23 刑集 57 巻 4 号 467 頁 ··· 127
最決平成 15・5・26 刑集 57 巻 5 号 620 頁 ······ 66
最決平成 15・10・7 刑集 57 巻 9 号 1002 頁 ··· 304
最決平成 16・7・12 刑集 58 巻 5 号 333 頁 ······ 58
最決平成 17・4・14 刑集 59 巻 3 号 259 頁 ··· 275
最決平成 17・4・19 民集 59 巻 3 号 563 頁 ··· 114
東京地判平成 17・6・2 判時 1930 号 174 頁 ··· 50
最決平成 17・8・30 刑集 59 巻 6 号 726 頁 ······ 21
最決平成 17・9・27 刑集 59 巻 7 号 753 頁
　··· **261**, 274
最決平成 17・10・12 刑集 59 巻 8 号 1425 頁
　〔阿倍野区麻薬特例法違反事件〕 ················· 124
最決平成 17・11・29 刑集 59 巻 9 号 1847 頁 ··· 31
東京高判平成 17・12・26 判時 1918 号 122 頁
　··· 127
最判平成 18・11・7 刑集 60 巻 9 号 561 頁 ··· 282
最決平成 18・11・20 刑集 60 巻 9 号 696 頁 ··· 137
最決平成 18・12・13 刑集 60 巻 10 号 857 頁 ··· 136
最決平成 19・2・8 刑集 61 巻 1 号 1 頁 ············ 76
最決平成 19・6・19 刑集 61 巻 4 号 369 頁 ··· 317
最決平成 19・10・16 刑集 61 巻 7 号 677 頁
　〔TATP 殺人未遂事件〕 ································· 207

最決平成 19・12・13 刑集 61 巻 9 号 843 頁 ··· 293
最決平成 19・12・25 刑集 61 巻 9 号 895 頁 ··· 149
最決平成 20・4・15 刑集 62 巻 5 号 1398 頁
　··· 46, 50, 73
東京高判平成 20・5・15 判時 2050 号 103 頁
　··· 100
最決平成 20・8・27 刑集 62 巻 7 号 2702 頁 ··· 272
最決平成 20・9・30 刑集 62 巻 8 号 2753 頁 ··· 149
東京高判平成 20・10・16 高刑集 61 巻 4 号 1 頁
　··· 269
東京高判平成 20・11・18 高刑集 61 巻 4 号 6 頁
　··· 186
最判平成 21・7・14 刑集 63 巻 6 号 623 頁 ··· 159
最決平成 21・9・28 刑集 63 巻 7 号 868 頁 ······ 81
最決平成 21・10・16 刑集 63 巻 8 号 937 頁 ··· 15
最決平成 21・10・20 刑集 63 巻 8 号 1052 頁 ··· 137
最決平成 22・4・27 刑集 64 巻 3 号 233 頁 ··· 208
東京高判平成 22・5・27 高刑集 63 巻 1 号 8 頁
　··· 268
最決平成 22・7・2 判時 2091 号 114 頁、判タ
　1331 号 93 頁 ··· 151
最判平成 22・7・22 刑集 64 巻 5 号 819 頁 ··· 338
最判平成 22・7・22 刑集 64 巻 5 号 824 頁 ··· 338
最大判平成 23・11・16 刑集 65 巻 8 号 1285 頁
　··· 166
最判平成 24・1・13 刑集 66 巻 1 号 1 頁 ······ 166
最判平成 24・9・7 刑集 66 巻 9 号 907 頁 ······ 197
最決平成 25・2・20 裁時 1574 号 4 頁 ············ 198
最決平成 25・3・5 裁時 1575 号 2 頁 ············ 321

著者紹介
渡辺直行

現在　広島修道大学大学院法務研究科（法科大学院）教授
　　　弁護士
　　　早稲田大学比較法研究所招聘研究員
略歴
昭和20年　出生
昭和44年　早稲田大学第一政治経済学部政治学科卒業
昭和46年　早稲田大学大学院法学研究科修士課程修了
昭和48年　司法試験合格
昭和49年　司法修習生（第28期）
昭和51年　司法修習終了・弁護士登録
平成5年〜19年
　　　　　日本弁護士連合会司法制度調査会委員
平成9年〜15年
　　　　　広島大学法学部非常勤講師
主要著書
『刑事訴訟法〔第2版〕』（2013年、初版2010年、補訂版2011年、成文堂）
『論点中心 刑事訴訟法講義〔第2版〕』（2005年、初版2003年、成文堂）

入門 刑事訴訟法［第2版］ 入門シリーズ
2011年12月20日　初　版第1刷発行
2013年 9月10日　第2版第1刷発行

著　者　　渡　辺　直　行
発行者　　阿　部　耕　一
〒162-0041　東京都新宿区早稲田鶴巻町514番地
発行所　株式会社　成　文　堂
電話 03(3203)9201　FAX 03(3203)9206
http://www.seibundoh.co.jp

製版・印刷・製本　シナノ印刷
© 2013 N. Watanabe　　　Printed in Japan
☆落丁本・乱丁本はおとりかえいたします☆
ISBN978-4-7923-1993-9 C3032　　検印省略
定価（本体2700円＋税）